商法导论

第二版

徐强胜 著

Introductory
Guide to
Commercial Law

法律出版社
LAW PRESS·CHINA

北京

图书在版编目(CIP)数据

商法导论 / 徐强胜著. -- 2 版. -- 北京:法律出版社,2023
ISBN 978-7-5197-7760-9

Ⅰ. ①商… Ⅱ. ①徐… Ⅲ. ①商法-研究 Ⅳ. ①D913.990.4

中国国家版本馆 CIP 数据核字(2023)第 059971 号

商法导论(第二版)
SHANGFA DAOLUN(DI ER BAN)

徐强胜 著

策划编辑 谢瑞忠
责任编辑 冯雨春 谢瑞忠
装帧设计 李 瞻

出版发行 法律出版社
编辑统筹 法律应用出版分社
责任校对 邢艳萍
责任印制 刘晓伟
经 销 新华书店

开本 710 毫米×1000 毫米 1/16
印张 25.25 **字数** 402 千
版本 2023 年 5 月第 2 版
印次 2023 年 5 月第 1 次印刷
印刷 北京盛通印刷股份有限公司

地址:北京市丰台区莲花池西里 7 号(100073)
网址:www.lawpress.com.cn
投稿邮箱:info@lawpress.com.cn
举报盗版邮箱:jbwq@lawpress.com.cn

销售电话:010-83938349
客服电话:010-83938350
咨询电话:010-63939796

书号:ISBN 978-7-5197-7760-9
定价:86.00 元

凡购买本社图书,如有印装错误,我社负责退换。电话:010-83938349

徐强胜，1967年生，法学博士、应用经济学（金融学）博士后，中南财经政法大学法学院教授，民商法学博士生导师，“楚天学者”特聘教授。中国法学会商法学研究会常务理事，中国法学会民法学研究会理事，湖北省法学会商法学研究会副会长。

主要研究方向为商法基础理论、公司与金融法，在《法学研究》《法学》《环球法律评论》《法商研究》《法制与社会发展》等学术刊物发表文章50余篇，出版《公司法原理精要与实务指南》《经济法与经济秩序的建构》等专著、译著、教材20余部，主持国家社会科学基金项目1项。

内容提要

本书在《民法典》出台后进行全面修订，结合《民法典》中融入的大量商事制度全面阐述了商法的基本概念、基本知识和基本理论、现代商法的基础理论与基本制度、商事主体、商行为、商事登记、商号、商业账簿等具体商事制度，研究了现代商法的功能、商法与公私法之间的关系、商事组织关系与商事交易关系、作为商人的企业及商事行为基础理论与基本制度等。特别是，本书结合我国最高人民法院的判例及公报案例指出处理商事案件应有的法学思维。通过本书，读者将了解什么是商法及如何运用商法。

前　言

本书第一版于2013年出版，距今已十年。

从20世纪改革开放初，“以经济建设为中心”的社会诉求便要求中国的民商法发展应以促进商品经济发展为己任，此后“民商合一”的民事立法便成为了中国民商法发展和构建的核心要义和立法逻辑。1986年《民法通则》具有深远的时代意义，这部通则在很大程度上是“民商合一”的通则，它是商品经济发展在基本立法层面的“法律工具箱”。此后先后出台的《合同法》《物权法》《侵权责任法》等均体现了经济发展的需要。

2020年5月28日，第十三届全国人民代表大会第三次会议通过了《中华人民共和国民法典》，这部法典将“民商合一”推向了一个新的历史高度。在该法典中，无论是总则的营利法人与非法人组织制度、民事法律行为与代理制度，还是分则中的一般物权制度、担保物权制度、侵权责任制度，均体现了“民商合一”立法理念下的相关制度设计。《民法典》合同编进一步深入契合了社会主义市场经济建设对市场交易快捷和交易安全的要求。

以经济发展为导向的统一规则，更多是“企业式的”或者说是“经济式的”，而不是一般的普通民事生活式的图景。经济发展的规则与一般的民事生活规则在规范意图上是完全不一样的，前者重发展，后者重生活。寻找中国的商法，必须放在民法之中，同时还要跳出民法，以商事的观念判断相关法条的适用。

与第一版相比，本书无论结构还是内容上，均作了大幅度的调整与修订，增加了“商法的基本范畴”“企业代表与职务代理”“中间商”“营业合同的常态”“保理”“电子商务”“电子支付”章节，其他章节则根据《民法典》及其他新的法律法规和理论进行了调整。本书试图在我国“民商合一”的

《民法典》之中及之外，更为清晰地阐述中国的商法原理、内容、观念及适用。民商合一与分立，不能简单地从《民法典》与商法是否各自独立的角度认识，应从整体（体系）的视角切入具体规范，并分析具体规范设置的功能和目的。无论何种立法体例，民法与商法其实都是合一的，只不过是表现形式、实现方式和理念不同。不仅不同的民事与商事规则适用不同，即使是同样的规则，对于商事与民事，其适用也是有区别的，甚至区别很大。

作为导论，本书力争简单明了地阐述有关商法原理与制度，并试图将其体系化。

徐强胜

2023 年 5 月

目　　录

绪论　现代商法与法律思维

一、以调整企业营业行为为己任的现代商法

源于中世纪商人法的近现代商法，尽管随着商品经济的全面深入而不再是关于商人特权的法律，但它仍然是关于商人组织与营业行为的法律规范。也就是说，商法调整的是具有商人身份的商事主体的组织及其行为的。从这个意义上讲，商法是关于商人的组织及营业之法。

首先，商法是关于企业组织之法。现代商人的表现形式已经由传统的商个人转化为各种各样的企业组织，如独资企业、合伙企业和公司企业等形式。企业本非法律概念，但随着企业对于社会的价值和意义，其已经成为法律上的重要概念。企业不仅是通过为实现自身利益的各利害关系人的行为而形成的法律平台，① 还是一个能够独立对外从事民事活动的法律主体，前者界定了企业的共同事业性，后者界定了企业能够以自己的名义对外活动的独立意义。

其次，商法是关于商人营业之法。从产生那一天起，商法就是关于商人的营业行为之法。一般情况下，商人的商行为具有营利性，但这并非说，商人的商行为具有必然的营利性，商人基于营业需要而为的行为，如捐赠、购买办公用品等，因其“商人为之”而受到与一般民事主体不同的对待。传统商行为包括商事买卖、商事行纪、商事居间、商事代理、商事运输、商事仓储、商事票据、商事担保、商事保险、海商等。随着新的商业活动的不断产

① ［日］落合诚一：《公司法概论》，吴婷等译，法律出版社2011年版，第5页。

生和发展，更多的新的商事行为也在不断产生和发展，如商事信托、商事期货、商事融资租赁、商事证券交易、商事信息咨询以及商事银行交易、商事投资基金运作、电信经营及网络平台运营等内容。

《中华人民共和国民法典》（以下简称《民法典》）进一步确认“民商合一”模式，将商主体制度和营业行为一体化于其中（主要是总则编和合同编部分），从而如其他采“民商合一”国家和地区一样不再有“商人或商主体”与“商行为”的概念。但无论从理论上，还是包括《民法典》在内的立法及司法实践，对于双方均为企业或被视为经营者（以下称“企业”包括被视为经营者之含义）之间的交易，均需要并实际上具有不同于一般所谓民事行为标准的；对于仅一方是作为商人的企业营业行为，则以义务与严格责任为主线判断其行为。

从这个意义来看，在我国，商法也应该是关于企业营业行为之法。如此判断，不仅符合世界各国关于商法的认识与实践，也符合我国目前及未来经济发展中强化企业自身素质、建立和谐社会之需求。

总之，商法主要是调整具有商人身份的企业营业行为的法律，商法的有关原则、制度设计和规定，基本上都是围绕着如何保护和规范企业的营业行为进行的。相应司法实践中，有关法律规范和商业惯例的应用与解释，也均与此相关。

二、以交互性思维处理因企业营业产生的法律关系

因营业产生的关系是指企业在营业过程对外所发生的以交易为主要内容的法律关系，即企业之间或企业与非企业之间因营业交易产生的权利义务关系，这里的权利义务关系是源于并规范企业营业交易的。在交易双方或多方相互之间讨价还价或共同决议的过中，从形式上观察，当事人都是具有平等的权利能力者，均可以根据各自的意愿和要求相互之间讨价还价或参与决议。但企业营业关系更多的是实践意义上的，形式上的平等只是为他们提供一个“可以自由作为交易者”的前提，实质是则因企业的规模、专业知识与能力，

而须在具体交易中依其能力判断其权利与义务。姑且不论仅一方为企业的单方营业法律关系（B2C），即使双方或多方均为企业或经营者（B2B）来说，由于各自规模、专业知识与能力的差异，使得交易过程亦需要相互照顾，并因此各自负有具有相应差异的义务。

现代经济与法律理论都以自由和平等学说为基础，但平等的意义已经转入交互性的意义。① 所谓交互性是指对于交易的当事人，根据其在交易中实际的力量如何确定权利义务。对于力量较大者或处于优势者，一般更多地限定其权利，加重其义务；对于力量较弱者或处于劣势者，则更多地扩大其权利，减少其义务。通过这种交互性的权利义务配置，使当事人之间尽量减少因各自地位和能力、知识的不同而导致的不平等以实现真正的平等。可以说，交互性其实就是国家对社会上较弱方的一种照顾，即在进行每一类交易的时候，国家的物质力量，总是被动员起来去限制某个阶层的经济力量，从而扩大相对阶层的经济力量。因此，交互性是对于人的一种善恶的官方评估。②交互性的价值不仅在于促进微观上的实质平等与公平，更重要的在于，促进整个市场交易的健康运行。

在典型的商事关系，即当事人均为企业的营业关系中，无论是知识、能力还是精于计算上，当事人相互之间首先是被视为相对平衡的，权利义务的交互性并不突出，而更多的是一般意义上的权利义务的平等性。在一定意义上，权利的保护对于商人是多余的，而其义务，则基本上都是一样的。但如果双方或多方之间存在大企业和小企业之别，或在某方面各自知识与专业上不同，对于小企业③则需要特别保护，不能因为其所谓“商人”或“经营者”身份而同等对待；对于在某方面具有相应知识与专业者，则需要在其知

① ［美］约翰·R. 康芒斯著：《资本主义的法律基础》，寿勉成译，商务印书馆2003年版，第166页。

② ［美］约翰·R. 康芒斯著：《资本主义的法律基础》，寿勉成译，商务印书馆2003年版，第167页。

③ 在采民商分立的德国，其商法典是关于大商人的，小商人除非主动登记要求成为“商人”，商法是不能适用于它的。亦即，一般情形，小商人在德国为民事主体，非商人。

识与能力范围内负有特别的义务与责任。①

对于当事人一方为企业，另一方为非企业的商事关系，双方各自的身份与地位决定了他们之间权利义务的交互性。首先，对于一方为普通消费者，各国通过专门的消费者保护法，保护处于弱势的消费者。不仅如此，还专门制定其他有关法律保护消费者，如产品质量责任法、金融消费法、隐私法等，并因而形成了不同于传统商法的所谓社会法域。不过，尽管如此，从商人商行为的角度，相应的法律关系仍为商事关系。② 另一方面，对于一方为商人，对方为其他不具商人身份者参与的法律关系，如自然人保证，则其与作为商人方进行的保证要求是不同的，前者不仅一般为非连带责任保证，且受到严格的形式规制，以避免其因能力不足而受“拖累”，陷入生活困境。

在营业法律关系中，企业一方是需要承担更多义务与责任的，如对于商业交易中的要约，商人有不迟延答复之义务，否则会被视为承诺；对于约定违约金过高，主要是作为非商人一方可以要求减免，对于具有同等实力的商人而言，则一般不会得到支持。而且，重要的是，司法实践处理有关纠纷时，尽管法律没有明确规定或合同没有约定，商人也要在其营业范围和身份性质

① 尽管同为商人，但不同经营领域的商人在其各自的经营领域中都具有非该领域商人更多的优势。因此，这时也需要运用交互性理论与方法处理他们之间的纠纷，从而达到公平合理地处理问题的结果。在苏州阳光置业有限公司、新得中心酒店诉苏州文化国际旅行社有限公司新区塔园路营业部、苏州文化国际旅行社有限公司委托合同纠纷案中，法院指出，“旅游公司借用星级酒店 POS 机进行刷卡，并在星级酒店获得银行刷卡预付款项后与星级酒店进行结算，在款项的收取和结算上与星级酒店形成委托合同关系。由于星级酒店与银行就境外信用卡 POS 机刷卡签有特约商户协议，对境外银行卡的受理条件、操作流程、风险防范和控制有专门的约定，并对酒店刷卡人员进行了专业的培训，因此星级酒店在有关境外信用卡的刷卡业务上具有一般商事主体不具备的专业知识和风险防控能力。星级酒店在受委托操作 POS 机刷卡时，特别是受理如无卡无密这种风险较高的境外信用卡刷卡业务时，应进行认真核查，负有审慎和风险告知的义务。否则即构成重大过失，应对完成委托事务过程中造成的损害承担相应的赔偿责任。”也就是说，由于星级酒店在有关境外信用卡的刷卡业务上具有更多的智识、经验和专业等，其须在相应商业活动中为此负有更多的注意义务并承担更重的责任。

② 在这种法律关系中，如果从消费者保护角度看，是一种消费者保护法律关系；如果从一般交易角度，则是一种商事交易法律关系。不同的角度，意味着看待和解决问题的思路和方法的不同。在传统商法中，一方为商人，另一方非商人时，被称为单方商行为，因而产生的法律关系受到商法调整，但非商人方一般会受到特别保护。

导致的义务内负有保护或照顾之责任，如银行对金融隐私权保护的范围不限于客户的账户本身，而是包括了银行因其与客户关系的存在而获得的任何信息，并且这一金融隐私权的保护义务不因客户结清账户或停止使用账户而终止。

总之，在商法世界里，作为商人的企业负有更多的义务与责任，在经营中应该更加诚信并公平合理对待对方。从我国法院裁判文书观察，司法实践已经树立基于商人的专业性、知识性与职业性而应承担更多义务和责任的交互性法律思维。

三、以团体法思维分析企业组织法律关系

作为独立或相对独立于投资人的企业组织，以自己的名义对外营业时必须考虑，其有无自己的财产能够使企业债权人优先受偿，从而获得企业而非投资者个人的对外信用。现代企业法就是依此构造企业组织内部基础的，对企业的财产进行“分割”，其不再属于投资个人，企业债权人获得对企业财产的优先权，而对抗企业组织的所有人和受益人，该角色被认为是企业组织法的根本功能。①

无论是作为法人的公司，还是非法人组织的合伙企业，均有独立或相对独立的财产，从这个角度来看，企业法是财产法。但是，独立财产仅是企业具有人格的财产基础，企业依法成立后，会在该财产基础之上产生一系列利益相关人之间的关系。进一步说，企业人格核心要素是独立财产，但独立财产需要投资人、管理人、职工，并作用于企业第三方，进而形成以企业关系为内容的企业组织，即独立财产 + 利益关系人之间关系链接共同构成“团体”，使企业团体的人格意义超越于独立财产，具有了行为的价值与意义，最终成为“活的”主体。

企业组织关系下的各个利益相关者，都会考虑自身的经济利害而努力实

---

① Henry Hansmann、Reinier Kraakman，*The Essential Role of Organizational Law*，The Yale Law Journal，Vol. 110，p. 393.

现自己的利益而行事，以预测为前提的对利害关系进行妥当调整的法律规范——企业组织法的立法及解释，必须以了解利害相关方的利害状况为前提[①]。但同时，团体意味着其有自己的利益和存续法则，惟当作为团体的企业运营顺利，团体利益得以实现，利害相关方的利益也得以保全。易言之，企业利害相关方利益的考虑须以企业团体利益的实现与维护为前提。

现代企业法的重要原则是企业维持与企业自治。

企业维持原则是指成立直至终止，企业不因设立瑕疵、成员变更、企业内部管理关系混乱或外在原因而影响企业主体有效存续。企业维持包括企业设立瑕疵不影响企业存在、企业成员变更不影响企业主体存在、公司人格不得随意否定、公司资本维持、公司管理僵局无解之外不得解散、企业不得经由行政命令而解散、破产企业重整再生等理论与制度。企业维持的实质是维持企业作为主体的存续，对于具有法人格的公司，其意义更是为了维系公司法人格不因公司内、外部关系的变化而导致公司人格的减损和消灭，有效规范公司内外部法律关系。

企业维持原则贯穿企业设立至终止，其一方面体现在以上大的制度层面，一方面也体现在其他有关制度设计层面，如《公司法》关于有限责任公司股权转让的规定，其实质是维系有限责任公司人合性团体的稳定与存续，故有关规定是股东对外转让股权的内部要求，转让股东必须遵守该规定，如通知其他股东并由其他股东享有优先购买权等。即使是转让股东与第三人签订了转让合同，该转让合同也仅在转让股东与第三人之间产生合同效力，而对于公司和其他股东则不生转让的效力。亦即，股权转让与股权转让合同分属于不同的法范畴，前者为公司团体法，后者为合同法，惟当股权转让股东履行了法定或章定的程序，其与第三方签订的合同才产生履行之结果。[②] 再如公司对外担保，如果法律或公司章程对担保程序做出了规定，则公司须履行该法定和章定的程序，否则也不生担保之效力。因为，公司的担保一旦为《公

---

① ［日］落合诚一：《公司法概论》，吴婷等译，法律出版社 2011 年版，第 24 页。

② 具体参见徐强胜：《股权转让限制的效力——〈公司法〉第 71 条规定的功能分析》，载《环球法律评论》2015 年第 1 期。

司法》和公司章程明确规定，就对该具体公司具有了组织性规范的价值与意义。对外担保对于公司而言纯为一种负担，且其后果会严重危及公司的经营存续。

企业自治原则是指企业依法制定的章程、作出的决议及其他行为，均受法律尊重。

企业自治要求尊重企业章程的规定和公司决议，准确识别企业法规范的性质。对不违反企业法禁止性规范的企业内部约定，应当依法认定有效。在南京安盛财务顾问有限公司诉祝鹃股东会决议罚款纠纷案①中，法院认为，公司章程关于股东会对股东处以罚款的规定，系公司全体股东所预设的对违反公司章程股东的一种制裁措施，符合公司的整体利益，体现了有限公司的人合性特征，不违反《公司法》的禁止性规定，应合法有效。

企业自治是企业的自治，非投资人或股东的自治。投资人与股东按照企业法及章程所做出的决议和决定，属于企业自治，非投资人和股东自治。因此，投资人或股东之间的协议，尽管与企业或公司有关，但这些协议属于合同法范畴，不受企业法或公司法调整，其协议内容或行为有违企业法或公司法时，如涉及其他非当事人的投资人或股东，或涉及公司债权人时，则协议内容和行为对于其他股东和公司债权人没有约束力。如果其他股东和公司债权人因此受损，可依企业法和章程规定维权。

作为团体法的企业法是调整企业组织与行为的法律规范，它以调整并稳定企业内部组织关系为主要内容，以保护所有相关利益人的利益为己任。由此形成不同于其他法律，特别是不同于以单纯调整交易关系为己任的合同法的团体法思维。不同的法律思维意味着研究分析相应法律规范和解决社会实践问题时的出发点及方法的不同。团体法思维要求在设计企业法律制度、分析企业法律规范、适用企业法律条文时须以团体法的性质和要求为出发点，以团体稳定和相关主体关系、利益的协调为中心进行，从而维持企业的存续并保障企业的整体发展，保护相关利益人。

---

① 《最高人民法院公报》2012 年第 10 期，第 43 页下。

四、尊重商事领域私法自治，保障交易安全，促进交易便捷

商人总是在不断地为营利和节约成本而进行着各种各样的创新，他们的专业知识、经验和精力等远远优于普通民众，其行为具有计算性、连续性、知识性与专业性。商法给予了商人更多的自治，而不能够像对待普通人那样还试图有点“保姆式的保护”。基于此，现代商法扩大了私法自治的范围，允许商人更多地按照自己的约定处理相关事务和纠纷，如减少对企业交易的形式要求，允许企业不受禁止约定管辖法院的规定，鼓励商人们更多地将纠纷提交于具有民间性质的仲裁机构，商事习惯和惯例成为解决其交往中纠纷的基本规则等。

首先，商事领域充分尊重当事人合同自由。特别是对市场经济发展过程中因商人创新而出现的新类型合同以及传统合同形式中新类型条款的约定，除非符合合同无效的法定情形，不能轻易否定合同效力，从而鼓励并维护交易的稳定性，最大限度地促进社会财富流转。①

其次，商事领域严格限制合同无效。过去，由于我国没有商法传统，没有关于商法及商人行为的特殊认识，再加上对《合同法》（已失效）第52条中所谓“强制性规定”及其他规定的理解混乱，导致在商事领域动辄宣布交易无效，严重损害了交易安全和效率。为更好地规范这个问题，最高人民法院出台了一系列司法解释做出说明，并最终在《民法典》得以明确，严格限

① 最高人民法院在中国工商银行股份有限公司哈尔滨开发区支行与中国光大银行股份有限公司哈尔滨道外支行、黑龙江长兴投资有限公司借款合同纠纷上诉案［最高人民法院(2006) 民二终字第97号判决书］中指出，虽然目前我国有关法律、行政法规等尚未对以公路等不动产收益权出质的、质押权究竟是以交付权利凭证还是以依法办理出质登记作为取得权利的要件作出明确规定，但是，不论是以交付权利凭证还是以依法办理出质登记作为公路收费权质押权取得的要件，因当事人在签订质押合同后既交付了质押权利凭证又依法办理了出质登记手续，应认定质押有效。也就是说，在该案中，尽管我国法律、行政法规当时并未对不动产收益权能否质押作出规定，但法院基于尊重自治，鼓励交易，促进财富流转等精神，确认了其有效性。

制合同无效的认定。①

再次，商人之间的交易形式自由。私法自治不仅体现为合同内容的自由，还体现为合同形式的自由。商人交易的长期性、职业性与计算性决定了其交易形式可以不拘一格。《民法典》合同编第469条规定“当事人订立合同，可以采用书面形式、口头形式或者其他形式”，这宣示了合同订立的形式自由原则，其中的书面形式包括现代电子通信方式。合同形式自由原则，意味着除非法律另有规定，合同不因特定形式之欠缺而无效。《民法典》第469条的规定，原则上排除了强制性的形式要件并由此承认了合同合意的约束力，以推动交易的快捷与简便。形式自由原则不仅体现在订立合同上，也体现在合同的变更与终止方面。《民法典》第543条关于“合意可变更合同”的规定，删除了1999年《合同法》第77条第2款的“法律、行政法规规定变更合同应当办理批准、登记等手续的，依照其规定”的要求，仅保留了第1款，即“当事人协商一致，可以变更合同”。第562条规定了当事人协商一致即可终止合同。《最高人民法院关于审理买卖合同纠纷案件适用法律问题的解释》（法释［2012］7号）第1条规定：“当事人之间没有书面合同，一方以送货单、收货单、结算单、发票等主张存在买卖合同关系的，人民法院应当结合当事人之间的交易方式、交易习惯以及其他相关证据，对买卖合同是否成立作出认定。”“对账确认函、债权确认书等函件、凭证没有记载债权人名称，买卖合同当事人一方以此证明存在买卖合同关系的，人民法院应予支持，但有相反证据足以推翻的除外。”

最后，尊重商事交易规则和惯例。商人交易的长期性决定了商事交易习惯在商事领域的重要价值。《德国商法典》第346条规定：“在商人之间，在行为和不行为的意义和效力方面，应注意在商业往来中适用的习惯和惯例。”

---

① 《民法典》“总则编”第六章和“合同编”第三章“合同的效力”，其原则是合同自成立时生效（第502条第1款），除了违反那些导致合同无效的强制性规定及违反公序良俗的行为（第153条）及恶意串通损害第三人利益的行为（第154条）无效外，其他情形均一般不认定为合同无效的因素，如行政审批不影响合同履行报批义务条款的生效（第502条第2款）、无权代理可以追认（第503条）、除非相对人恶意，表见代表行为有效（第504条）、超越经营范围订立的合同一般有效等。其他章节，如第九章第597条规定的出卖无处分权之物不导致合同无效等。

《日本商法典》第1条更是明确规定："关于商事，本法无规定者，适用商习惯法，无商习惯法者，适用民法典。"《民法典》不仅在第10条关于"民法法源"作出了原则性规定，即除了违背公序良俗外，处理民事纠纷，可以适用习惯，还在合同编有关交易规则中使用了大量"交易习惯"字眼。尽管《民法典》强调无法律规定时，可以适用习惯，即民法规定优先，但在商事交易领域，除非该习惯与公序良俗或强制性规定相悖，交易习惯优先适用。另外，在确定当事人权利义务和责任时，应当尊重并重视一些行业组织的章程，会计师协会和交易所等中介机构的业务规则，并可以将其作为审理商事案件时重要参考依据。

总之，商人在商事交往中的一个基本要求就是交易能够迅捷并安全可靠。为促进交易便捷，现代商法确立了合同定型化、电子化、权利证券化、交易手续和方式简便化等制度。为保障交易安全，商法规定了公示主义、外观主义、严格责任主义等规则。公示主义要求企业应将其与交易相对人关系密切的重大事项进行公告、登记、公示、文件备案等，如企业的登记、上市公司信息披露等制度；权利外观主义规则将当事人的信赖外观行为推定为真实意思表示的行为，如代理法中的表见代理制度；严格责任主义则对交易当事人的义务和责任予以严格的要求，以确保交易的安全、诚信与公平，如企业责任的连带规则。

实践中，各级人民法院针对商事交易呈现出的交易主体的职业化、交易的营利性、交易特征定型化等不同于传统民事纠纷的特点，一般以商法的司法理念和商事交易的特有规则来处理商业交易中的纠纷。注重对交易安全和交易秩序的保护，注重对企业稳定的维护，注重对市场主体的交易行为营利性特点的尊重，注重对保障市场交易便捷的交易规则和交易惯例的尊重。在选择救济措施时，慎用裁判合同无效及强制当事人返还财产等手段，选择以损害赔偿、金钱补偿等手段提高市场资源配置的效率。①

---

① 参见最高人民法院民事审判第二庭编：《民商事审判指导》2010年第3辑（总第23辑），人民法院出版社2010年版。

第一章　商 法 概 述

第一节　商法的概念

一、含义

因调整社会关系不同，不同的法律规范着不同的法律关系，由此形成某一部门或学科的法。如民法是调整民事关系的法律，行政法是调整行政关系的法律，刑法是调整刑事关系的法律等。同样，因调整商事关系而形成了商法，换言之，商法是调整商事关系的法律规范的总称。

尽管学界对于采用所谓调整社会关系作为标准划分法律部门或学科有不同意见，从法学及法律部门体系化而言，这种划分具有理论建构意义与实用价值。它通过不同社会关系的划分，将错综复杂的社会关系简单明晰化，有利于不同法律部门或学科自身体系的建立、制度的设计与各自功能的发挥，也有助于司法适用法律关系的分析进路。当然，采用这个标准并不意味着相应社会关系绝对区分而不能交叉和重合，不过，交叉与重合的社会关系在不同的法律规范下意义不同，同样的概念与制度在不同的法律规范下的认识与适用是不一样的，因为不同的法律规范功能是不同的。

在西方民商法发展史中，民法源于古罗马市民法，商法源于中世纪商人法，由此形成其关于民法与商法的基本认识，并因而形成了民商分立与民商合一立法体例。我国既无西方那样的商人法传统，也无民商分立国家民法典之外单独的商法典或通则，故如何认识商事关系，是不能简单地比照西方的。

从 1986 年《民法通则》开始，我国就将“经济发展”作为民事立法的基调，奠定了我国民商立法合一的基础，2020 年《民法典》进一步发扬了民商合一。将如后所述，民商合一并非消灭商法，而是将商法规则去除适用主体的限制而一体化或体系化于民法典之中，也就是说，我国的商法内容主要规定在民法典，民法所规范的民事关系包含商事关系。

从民法典总则（主要关于个体工商户、营利法人、非法人组织、民事法律行为、代理）、物权编（主要关于担保）、合同编（主要关于商事合同）、侵权责任编有关规定，以及商事单行法（公司法、保险法、证券法、票据法、信托法等）和司法实践来看，商事关系是因企业营业而引起的法律关系，商法是关于企业或经营者营业之法。

商事关系是商法的核心概念。“关系”意味着主体之间而非单方主体的权利义务，即一方的权利和与之相应的他人的义务或其他法律约束。“商事”意味着至少有一方为具有企业或经营者的身份且因营业而引起的经济关系，这种活动具有职业性，需要不同于一般民法的特殊规制。但是，这并非说因此会导致企业或经营者的特权，而恰恰相反，一般会导致对他们适用更为严格的要求和标准。

具体来说，企业或经营者在营业过程中产生的需要由商法调整的法律关系包含以下含义：（1）商事关系的主体至少有一方为企业或经营者，如果双方均为非企业或经营者，则其产生的法律关系一般不为商事关系；（2）商事关系是企业或经营者在营业过程中产生的法律关系，如买卖、租赁、代理等，如果企业或经营者是以消费者身份出现的，则其行为所产生的关系一般不被认为商事关系；（3）商事关系在法律适用中的权利、义务和责任认定规则和思维是比较特殊的，以义务与责任为导向，原则上企业或经营者应当负更多的义务与承担严格的责任。

从我国民商合一立法体例及司法实践来看，将商法视为企业或经营者的营业之法是比较科学的。现代商主要是企业或其他经营者的营业问题，尽管我国目前尚未对企业和营业有一个统一的认识，但相关民事、经济立法及实践也在逐步地接受企业及营业概念。

“企业”与“营业”的结合，一方面表明商法规范的主体并非民法中抽象的权利能力者，而是相对具体的各种各样的企业，它们且因各自职业和专业不同而负有差异的义务与责任，特别是在企业面对非企业方、大企业面对小企业的时候，抽象的权利能力就可以通过具体的权利能力予以缓和与分别，即对企业强调义务和责任，相对方强调权利与照顾；小企业获得如消费者一样的保护对待。

商法从产生开始，就是实践的法，是具体权利义务安排的法。在进入高科技的各种各样产业不断发展的今天，企业与非企业、大企业与小企业、团体与个人之间，更需要差异化思维处理其之间的关系。

二、形式意义上的商法与实质意义上的商法

（一）形式意义上商法

形式意义上的商法，是指采民商分立的国家制定并以“商法”或“商法典”命名的法律，如《德国商法典》《法国商法典》《日本商法典》和《美国统一商法典》等。

形式意义上的商法着眼于规范的表现形式和法律的编纂结构，最终表现为一个成文的法律文件——商法典。当今世界各国制定专门商法典的以大陆法系居多，如德国、法国、奥地利、比利时、西班牙等。英美法系国家本无专门的商法典，但美国在1952年由全国统一州法委员会通过了《统一商法典》。在这些不同国家和地区，其商法典编制因其本身文化、经济发展而表现不同。

1897年《德国商法典》采取了主观主义（商人主义）的立法体例。按照该体例，商人是商法的中心，同一行为，商人为之，适用商法；非商人为之，适用民法或其他法律。① 它规定了商人的身份、公司和隐名合伙、商业账簿、商行为和海商等五编。尽管以后该法典经过多次修改，但一直坚持主观主义做法。1998年德国商法典修改，不再以列举方式规定商人的种类，而是以法定商人、登记商人与任意法人的抽象概念进一步规范了商人的范围，并废除了小商人概念。

---

① 范健：《德国商法典：传统框架与新规则》，法律出版社2003年版，第24页。

1807 年《法国商法典》采取了客观主义（商行为主义）原则，凡从事商行为者，不论其身份如何，均适用商法。它规定了商事总则、海商、破产和商事法院四编。随着社会的发展，法国商法典原来的大多数条款都已经废除或修改，颁布了众多商事单行法；同时，鉴于客观主义做法的种种弊端，法国以后的商事立法，开始从单纯的客观主义转向同时重视商人的身份，强调以商人的身份判断是否适用商法。2000 年以后，法国开始采用“授权法令”的形式颁布《商法典》立法部分的全部条文，开始了法国商法的“再法典化”过程，其核心是以企业或商人为判断标准。

1899 年《日本商法典》则以商人和商行为中心主义为原则（折衷主义）建构其商法，即既以商人的身份判断其行为是否适用商法，同时还规定某些行为为绝对商行为而受商法调整。它规定了总则、公司、商行为和海商四编。该法典颁布之后，也随着社会经济的发展进行了多次修正，最大的一次是 2005 年公司法修订，将商法典中的总则部分法条规定在公司法总则之中，表明日本商法关于商法为企业法认识的立法化。

1952 年《美国统一商法典》以货物买卖为中心，规定了总则、买卖、商业票据、银行存款和收款、信用证、大宗转让、仓单、提单和其他有权凭证、投资证券、担保交易、生效日期和废除效力等十篇。尽管该法以商事行为为主线，但其主要调整以商人为主体的商事交易关系。

（二）实质意义上的商法

实质意义上的商法是指一个国家或地区所有调整商事关系的法律规范总称，不仅包括形式意义上的商法和各种商事单行法，如《公司法》《票据法》《证券法》《破产法》《海商法》等，也包括《民法典》以及其他法律、法规和判例中的商法规范。

实质意义上的商法着眼于商事法律规范的性质、功能的发挥及规范体系的统一。实质意义商法包括所有以“商”和不以“商”命名的一切调整商事关系的法律规范的总称。无论是在民商分立的国家还是民商合一的国家，或无论大陆法系还是英美法系国家，实质意义的商法都是普遍存在的。

（三）我国实质与形式意义上的商法

我国采民商合一立法体例，没有单独的商法典，大量的商法规范一是主要分布于民法典与刑法、行政法之中，二是体现为有关商事单行法中，如《公司法》《合伙企业法》《个人独资企业法》《证券法》《票据法》《保险法》《海商法》《破产法》《信托法》等。前者为实质意义上的商法，后者为形式意义上的商法。

从广义上，我国称之为经济法的《反不正当竞争法》《反垄断法》《消费者权益保护法》也属于商法，其均围绕企业或经营者的营业行为而产生相应法律关系。其中《反不正当竞争法》与《反垄断法》为形式意义上的商法，《消费者权益保护法》为实质意义上的商法。

我国商法学界正在努力推动商法通则或商法典的制定，一旦成功，将成为我国最为重要的形式意义上的商法来源。

三、商法的特征

（一）商法是关于企业或经营者的法律

商法规范的人像是企业或其他经营者，非企业和非经营者不是商法规范的对象，即使后者因交易而成为法律关系的一方（如普通消费、个人保证），他们也不因此受到如企业或经营者那般的义务责任要求，更多的是权利与照顾。

需要指出的是，作为关于企业或经营者的法律，商法主要是从企业或经营者作为主体的角度加以规范的，至于企业的组织问题，如公司法，则严格而言并非商法范畴。因为企业组织涉及的是企业如何组成及内部关系的处理，不同于民法，也不同于以促进交易便利和保障交易安全为己任的商法，亦即，企业组织法是相对独立的法域。不过，商法既为企业之法，则企业的组织问题也应当为商法所关注，它关系到企业的营业稳定及对第三人信赖。从这个意义上来说，企业组织法属于商法（广义）。

对于非企业或经营者的其他组织和个人，如果其行为如同企业或经营者一般，则也视为企业而受到商法规范。

（二）商法是关于企业或经营者的营业之法

营业是指企业或经营者以自己的名义对外从事经营的活动，具有长期性、职业性、有偿性。营业是一个总括性概念，它由企业或经营者一系列因营业引起的一切法律关系组成，如各种交易、社会责任的承担等。而且，对于营业的判断，具有推定性，即企业一旦依法成立，则被认为所有经营活动均具有营业的价值，即使企业成立后仅仅缔结了一个合同而终止，或经常性地对外捐赠或从事其他活动。

在具体的法律制度中，营业体现在《民法典》以及《保险法、票据法》等单行法律之中，但总体而言，主要体现在合同领域，即所谓企业营业合同，它既包括企业之间的合同，也包括企业与非企业之间的合同，后者的非企业特别是消费者受到特别保护而已。

作为商人的企业或经营者总是在不断地为营利和节约成本而进行着各种各样的创新，他们的智识、专业、经验和精力等远远优于普通民众。商法给予其商事活动中更多的自治，而不像对待普通人那样还试图有点“保姆式的保护”。基于此，现代商法扩大了私法自治的范围，允许商人们更多地按照自己的约定处理相关事务和纠纷，如减少对商人交易的形式要求，鼓励商人创造新型的交易合同类型，允许商人们不受禁止约定管辖法院的规定，鼓励商人们更多地将纠纷提交于具有民间性质的仲裁机构，交易习惯和惯例成为解决交往中的法源等。

商人在商事交往中的一个基本要求就是安全可靠，商法对交易保护和信赖保护提出了较高的要求。① 商人之间的交往更多的是靠商事外观，而非内心意思来决定其效果的，表见代理和表见代表、善意取得、权利登记外观等制度成为商法的重要内容。同时，由于商人具有比普通民众更多的智识、经验和专业等，他们在活动中就应该负有更多的注意义务并负起更重的责任，如在商事买卖中的检查和异议义务就需要及时进行，而不能以没有时间或不懂为借口推诿。

---

① ［德］卡纳里斯：《德国商法》，杨继译，法律出版社2006年版，第9页。

总之，商法调整的企业或经营者及其营业行为具有特殊性，不同于非商人的地位及非营业性的交易要求，这是商法的根本特征。商法的有关原则、制度设计和规定，基本上都是围绕着如何规范企业或经营者的营业行为进行的。相应司法适用中，有关法律规范和商业惯例的应用与解释，也均与该特征相关。“商法是基于个人主义的私法本质，为那些精于识别自己的利益并且毫无顾忌地追求自身利益的极端自私和聪明的人而设计的。”①

（三）商法具有形式性和技术性

首先，作为调整企业或经营者的营业之法的商法，其目的是为企业或经营者的营业行为提供一个较为实用的行为模板。基于营业行为的安全性与便捷性的保护与促进，商法规范中有较多的形式要求与技术规定。形式要求如合同法中的格式合同、单证、说明书、客票、运单、仓单、提单，公司法规定的公司组建的形式要求，票据法关于票据的形式要求，证券法关于证券的形式要求等；技术规定如合同法的要约承诺合同订立、合同解除通知等程序规定，公司组建的程序规定，票据法关于票据的发票行为、背书行为、承兑行为等规定，证券法关于证券交易的技术规定等，这与民法偏重于伦理性规范是不一样的。从这个意义来说，商法一方面扩大了私法自治，一方面限制了私法自治，体现了商事领域中的自由与责任。

其次，在法律适用中，由商法促进交易便捷与安全保护需要，常常需要通过法律推定当事人的意思及表达。在企业或经营者的交易过程中，其营业性决定了交易的非标准化与过程化，因而在决定当事人行为是否做出及如何做出方面，不能仅仅依靠当事人之间事先的约定，更需要结合当事人履行合同过程中的行为及做法加以判断，这就是法律上的推定问题。②

商法的技术性源于商法的实践品格。随着世界经济的一体化，国际、国内市场竞争的加剧，新的交易手段和商业技术层出不穷，市场变得更加专业

---

① ［德］拉德布鲁赫：《法学导论》，米健等译，中国大百科全书出版社 1997 年版，第 72 页。

② 关于商法的形式性与技术性，参见郭富青：《商法技术品格论》，法律出版社 2018 年版。

化、更加成熟，每种市场都有自己的交换体系、规则和清理及结算程序。曾经作为促进货物、证券、货币交易的可转让文书，随着商业技术的不断更新，已经变得滞后于经济发展的步伐。新兴的交易手段推动证券的无纸化交易，流通证券让位于电子划拨，现金将很快被电子货币取代，有纸提单和信用证或许在某一天会消失。网上交易正创造着无限的商机，电子商务已经呈现飞速发展的趋势。这一切都冲击着传统商法的制度体系，迫使商事法律技术与时俱进，更新发展。

为适应世界经济一体化需要，世界各国专门规定了技术性十分强的商法。在国际上，联合国贸易法委员会自 1985 年以来主持制定了一系列调整国际电子商务活动的法律文件，主要包括：《计算机记录法律价值的报告》《电子资金传输示范法》《电子商务示范法》《电子商务示范法实施指南》及《电子签名统一规则》等。这些法律文件是世界各国电子商务立法经验的总结，同时又反过来指导着各国的电子商务法律实践。欧盟委员会于 1997 年提出了《欧洲电子商务行动方案》，为规范欧洲电子商务活动制定了框架。1998 年又颁布《关于信息社会服务的透明度机制的指令》。1999 年通过了《关于建立有关电子签名共同法律框架的指令》。

我国商事立法尽管起步较晚，随着社会主义市场经济的深入发展，非常重视商法规则的技术性。《公司法》《证券法》经过多次修改或修订，细化了有关公司设立程序、会议制度、证券发行等技术性规定。2004 年《电子签名法》和 2018 年《电子商务法》则对电子签名和交易进行了明确的技术性要求。作为实体法的 2020 年《民法典》合同编进一步对有关合同和交易程序和形式作出了规范，如格式合同、合同订立程序和形式、合同解除程序和形式、保证、保理合同的形式等。

（四）商法具有公法性

商法的成文化意味着国家对商事活动的管制。但在商法成文化的初期，即 18、19 世纪，这种管制的力度很小，相应立法主要是对传统商人法的习惯和惯例的确认，故其主要是尊重商人的自由意志。

进入 20 世纪以后，随着科学技术的变革和生产力的不断社会化及企业规模的扩展，市场经济出现了从单纯市场调节向着市场调节和国家调控相结合的方向发展。西方经济的自由竞争、自由放任的市场经济逐渐被国家干预和调控的垄断资本主义经济取代。国家不仅加强了对经济的直接干预，也加强了对私权的调控。在商法领域实行了大规模的公法干预政策，其典型方式是“向传统商法输入刑法、社会法等经济活动有关的公法规范，从而拓宽商法领域”。因而，现代之商法“虽以私法规定为中心，但为保障其私法规定之实现，颇多属于公法性质之条款，几与行政法、刑法等有不可剥离的关系”。① 这样，意思自治的商法领域融入了大量国家强制性规范，使私法性质的商法具有了显著的公法性特征。

商法公法化的主要表现为：第一，针对影响社会秩序和国家涉外商事业务制定行政法规，实行行政管理，如公司登记、金融监管、进出口管理等；第二，在商法中对商事活动规定行政要求的有关条款，如保险法中关于保险业经营管理的要求，证券法关于证券发行、交易的强制规定等；第三，对构成犯罪的规定适用刑法的条款，如我国《公司法》《证券法》《票据法》等单行法中关于适用《刑法》的规定等。

商法的公法化是商法适应社会经济发展的必然，体现了政府对商事活动应有的管制。但是，从整体上看，商法的发展仍然是在自治法的基础上进行的，商法的公法化并不倡导国家公权力对商事活动更为积极地干预。事实上，政府的这种干预随着社会经济发展，特别是法律对商事活动管控能力的提高而在某方面得以加强的同时，在其他方面予以减少。

商法本质上属于私法，公法性条款和要求始终处于为私法交易服务的地位，它们还不能从根本上改变商法的私法属性。②

（五）商法具有国际性

近现代商法的形成是中世纪商人法，其本身是无国界的，但后来逐渐被纳入国内法。其结果是商人依法属于各民族国家的独特性，商人法不再是一

① 李宜琛：《民法总则》，台北，正中书局1977年版，第20页。

② 范健主编：《商法》（第5版），高等教育出版社2021年版，第10页。

个自治和普遍性的法律体系，其在性质和内容上所具有的“公平”“灵活”“便捷”的特性受到了极大的限制。特别是在第二次世界大战后，随着市场经济全球化趋势的不断增强和社会生产力及科学技术的迅猛发展，国际商事法律关系愈来愈复杂，以致国内法律体制在调控这种国际性的商事交易时冲突增多。在这种情况下，国际商事团体和机构为了使其从事的国际商事活动摆脱国内法的桎梏，开始呼吁、提倡并积极通过自己的商事实践来推动一种带有“自治”性质的法律的产生。

这种法律被称为新商人法，其“旨在发展为国际商业自治法的新的商业习惯法，它是具有普遍性的法律，尽管由各主权国家的主管机构适用，却在试图摆脱各国国内法的民族色彩”。① 它的出现使调整国际商事关系的法律朝着协调、一致和统一的方向发展。1966 年联合国国际贸易委员会的设立及其以后的活动，大大促进和加快了国际贸易惯例的编纂与现代商人法的统一进程，新商人法在国际贸易领域内获得了迅速的发展。

对于所谓新商人法或现代商人法，学界看法不同。但一般都认为它不属于任何一个国家国内法的法律体系，它是在国际贸易领域内发展起来的，具有任意法的性质。在一定意义上说，新商人法是一种完全可以独立于国内法之外的自治法律体系，它不仅有自己的实体法，而且发展了自己的冲突规则，即跨国性实体规则。根据这种规则，商人法可以作为准据法而得到选择与直接适用。一般地，新商人法包括跨国性实体规则、成文惯例、一般条款、一般法律原则、国际商事仲裁裁决以及关于跨国公司的行动准则所组成的自治法律体系。

二战后，在联合国和一些国际组织的努力下，很多国际贸易方面的规则相继出台，主要有：首先是有关国际商事公约，如联合国国际贸易法委员会的 1974 年《国际货物销售时效期限公约》、1978 年《联合国海上货物运输公约》、1980 年《联合国国际货物销售合同公约》、1988 年《联合国国际汇票

① ［英］施米托夫：《国际贸易法文选》，赵秀文译，中国大百科全书出版社 1993 年版，第 4－5 页。

和国际本票公约》和1991年《联合国国际贸易运输港站经营人赔偿责任公约》；1980年联合国贸发会议的《联合国国际货物多式联运公约》；1983年国际统一私法协会的《国际货物销售代理公约》、1988年《国际金融租赁公约》和《国际保付代理公约》、2005年《联合国国际合同使用电子通信公约》等。其次是示范法与国际标准合同，如联合国国际贸易法委员会的1985年《商业仲裁示范法》、1996年《电子商务示范法》；1994年国际统一私法协会《国际商事合同通则》，国际商会《国际代理示范合同》、《标准经销合同》、《代理标准合同（评论）》、1997年《国际销售示范合同》、1992年《贸易法委员会国际贷记划拨示范法》、1997年《联合国国际贸易法委员会跨国界破产示范法》；此外还包括联合国欧洲经济委员会制定的谷物买卖、成套设备和耐用消费品等方面的示范合同等。示范法有效地补充了国际商事合同规则在某些领域的空白，国际商业界制定标准合同的活动则最终导致国际商业惯例的形成。再次是国际惯例，国际商会、国际法协会与国际海事委员会制定的贸易惯例具有适用普遍、影响广泛的特点。如国际商会的《国际贸易术语解释通则》被认为是目前国际上应用最广、影响最大的国际贸易惯例，《跟单信用证统一惯例》也已为至少175个国家的银行所采用。

新商人法是属于国际性的，其对当前处于世界经济一体化的各国影响是重大的，新兴发展国家和地区纷纷借鉴甚至直接采用国际商事统一有关立法。如我国《民法典》合同编关于合同的规定的就借鉴了国际上先进的做法和理论，《票据法》等则是基本采纳国际统一做法。从这个角度来看，新商人法的产生和发展不仅是国际性的，也是国内性的。

其实，作为商人法的商法，商人是无国界的，凡是能营利的行业和地方，都会有商人们的身影。由此决定了调整商人活动的商法从一开始都有很强的国际性。现代各国商立法基本上是趋同的，世界贸易组织的成立和运作，各国的商事立法和实践更加趋于国际化。同时，商主体的营利动机不断促使着它们进行制度和规则的创新，更加便利和实用的商事交易规则不断出现并迅速得以广泛应用，促进现代商法具有更大的开放性。

第二节 商法的功能

一、促进和保障社会财富的流转

商法是调整商事关系的法律，而商事关系的重要内容是关于社会财富流转的。商法从其产生那一天起，其首要功能就是促进和保障社会财富流转。

在谈到经济与法律之间的关系时，一般认为是经济活动导致了法律的产生和发展，而对于法律如何促进和保障经济活动这一方面则常不为人们重视。事实上，二者之间是相辅相成并各为因果的。美国学者伯尔曼认为，正是 11 世纪晚期和 12 世纪新的法学，特别是其中的商法，为按照秩序和正义的新概念把各种商业关系制度化和系统化提供了一种构架。如果没有诸如流通汇票和有限合伙这样一些新的法律制度设计，没有商事法院和商事法律，就不会有欧洲中世纪以后的经济复兴。也就是说，商业革命有助于造就商法，商法也有助于商业革命。① “当我们发现商人竟有自己的，随同贸易复兴而被带回欧洲的法律时，大可不必诧异。商法的基本点在于：有容许签订约束性契约的自由，有对契约安全的保障，还包含有建立、转移和接受信贷的种种办法。”②

正是商法的产生和发展，社会商业活动充满活力并有秩序，促进和保障了社会财富的流转。世界经济的发展史，就是一部商法的发达史。反言之，世界各国商法发展史，就是其经济发达史。

对于广大发展中国家和地区，其经济的发展和步入正轨，也同时都是相应民商法发展的过程，商法的发展大大促进了其经济的勃兴。我国改革开放

---

① ［美］伯尔曼：《法律与革命——西方法律传统的形成》，高鸿钧等译，中国大百科全书出版社 1993 年版，第 409 页。

② ［美］泰格、利维：《法律与资本主义的兴起》，纪琨等译，学术出版社 1996 年版，第 46 页。

的经济改革发展过程，就是一部民商法发展的过程。1986 年《民法通则》、1993 年《公司法》、1995 年《担保法》、1995 年《保险法》、1998 年《证券法》、1999 年《合同法》等的制定及后来修改可修订，极大促进了中国社会主义市场经济的迅猛发展，强有力地规范并保护了中国特色社会主义市场经济，社会财富的流转和积聚因此也达到了空前的规模。2020 年《民法典》的颁布，必将进一步保障和促进我国整个财富的有效流转，民商合一机制使得《民法典》特别是其中的合同编更加注重财产的动态及个人能力的发挥，其抽象的“人”成为具体的人，相应财富成为流动财产。当然，由民法一般法决定，其有关“人”及其“总财产”，即抽象的“人“与”静态的财富“，也在民生中发挥着基础性作用，决定着人的尊严和财产的保有。①

与作为“经济宪法”的反垄断法不同，《民法典》的商法规则来源于市场，与其说它们是国家意志的表达，毋宁说是对市场自发形成的规则记载、总结和提炼。从历史经验看，《民法典》只能在商品经济或市场经济的土壤中诞生和成长，它通过确立市场基本规则反过来又促进市场经济的发展，可谓“商法兴，市场经济兴”。② 从我国《民法典》第 1 条的规定上来看，“维护社会和经济秩序”的立法目标是我国民商事立法的重要导向，其“经济秩序”其实就是指社会主义市场经济的稳定发展，而这一目标的实现，在很大程度上是由作为交易法的商法规则实现的。实际上，除了立法上的顶层设计之外，司法实践不断出台的相关司法文件也在不断重申商法规则所肩负的建设社会主义市场经济的重任，强调商事交易规则在尊重当事人契约自由的同时，也要防止以契约自由为名从事违规交易行为，违背契约正义，破坏公平公正的市场秩序。③

---

① 在民商分立国家，相对于商法主要关注财富的流转，民法中的一般民事规则更多关注的是。参见［法］伊夫·居荣：《法国商法》（第 1 卷），罗结珍等译，法律出版社 2004 年版，第 3 页。

② 参见谢鸿飞：《〈民法典〉是市场经济的基本法》，载《经济参考报》2020 年 5 月 19 日。

③ 刘贵祥：《在全国法院民商事审判工作会议上的讲话》（2019 年 7 月 3 日），载最高人民法院民事审判第二庭编著：《〈全国民商事审判工作会议纪要〉理解与适用》，人民法院出版社 2019 年版，第 67 页。

二、确定企业或经营者的地位和责任

商法是关于企业或经营者营业的法律，确定作为商人的企业或经营者的地位是其重要功能。

现代商法源于中世纪的商人法。当时，它是关于具有商人身份之人的特权法，只有具有商人资格者才予以适用。用美国学者伯尔曼的话说，中世纪"商法支配着特定地方（集市、市场和海港）的特定的一群人（商人）"。[①]从一开始，商法就是确认商人法律地位的法律。通过对商人权利、义务的界定，商法成为自成体系的独特法律部门。它与教会法、王室法、庄院法、城市法一起，构成了欧洲中世纪的法律制度。

资产阶级革命倡导平等自由，试图打破一切具有身份特权的法律制度。1807 年《法国商法典》确立了客观主义的立法体例，中世纪商人法确立的关于商人特权的制度不再适用，而成为任何人从事商业行为的法律。英国早期的商法是一种强调商人自治和商人特权色彩的法律，这一状况至 1621 年商人法并入普通法后，仍持续了一个多世纪。18 世纪中叶时，以曼斯菲尔德（Mansifield）大法官为代表的一批法学家力主将商人法的适用范围扩展于一切与营利性商业营业有关的当事人间，因此也形成了所谓客观主义商法制度。1861 年《德国普通商法典》实行客观主义与主观主义并行标准。但是，在依客观主义标准实施的过程中，将所有人的买卖等行为都由商法调整，既无必要（因为并非所有的人都从事所谓的商行为），也不可能（因为并非所有人的营利行为都是商行为，它必须借助从事者的身份来认定）。所以，于 1897 年通过新《德国商法典》率先改为主观主义的立法体例，以确认商人身份和地位为己任。1890 年《日本商法典》采客观主义立法，但它于 1899 年通过修改该法采折衷主义标准。《美国统一商法典》是以买卖等商业行为标准制

---

① ［美］伯尔曼：《法律与革命——西方法律传统的形成》，高鸿钧等译，中国大百科全书出版社 1993 年版，第 415 页。

定的法典，但其中有大量关于商人身份的人的特别规定，以使其权利、义务有别于不具有商人身份之人。法国的新商法典和商法实践也基本上以是否具有商人身份为标准确定其适用。在采民商合一的瑞士、意大利和荷兰等国家，取消了商人与商行为的概念，基于当事人特质和能力，对于企业或经营者的要求是义务和责任。

当今世界各国的商法（包括学科意义上），主要是关于商人地位的法律。它通过确立商人的法律地位，并非如中世纪商法那样是关于商人特权的法律，而恰恰相反，它是关于具有商人身份的主体更多责任的法律。尤其是，当今商人的形象和形式发生了根本性的变化。它们更多地表现为各种各样的企业，而不再是走夫贩卒形象的以自然人为主的商人。企业具有独立于出资人的人格，特别是那些承担有限责任的公司，其人格更是完整和独立。

企业特别是股份有限公司和有限责任公司的出现，一方面使作为商人的企业与其他主体之间的交往简单化了，从而进一步促进了商人的发展壮大；但另一方面又使企业事实上成为投资人的工具，企业的独立人格尤其是出资人的有限责任制度可能被不当地利用而损害第三人和社会公共利益。所以，必须通过明确的法律规定对其加以规范。实践中，现代各国的企业法都对企业的成立、企业的内部结构、企业的基本运行及退出机制等都作了明确的规定。企业成为了当代商人的基本形象，现代商法是关于企业之法。

我国从20世纪80年代改革开放始，企业就成为民商合一的民事立法主要主体，1986年《民法通则》直接以企业法人与非企业法人作为法人的分类，其意即在于此。2020年《民法典》关于营利法人与非营利法人的分类设置，不仅使《民法典》规范的企业强调了营利价值，也使其他非法人组织、个体工商户可以比照营利法人的营利性予以规范，同时也可以将其他非营利组织（包括公法人）和个人在具有营业性的时候，视为企业或经营者而受到商规则的规范。

第三节　商法与私法

一、公私法的划分及意义

（一）公私法的划分

源于古罗马，大陆法系对社会整个法律现象有一个根本性划分，即公法和私法。这种划分在不同国家和地区有所不同，如德国将刑法视为公法的一部分，而法国则将其视为私法的一部分。

关于公私法的划分标准，学界认识不一，主要有三种看法：（1）利益说，认为维护公共利益的法是公法，维护私人利益的法为私法。该说是从法律的实质内容或目的来确定公私法划分的，最早由古罗马法学家乌尔比安提出，查士丁尼的《法学阶梯》指出："法律学习中分为两部分，公法与私法。公法涉及罗马帝国的政体，私法则涉及个人利益。"①（2）隶属说，认为公法是调整隶属关系的，如行政法；私法是调整平等关系的，如民法。该说是从法律调整社会关系的隶属性或平等性来划分的。（3）主体说，认为划分公私法的根据在于法律关系的主体（至少有一方）是否代表且基于国家权力或公共权力，如果国家或机关以公权力主体地位作为法律关系的参加者，该适用的法律就为公法；如果法律对任何人都可以适用的，则该法律为私法。

利益说将公共利益与私人利益截然分开，与现实生活不符，因为二者常常交织在一起，公共利益的实现是为了私人利益，私人利益的实现不得侵犯公共利益。隶属说的隶属关系并非只在行政法体现，在民商法亲属关系和公司管理关系中也同样存在，且行政法也常常出现基于平等关系的行政契约等现象。主体说无论是在理论层面，还是在实践应用上，都较好地解决了公私

---

① ［罗马］查士丁尼：《法学总论——法学阶梯》，张企泰译，商务印书馆1995年版，第5~6页。

法的划分及适用，因而成为多数国家和地区的通说。按照主体说，在政府从事私法行为（如购买物品、租赁房屋）时，就属于私法关系，在行政契约的订立（如政府为征收而与被征收人签订的征收补偿协议），因主体一方是具有公权力的政府，所以该契约行为为公法性质。

总体而言，具有公法性质的规范，是为公法团体或机构或成为任意的人相对于公法团体或机构规定法律后果的法律规范，其后果所涉及的应当是作为公权承担者的公法团体或机构。亦即，公法规范是为公权承担人或为任意的人在对公权承担人关系中规定法律后果的规范，① 其涉及的主要是单边行使的公权力和为“总体善”服务的那些权力。私法涉及的是双边或多边的权力，以及为私人利益服务的权力。②

在公私法融合的今天，许多法律，既有公法规范，也有私法规范，如《反不正当竞争法》第 17 条为典型的私法规范，意在规范侵权人与受害人之间的损失赔偿问题；第 22 条为典型的公法规范，意在规范国家的监督管理。

（二）公私法划分的意义

从理论层面上看，公私法的划分在于界分公共权力的行使和私人权利的享有。公法强调对公权力的限制，私法着重私权利的自治。通过对公权力的限制和私权利的自治，公权力的行使者和私权利的享有者各知其所，各负其责，既实现对私权利的保护，也实现社会的公共利益。公私法的融合并非以公权力代替私权利，而是在尊重私权利的基础上对社会不同利益的协调。

从实践层面看，公私法的划分意义有两方面：一是立法层面上，由于公法强调对公权力行使的限制，相应制度设计主要以权力行使的程序、界限、责任为主要内容；私法强调私权自治，相应制度设计主要以权利保障、意思自治为宗旨。二是司法层面上，二者在救济程序和法院管辖上不同，公法适用行政诉讼程序和行政法院或行政法庭，私法则适用民事诉讼程序和民事

① ［德］迪特尔·施瓦布：《法律导论》，郑冲译，法律出版社 2006 年版，第 66 页。

② ［英］尼尔·麦考密克：《法律制度：对法律理论的一种解说》，陈锐等译，法律出版社 2019 年版，第 262 页。

法庭。

私法与公法有不同的规范原则：私法以个人自由决定和自我承担责任为特征，公法则以强制或拘束为内容；前者强调自主决定，后者须有法律依据及一定的权限。① 在适用时，私法一般奉行“凡法律没有禁止的，就是可以自由为之的”，鼓励私人自由创造与上进；公法要求“凡是法律没有明确规定的，就是不能去做的”，限制并要求公权力承担与行使者遵行，限制是为了避免不当行使权力（管理行政），要求是为了促进社会福祉（服务行政）。

（三）公法与私法之间的关系

公法与私法的划分，使各自规范对象与法律关系处理有别，但并非是指二者之间互为独立法域而不相干，它们同时相互影响和互动，不仅形成一个国家整体法律关系，还相互之间统一和协调而交织，如同一个销售关系，在私法上为平等之间的交易关系，在公法上可能涉及产品标示、食品安全等公法关系。如果将二者之间简单地区分而认为互不影响，相应具体问题难以得到正确的解决。

《民法典》第484条关于合同的成立时间规定：“承诺生效时合同成立，但是法律另有规定或者当事人另有约定的除外。”该条“法律另有规定”主要是国家管理性的强制要求，只有结合国家管理性规定，才能完整地认识该条所规定的成立时间。《民法典》第502条关于合同生效的时间规定，以及第534条关于利用合同危害公共利益的处理规定，均是如此。

二、作为私法的民商法

民商法是典型的私法，民商分立与民商合一的民商法与私法之间的关系是有区别的。

（一）民商分立下民商法与私法

在采民商分立的国家和地区，如德国，民法一词源于罗马法的市民法，属于一般私法，抽象并普遍地适用于所有人。商法则源于中世纪商人法，属

① 王泽鉴：《民法总则》（增订版），中国政法大学出版社2001年版，第15页。

于特别私法，具体并主要适用于具有商人身份者（特定人群）。①

此时，商法与民法一起构成了私法的主要组成部分，因为二者都是以个体与个体之间的平等与自治为基础，调整个体之间关系的法律规范。其中，现代民法调整所有个人之间参与的法律关系，其内容包括关于人的人格、权利能力和责任的规定；物权、债权、损害赔偿；亲属关系和继承关系等。现代商法是调整商人的法律，其内容主要是关于具有商人身份的人（主要是企业）营业行为的法律规则。所以，民法被认为是一般私法，商法为特别私法。

作为一般私法，民法调整那些原则上每一个平等的民商事主体都可参与的法律关系，它是关系全体人的法律，② 其所建立的关于普通主体的权利体系及行为规则是私法的一般制度。作为特别私法，商法是关于具有商人身份的企业营业行为的法律。所以，在商法有特别规定时，适用商法；在商法没有规定时，则适用民法，民法对于商法具有补充适用的效能。

民法对于商法具有补充适用的效能只是说在特别法有规定时优先适用，而并不意味着商法具有比民法更强的效力。事实上，作为私法一般法的民法所规定的一般原则与制度是商法有关规则和制度的基础，后者是建立在前者之上的。

（二）民商合一下民商法与私法

在采民商合一的国家和地区，如瑞士，其民法一词尽管也如欧洲大陆法系其他国家一样源于罗马法中的市民法，但其民商合一为私法的合一。其中作为以商法为主要内容的《瑞士债务法》，其债法规范的制定并非是建立在商人和商行为的基础之上，而是建立在私法合一的基础之上，《瑞士债务法》与《瑞士民法典》均非单行法，而是共同构成了瑞士私法的法典化。法典化应被理解为，一个法典在思想与技术上尽可能全面地统一涵盖某个领域（这

---

① 参见［德］本德·吕斯特、阿斯特丽德·施塔德勒：《德国民法总论》（第18版），于馨淼等译，法律出版社2017年版，第2页。

② ［德］卡尔·拉伦茨：《德国民法通论》（上册），王晓晔等译，法律出版社2003年版，第9页。

里即是私法）和法律规则。[1] 在意大利与荷兰，其民商合一是民法商法化的合一，主要以原商法典的商行为规则统一了传统的民事行为规则。[2]

无论是私法的合一，还是民法的商法化合一，商法均不再独立，仅是规则与理念意义上的存在。它们之间不存在一般法与特别法的关系，而作为一个整体成为私法的主要部分。民商合一下民事规则与商事规则的区分，是统一法典下合中有分的规则，并因此在适用中有所区别。它们适用统一的私法原理与规则，并因民商合一的民法商法化或私法化而以商事原理与规则为基本指导。

（三）我国民商法与私法

我国法律并不遵循公法与私法之分，只是在理论研究上予以分野。

与瑞士、意大利、荷兰相比，我国民法典的民商合一是中度状态的合一，主要将商行为中的代理、合同规则及营业中的物权、侵权规则一体化于民法典之中，公司、票据、保险等仍单独立法。

在我国，对于合一于民法典的商规则，属于一般私法的组成部分，不存在一般法与特别法问题，但这并非说民法典因为取消了商行为或商人的概念而无民商规则之分，如合同编买卖合同属于典型的商事合同规范，其适用对象主要针对企业或经营者之间，有关规定基本属于商规则，只不过这些规则仍具有统一民法所谓民事关系共同的类型特征：即其当事人间之法律关系的产生、变更及消灭不涉及公权力的行使，而是单纯基于私人有意识的事实行为，或有法效意思的意思表示，当事人的地位都是平等的。[3]

对于公司、票据、保险、海商等单独立法，则属于特别法范畴，优先适用于一般法。《民法典》第 11 条规定："其他法律对民事关系有特别规定的，依照其规定。"

---

① ［瑞］贝蒂娜·许莉曼—高朴、耶尔格·施密特：《瑞士民法：基本原则与人法》（第二版），纪海龙译，中国政法大学出版社 2015 年版，第 15 页。

② 参见［意］布斯奈里：《意大利私法体系之概观》，薛军译，载《中外法学》2004 年第 6 期，第 651 页。

③ 黄茂荣：《法学方法与现代民法》（增订第七版），纮基印刷有限公司 2020 年出版，第 6 页。

对于我国民事法律规则的适用，《最高人民法院关于适用〈中华人民共和国民法典〉总则编若干问题的解释》（法释【2022】6号）第1条分做出了规定："民法典第二编至第七编对民事关系有规定的，人民法院直接适用该规定；民法典第二编至第七编没有规定的，适用民法典第一编的规定，但是根据其性质不能适用的除外。""就同一民事关系，其他民事法律的规定属于对民法典相应规定的细化的，应当适用该民事法律的规定。民法典规定适用其他法律的，适用该法律的规定。""民法典及其他法律对民事关系没有具体规定的，可以遵循民法典关于基本原则的规定。"

其中第2款是关于《民法典》与特别法之间的适用规定，按照解释起草者的解释，该第2款有两层含义：一是对于同一民事关系，其他民事法律的规定属于对民法典相应规定的细化的，应当适用该民事法律的规定。例如，《电子签名法》第28条关于侵害电子签名人利益归责原则的规定，就构成了对《民法典》第1165条第2款有关过错推定责任规定的细化，此时应当适用电子签名法的规定。这里的"民事法律"实质上是指民商事法律。二是《民法典》规定适用其他法律规定的，适用该法律的规定。因为在此情形下，《民法典》已经做出了适用其他法律的指引或者授权，此时适用其他法律的规定也不存在与立法法规定相冲突的问题。例如，《产品质量法》第45条规定因产品存在缺陷造成损害要求赔偿的诉讼时效期间为2年，《民法典》第188条明确"法律另有规定的，依照其规定"，此时应适用《产品质量法》。①

对于民商合一的民法典，不存在一般法与特别法的关系，但因法典的总分结构（包括各分编的总分结构）而存在具体与抽象之间的适用关系。因此"在处理某一具体的合同纠纷案件时，先要到民法典合同编的典型合同分编中查找是否存在与该合同有关的特别规定。如果有，就要优先适用特别规定，只有在没有找到特别规定时，才能适用合同编通则部分的规定；也只有在合同编通则部分没有特别规定时，才能适用总则编关于法律行为与代理的一般

① 郭锋等：《〈关于适用民法典总则编若干问题的解释〉的理解与适用》，载《人民司法》2022年第10期。

规定。”① 此处隐含的意义是，有具体规定者，优先适用具体规定，无具体规定，则向上（较抽象和更抽象层面）寻找。这个寻找过程本身是同一法典之中的特别与一般问题。民商合一下的商事与民事之间的关系，力求在内部体系化解决，但寻法的过程，需要结合案件事实，而非简单的当事人之间的平等关系中进行探寻。

① 郭锋等：《〈关于适用民法典总则编若干问题的解释〉的理解与适用》，载《人民司法》2022年第10期。

第二章　商法的渊源与规范

第一节　商法的渊源

一、法律渊源

（一）法律渊源的含义

法律渊源是关于法的产生和效力问题，即从何而来及效力如何。

从广义上讲，法律渊源是指对法和法律规范产生决定性影响的所有因素。① 这时，可以对法律渊源从不同角度加以研究：首先是历史或社会的角度，研究特定的法律或者法律制度产生的原因，它们蕴涵在特定的社会关系或过程；其次，道德的角度，研究法的道德义务效力，它们蕴涵于良心或者风俗法之中；再次，法政策的角度，研究法律的制定和法律的执行、法律渊源的扩张（法律化）或者缩减（因规范过剩而减少法律）；最后，法律方法论的角度，研究法律的界限、制度效力、漏洞补充、位阶和效力范围。这些都可以帮助人们特别是法官正确认知现行的法和法律，从而解决社会问题。

不过，法学界研究和认识的法律渊源一般是狭义上的，即对法律适用者具有约束力的法律表现形式，既有成文法形式，也有不成文法形式。

本书所称商法的法律渊源从狭义，即商法的表现形式来谈的。

（二）法律渊源的作用

法律渊源是法律的表现形式，最终是法官对这些表现不同的法律适用，

① ［德］伯恩·魏德士：《法理学》，丁小春等译，法律出版社2003年版，第102页。

理解“法律”何以产生及效力如何。

首先，法律渊源是法官发现法的地方。法官适用法律，第一步是寻找解决个案的法律，这只能从成文法或不成文法中寻求。发现法要在各种形式的法律中予以寻找，解决判决的合法性与合理性，使判决具有说服力，在司法过程中维护法治。

其次，法律渊源规范法官发现法律的方法和技术。把法律渊源当成法官发现法律的地方，仅仅是指明了法官发现法律的方向。在各国的司法实践中，实际上还存在法官发现法律的方法或技术，即如何在众多法律形式中寻找，并确定应用于当前案件或行为的法律。

一般来说，大陆法系对法律渊源作如下区分：对法官有约束力的基本渊源与有时被称为“权威典据”的辅助性渊源，而基本渊源主要指制定法和习惯法，其中制定法具有绝对重要的意义，对法官来说具有强拘束力。法官发现法律首先应在制定法中寻找。同时，在大陆法系的制定法中又分为不同效力级别的形式，宪法高于基本法律，法律高于行政法规，而行政法规又高于地方性法规。法官在应用不同级别的法律时，下位阶的法规又被优先适用，即所谓特别法优于一般法，但其前提必须是上下位阶的法律之间没有冲突。在成文法没有相应规范可循时，就要寻求习惯法及其他非正式法源。

二、制定法

（一）概述

我国商法的渊源主要体现为制定法。

改革开放以来，我国商法完全是借鉴甚至移植西方和国际上先进做法的结果，主要体现为制定法，包括《民法典》、《公司法》、《合伙企业法》、《票据法》、《担保法》、《保险法》、《证券法》、《破产法》、《信托法》、《电子商务法》等。

除了以上提到的法律外，我国宪法、行政法、刑法和地方法规有关商事性质的法律规范也是重要的表现形式。其中，作为国家根本大法的宪法，一般不直接适用于商事活动，但其关于商事活动的法律规定，构成商法的根本性法源而对商法具有统率作用。

（二）民法典

2020 年《民法典》是一部民商合一的法典，商法的重要渊源存于其中自不待言。但是，如何对不分适用对象的限制，而统一于其中的商规则予以区分或认识，值得重视。《民法典》共分七编，分别为总则、物权、合同、人格权、婚姻家庭、继承、侵权责任，除了婚姻家庭、继承编外，均涉及商事，特别是其中的总则、合同编，关于商事的规定最多。普遍认为，总则编个体工商户、营利法人、非法人组织、民事法律行为、代理，均全部或基本为商事性质规则；合同编则为典型商法化的合同规则，以商事规则为主，民事规则为辅。物权编营业性规则，主要是担保物权规定，为商事性质规则；人格编名誉权与荣誉权规定，可以成为企业或其他经营者重要的营业性权利；侵权责任编第 1185 条关于“侵害知识产权惩罚性赔偿责任”、第 1191 条“工作人员致害”、1194 条以下至 1197 条的“网络侵权”、第 1198 条“安全保障义务”、第四章“产品责任”，以及其他涉及企业或经营者的责任规定，均应视为商事（侵权）法源。

（三）商事单行法

商事单行法是指由全国人民代表大会及其常务委员会通过的商事单行立法，包括《公司法》（1993 年制定、1999 年修正、2004 年修正、2005 年修正、2013 年修正、2018 年修正、2023 年修正）、《反不正当竞争法》（1993 年制定、2017 年修正、2019 年修正）、《合伙企业法》（1997 年制定、2006 年修正）、《个人独资企业法》（1999 年制定）、《票据法》（1995 年制定）、《证券法》（1998 年制定、2004 年修正、2013 年修正、2014 年修正、2019 年修正）、《保险法》（1995 年制定、2002 年修正、2009 年修正、2014 年修正、

2015年修正）、《海商法》（1992年制定）、《商业银行法》（1995年制定、2003年修正、2015年修正）、《信托法》（2001年制定）、《破产法》（2006年制定）、《反垄断法》（2007年制定）等。

（四）立法解释

立法解释又称法律解释，是立法机关根据法律立法原意，对法律规范具体条文的含义以及所使用的概念、术语、定义所作的说明，目的是更准确地理解和适用法律。《立法法》（2023年修正）第48条规定，法律解释权属于全国人民代表大会常务委员会，它可以在下列情况下对法律进行解释：一是法律的规定需要进一步明确具体含义的；二是法律制定后出现新的情况，需要明确适用法律依据的。

立法解释是一种有权的规范性解释，本身相当于立法活动，与法律具有相同的效力。

（五）行政法规

行政法规是指由国务院依照宪法和法律制定的有关商事规范性法律文件。

由我国社会主义市场经济性质决定，和商事有关的行政法规是我国商法重要的法源，其数量庞大，主要包括《市场主体登记管理条例》（2022年施行）、《企业名称登记管理规定》（1991年制定、2012年修正、2020年修正）、《证券期货行政执法当事人承诺制度实施办法》（2022年施行）、《粮食流通管理条例》（2021年施行）、《防范和处置非法集资条例》（2021年施行）、《外商投资法实施条例》（2020年施行）、《优化营商环境条例》（2020年施行）、《外资银行管理条例》（2006年制定、2014年修正、2019年修正）、《外资保险公司管理条例》（2001年制定、2013年修正、2016年修正、2019年修正）、《政府投资条例》（2019年施行）、《互联网上网服务营业场所管理条例》（2002年制定、2011年修正、2016年修正、2019年修正）、《招标投标法实施条例》（2011年制定、2017年修正、2018年修正、2019年修正）、《道路运输条例》（2004年制定、2012年修正、2016年修正、2019年修正)、《海运条例》(2001年制定、2013年修正、2016年修正、2019年修正)、《商业特许经营管理条例》(2007年制定)等。

(六)地方性法规

地方性法规是指由省、自治区、直辖市、省和自治区的人民政府所在市、经国务院批准的较大的市的人大及其常委会,根据本行政区域的具体情况和实际需要制定和颁布的、在本行政区域内实施的商事有关的规范性文件总称,如《深圳经济特区个人破产条例》(2020年制定)、《北京市招标投标条例》(2021年修正)、《上海市优化环境条例》(2021年制定)。

根据《立法法》第82条规定,一般情况下,地方性法规是为执行法律、行政法规的规定,需要根据本行政区域的实际情况作具体规定的事项。但除了必须以法律形式制定的事项外,其他事项国家尚未制定法律或者行政法规的,省、自治区、直辖市和较大的市根据本地方的具体情况和实际需要,可以先制定地方性法规。在国家制定的法律或者行政法规生效后,地方性法规同法律或者行政法规相抵触的规定无效,制定机关应当及时予以修改或者废止。

(七)部门规章

部门规章是指国务院各部、委员会、中国人民银行、审计署和具有行政管理职能的直属机构,根据法律和国务院的行政法规、决定、命令,在本部门的权限范围内制定的有关商事规范性法律文件。

根据《立法法》第72条规定,部门规章规定的事项应当是属于执行法律或者国务院的行政法规、决定、命令的事项,如证券监督管理委员会每年根据证券市场发展情况及时发布的证监会令、中国银行保险监督管理委员会每年发布的政策性文件等。

部门规章为行政规章,意在整体上规范有关领域法秩序。一般而言,其主要属于管理性范畴,不对合同效力产生影响。但对此也不能一概而论,如果有关规章制度是对行政法规或法律禁止性规定或规制精神的进一步明确,而涉及公共经济秩序，则这些规章可能会对合同的效力产生影响。①

（八）司法解释

基于裁判统一的目的，最高人民法院根据法律赋予的职权可以就具体应用商事问题出台具有普遍司法效力的规范性文件，即所谓的司法解释，它是对法律规范做出的权威、统一、准确的说明，是弥补法律漏洞的重要手段，但它本身没有创设法律，并不是立法活动。然而，司法解释却是法院审判的

① 在“福建伟杰投资有限公司、福州天策实业有限公司营业信托纠纷案”（最高人民法院【2017】最高法民终529号民事裁定书）中，最高人民法院认定天策公司、伟杰公司之间签订的代持君康人寿公司股权协议无效，判决认为：天策公司、伟杰公司签订的《信托持股协议》内容，明显违反中国保险监督管理委员会制定的《保险公司股权管理办法》第八条关于“任何单位或者个人不得委托他人或者接受他人委托持有保险公司的股权”得规定，对该《信托持股协议》的效力审查，应从《保险公司股权管理办法》禁止代持保险公司股权规定的规范目的、内容实质，以及实践中允许代持保险公司股权可能出现的危害后果进行综合分析认定。首先，从《保险公司股权管理办法》禁止代持保险公司股权的制定依据和目的来看，尽管《保险公司股权管理办法》在法律规范的效力位阶上属于部门规章，并非法律、行政法规，但中国保险监督管理委员会是依据《中华人民共和国保险法》第一百三十四条关于“国务院保险监督管理机构依照法律、行政法规制定并发布有关保险业监督管理的规章”的明确授权，为保持保险公司经营稳定，保护投资人和被保险人的合法权益，加强保险公司股权监管而制定。据此可以看出，该管理办法关于禁止代持保险公司股权的规定与《中华人民共和国保险法》的立法目的一致，都是为了加强对保险业的监督管理，维护社会经济秩序和社会公共利益，促进保险事业的健康发展。其次，从《保险公司股权管理办法》禁止代持保险公司股权规定的内容来看，该规定系中国保险监督管理委员会在本部门的职责权限范围内，根据加强保险业监督管理的实际需要具体制定，该内容不与更高层级的相关法律、行政法规的规定相抵触，也未与具有同层级效力的其他规范相冲突，同时其制定和发布亦未违反法定程序，因此《保险公司股权管理办法》关于禁止代持保险公司股权的规定具有实质上的正当性与合法性。再次，从代持保险公司股权的危害后果来看，允许隐名持有保险公司股权，将使得真正的保险公司投资人游离于国家有关职能部门的监管之外，如此势必加大保险公司的经营风险，妨害保险行业的健康有序发展。加之由于保险行业涉及众多不特定被保险人的切身利益，保险公司这种潜在的经营风险在一定情况下还将危及金融秩序和社会稳定，进而直接损害社会公共利益。综上可见，违反中国保险监督管理委员会《保险公司股权管理办法》有关禁止代持保险公司股权规定的行为，在一定程度上具有与直接违反《中华人民共和国保险法》等法律、行政法规一样的法律后果，同时还将出现破坏国家金融管理秩序、损害包括众多保险法律关系主体在内的社会公共利益的危害后果。故依照《合同法》（已失效）第52条第4项等规定，本案天策公司、伟杰公司之间签订的《信托持股协议》应认定为无效。天策公司依据该《信托持股协议》要求将讼争4亿股股份过户至其名下的诉讼请求依法不能得到支持。此案判决争议很大，但值得关注，整体上符合商事逻辑思维，商法是关于商人之法，商人负有更多的义务与责任。

重要依据，从属于法律的规范性文件，是法律的补充形式。尽管司法解释不是立法，但由于其具有普遍适用性而成为规范性法律文件，特别是商事活动的不断创新性而使商事司法解释成为常态。

最新的有关商事司法解释主要有：《最高人民法院关于适用〈中华人民共和国民法典〉总则编若干问题的解释》（法释〔2022〕6号）、《最高人民法院关于审理银行卡民事纠纷案件若干问题的规定》（法释〔2021〕第10号）、《最高人民法院关于适用〈中华人民共和国民法典〉有关担保制度的解释》（法释〔2020〕28号）、《最高人民法院关于审理商品房买卖合同纠纷案件适用法律若干问题的解释》（2020年修正）、《最高人民法院关于审理铁路运输损害赔偿案件若干问题的解释》（2020年修正），以及一系列公司法解释、保险法解释、破产法解释等。

数量庞大的制定法在商法秩序中的位置是不同的，它们之间具有位阶结构，在出现规范冲突时，上位法优于下位法。具体之，宪法位阶最高，其次为法律和立法解释，以后依次为商事行政法规、地方法规、部门商事规章。司法解释具有补充性，没有独立的位阶，其效力等级依附于被它解释的法律。如果是全国人大常委会通过的法律，那么它的司法解释效力位阶就同这个法律相等。

法律的位阶只是表明在法律适用过程中出现价值评价冲突时，下位阶法不得与上位阶法相背。在不存在这个问题时，如果相同位阶的法律规范所要求的事实构成都可以适用于特定事实，但同时产生冲突的法律后果时，则新法优于旧法；特别法优于一般法。

法律适用通常不是对某个具体规范的适用，而是对散布在法律秩序的若干法律部门中的相关规范的适用。法律适用者寻找的不是适用于具体案件的某个规范的答案，而是整个法律秩序的答案。

三、商习惯

（一）概述

近现代商法源于中世纪商人的习惯和惯例。其中，商事习惯是适用在商人之间的习惯性做法，由商人自行管理并主要以公平合理为基本原则运用，后来发展到成为惯例，并继而为各国立法机构所认可，以成文法的形式肯定下来，如1673年法国《陆上商事敕令》就是商习惯汇编而成。

现代各国和地区制定有大量商事成文法，相关规范中几乎均有适用商事习惯的规定。如《德国商法典》第346条规定："在商人之间，在行为和不行为的意义和效力方面，应注意在商业往来中适用的习惯和惯例。"《日本商法典》第1条更是明确规定："关于商事，本法无规定者，适用商习惯法，无商习惯法者，适用民法典。"《美国统一商法典》第1－205条关于"商业往来与交易惯例"中规定："当事方之间的商业往来和当事方所从事的职业或行业中为当事方所知悉或理应知悉的交易惯例，使协议条款具有特定含义，并且起着补充或者限制协议之作用。"交易惯例被看作美国商法的基本渊源，而且该领域的法律规则一般都以商业惯例为基础。①

《民法典》第10条规定："处理民事纠纷，应当依照法律；法律没有规定的，可以适用习惯，但是不得违背公序良俗。"该条确立了习惯在法律运用中的地位，成为统领有关商事习惯法源的依据。②

商业习惯和惯例对于商法是如此的重要，以至于德国最高法院在1923年指出："贸易交往不仅对个别消费者，而且对整个民族承担着满足不断变化的生活和经济利益需要的使命，为完满达到这一目的，贸易交往应尽量少受

---

① ［美］威廉·H. 劳伦斯、威廉·H. 亨宁：《美国货物买卖和租赁精解》，周晓松译，北京大学出版社2009年版，第2页。

② 奇怪的是，《最高人民法院关于适用〈中华人民共和国民法典〉总则编若干问题的解释》（法释〔2022〕6号）第2条第1款规定："在一定地域、行业范围内长期为一般人从事民事活动时普遍遵守的民间习俗、惯常做法等，可以认定为民法典第十条规定的习惯。"按照该解释的起草人解释，"在我国审判实践中，习惯作为法源多见于与丧葬事宜相关的案件，比如遗体瞻仰、告别、吊唁、祭奠等。需要注意的是，此处所讲的习惯不同于当事人之间形成的交易习惯，要求可以作为裁判依据。"据此，该司法解释对习惯进行了限缩解释。参见郭锋等：《〈关于适用民法典总则编若干问题的解释〉的理解与适用》，载《人民司法》2022年第10期。

强制法律规范的制约，而主要按自身的规律和需要发展。”① 德国判例认为，通过交易习惯，法官可以确定当事人在没有明确意思表示的前提下的真实交易意图，交易习惯可以规范当事人的交易条款，甚至可以用交易习惯中一般人的意思代替当事人的意思。

《美国统一商法典》起草者卢埃林认为，应以原合同所依托的真实环境来判断当事人在合同中的真实目的与真实意思，商业司法审判应当将当事人所依托的交易习惯与交易过程整合到合同中去，并作为合同所依托的上下文环境。

（二）商习惯的认定

关于商事习惯法、商事惯例与习惯，学界和各个国家和地区的实践认识并不一致。一般认为，所谓商事习惯法是各商事主体重复采用的为国家所承认的具有法律约束力的不成文的法律规范。惯例则被认为是指作为未具有法律拘束力的通例，即在商事活动的长期实践中逐渐形成而且通用，具有确定内容，并由民间权威机构使之成文化，成为商事活动应遵循的通例。习惯则是指商事活动中的惯常作法。

从表面上看，三者之间有很大区别，但实际上，它们之间其实是相通而无法区分的。日本学界认为，区分“商习惯法”与作为事实的“商习惯”实际上并没有太大的实际价值。② 不论是商事习惯，还是商事惯例，都对解决商事纠纷具有重要意义，从而具有商事法律渊源的价值。所以，《民法典》第 10 条以习惯而非习惯法或惯例措辞，③ 且强调该“习惯”为单纯事实上的习惯。

一般地，对于如何认定商事习惯，各国的法律并不规定。《美国统一商

① ［德］拉德布鲁赫：《法学导论》，米健等译，中国大百科全书出版社 1997 年版，第 75 页。

② 刘成杰：《日本最新商法典译注详解》（第二版），中国出版集团中译出版社 2021 年版，第 8 页。

③ 参见李建伟：《法源意义上的习惯与习惯法合一论——以商事习惯与商事习惯法为视角的研究》，载《政治与法律》2021 年第 11 期。

法典》第1－205条对商业往来与交易惯例规定：“商业往来是指特定交易的当事人之间先前作出的、可被合理视为构成解释其意思表示和其他行为之共同谅解基础的系列行为。”“交易惯例是指在一地区、一职业或行业中常为人们所遵守，以至于有理由预期其在有关争议之交易中也会得到遵守的任何交易的惯常做法或交易方法。此种惯例之存在及其范围应作为事实加以证明。此种交易惯例被证明为体现在书面商事守则或者类似文件中的，该文件之含义由法院解释。”

各国和地区在实践中对商事惯例的判断一般要求：一是从形成过程上看，它要经过当事人的反复实践，是自发渐进形成的。二是从内容上看，具有明确性，即这些惯例使当事人在事前对自己的行为后果有所预见，事中有所遵循，事后又成为解决争端的依据。三是从适用方式上看，一般须经当事人的明示同意。但有时，商事惯例的效力也不完全取决于当事人的明示同意。如《联合国国际货物销售合同公约》第9条规定：“双方当事人业已同意的任何惯例和他们之间确立的任何习惯做法，对双方当事人均有拘束力。除非另有约定，双方当事人应视为已默示地同意对他们的合同或合同的订立适用双方当事人已知道或应知道的惯例。而这种惯例，在国际贸易上已为有关特定贸易所涉同类合同的当事人所广泛知道并为他们所经常遵守。”这一条即指明了在一定条件下视为当事人默示同意惯例的情况。四是从适用范围看，具有普遍性。但这种普遍性不可能要求对某一商事惯例人人皆知，只要是“从事同类贸易的大多数人都知道并接受，即可构成普遍性。从而可以推定其他人‘理应知道’这种惯例的存在。”另外，其内容不得违背公序良俗。

（三）商习惯的位阶与适用

一般地，在法律体系中，习惯与制定法具有同样的权力基础，它与制定法的区别只在于制定的程序，[①] 其位阶与制定法是相同的。

---

① 黄茂荣：《法学方法与现代民法》（增订七版），纮基印刷有限公司2020年出版，第17页。

一般地，交易习惯与制定法具有以下关系：首先，交易习惯在不违反强行规定或任意规定之下，具有补充效力；其次，当事人如有以习惯为其法律行为内容的意思时，可排除任意规定的适用；再次，习惯违反强行规定时，不发生补充的效力。

依据《民法典》第 10 条，习惯的适用前提是没有法律规定，即如有法律规定，则法律优先。该规定是一个原则性规定，意在明确习惯的法源地位，但从商事交易角度，交易习惯是企业或经营者之间的经常性行为，如不违背公序良俗和国家禁止性规定，其适用次于商事特别法，优先于民法。在商事领域，习惯常常成为制定法新规则的先驱。当新的交易习惯不断产生并最终成形之时，旧的成文法规则就要退场了。当然，为什么商特别法规定优先于习惯，是因为商特别法的规定往往是交易习惯的成文化，且这些规定是关于企业或经营者的义务和责任，而非所谓权利的规定。

（四）作为制定法的“交易习惯”

需要注意的是，《民法典》和有关商事单行法纳入的习惯属于制定法范畴，① 不属于《民法典》第 10 条所称作为法源意义上的“习惯”。

在作为交易规则的合同编有关规定的“交易习惯”，即属于制定法，包括第 480 条关于“承诺的方式”、第 484 条第 2 款关于“承诺生效的时间”、第 509 条第 2 款关于“合同履行的诚信原则”、第 510 条关于“合同漏洞的填补”、第 515 条关于“选择之债的选择权”、第 558 条关于“债权债务终止后的义务”、第 622 条关于“约定检验期过短”、第 680 条第 3 款关于“借款利息”、第 888 条第 2 款关于“保管合同定义”、第 891 条关于“保管人出具保管凭证”等规定中所谓的“交易习惯”。

这些被纳入《民法典》和其他单行法的“交易习惯”因被纳入制定法之中而属于制定法范畴。

---

① 黄茂荣：《法学方法与现代民法》（增订七版），纮基印刷有限公司 2020 年出版，第 17 页。

最高人民法院曾在《合同法司法解释（二）》（法释［2009］5号）第7条规定："下列情形，不违反法律、行政法规强制性规定的，人民法院可以认定为合同法所称'交易习惯'：（一）在交易行为当地或者某一领域、某一行业通常采用并为交易对方订立合同时所知道或者应当知道的做法；（二）当事人双方经常使用的习惯做法。""对于交易习惯，由提出主张的一方当事人承担举证责任。"根据该解释：

1. 交易习惯应是在交易行为当地或者某一领域、某一行业通常采用并为交易对方订立合同时所知道或者应当知道的做法。由此，交易习惯须同时具备客观要件与主观要件。所谓客观要件是指"在交易行为当地或者某一领域、某一行业通常采用"，即须有交易习惯的地域性和行业性特征。所谓主观要件是指"为交易对方订立合同时所知道或者应当知道"，即交易习惯必须为当事人所知悉或应当知悉，如果当事人一方不知道或不应当知道，则不能成为所谓的"交易习惯"，亦即，其不能约束不知道的当事人。尤其需要注意的是，该规定对主观要件的界定是比较严格的，当事人"知道或者应当知道"即可，而毋须"同意或认可"。如果是后者，就会失去交易习惯必要的客观性，而纯由当事人自己决定了。

2. 交易习惯可以是当事人双方经常使用的习惯做法。当事人双方在交易过程中，尽管合同中没有约定，或者约定不明，但当事人通过它们双方的实际履行行为，就可以直接表明其对合同含义或双方行为的真实理解。在当事人双方经常使用某种习惯做法时，就可以公平地认为该种惯常做法构成了当事人双方表达及行为的理解和解释的共同基础，从而被认定为交易习惯。而且，当事人在交易过程中一经做出惯常的行为，对方就会基于对该惯常行为的信赖予以承诺、履行相关义务，而民法则应当根据诚实信用原则保护这种信赖。

如何认定"习惯做法"，则不能简单地套用时间长短标准。当事人之间就某个具体交易中的几次同样的做法，均可以认定为"习惯做法"。这是因为，作为交易习惯，更多的是约束具体交易的当事人之间的行为，而在具体的交易中，两次或三次以上的重复，且同样的重复行为均为双方心照不宣时，其显然就会成为某种“惯常做法”。① 如果在当事人先前的交易中仅有一次做法，不能认定为交易习惯。

对于以上被认定为“交易习惯”的两种情形，其之间并没有递进顺序，仅是两种交易习惯的情形而已。

在第一种情形，强调具有“地域性和行业性特征”的交易习惯，这种交易习惯的适用范围更广，除了可以适用于多次反复交易外，还可以适用于当事人双方的第一次交易。在第二种情形，强调具体交易双方在某个具体的交易当中的“习惯做法”，更为具体，需要个案分析，两种情形可综合考虑判断。

已被纳入制定法的交易习惯，是优先于法律的，如《民法典》第480条规定，承诺应当以通知的方式作出，但根据交易习惯或者要约表明可以通过行为作出承诺的以外。此表明，习惯是优于民法一般规定的，尽管这里的“交易习惯”是民法规定的。

有争议的是，没有被纳入制定法之中，但当事人之间因长期交易而形成

---

① 在“中材供应链管理有限公司与黄石山力兴冶薄板有限公司买卖合同纠纷案”［最高人民法院（2014）民二终字第186号］中，最高人民法院指出，“双方在合同履行过程中已经形成相对固定的交易模式、交易习惯等交易惯例，此前三次交易的钢材交货方式均为：钢材从山力公司出库后，通过禄马公司委托的全诚物流运至上海铁山路码头，再由通豪物流运至上海市宝山区飞云路21号，通豪物流的送货单据上载明的收货单位均为禄马公司，而相关运输费用亦由禄马公司承担。由此证明中材公司与山力公司之间，相同的交易方式多次使用，相对固定，而中材公司与山力公司对此前三次交易均无异议，应视为有固定的交易惯例。虽然中材公司主张本案诉争合同约定的交货地点与已履行完毕的三份合同约定的交货地点不同，但本案已查明的事实证明，已经履行完毕且无争议的前三份合同的实际交货地点与本案诉争合同的交货地点均是上海市宝山区飞云路21号，对此，中材公司无异议，证明其认可前三份合同约定的交货地点和交货方式，同时也证明其认可山力公司将货物运抵到上海市宝山区飞云路21号后完成了交货义务。而对于诉争合同，虽与前三份约定交货地点不同，但运输的方式和运输单证上记载的送达地址均与前三次的相同，且已有证据充分证明诉争合同项下的货物已经送到上海市宝山区飞云路21号。在此情况下，原审结合前三次无异议的合同履行的交易惯例认定山力公司履行了诉争合同项下的交付义务，并不违反《合同法》第61条的规定，适用法律亦无不当”。

的交易惯行或习惯做法，适用是否优先于包括民法在内的法律？从以上《民法典》合同编有关规定的“交易习惯”另有规定来看，其实质是尊重私法自治，只要当事人之间的交易惯行或习惯做法没有违背法律的禁止性规定或公序良俗，那些没有规定在制定法之中的交易习惯，也应优先适用于民法。“交易习惯”的本质是当事人通过一而再，再而三的交易做法，形成了当事人之间互相认可的事实协议，而在私法中，协议优先是基本原则。从这个角度观察，纳入制定法之中的交易习惯与没有纳入制定法的交易习惯，本质上都是一样的。进一步来说，在商法中，是商人的行为，而非书面上的法律和书面合同，决定着当事人的法律关系。

四、合同或协议、决议

私法自治是私法基本原则与理念，当事人之间交往一般要用合同或协议事先规定各方的权利与义务，合同或协议一旦达成，对当事人各方均具约束力。因此，合同或协议是私法领域非常重要的法源。① 合同不仅约束当事人，也要求法院处理相应纠纷时以合同规定为根据。不仅如此，由于民事制定法中的任意规范得为当事人意志排除，故对于法官来说，法律行为效力的等级犹在任意规范之上。②

商事领域扩大了私法自治，合同或协议、决议是商法非常重要的法源。在商法上，是企业或经营者自己，而非他人，决定着他们之间法律的适用。交易习惯本身是企业或经营者交易自治的结果，一系列、连续的自治行为导致惯例、惯行的产生和发展，并最终成为正式法规则。

五、最高人民法院指导案例

（一）西方判例与裁判

在英美法系国家和地区，法院的判决对以后的判决具有法律规范效力，

① 参见黄茂荣：《法学方法与现代民法》（增订七版），纮基印刷有限公司2020年出版，第41页。

② 朱庆育：《民法总论》，北京大学出版社2013年版，第41页。

是其最重要的法律渊源。由于它是法官在判决中形成的，也叫法官法。判例法的基本原则是“遵循先例”，即法院审理案件时，必须将先前法院的判例作为审理和裁决的法律依据；对于本院和上级法院已经生效的判决所处理过的问题，如果再遇到与其相同或相似的案件，在没有新情况和提不出更充分的理由时，就不得做出与过去的判决相反或不一致的判决，直到将来某一天最高法院在另外一个同类案件中做出不同的判决为止。

在大陆法系国家和地区，法院的判决仅是对个别案件的裁断，原则上只对所审理的个案具有拘束力，裁判是法律的适用问题。从这个意义上说，在大陆法系国家和地区，判例不是法律渊源。但大陆法系最高法院在个案的裁判中所表示的“法律见解”基于“法的平等性”及“法的安定性”仍然具有“事实上的拘束力”。这时，法院的判决在“事实上”已经具有了法律渊源的意义,① 它在那些成文法没有调整的领域内发挥着规范制定的功能。②

商事领域尽管有大量的制定法和习惯，但在这些制定法和习惯仍有模糊不清含义时，就非常需要法院及时地通过判决的创造性适用，形成更为具体明确的规则，形成法律渊源。

（二）最高人民法院的案例指导制度

我国原则上不承认判例具有法律渊源的地位，法院一般也不能直接援引先例裁断案件，但为了更好地规范和统一裁判，减少同案不同判现象，我国于2010年开始建立案例指导制度，选择典型的案例判决作为判例，为法官审理案件提供借鉴和指导，凡有类似事实的案件，在适用法律以及裁量幅度上都可参照相关判例进行判决，以达到同样案情有同样处理结果。

根据最高人民法院2010年11月26日发布的《关于案例指导工作的规定》（法发〔2010〕51号），指导性案例是指裁判已经发生法律效力，并符合以下条件的案例：（1）社会广泛关注的；（2）法律规定比较原则的；（3）具有典型性的；（4）疑难复杂或者新类型的；（5）其他具有指导作用的案例。

---

① 黄茂荣：《法学方法与现代民法》（增订七版），纮基印刷有限公司2020年出版，第33页。

② ［德］伯恩·魏德士：《法理学》，丁小春等译，法律出版社2003年版，第111页。

案例指导制度的出台，是中国法制建设和司法发展进程中一个具有里程碑意义的突破事件。指导性案例具有引导性、示范性、典型性，对于全国法院审理同类案件具有重要的指导作用，各级法院应当参照指导性案例审理好同类案件，审慎、公正用好自由裁量权，实现案件裁判法律效果和社会效果的有机统一，保障社会和谐稳定。从这个意义上，指导案例具有创造法律规范的功能。①

除了司法解释和指导案例，司法实践中的典型案例和其他司法政策也一直发挥着重要作用，最高人民法院以会议纪要②、案件批复③、指导意见④、公报案例等多种形式发布典型案例以指导审判工作，这些司法政策与案例的发布对于统一法院司法尺度，提高办案水平，有一定作用。

六、国际商事条约

（一）概述

国际条约是指两个或两个以上国家之间，或国家组成的国际组织之间，或国家与国际组织之间，共同议定的在商事方面的相互间权利和义务关系的国际法律文件的总称，包括条约、专约、公约、协定、议定书等。

---

① 对于指导案例是否具有法源意义，争议较大。有观点认为，最高人民法院于2010年建立了案例指导制度，赋予指导性案例“应当参照”的效力。法官可以在判决中作为理由阐述，但不得作为法律依据引用。这一做法符合我国司法体制的现实选择。从法理学角度分析，指导性案例的效力只有高于一般的生效判决，并且在事实上受到遵循，方能维护法的安定性价值，实现公平正义。但基于指导性案例形成过程和法律制定过程的比较，其效力无法等同于制定法。从我国国情来看，结合成文法传统和法官演绎思维方式，无法赋予指导性案例法律渊源的地位，但可赋予其事实上的拘束力。参见胡嘉金、胡媛：《论指导性案例的效力证成与完善》，载《中国应用法学》2017年第4期。

② 如最高院于2019年11月8日公布《全国法院第九次民商事审判工作会议纪要》（简称《九民会议纪要》），《九民会议纪要》共计12部分130个问题，内容涉及公司、合同、担保、金融、破产等民商事审判的绝大部分领域。会议纪要不是司法解释，不能作为裁判依据进行援引。但法院可以根据《九民会议纪要》的相关规定进行说理。

③ 如《最高人民法院关于破产企业国有划拨土地使用权应否列入破产财产等问题的批复》（2002年通过、2020年修改）。

④ 如《最高人民法院关于充分发挥司法职能作用，助力中小微企业发展的指导意见》（2022年发布）。

近现代商法源于中世纪商人间的商事规则，是在商人间而非一个国家内慢慢得以汇集和传播的。换言之，商法一开始就具有国际性。只是到了18、19世纪，商人习惯法才被纳入国内法。尽管如此，这个时候也没有任何一个国家把商法完全纳入国内法中，其国际性仍然是存在的。① 随着大量新兴民族国家的产生，为使“无国界的商人和商品”能够在统一有效的规范下经营和通行，国际条约就成为必要。国际条约一经缔结或认可，就成为国际商事活动的重要法源，也成为法院和仲裁机构解决商事纠纷的主要法律渊源。

国际条约从主体角度可以分为双边的和多边的，从形式上可以分为合同式和立法式的。其中，合同式条约主要是用于处理商事方面的纠纷和问题；立法式条约（主要指各种公约和协定）主要就贸易、关税、运输和其他共同关心的问题制定的一致行动准则。

从内容上看，有关国际商事条约可以分为三类：第一类是调整国际商事活动的实体规范，如1924年《统一提单若干法律规定的国际公约》（海牙规则）、1978年《联合国海上货物运输公约》、1930年《统一汇票本票法公约》、1931年《统一支票法公约》、1964年《国际货物买卖统一法公约》、1980年《联合国国际货物销售合同公约》等；第二类是属于为某些特定目的建立地区性或世界性的组织而签订的国际性协定，如为建立国际货币基金组织而于世界银行、世界贸易组织于1944年签订《布雷顿森林协定》和《关税贸易总协定》等。第三类属于程序法规范，如1976年《联合国国际贸易法委员会仲裁规则》等。

（二）国际商事条约的适用

一般地，国际法只管条约义务是否得到履行，而不问缔约国是如何履行的。所以，原则上，国际商事条约缔约国可以自由决定如何在国内适用某条约。现代国家一般都是通过本国法律对条约的国内适用加以规范的。

在国际上，各国对国际商事条约的接受，一般有两种方式：一是通过立

① ［英］施米托夫：《国际贸易法文选》，赵秀文译，中国大百科全书出版社1993年版，第11页。

法行为将条约规定转变为国内法；二是不需要立法行为的转变，而将条约规定直接纳入国内法。根据我国有关法律规定和条约实践，我国属于后一种，即我国最高立法机关对条约的国内执行做出原则规定，当我国与外国所缔结的条约生效时，就当然被纳入国内法，由我国法院及其他机关予以适用，而无须另以立法行为予以转变才能为我国国内法所接受并予以执行，除非条约的规定要求这样做。

在适用上，和大多数国家和地区一样，对国际商事条约，我国也一般遵循国际条约优先原则，直接适用。《民事诉讼法》（2021 年修订）第 267 条规定："中华人民共和国缔结或者参加的国际条约同本法有不同规定的，适用国际条约的规定，但中华人民共和国声明保留的条款除外。"

在以上法律渊源中，制定法、合同或协议、国际条约因其"形式"而取得法源地位，习惯、指导案例因其实质而取得法源地位。其中因"形式"取得法源地位的，其最后获得规范上的拘束力，还要看内容是否违背实质正义，否则丧失法源意义。①

第二节　商 法 规 范

一、法律规范概述

（一）概念和结构

1. 法律规范的概念

一般认为，法律规范是指由国家制定或认可并由国家强制力予以保障的关于人们权利、义务和责任普适性的行为规则。

法律规范具有以下特征：（1）法律规范是应然规范，规定人们"应当"

---

① 黄茂荣：《法学方法与现代民法》（增订七版），纮基印刷有限公司 2020 年出版，第 43 页。

如何。与其相对应的是实然规范，它是描述物与事件之间存在一般关系的规范，实质是自然规律。(2) 法律规范是受国家强制力保障的社会规范，而其他社会规范，如道德、习俗等则主要靠自觉与习惯或社会压力予以遵守。(3) 法律规范是针对社会主体的普适性规范，它或者对一国全体国民，或特殊群体（如商法主要是规范企业或经营者①，劳动法和消费者权益保护法主要保护劳动者和消费者），其他规范，如体育规则、工业标准等则仅针对某个项目或产业。

2. 法律规范的结构

法律规范是关于人们权利、义务和责任的应然规范，一个完整的法律规范包括法律规范的接受对象、行为要求及价值评判。

(1) 法律规范的接受对象

法律规范的接受对象是指哪些人应接受或遵守该规范，它既可能针对全体国民，也可能针对某一特定群体。在发生纠纷时，司法机关须依此解决问题，它也针对法院或其他国家机构。法律规范通过使特定的群体负有遵守或执行规范命令的义务，达到塑造和调整特定生活领域的目的。②

(2) 行为要求

法律规范是调整人之行为的，通过对人的行为调整规范社会关系。许多法律规范都清楚地表达了人们应当如何，如《民法典》第135条规定："民事法律行为可以采取书面形式、口头形式或者其他形式。法律、行政法规规定或者当事人约定采用特定形式的，应当采用特定形式。"法律规范的行为要求基本原则为"当为"，这种"当为"既可以是命令、禁止，也可以是允许或免除（义务），其中，命令要求人们为一定的行为，禁止则要求人们不为一定的行为，允许赋予人们积极行为的可能性，免除则是权利的放弃。

---

① 民商合一下的许多规则是直接针对企业和经营者的，有些既规范企业与经营者，也规范非企业与非经营者，但解释与运用是不同的。从这个意义上，民商合一的法典并非一体化与客观化表达而抹杀其适用对象的差异。

② ［德］伯恩·魏德士：《法理学》，丁小春、吴越译，法律出版社2003年版，第62页。

（3）价值评判

一个完整的法律规范首先要描写特定的事实类型，即所谓法定的事实构成，然后才赋予该事实构成某个法律后果，给予价值评判。也就是说，法律规范并非在讲是什么或不是什么的叙述文句，而是在讲应该是什么或不应该是什么的效力规定或评价规范。①

以上是一个完整规范应当具有的结构，对于不完整或不独立的法律规范，则不具有上面全部的三个构成要件，如定义性规范和引用性规范，前者在于说明相应问题，后者在于需要通过引用其他法律规范来起作用。

（二）法律规范的分类

按照不同的标准，法律规范可作以下分类：

1. 授权性规范、义务性规范和禁止性规范

这是按照法律规范的调整方式作的分类。

授权性规范，是通过授予某人某种法律地位，使其可以为或不为一定的行为，或者要求他人为或不为某种行为的法律规范，《民法典》和其他商事单行法中大量的“可以”规定，就是授权性规范。

义务性规范，是使某人负担相应义务，规定人们必须依法做出一定行为的法律规范。这类规范在法律条文中常以“应当”“必须”“有……义务”“有义务”等词汇表达，《民法典》第509条关于“合同履行原则”规定“当事人应当”或“应当”用语就是此义。

禁止性规范，是禁止人们为某种行为或者必须抑制一定行为的法律规范。该类法律规范在法律条文多以“禁止”“不得”“不准”等词汇来表述，如《民法典》第8条规定：“民事主体从事民事活动，不得违反法律，不得违背公序良俗。”

对于义务性规范与禁止性规范，理论上统称为命令性规范，是命令或禁止当事人为一定行为的规范。不过，义务性规范与禁止性规范的法效果是不同的，违反禁止性规范的行为，必然导致无效之后果；违反义务性规范，则

---

① ［德］考夫曼：《法律哲学》，刘幸义等译，法律出版社2004年版，第153页。

视该义务性规范系管理性规范还是效力性规范，仅违反后者的行为无效。因此，《民法典》第153条第1款规定："违反法律、行政法规的强制性规定的民事法律行为无效。但是，该强制性规定不导致该民事法律行为无效的除外。"

2. 任意性规范与强行性规范

这是根据法律适用中法律规范权力义务的刚性程度作的划分，前者是指适用与否由当事人自行选择的规范，后者是指在法律适用中必须得到遵守的法律规范。

一般情况下，授权性规范大都为任意性规范，命令性规范为强行性规范。

关于任意性规范与强行性规范，后边专门探讨，此不赘述。

3. 完全性规范与不完全性规范

这是根据法律规范构成完整与否作的划分，前者是指其构成完全，有接受对象、行为要求和价值评判三要素的法律规范；后者构成不完全，须借助其他法条予以适用的法律规范。

不完全性规范有以下几种：

（1）定义性规范

定义性规范是指对相应法律概念作的定义性说明，如《民法典》合同编关于有名合同的规定，均有定义性规范，其他部分，如第469条第2款关于合同书面形式的规定，亦是。

一般来说，定义性规范的任务在于进一步比较详细地描述其他法条中构成要件要素（即该构成要件所使用的概念、类型）或其法律效力。定义性规范既不是真实的，也不是不真实的，它更多地包含了具有法律约束力的安排，按照立法意图将特定法律概念内容固定下来并因此确定法律的适用领域。只有将定义规范与其他规定结合起来，才能形成完整的规则。①

（2）限制性规范

限制性规范是指对于法律规范的构成要件予以限制，以防止要件过宽，

① ［德］伯恩·魏德士：《法理学》，丁小春、吴越译，法律出版社2003年版，第66页。

字面含义超过规范的实际适用领域。此类限制性规范的基本形式是：假使（前规范的）构成要件 T 之外，另外还存在某种特殊要素 M，即不适用针对 T 所赋予的法律效果。① 如《民法典》第 623 条规定：“当事人对检验期限未作约定，买受人签收的送货单、确认单等载明标的物数量、型号、规格的，推定买受人已经对数量和外观瑕疵进行检验，但是有相关证据足以推翻的除外。”

（3）引用性规范

引用性规范是指没有直接转述行为规则的内容，而是规定某个问题须参照、引用其他条文或其他法律、法规的规范，如《民法典》第 70 条第 2 款规定：“法人的董事、理事等执行机构或者决策机构的成员为清算义务人。法律、行政法规另有规定的，依照其规定。”

引用性规范的主要功能在于，技术上避免立法重复或挂一漏万的规定；法律适用上授权法院或其他机关做出法律补充，如《民法典》第 467 条第 1 款规定：“本法或者其他法律没有明文规定的合同，适用本编通则的规定，并可以参照适用本编或者其他法律最相类似合同的规定。”

（4）拟制性规范

法律拟制是将两个不同的构成事实在规范上等同评价，并赋予相同法律效果的一项重要技术。其特点在于，立法者虽然明知由法律上重要之论点，其拟处理的案件类型与所拟引用的法条本来处理的案件类型所涉及法律事实并不相同，但仍将二者通过拟制赋予同一的法律效力。② 拟制性规范一般用“视为”一词表示，《民法典》第 621 条第 1 款规定：“当事人约定检验期限的，买受人应当在检验期限内将标的物的数量或者质量不符合约定的情形通知出卖人。买受人怠于通知的，视为标的物的数量或者质量符合约定。”

拟制的实质并非通说所谓的“对两个不同构成要件的同等评价”，而是“对两个不同具体事实的同等评价”，即在不改变某抽象要件表述的前提下，

① 朱庆育：《民法总论》，北京大学出版社 2013 年版，第 47 页。

② 黄茂荣：《法学方法与现代民法》（增订七版），纮基印刷有限公司 2020 年出版，第 328 页。

将原本不能满足该要件的具体事实另行评价为满足该要件，以使原本仅适用于另一个不同事实的法律效果亦能对该事实适用。①

4. 严格性规范与平衡性规范

这是按照法律规范对其主管机关特别是法院拘束力的强弱而作的划分。

严格性规范是指法条内容十分清楚，无须由法院或其他机关基于个案而具有自由裁量权的法律规范。在这种规范之下，只要发生法律规定的情况，就必须予以适用，法院或其他机关没有其他判断余地，如《民法典》第683条规定："机关法人不得为保证人，但是经国务院批准为使用外国政府或者国际经济组织贷款进行转贷的除外。""以公益为目的的非营利法人、非法人组织不得为保证人。"

平衡性规范是指赋予了法院或其他主管机关酌量考虑而予以适用的法律规范。这种规范常常包含有不确定性概念，如重大过失、显失公平、合理等，如《民法典》第758条第2款规定："当事人约定租赁期限届满租赁物归出租人所有，因租赁物毁损、灭失或者符合、混合于他物致使承租人不能返还的，出租人有权请求承租人给予合理补偿。"

严格性规范的价值在于避免法院或其他主管机关的不当自由裁量权，保障法的安定性，缺陷在于过于刚性而常无法更好地适用个案需要；平衡性规范的价值在于通过赋予法院或其他主管机关的自由裁量权而适时、适当地回应并解决个案，缺陷在于可能危及法的安定性。②

二、商法强行性规范与任意性规范

（一）概述

1. 强行性规范与任意性规范的划分

如前所述，根据法律适用中法律规范的权利义务的刚性程度，可以将法

① 张焕然：《论拟制规范的一般结构——以民法中的拟制为分析对象》，载《法制与社会发展》2021年第4期，第182页。

② ［德］考夫曼：《法律哲学》，刘幸义等译，法律出版社2004年版，第155页。

律规范分为强行性规范和任意性规范。前者是指在法律适用中必须得到遵守的法律规范，后者是指适用与否由当事人自行选择的规范。①

一般地，那些与个人利益密切相关，而与公众利益没有直接影响的法律规范，大都为任意性规范，原则上尊重个人的意思，只有在个人没有特别表示或意思表示不明时，才适用任意性法律规范。私法的大多数规范属于任意性规范，如《民法典》第510条和第511条关于合同约定不明的补救及处理的规定就是典型的任意性规范。反之，如果规范与公众利益相关，则常常为强行性规定。公法的大多数规定为强行性规范，如刑法及行政法的有关规定。

但是，强行性规范与任意性规范和公法与私法的划分之间没有必然的直接相对应性。私法中有不少法律规范因与公众利益相关而有大量的强行法规范，如《民法典》第8条和第9条关于公序良俗与绿色原则的规定。公法中也有一定的任意性规范，如民事诉讼法关于合同当事人选择管辖法院的规定，刑法关于自诉案件规定等。

强行法规范又可以进一步分为强制性规范与禁止性规范。前者是指法律要求行为人负担某种作为的义务，如《证券法》第9条第1款规定："公开发行证券，必须符合法律、行政法规规定的条件，并依法报经国务院证券监督管理机构或者国务院授权的部门注册。未经依法注册，任何单位和个人不得公开发行证券。证券发行注册制的具体范围、实施步骤，由国务院规定。"后者是指法律禁止为相应行为，如《保险法》第6条规定："保险业务由依照本法设立的保险公司以及法律、行政法规规定的其他保险组织经营，其他单位和个人不得经营保险业务。"

任意性规范又可以进一步分为补充性的任意性规范和解释性的任意性规范。前者是指在当事人未就相关事项做出自主决定时，替代当事人自主决定的任意性规范，是当事人得经由特别约定而排除该项法律规范适用的规范。补充性的任意性规范，仅在当事人对其私人事务未作安排时，发挥替代性安

① 沈宗灵主编：《法理学》，高等教育出版社1994年版，第38页。

排的职能，如《民法典》第 836 条关于“运输留置权”的规定：“托运人或者收货人不支付运费、保管费或者其他费用的，承运人对相应的运输货物享有留置权，但是当事人另有约定的除外”。后者是指在当事人意思表示不完全或不明确时用以解释说明其意思，以便发生法律上效果的法律规范。解释性的任意性规范，目的在于详细说明当事人所期待的和所表示的法律效果，以消除意思表示中不清楚或不精确内容，如《民法典》第 757 条关于“租赁期满融资租赁物的归属”的规定：“出租人和承租人可以约定租赁期限届满租赁物的归属；对租赁物的归属没有约定或者约定不明确，依据本法第五百一十条的规定仍不能确定的，租赁物的所有权归出租人”。

2. 强行性规范与任意性规范区分意义

强行性规范与任意性规范体现的利益不同，前者体现着国家或社会的绝对，并需要国家强制力予以保障的重大利益。这些利益通常体现为一个国家的基本立法价值取向、基本的社会认同感以及法律的基本精神。它在某种程度上以强制力保障的形式体现国家和社会的根本利益，具有很强的民族性、地域性和相对的保守性。任意性规范体现个体的利益，是个体价值和能力得以发挥的保障和要求，它以个体自治为形式体现着个体的需求，具有世界性和开放性。

具体而言，二者之间区分的意义主要体现在以下几方面：首先，在形式上，强行性规范在文字表述上一般使用“应当”“不得”等语句；而任意性规范则较多使用“可以”“依照当事人约定”等语句。其次，在内容上，强行性规范在内容上具有单一的肯定内容或单一的否定内容；而任意性规范在内容上具有选择性。再次，在效力上，强行性规范在适用上具有绝对性和无条件性，法律绝对排除当事人意思自治因素的介入；而任意性规范在适用上具有补充性或解释性，强调当事人意思自治。最后，在法律效果上，违反强行性规范的，在私法上其行为可能为无效或可撤销，在公法上甚至受到更严重的制裁；而任意性规范则不存在这些问题。①

① 韩忠谟：《法学绪论》，中国政法大学出版社 2002 年版，第 48 页。

3. 商法强行性规范与任意性规范

商法为私法，其规范大多为任意性规范。商事活动要求简便、快捷，应由当事人自行决定更为合理，因此在行为法方面更多地存在任意性规范，例如合同的订立，合同形式的选用，履行的方式，公司经理的设置和职权的规定，证券的投资，票据的转让等，都可以由当事人按照自己的意思自由决定。

商法同时具有公法性，企业组织的设立和运行及营业行为不仅与企业或经营者本身利益相关，还涉及社会公共利益和第三人，因此商法具有大量的强行性规范。不论是关于企业合同的法律规定，还是企业组织的设立及运行，以及票据、保险、破产、证券等法律，均有大量的强行性规范。

商法具有强行性规范与任意性规范的结合特点，“商法是一切法律中最为自由，同时又是最为严格的法律”。①

（二）商法强行性规范

1. 商法强行性规范的表现

强行性规范规定的事项是涉及第三人与社会公共利益的情形，法律表述中常常出现“应当”、“不得”或“必须”等字样。

在商法中，关于当事人义务性的规定，都是强行性规范，如《保险法》第12条关于保险利益的规定、第15条关于保险人不得解除合同的规定、第16条如实告知义务规定等。《证券法》是商法公法化体现最为明显的法律，其关于证券的发行与交易的规定基本都为强行性规定，几乎每个法条当中都有“应当”、“必须”或“不得”词语。

但是，这并非说只有那些具有“应当”、“必须”或“不得”词语的法条才成为强行性规范。有大量的法律条文，尽管没有强调“应当”、“必须”或“不得”，如果条文涉及问题与社会公共利益或第三人利益影响重大，也为强行性规范，如《公司法》关于“公司股东依法享有资产收益、重大决策和选择管理者等权利”、股东会职权、董事会权利的规定等，由于其事涉股

① 参见张国健：《商事法论》，台北，三民书局1980年版，第24页。

东切身利益和董事的权利界限，对公司本身及股东影响重大，不能由有关人员自由选择或排除适用。

整体上，商法主要包括企业组织法和以合同为中心的营业法，二者强行法规范表现有较大差异：

一般地，企业组织法强行法规范包括以下几种：（1）程序性强行性规范，即关于企业会议的程序性条件的规定，如股东会的会议程序等规范；（2）权力分配性强行性规范，即股东与公司之间的权力分配、股东会与董事会之间的权力分配等规则；（3）组织结构变更性强行性规范，即涉及企业组织的结构性变更的规则，如公司的合并、分立、解散、重大资产出售等规则；（4）诚信义务规则，即规定董事、高级管理人员和控股股东的强行性的诚信义务的规则。①

对于以合同为中心的营业法，其强行性规范包括：（1）规定私法自治以及私法自治行使要件的规范，如企业的行为能力、交易的生效要件以及合法的交易行为类型；（2）保障交易稳定、保护第三人信赖的规范，如营业表见代理、表见代表等；（3）为避免产生严重不公平的后果或为满足社会要求而对私法自治予以限制的规范，如对格式合同的限制条款等。②

一般情况下，基于当事人之间利益协调的法条都是任意性规范，法律不过多干涉。当相应制度规则对当事人影响重大，需要促使当事人谨慎为之的时候，法律有必要对此加以引导，从而在相应法律条文中用了“应当”等法律术语。但这种“应当”性的规范并非强行性规范，而更多地是一种提倡与引导，③ 如《民法典》第 668 条第 1 款关于“借款合同应当采用书面形式，但是自然人之间借款另有约定的除外”中的“应当”。它们不属于裁判性规

① 参见［美］杰弗里·N. 戈：《公司法的强制性结构》，黄辉译，载王保树主编《商事法论集》（第 12 卷），法律出版社 2007 年版，第 306 页。

② ［德］卡尔·拉伦茨：《德国民法通论》（上册），王晓晔等译，法律出版社 2003 年版，第 42 页。

③ 据此，我国有学者将该种规范称为倡导性规范，即提倡和诱导当事人采用特定行为模式的法律规范。见王轶：《论倡导性规范—以合同法为背景的分析》，载《清华法学》2007 年第 1 期，第 66 页下。

范，不能作为决定行为成立或生效与否的标准。①

2. 强行性规范的适用与违反

强行性规范依据法定事实的发生而适用，不允许当事人加以排斥和变更，否则将产生不利后果。但这并非说，违反强行性规范一定会导致无效的后果。

原则上，违反强行性规范的法律行为是无效的，但在具体适用中，尚需结合法律规范条文目的及利益权衡做出分析。具体而言，违反强行性规范的后果包括：

（1）原则上无效。指违反强行性规范的法律行为一般情况下是无效的，既包括全部无效，也包括部分无效。前者如破产法关于债务人为逃避债务而隐匿、转移财产的或虚构债务或者承认不真实的债务的行为无效规定；后者如票据法关于“背书不得附有条件。背书时附有条件的，所附条件不具有汇票上的效力”之规定，即指仅所附条件背书部分是不生票据法效力，其他仍为有效。

（2）可撤销。指违反主要涉及当事人之间利益关系强行性规范的法律行为，可以由一方当事人行使撤销权，如《民法典》第151条规定：“一方利用对方处于危困状态、缺乏判断能力等情形，致使民事法律行为成立时显失公平的，受损害方有权请求人民法院或者仲裁机构予以撤销。”

（3）效力未定。指违反涉及第三人利益关系强行性规范的，可以经第三人确认而有效，如无权代理被事后追认。

（4）有效。指违反的强行性规范仅涉及国家对特定主体的行政限制，该特定主体的行为应受到行政处罚，相应法律行为仍然有效，如《证券法》第36条关于“依法发行的证券，《中华人民共和国公司法》和其他法律对其转让期限有限制性规定的，在限定的期限内不得转让”的规定，只是对特定主体的管理性要求，并非转让与受让合同关系效力的判断。

在我国台湾地区，这样的强行性规范被称为取缔规定，而非效力规定。

---

① 王轶：《论倡导性规范——以合同法为背景的分析》，载《清华法学》2007年第1期，第73页。

违反前者，法律行为仍然有效；违反后者，则法律行为无效。当然，如何判断某条文为取缔规定或效力规定，须结合法律的宗旨、权衡相冲突的利益认定。①

对于违反强行性规范的后果原则上为无效，但如以绝对无效以外的效果更能兼顾法律规定的精神及行为人利益时，可定其他效果，从而引导社会发展。②《民法典》第153条即是此意，即："违反法律、行政法规的强制性规定的民事法律行为无效。但是，该强制性规定不导致该民事法律行为无效的除外。"

总之，对于企业或经营者的交易来讲，促进交易便捷与安全保障十分重要，严格限制商事交易无效是相关规定的基本精神。《民法典》"总则编"第六章和"合同编"第三章"合同的效力"，其原则是合同自成立时生效（《民法典》第502条第1款），除了违反那些导致合同无效的强制性规定及违反公序良俗的行为（《民法典》第153条）及恶意串通损害第三人利益的行为（《民法典》第154条）无效外，其他情形均一般不认定为合同无效的因素，如行政审批不影响合同履行报批义务条款的生效（《民法典》第502条第2款）③、无权代理可以追认（《民法典》第503条）、除非相对人恶意，表见代表行为有效（《民法典》第504条）、超越经营范围订立的合同一般有效等。其他章节，如第九章第597条规定的出卖无处分权之物不导致合同无效等。

（三）商法任意性规范

1. 任意性规范的表现

由商法调整的对象决定，其规范以任意性规范为主。

对于补充性任意性规范，不少法律条文明确规定当事人"有约定的，按照约定"，抑还当事人"另有约定的除外"，如《民法典》第582条规定：

---

① 王泽鉴：《民法总则》（增订版），中国政法大学出版社2001年版，第280－281页。

② 苏永钦：《私法自治中的经济理性》，中国人民大学出版社2004年版，第45页。

③ 该条关于未生效合同的规定被称为是我国民法典的创新，弥补了原合同法规定的不足，意在促成合同的生效的鼓励交易原则。

“履行不符合约定的，应当按照当事人的约定承担违约责任。对违约责任没有约定或者约定不明确，依据本法第五百一十条的规定仍不能确定的，受损害方根据标的的性质以及损失的大小，可以合理选择请求对方承担修理、重作、更换、退货、减少价款或者报酬等违约责任。”

对于解释性任意性规范，法律条文常常包含“如果没有约定或约定不明确的，应当如何处理”的意思，如保险法关于“受益人为数人的，被保险人或者投保人可以确定受益顺序和受益份额；未确定受益份额的，受益人按照相等份额享有受益权”的规定，合伙企业法关于合伙事项决议的规定等。

一般地，任意性规范体现为当事人“可以”为之的意味，但并非说具有“可以”字样的法条均为任意性规范。如公司法关于董事、监事权利的规定及其所谓“可以”为之的规定，实为强制性规范，而非任意性规范，因为这些“可以”的范围是其职责问题。

2. 任意性规范的适用

任意性规范是当事人可以通过约定予以排除或变更的，它们只在当事人没有另作约定的范围内适用。所以，任意性规范的适用具有第二性，即在第一性的合同约定之后适用。同时，任意性规范并非根据当事人的意志适用，而是“依法”适用。在当事人没有另行选择时，它就是强制的。①

关于任意性规范的适用，学说上最具争议的是补充性解释与任意性规范的适用顺序。补充性解释是通过填补合同漏洞而对合同解释，补充性解释的任务是对于合同漏洞以当事人在合同中业已规定的规则作为判断标准，并通过考虑合同的目的以及所有的利益情况，从合同不全面的规定所依据存在的先决条件，即从这种规定本身的意义出发，符合逻辑地弥补合同规范的漏洞。

一般认为，是优先适用补充性解释，还是优先适用任意性规范，应当区别情况，区别分析：第一，在法律明文规定有些任意性规范最后才适用的情况下，补充解释具有优先性；第二，如果法律行为属于法律规定的典型合同，

① ［德］卡尔·拉伦茨：《德国民法通论》（上册），王晓晔等译，法律出版社 2003 年版，第 44 页。

则法律为这些合同制定的任意性规范应当优先适用；第三，如果法律行为属于法律未加规定的非典型合同，则补充解释具有优先性。①

三、商法规范结构中的“人”与论证

（一）传统民法规范结构中的“人”与论证

在传统和一般民法视野下，每个人都是抽象权利能力者，都是与他人相互平等的法律人格者，是法律上权利义务的担当者，这是近代社会关于人的一种理想图像。② 抽象的平等与契约自由因此成为民法的基本理念，当抽象的契约自由与平等成为“自己决定自己”的法定理由或法律解释前提时，当事人只是一个平等与自由的符号，是作为被抽象掉了各种能力和财力等的抽象的“当事人”，③ 是能依其理性、自由且负责地形成其私法生活关系者，因此财产的自由流通或交换就成为了两个同样符号下的中心，即民法不过是体现商品交换或市场经济的财产法而已。

在此视野之下，法律规范的结构就被理解为假定、处理和责任三要件，是一个所谓的行为规范结构。在此结构中，关注的是行为本身，行为者自身如何（除非无行为能力或限制行为能力者），是不在法律规范中体现的，以表征民法平等主体之间关系之意义与价值。

前述谈到的各种规范，基本上没有论及规范中的“人”，原因就在于民法眼中每个人都是一样的，故相应规范只是“如果—那么”的结构框架，即“如果存在 x，那么 y 应当发生”，或者，“如果存在 x，那么应当存在 y”。换

① 王轶：《论合同法上的任意性规范》，载《社会科学战线》2006 年第 5 期，第 232 页。

② 参见顾祝轩：《民法概念史·总则》，法律出版社 2014 年版，第 6 页。古典契约法理论对于契约主体，仅做极抽象的规定与假设，即将契约主体抽象为“人”。不管契约的主体国籍、年龄、性别、职业是什么，也不管他是具体的劳动者、消费者、大企业还是小企业等具体类型，在古典契约法理论的视野中，都统统被抽象为“人”这一平等的法律人格。正是在此意义上，弗里德曼才将合同法称作“移除契约主体与客体所有特性的抽象物”。参见刘承韪：《契约法理论的历史嬗迭与现代发展：以英美契约法为核心的考察》，载《中外法学》2011 年第 4 期，第 780 页。

③ 参见［日］星野英一：《私法中的人》，王闯译，中国法制出版社 2004 年版，第 35 页。

言之，法条的构成要件抽象地给定了被涵盖的情形，法律后果则抽象地给定了满足特定前提时应当发生或存在的后果。①

与之相应，传统的法教义学是一种法律内的分析视角，强调规则取向性、安定性及可预见性，通过条件程式（如果 A，那么 B）分析法律规范并予以应用，是一种典型的"复杂性缩减"，以较好地化解复杂的社会关系。

但是，这种法律规范结构安排与论证，忽略了最为核心的要素——人（主体）。

法律是关于个人和组织的社会行为规则，适用主体应该是法律规范的第一个构成要素。在不同的条件下，个人和组织的社会行为的方式、性质和意义等则不相同。进而，法律规范适用于具体主体时的条件—适用条件，成为法律规范的第二个构成要素。适用条件一般包括主体自身条件即主观条件，以及非主体自身条件即客观条件两大类。主观条件，就个人来说，如国籍、性别、年龄、身份、资历、财产等；就企业来说，其性质、规模、领域等。客观条件，如时间条件、地域条件、环境条件、情况条件、工具条件和行为后果条件等。②

将民法上的人纯粹化与高度抽象化，符合民法这种无视"人"之因素的法律规范结构，但其分析结果未必符合社会实际情况，特别是在进入现代经济与科技高度发达的社会，人与人之间已经不再是传统的互为小农或小商小贩的简单关系。交易形态的复杂化，导致私法的形式化要求与当事人的实质性要求之间冲突的扩大。

（二）商法规范结构中的企业（经营者）及论证

商法是关于企业或经营者营业之法，企业的营业行为不仅不同于非企业特别是普通民众，而且企业的营业行为具有极强的实践特征，对企业营业行为的理解不能局限于法律规范的抽象规定，而须在企业具体的营业行为中

---

① ［德］罗尔夫·旺克：《法律解释》（第 6 版），蒋毅、季红明译，北京大学出版社 2020 年版，第 10 页。

② 参见陈世荣：《论法律规范的若干问题》，载《北京交通大学学报（社会科学版）》2002 年第 1 期，第 62 页。

认识。

1896 年《德国民法典》将 1861 年《普通德意志商法典》（德国旧商法典）的基本规定一体化于其中的同时，将适用于大商人的规定则予以保留于 1897 年《德国商法典》。其原因固然有商法典单独立法的历史考量，也在于立法者认识到大商人营业行为的特殊性。而且，1896 年《德国民法典》商法化的同时，通过诚信、公平、公序良俗原则规范抽象权利能力者下的民事法律行为。1881 年《瑞士债务法》力图将所有人—不分主体的限制—通过消除商行为概念而实现民事债与商事债的区分，但仍在特殊行为中保留了商人或商事合同的概念，以区别对待，如《瑞士债务法》第 190 条第 1 款规定："在商事交易之情形，约定特定的交付期限，而出卖人陷于迟延者，推定：买受人得放弃请求交付买卖物，而请求不履行债务的损害赔偿。"采民商合一的意大利与荷兰民法典也有类似情况。①

对于商法规范，传统上的假定、处理和责任三要件结构，不能较好地理清不同当事人之间的法律关系，必须借助它是关于"企业或经营者营业的行为"结构认知并加以论证。

首先，商法规范的假定与处理是关于企业或经营者营业行为的假定与处理，即使是关于所有人的规范，在涉及企业或经营者与普通人之间，其理解与应用具有一定差异，唯一相同的是，都是客观上相同的行为。

《民法典》第 481 条第 2 款关于"要约以非对话方式作出的，承诺应当在合理期限内到达"之规定，该"合理期间"系典型的抽象而不确定概念。对于一般情形，可以理解为"一定的时间"，但对于企业或经营者之间，应视为"及时回复"，即"受要约人收到与其存在经常性交易关系的交易方所提出的属于其营业范围的合同要约时，须及时发出承诺与否的通知，怠于通知的，视为承诺"。如此应当更符合商事实践。

---

① 如《意大利民法典》第 1330 条规定，要约与承诺如果是由企业者关于其企业的执行而为时，企业者即使死亡或无行为能力的场合，亦不失其效力，但如果系小企业者场合不在此限。《荷兰民法典》第 3：228 条第 2 款规定，从合同的性质、商人的角度或案件的当时情况来看责任是由错误一方造成的，则不存在以错误为由撤销的权利。

《民法典》第620条“买受人收到标的物时应当在约定的检验期限内检验。没有约定检验期限的，应当及时检验”的规定，对于企业或其他经营者来说，是适当的，但对于普通人而言则难言合适，检验产品是个比较专业的事务，普通人之间的买卖不存在这个问题。第621条关于“买受人怠于通知的，视为标的物的数量或者质量符合约定”的规定，更是为了那些经营者而设。

其次，商法规范是企业或经营者营业的行动规范。商法是企业或经营者实践的产物，上升为法律条文的商事规则是实践导向的，并不以抽象的人格或权利为出发点，而以企业或经营者如何为之并规范，进而因规范而促进交易便利和保障安全。商法规范是开放的结构，尽管概念不可或缺，但类型更有意义，并与外界适时沟通。

《民法典》第470条关于合同主要条款的指导性规定，认为合同应当包括当事人的姓名或名称、标的、数量、质量、价款或酬金、履行期限、地点和方式、违约责任、解决争议的方法8项内容。在商事实践中，企业之间的交易仅需要具备必要条款，且该所谓必要条款要具体情况具体分析，如《联合国国际货物销售合同公约》第55条规定，如果一合同已有效订立（Where a contract has been validly concluded），却没有明示或暗示地确定货物的价格，或者明示或暗示地规定确定价格的方法，应视为双方当事人已经默示地引用了在订立合同时此种货物在类似的贸易环境中通常应该支付的价格，但存在任何相反意思表示者除外。因此，对于《民法典》第470条的规范结构，如果是企业或经营者之间的合同，应作开放性的理解与适用。

“法律不仅仅是（对争议的）的清理，而且是（对行为的）界定。它不仅仅是（在界定何者为）正确，而且是（在界定何者为）可能。在其设定的意义框架内，法律所定义的乃是一种关涉人类行为及其意义的重要力量—形塑人类行为并赋予其含义、价值、目的和方向。”[①] “法律并非某些实体事物，

---

① ［美］劳伦斯·罗森：《法律与文化：一位法律人类学家的邀请》，彭艳崇译，法律出版社2011年版，第6页。

亦非是些纯粹名目的事物，而是存在于人类相互间与对物的真实关系之中。这样思考的法律是人格的，因为关系的原型即是人。作为人格法律并非可恣意运用，而是时代的、动态的、程序的：它主要不是规范，而是行动。”① 如是，相比于法律以及所有人类规范的制定者的规制想象，法律人须进行评断和调控的生活是愈加丰富、多样化并且具有活力的。在所有的生活领域和法律领域中，法律交往及其参与者均有着无限的创造性。

① ［德］Neumann/Hassemer/Schroth 主编：《自我负责人格之法律——Arthur Kaufmann 的法律哲学》，刘幸义等译，五南图书出版股份有限公司 2010 年版，第 30 页。

第三章　商法的基本原则

第一节　概　　述

一、商法基本原则的含义

在不同学科上，“原则”一词有不同的含义。从语言学上看，原则是指“说话或行事所依据的法则或标准”；① 但在法学上，“原则”是指“基本点或一般规则（basic point or general rule）”；②《布莱克法律词典》将“原则”解释为“法律的基本性的公理或原理；为其他（指法律）构成基础或根源的全面的规则或原理（a fundamental truth or doctrine, as of law; a comprehensive rule or doctrine which furnish a basis or origin for others）”。③ 可以看出，在法律上，“原则”是指构成法律基础和根源的总的或根本性的规则或原理。

对于某一部门法而言，其基本原则应是反映并构成该部门法的基础和根源的总的和根本性的规则和原理，它须能反映某部门法特征并能对该部门法立法和实践具有指导意义。

因此，商法的基本原则，是指能够体现商法特征并贯穿于商事立法和商事司法活动的根本性指导准则。

任何部门法的基本原则都应该是能够体现该法本质的。商法与民法同为

---

① 中国社会科学院语言研究所词典编辑室编：《现代汉语词典》（2002 年增补本），商务印书馆 2002 年版，第 1549 页。

② Dictionary of Law 2nd. ed. by Peter Collin Publishing Ltd 1992, p428.

③ Black's Law Dictionary, Fifth Edition, by Henry Campbell Black, M. A 1979, p462.

私法，其首先须遵守作为一般私法的民法基本原则，如意思自治、合法、诚实信用、尊重公共利益、符合公序良俗等原则。其次，商法为特别私法，是确认和保障企业正常从事商业活动的法律规范，它强调企业的确认、维护，以及对营业行为的保护与促进，保证企业的营业活动能够在安全与便捷并在符合社会期求的环境下规范经营。商法的基本原则主要有两大方面，即关于企业及营业方面，具体包括企业形态法定、企业维持、营业自由、交易安全与便捷，以及企业社会责任原则。

二、商法基本原则的功能

商法基本原则的功能主要体现在指导商事立法和商事司法适用。

首先，商法的基本原则是指示商事立法的方向性标准，使有关商事法律制度形成特有的规范与自有的体系。西方主要国家和地区商法是自我生成型立法，靠商人交易的习惯逐渐演进而来，是基于交易安全保护与交易便捷而生的惯例与规则。那些继受型商事立法国家和地区，则主要是在整体上认识商法基本制度和原则的基础上进行的，是遵行先原则后制度模式的立法，有利于形成较为合理的法律体系。

其次，商法的基本原则可以指导商事实践法律的适用。商法的基本原则体现了商法的本质，是商法应有的事理，在商法应用时，它们具有价值评价功能。在商法规则不够清晰或相互之间具有矛盾，或没有相应规则可适用时，如果没有商事习惯可资借鉴，则可以商法基本原则予以合理解释与应用，甚至，它们可以被直接用来评价商事的个别行为和判决。

第二节 企业形态法定原则

一、企业形态法定原则的含义

企业形态法定是指企业的创设、变更或终止必须严格按照法律预定的企业类型和标准，以及法定程序进行，禁止当事人任意创设、变更或终止企业。

企业形态法定包括企业类型法定、企业的设立、变更和终止程序法定和企业的内容法定。

企业法定原则的功能原来主要在于保护第三人和社会公共利益，但企业的问题不仅关系到第三人和社会公共利益，还关系到投资者的利益，现代商法确立的企业形态法定原则在强调保护第三人和社会公共利益的同时，也重视企业的投资人的利益，如新增新的企业类型、简化设立程序、减少对企业的结构控制等，以鼓励并保护投资。

二、企业形态法定的内容

（一）企业类型法定

企业类型法定是指各种企业形态由法律加以明确规定，投资者设立企业，必须按照法律规定的企业形态和要求进行。

企业类型法定能够使企业保持持续性、稳定性和规范性，有利于商事交易关系的稳定和安全。因为，法律规定的不同企业形态，其责任形态、内部组织结构、运作方式、商事登记的要求等都是不同的。在法律规定的范围内设立企业，就能使投资者、经营者和其他利害关系人按照法律对该种企业的具体要求，准确预见其责任程度、风险程度、信用程度及可以主张的权利内容。

现代各国均对企业类型作了明确规定，要求投资人设立企业，须按照法律规定的企业类型为之，不允许当事人任意创设法律没有规定的企业形式。一般情况下，现代各国所承认的企业类型主要有公司制企业、合伙型企业和独资型企业三种形态，以及非典型企业形态的合作社经济组织。在公司制企业形态中，还有股份有限公司、有限责任公司之分；合伙企业则有普通合伙企业与有限合伙企业之分。当代各国为顺应现代科技发展投资需要，开始进一步对公司类型进行细分，如美国 20 世纪 90 年代发展出了完全不同于其公开公司与封闭公司的有限责任公司（LLC）企业形态，日本则于 2005 年公司法创设了合同公司类型。

企业类型法定首先为法律生活中的企业创设了一个理想类型，即法定的企业形态，其作为一种标准形态指导着企业的实际生活，同时也构成或解释了立法者对企业的价值判断。

从理论上说，企业类型法定意味着商法已对企业类型作了合理、准确而严格的类型划分，意味着立法已经对商事实践中各种行之有效的经营形式作了全面概括，提供了可供选择的主体种类。①

但是，企业形态法定并非为企业的类型设置一个简单划一的标准，毋宁是通过所谓的典型示范，明晰当事人和第三人的权利、义务和责任，并有利于国家的管理。同时在该典型之下，仍有各种非典型或过渡状态的企业形式存在空间，它们或以法律例外规定模式加以规定，或允许当事人以契约方式要求。②

事实上，无论是美国20世纪80年代创设的有限责任公司（Limited Liability Company）和有限责任合伙（我国合伙企业法中特殊的普通合伙即来源于此），还是德国、法国90年代创设的简化的股份公司，抑或日本2005年创设的合同公司，它们都是在原来法定的企业形态——公司、合伙的基础上发展而来的。

（二）企业设立、变更和终止程序法定

这是指企业的设立、变更和终止均须依法定程序进行，非经法定程序公示者，不得对抗善意第三人。

无论是法人型的公司企业、还是非法人型的合伙企业，甚至独资企业，其财产都有程度不等的独立性，构成企业的对外信用基础。围绕企业财产，投资人、管理人及企业本身与第三人产生不同的法律关系，如投资人与管理人之间产生委托关系、企业与第三人产生交易关系等。但无论如何，企业的财产成为维系其关系的基础与纽带。无论是从保护第三人角度，还是从明确投资人与管理者或企业之间的关系而言，通过法定程序规范这些关系就成为

---

① 樊涛、王延川：《商法总论》，知识产权出版社2006年版，第206页。

② 徐强胜：《商主体的类型化思考》，载《当代法学》2008年第4期，第61页。

重要的保障。

企业的设立、变更与终止程序法定的核心是公示：首先，通过设立程序的登记，可以明晰初始投资人与出资份额，并确定管理者。其次，通过变更程序登记，可以明确相应重要事项的变更而使相应关系明晰。最后，通过终止程序登记，则可以使投资人、管理者、第三人与企业之间的关系最终得以明白地消灭。

当然，不同类型的企业程序法定的意义有所不同。对于法人型企业，各国普遍要求其必须依法设立，否则不能取得法人资格。对于合伙企业中的有限合伙企业，也须依照法律登记，否则有限合伙人的资格也无法成立。对于普通合伙企业与独资企业，各国规定不一，一般并不要求其强行登记。由中国特色社会主义市场经济决定，我国对于所有企业类型，均采法定主义，必须依法登记，否则构成非法经营。

（三）企业内容法定

这是指商法对于各种类型企业的财产关系和组织关系加以强行法规制，禁止当事人创设或经变更形成具有非规范性财产关系和组织关系的具体企业形式。①

法律对不同类型的企业内容作了不同的规定，使之得以区分，并要求不同类型的企业，只有在内容上符合法律对其所作的特殊要求，才能合法成立和存续。如对公司制企业，各国法律一般均要求其财产必须完全独立于股东，并以相应的财务制度作为保障；其内部要求相应治理架构。对于合伙企业，则要求合伙人通过合伙协议约定其之间的权利义务关系，并要求财产相应的独立性；在组织关系上，则一般认为每个合伙人均有代理合伙的权利。对于独资企业，其财产关系与组织关系则较为简单。

如果企业内容发生变更，应依照法律规定进行变更登记，变更内容亦须符合法律要求。

① 林嘉主编：《商法总论教学参考书》，中国人民大学出版社2002年版，第77页。

第三节　企业维持原则

一、企业维持原则的含义

企业维持原则是指企业一经依法成立，法律就要尽量维持其存续，而不因设立瑕疵、经营困难或不符合法律规定而随意使其消灭的原则。

企业维持原则是基于企业的使命和社会责任而对企业的积极救济。通过这种救济，不仅使企业本身得以有效存续，促进经济的发展，而且使相关利益人——债权人、职工、供货商、销售商以及企业所在社区的利益都得以维持。

二、企业维持原则的表现

（一）企业设立瑕疵不影响企业存续

所谓企业设立瑕疵是指企业在设立过程中，不符合法律规定的条件和程序而被登记机关予以登记注册的情形。

企业，特别是公司制企业的设立须符合一定条件，并按照法律规定的程序进行。但现实生活中，常常会出现企业在没有符合法定条件和程序的情况下而被登记成立。从理论上讲，不符合法律规定的条件和程序是不能成立企业的，因此成立的企业应被否定其存在而无效。显然，这是一种消极的做法，其结果无论是对已成立企业本身，还是对第三人和社会公共利益都未必有利，它既会造成社会资源的浪费，也会影响交易的安全和稳定。

现代各国对于企业设立瑕疵普遍采包容态度。对于公司制企业，英美法系国家和地区采“结论性证书原则”，即公司一旦获得注册登记机关颁发的设立证书，则无论其在设立过程中是否存在瑕疵，原则上均视为该公司已依法成立，具有法人人格，即使公司设立有瑕疵，其仍然存在。大陆法系国家和地区尽管原则上不承认瑕疵公司的法人格，但严格界定在何种情况下可以否定瑕疵设立公司的人格，并且通过相关法律规则以矫正公司设立瑕疵，使公司人格得以维持。对于合伙制企业，由于普通合伙人承担连带无限责任，所以不存在普通合伙设立瑕疵问题。但对于有限合伙企业，则须遵守法定条件和程序，在没有遵守相应条件和程序的情况下，存在所谓设立瑕疵时，应区别对待。如果存在重大瑕疵，则有限合伙人承担无限责任，而合伙本身仍然存在；如果仅为一般瑕疵，则既不否认合伙企业存在，也不轻易让有限合伙人承担无限责任。

在我国，不论是公司、合伙企业，还是个人独资企业，均须依法注册登记。而且，《市场主体登记管理条例》（2021 年发布）第 21 条规定，企业营业执照的签发日期为企业成立日期。也就是说，我国的公司企业、合伙企业和个人独资企业的成立均采类似于英美法系的“结论性证书原则”，只要取得营业执照，就意味着企业已经成立有效，企业设立瑕疵不影响企业的存在。

（二）维持企业资本稳定制度

资本是企业存续的财产基础，不论是公司制企业、合伙制企业，还是个人独资企业，其成立及运营均需相应的资本。企业资本构成了商事主体的基本条件，没有资本，就没有所谓企业的存在。维持企业资本稳定，是企业维持原则的重要内容。

企业法主要是通过以下制度维持企业资本稳定的：

首先，通过具体或概括的制度确定企业注册资本额或资本额。其中，注册资本是指公司的法定资本，即登记并公示的股东认缴或认购的公司资本；资本额是指合伙企业和独资企业通过合伙协议或经申请而在营业执照上载明的资本数额，它不具有法定性。无论是公司的注册资本额，还是合伙企业和个人独资企业的资本额，法律都要通过相应方法加以确定，如我国《公司法》规定的认缴资本制和授权资本制，股东认缴数额和公司已发行的资本数额构成公司确定的资本。对于合伙企业和个人独资企业，由于实行无限责任制，法律没有必要强制规定资本额，但一般也通过合伙协议或经申请而记载于法定文件之中，以体现合伙企业与独资企业资本的确定。

其次，通过资本维持制度保证资本的稳定。所谓资本维持制度是指企业整个存续过程中，应当保持其实际财产始终处于一定稳定的水平。由于公司实行有限责任制度，股东仅以出资为限对公司债务承担责任。资本维持原则主要是针对公司制企业的。《公司法》要求在公司设立阶段和成立后的运营期间，均须通过相应制度维持公司资本，如股东必须履行实际出资义务，依法办理权利转移登记法律手续；不得高估作为出资财产的价值；股东未履行完全出资义务时，仍须依法继续履行等；成立后则禁止股东抽逃出资；除依据法律的特别规定履行相应的法定程序外，公司原则上禁止回购自己的股份；公司在弥补亏损、依法提取公积金与公益金之前，不得向股东分配利润；公司的资本公积金原则上只用于特殊的用途，而不得用于股利分配；公司的对外担保及赠与行为须依照严格的法律规定进行等。对于合伙企业与个人独资企业，法律不要求严格的资本维持，但合伙人和个人对企业的无限连带责任事实上保证了企业资本的维持。

再次，通过资本不变原则保证企业资本的稳定。所谓资本不变是指企业资本总额一旦确定，非经法定程序，不得任意变动，是资本维持原则的必然要求。《公司法》一般要求，公司减少或增加注册资本须经过法定程序，如减少资本时，公司应编制资产负债表、财产清单，向债权人发出通知、公告，债权人有权要求公司提供担保或者要求公司清偿债务，并要经过变更登记手续。合伙企业和个人独资企业不存在资本不变原则。

（三）维持企业独立制度

作为商事主体的企业具有拟制性，是通过法律的拟制而成为独立商事主体的，即企业具有独立于出资人的特性。公司制企业、合伙制企业和个人独资企业的独立程度不同，但在商法上，都是独立的商事主体。

公司制企业的独立性最强，有限责任制使其与股东区分开来，双方互为独立人格。法律通过财产稳定、健全的组织机构及基本经营规则保证着公司的独立，即使出现股东不当操控公司等情形而需要揭开法人面纱时，也仅具有个案性。而且，当揭开公司法人面纱情形消失时，仍然要将其法人面纱罩上，其独立人格仍将得以维持。至于出现法定代表人的变更、地址的变更、股东的变更等均不影响公司独立人格。

合伙企业原本并不被认为具有独立人格，而是作为所谓合伙人的集合体出现的，现代合伙法已经承认了合伙企业的独立人格价值。我国合伙企业法通过合伙企业的财产、责任及管理规定也明确了合伙企业的独立性，确认其为实体，而非合伙人的简单集合。在合伙企业存续期间，其财产归合伙所有，而非合伙人共有；入伙与退伙均不影响合伙的存续；管理可以采集中管理制度；出现责任时先由合伙企业承担等。

个人独资企业的独立性较弱，但其财产仍然具有相当独立性。《个人独资企业法》通过设立条件、出资、管理及责任也使其与出资人有一定程度的区隔，如《个人独资企业法》第 17 条规定："个人独资企业投资人对本企业的财产依法享有所有权，其有关权利可以依法进行转让或继承。"

《民法典》总则部分关于非法人组织的规定，明确将合伙与个人独资企业视为具有独立人格者，即"非法人组织是不具有法人资格，但是能够依法以自己的名义从事民事活动的组织"（《民法典》第 102 条）。

另外，法律还通过商事登记、商事账簿及营业场所等制度保证着企业的独立性。

（四）企业解散与终止的严格法定制度

企业因经营或其他问题，不可避免地会出现解散、终止情形，为维持企业的存续，企业的解散与终止有严格的法定要求。

首先是原因法定，必须是出现法律规定的解散和终止原因。一般情况下，企业解散有两种情形，一是出现章程或协议规定的解散事由，一是出现法定的解散事由。非该两种事由，行政力量不得随意勒令企业解散。即使出现以上原因，法律也会尽量维持企业存在，如出现企业僵局时，司法会尽量找出替代方法，如通过股权转让、更换董事而化解僵局。在出现破产情形时，法律会首先考虑重整与和解制度，只有在不得已时，才会宣告企业破产。另外，如果企业可以通过兼并、分立或出卖方式解决问题，则尽量采兼并、分立或出卖方式，避免因清算而产生的不利益。

第四节　保障交易安全原则

一、保障交易安全原则的含义

商法以调整商事交易为己任，首先需要的是安全。

法律意义上的交易安全是指交易关系的稳定，除非发生不可抗力与情事变更之事由，交易各方不得以任何主观原因主张无效、撤销。它与经济意义上的交易安全是不同的，后者强调交易的稳定进行和对相关当事人权益的保护。

一般地，交易关系的稳定涉及三方面，即交易主体的确定、交易行为的确定和交易后果的可预期。交易主体的确定要求作为交易者的商主体须公示其基本信息，交易行为的确定要求以行为外观确定其真实性，交易后果的可预期要求以责任为保证。保障交易安全原则主要表现为对商事交易采取公示主义、强制主义、外观主义、严格责任主义等基本制度。

二、保障交易安全与公示主义

现代社会的发展使有关财产关系和人身关系十分复杂，在经济领域，财产所有权与经营管理权或占有权常常是不一致的，管理者可能并非所有者。公司股东的有限责任使真正的财产所有人对债权人仅以出资为限，而毋需承担更多的责任。交易链条的扩张和多边化导致交易方出现复杂化与相关信息的模糊化。为保障交易安全，商法建立了交易主体有关事项的公示制度。

具体来说，公示主义是指商事主体对涉及利害关系人利益的营业事实，负有公示告知的义务。通过公示，使相应信息众所周知，有利于交易相对方做出合理判断。公示主义是保护交易安全的首要制度。

为此，商法设计了登记、公告、通知等具体制度：

1. 商事登记公示。即商事主体的设立、变更和终止均须依法登记公示。通过登记公示，可以使相对交易人了解商事主体的基本情况，如投资人、资本、管理、责任形态等信息。

2. 涉及公众重大利益信息的公示。如上市公司信息的公示，包括招股说明书、股票上市报告、财务报告的公示；公司债券募集办法的公示；船舶登记的公示；破产登记制度；合伙企业合伙人的登记、合伙人退出和加入的登记等。

3. 交易相对方的相互通知义务。如货物买卖中，对迟到的承诺，要约人应向相对人立即发出通知，如果怠于通知，其承诺视为未迟到；在保险关系中，保险双方均须履行如实告知义务，否则就要承担不利后果。

4. 其他公示制度。如在票据法上，各种票据行为均以行为人的签名为要件，行为人的签名，即为其意思的公开表示等。

公示制度从三个方面为交易提供了安全保障：第一，交易者可通过权利登记簿或公示查明相对人是否有权利能力和行为能力。第二，交易者可通过登记簿或公告了解公示人的资信状况、财务状况、相关重大信息、履约能力，做出合理决策，减少盲目性。第三，公示制度的公信力使善意行为人本着对公示的信赖而为的交易行为受法律保护，并可借此对抗第三人和真正权利人。

三、保障交易安全与外观主义

市场经济本质是信用经济，要求市场主体言必行，行必果，为自己的行为负责，不能随便以主观理由否认交易。对此，规范商事活动的商法须建立相应机制，维护商业信用体系，其中，商事外观主义即为重要的法律原则。

外观主义是指，当行为人基于法律和交易的观念，对他人的主体资格、权利状态和表意行为等法律上视为重要因素的外部要件事实而信赖所为之法律行为时，应受到法律的保护。① 简单地说，即以交易当事人行为之外观为准，而认定其行为所发生之效果。所以，外观主义是对商事交易相对人信赖的交易重要事项的外在表现形式给予保护的理论，保护方法是通过赋予交易事项外在表现形式某种法律后果。②

① 田土诚主编：《交易安全的法律保障》，河南人民出版社1998年版，第37页。

② 全先银：《外观主义研究——以商法为中心》，中国社会科学院研究生院2003年博士学位论文，第7页。

作为商法基本原则之一的外观主义，其意指在交易中，名义权利人的行为所表现出来的或者有关权利公示所表现出来的构成某种法律关系的外观，导致第三人对于该种法律关系产生信赖，并出于此信赖而为某种法律行为时，即使有关法律关系的真实状况与第三人主观信赖的状况不符，只要该第三人的主观信赖合理，据以作出的法律行为效力受法律的优先保护。

对商事外观主义，德国学界称其为外观法理，日本称其为外观主义，英美法系称为禁反言。在法律行为上，对当事人之间的信用关系，必须加以尊重和保护，维持良好的社会信用，促进交易。一般而言，商事关系具有营利性与非伦理性，这使商法在理念上与民法所有不同。民法是对人们生存所必需的基本生活关系，尤其是人们之间长期以来形成的相对静止生活关系的写照，目的在于使人们由于长期以来共同生活而自然形成的相互之间的自然和谐的关系不受干扰和破坏。商法调整的商事关系与人们的基本生活关系并不具有直接的联系，更多地体现了保证商事主体的营业以确保社会整体财富增长，因而秉持一种交易的迅捷和安全。① 民法上尽管也有相应制度，如表见代理，但它只是作为对个别问题的解决办法存在的，不具有普遍性，因为民事法律行为制度更多强调尊重当事人的真实意思表示。

商法在商事活动中的许多方面建立了相应制度，具有普遍性。商法对于虚假登记、应登记未登记、相互借用商号、表见行为等均体现了外观主义。其他情形，如公司不得以其对经理职权的限制，对抗善意相对人；合伙法关于有限合伙制度中有限合伙人过多参与管理，将被视为无限合伙人；票据法以票据的文义性及背书连续性的证明力等，大都是为了谋求交易之安全，而赋予行为外观的优越效果。《票据法》第 4 条规定：“票据出票人制作票据，应当依法定条件在票据上签章，并按照所记载的事项承担票据责任。”第 14 条第 3 款规定：“票据上其他记载事项被变造的，在变造之前签章的人，对原记载事项负责；在变造之后签章的人，对变造之后的记载事项负责，不能辨

① 全先银：《外观主义研究——以商法为中心》，中国社会科学院研究生院 2003 年博士学位论文，第 9 页。

别是在票据被变造之前或之后签章的，视同在变造之前签章。”另外，在英美票据法和日本判例中，依据票据外观解释规则，甚至确认了如果票据上所记载的出票日期及出票地与真实出票日期及出票地不相符时，也不影响票据行为的效力。

外观主义本质上是一项在特定交易场合权衡实际权利人与外部第三人之间利益冲突所应遵循的原则，要求对于外部人依据交易对方权利外观之信赖，而为之商事行为的效力予以认可，外部人取得的民商事权利予以保护，实际权利人由此产生的损失，只能在内部关系中解决。也就是说，在权利表征和实际权利不一致的情形，为维护交易安全，应当对于外部人合理信赖权利表征所为的法律行为予以优先保护。外观主义原则的适用很可能导致实际权利人的损失，如无特殊情形，实际权利人的合法权益当然应受法律保护，① 仅在其与外部人的合法权益发生冲突之时，方有外观主义适用的余地，而将实际权利人的合法权益置于遭受损失的风险之下。②

在申银万国证券股份有限公司诉上海国宏置业有限公司财产权属纠纷案③中，法院指出，系争法人股已办理股权变更登记手续，已取得对外的公示效力，第三人有权信赖登记事项的真实性。同时，上市公司信息披露关系到社会公众对上市公司的信赖以及证券市场的交易安全和秩序。因此，作为上市公司，其股东持有股权和变动的情况必须以具有公示效力的登记为据，第三人对证券登记的信赖利益，应予以保护。

商事外观主义是大陆法系的称谓，其在英美法系被称为“禁反言”，即“一方当事人做出某一行为，如果他方当事人有权合理地信赖其行为并根据他的行为行事，那么一方当事人主张的可能损害他方当事人因信赖一方当事人的行为并做出相应行为而获得可能获得的利益的行为将不被允许。”④ 总的

① 崔建远：《论外观主义的运用边界》，载《清华法学》2019年第5期，第5页。

② 张勇健：《商事审判中适用外观主义原则的范围探讨——与最高人民法院〈关于适用〈中华人民共和国公司法〉若干问题的规定（三）〉相关条文对照》，载《法律适用》2011年第5期，第32页。

③ 《最高人民法院公报》2010年第3期案例。

④ Black's Law L \ Dictionary（sixth edition），west publishing co. 1990. p. 551.

来说，在英美法系，禁反言是一种限制或障碍，这种限制或障碍阻止一方当事人单方面撤回或否认其已经做出的行为，如果他方当事人已经依照其所做的行为行动，一方当事人的撤回或否认行为会侵害他方当事人利益的话，即禁反言。

在中国华西企业有限公司与深圳市基础工程公司拖欠工程款纠纷申请再审案［最高人民法院（2006）民一监字第 410－1 号驳回再审申请民事裁定书］[①] 中，最高人民法院指出，总承包人在其与建设方的总包合同纠纷案中，一直未主张工程质量存在问题，且其已依据生效的总包纠纷案判决向发包人主张工程款，表明总包人对工程质量是认可的；而总承包人在其分包合同纠纷案中，却以工程质量存在问题为由不支付拖欠的工程款，就同一工程质量总承包人在分包合同纠纷案中提出了与总包合同纠纷案截然相反的主张，显系不诚信的行为，其诉讼主张不予以支持。

四、保障交易安全与强制主义

与一般民事主体之间的交易相比，商事主体之间的交易具有普遍性、长期性与不断流转性。为保证这种交易的安全，商法有必要通过相应法定形式要求，明确交易主体与交易行为的稳定性与确定性。

强制主义是指商事主体的种类法定、重大商事交易形式法定，即商法对商事主体形态及其财产内容、商事交易的形式采取强行法要求，将其定型化与法定化，从而使双方能够安全地进行交易。强制主义也叫干涉主义或要式主义，[②] 它反映了商法的公法化。

强制主义主要体现在以下三个方面：

1. 商法通过税法、企业登记法、会计法、不正当竞争法和反垄断法等公法性的规范直接调控商事管理关系，保证商事经营过程的合规性与交易的安全性。

---

① 苏泽林主编、最高人民法院立案庭编：《立案工作指导》2007 年第 1 辑，人民法院出版社 2008 年版，第 107 页下。

② 梁宇贤：《商事法论》（修订新版），中国人民大学出版社 2003 年版，第 15 页。

2. 商法也通过一定的强行法规则对商事主体的种类与商事活动加以控制。例如，企业法关于企业形态法定主义的要求；公司法对于公司设立条件的强行性规定，对于公司章程应记载事项的规定；票据法关于汇票、本票及支票绝对记载事项的规定；保险法关于保险合同应记载事项的规定，以及责任准备金、再保险、保险代理人与保险经纪人、保险业的监督管理等规定；海商法关于海上货物运输合同及运输单证的规定，以及运输单位限额、海事赔偿责任限制、船舶抵押权等规定；破产法中的和解整顿、债权人会议、破产财产范围、债务清偿顺序等的规定。通过这些强行性的形式和程序规定，保证交易的清晰与稳定。

3. 商法在传统的私法责任制度之外，逐步发展起了多种法律责任并存的法律调整机制。例如在商事登记法和公司法中，规定企业负责人违反商业登记规则的，除由企业承担责任外，其本人还应负法律责任。对于签发空头支票的行为，票据法规定，出票人不仅应承担票据法上的民事赔偿责任，还应依情节承担行政责任甚至刑事责任。另外，保险法中关于保险人违反规定订立死亡保险合同的处罚，海商法中关于船长违反有关规定的处罚等规定，都是基于强制主义而设，保护交易安全。

商法的强行法条款实质上是传统商法中的固有部分，现代商法的发展使其作用日益强化，体现了商法侧重于保护社会交易安全的立法宗旨。①

五、保障交易安全与严格责任主义

商事交易是具有商人身份的商事主体的交易，其本身的专业性、知识性和计算性意味着，商事主体对交易后果具有更为理性的认知。在产生不利后果时，其责任承担应大于普通民事主体。没有严格的责任要求，精于计算的商人们可能会轻松地逃避责任而使交易陷于空洞化。

严格责任主义，是指在商事交易中，商事主体应承担更多的义务与更重的责任，以使交易的商事主体尽到应有的谨慎与勤勉。

---

① 覃有土主编：《商法学》，中国政法大学出版社2002年版，第9页。

为保护交易安全，商法加重了企业的对外责任：

1. 普遍的连带责任主义。对于民法的一般债务，在有多数债务人时，主要采取按份分担责任主义，即以按份之债来处理；对于商法而言，则主要采取连带责任主义，其适用范围十分广泛。例如《合伙企业法》规定的普通合伙人之间的连带责任，有限合伙企业中有限合伙人不当参与管理的无限责任；《公司法》规定负责人执行公司职务时，如有违反法律致使他人或公司遭受损失时，应对他人或公司负连带赔偿责任；在公司不能成立时，发起人对公司设立行为以及设立公司的费用，均应负连带责任。在《票据法》上，汇票的出票人、承兑人、背书人及其他票据债务人对持票人均负连带责任；在两人以上共同签字时，二人要负连带责任。《证券法》规定，证券服务机构为证券的发行、上市、交易等证券业务活动制作、出具审计报告及其他鉴证报告、资产评估报告、财务顾问报告、资信评级报告或者法律意见书等文件，应当勤勉尽责，对所依据的文件资料内容的真实性、准确性、完整性进行核查和验证。其制作、出具的文件有虚假记载、误导性陈述或者重大遗漏，给他人造成损失的，应当与委托人承担连带赔偿责任，除非能够证明自己没有过错。

如果作为商人的一方主动加入到他人的债权债务关系中，即使是作为第三人的加入方与债权人与债务人之间没有明确约定，其责任也是一种连带责任。在中远公司诉香港美通公司、天津美通公司拖欠海运费用纠纷案①中，法院认为，第三人在没有胁迫、欺诈或重大误解等情况下自愿加入债务人与债权人的债权债务关系中，实际承担债务的履行，且其自愿加入行为不违反法律和社会公共利益的，视为具有连带清偿债务的意思表示。《民法典》第552条对此作出确认。

2. 广泛的无过失责任主义。一般地，民法对债务的不履行，主要采取过失责任主义，仅有过失才负相应民事责任。商法广泛采取了无过失责任主义，强调在商事交易中，债务人无论是否有过失，均应对债权人负责。如出卖人

① 《最高人民法院公报》2002年第4期案例。

就其出卖之物所保证的品质，应负之赔偿责任；旅店、饭店对于客人所携带物品的责任；物品承运人对于运送物品的责任；旅客运送人对于旅客因运送所受的伤害以及运送迟延的责任；《保险法》上保险人对投保人或被保险人的责任等等，都属无过失责任。

现代合同法普遍采无过失责任原则，即不问违约人主观状态，只要不履行合同，就须承担违约责任。《民法典》第577条规定："当事人一方不履行合同义务或者履行合同义务不符合约定的，应当承担继续履行、采取补救措施或者赔偿损失等违约责任。"

另外，对于商事主体的内部约定或单方面告示，如果其试图排斥自己的责任，在商法上是无效的。《民法典》第497条规定，提供格式条款一方不合理地免除或者减轻其责任、加重对方责任、限制对方主要权利，以及排除对方主要权利的，为无效条款。

在责任承担机制上，作为具有商人身份的企业，其要承担更大的责任。《美国统一商法典》第2－314条规定，作为卖方的如果是商人，其须在买卖合同中默示担保货物的商销性。换言之，如果卖方不具有商人身份，则不具有此等责任。我国司法实践也持同种观点。

第五节　促进交易便捷原则

一、促进交易便捷原则的含义

现代社会，商事交易在获得相应安全保障的情况下，重要的是要求便捷，加快流转，减少成本。

体现在商法上，它一方面利用大量的技术手段使交易简单化，一方面充分尊重当事人意思自治，大量采用任意性规范和弹性规则，免除不必要的手续、限制和干预。促进交易便捷原则体现了这样一种思想：法律仅给予交易人必要的提示和指导，而具体交易条件和交易形式由他们自己决定。

二、促进交易便捷原则的表现

（一）商事交易自由化

商法对于商事交易的内容及方式采自由原则，只要不违背法律的禁止性规定，不违背公序良俗，交易各方可自由决定交易的内容，不需要法定的方式。体现在有关商事立法上，就是大量的任意性规范，如关于合同任意性规定关于公司章程、票据的任意记载事项的规定，关于买卖合同的自主规定等。在商事交易的形式上，法律并不以双方签订书面合同为唯一有效的证明形式，而是允许通过证据或者依据相关事实的推断证明合同的存在，除非法律另有规定，商事合同可以通过各种方法缔结。无论合同的价值大小，一般只要有证人证明即可。借助双方当事人的来往信函、账册、副本等，以及一切足以推断的情况，都是可行的。不过，对于某些特定行为，法律要求采用书面形式，如保险合同。

（二）商事交易标准化

现代商事活动大多是标准化的活动，主要表现为两点：一是通过商事交易关系文件的证券化进行，如票据、提单、保单、股票以及格式合同等，均体现了交易的简便化。这种方式其实将交易内容的大部分通过强行法的规定予以形式化了，交易各方不必为一再出现和经常使用的方式讨价还价。二是商事交易规则的定型化，它包括交易形态的定型化和交易客体的定型化。前者是指将交易的方式预先规定为若干类型，使任何商事主体，无论何时交易，都能够得到同样的效果，如百货公司陈列货物并标明价格的行为，就可以方便买受人。后者是交易对象的商品化和证券化，从而使得相应交易规则定型化，它与商事交易关系文件证券化是一个问题的两个方面。商事交易的标准化还同时简便了交易各方的权利请求，如结算、索赔等。

（三）商事交易行权期间及诉讼时效短期化

为迅速确定交易双方的交易行为，避免长期的不确定性危及交易，商法对于当事人的行权期间不仅明确且短期化。《票据法》第 17 条规定：持票人对支票出票人的权利自出票日起 6 个月内不行使而消灭；持票人对前手的追索权，自被拒绝承兑或者被拒绝付款之日起 6 个月内不行使而消灭，持票人对前手的再追索权，自清偿日或者被提起诉讼之日起3个月内不行使而消灭。《保险法》第16条第3款规定，前款规定的合同解除权，自保险人知道有解除事由之日起，超过30日不行使而消灭。自合同成立之日起超过2年的，保险人不得解除合同；发生保险事故的，保险人应当承担赔偿或者给付保险金的责任。

在诉讼时效上，我国的一般诉讼时效为3年，但对于商事诉讼则往往规定较短的时效。《保险法》第26条规定，人寿保险以外的其他保险的被保险人或者受益人，向保险人请求赔偿或者给付保险金的诉讼时效期间为2年，自其知道或者应当知道保险事故发生之日起计算。

（四）交易程序简易化

这是指在商事活动中，订约程序、设立程序、交易程序都予以简化。

订约程序的简化体现在以下几方面：一是现代各国广泛承认以传真、电报、电传、电子数据交换、电子邮件等现代通讯方式为载体的要约、承诺的订约形式，避免签约程序的繁琐；二是通过采用具有广泛性、持久性、连续性、细节性的格式合同，节约交易时间；三是通过推行商事代理、居间、信托等授权签约制度，避免事必躬亲。

设立程序的简化主要体现在企业及其他经济组织设立登记程序中普遍采用准则主义，只要申请者具备了法律规定的形式要件，即可宣告成立，登记主管机关不对设立条件进行实质审查，企业能否生存不由政府评判，而由市场检测。

交易程序的简化主要体现在商事交易以意思自治为原则，契约内容得由当事人自行决定，例如票据的任意记载事项、海上保险之委付、保险标的价值之约定等，均依当事人意思而定，法律不加干预。事实上，契约的定型化与权利的证券化也都体现了程序的简易化要求。①

（五）其他

商法还通过其他制度来促进交易便捷，主要有：（1）沉默有效制度。对

① 刘凯湘：《论商法的性质、依据和特征》，载《现代法学》1997年第5期，第28页。

于民事合同的成立，一般不认为沉默能构成承诺的意思表示。但在商法上，为了实现交易便捷，往往赋予沉默以积极的法律效果，即规定在一定情况下达到一定期限的沉默构成同意。《民法典》第621条第1款规定，当事人约定检验期限的，买受人应当在检验期限内将标的物的数量或者质量不符合约定的情形通知出卖人。买受人怠于通知的，视为标的物的数量或者质量符合约定。（2）及时主张权利制度。如仓储合同终止后，仓单持有人如果拒绝或不能移去仓储货物的，仓库方可以定一个期限请求移去这些货物，逾期不移的，仓库方可以拍卖。（3）权利瑕疵通过修正可以继续交易。《民法典》第614条规定，买受人有确切证据证明第三人对标的物享有权利的，可以中止支付相应的价款，但是出卖人提供适当担保的除外。

第六节　企业社会责任原则

一、企业社会责任原则的含义

源于中世纪商人法的近现代商法，以确认和规范商人的地位和活动为己任，强调商人特权的商法已经成为更多规定商人责任的法律。关于商人的责任，现代商法已经超越了传统商法主要关注相对人之间和消极被动的层面，将其提升到对于第三人和社会且积极主动的层次。也就是说，现代商人（主要是企业）的责任包括对于社会责任积极的承担，企业的社会责任是商法应有的内容。

许多学者并不认为企业的社会责任是商法的内容，而主要从社会道德角度解读企业社会责任，认为，法律规定企业的社会责任会损害企业作为商人的营利性，而且法律事实上也不能在制度层面上规定企业的社会责任。这种认识是一种虚化了的社会责任，是对现代商法的误读。

企业的社会责任不仅是商法的重要内容，并已经成为现代商法重要的原则，它可以制度化。在一定意义上，企业的社会责任原则扩展了现代商法，使其能够成为超越传统商法的私法内涵而具有了公法性。

关于什么是企业的社会责任，并没有统一的看法，但一般都是从社会和商业意义上认识的。

联合国贸易和发展委员会（The United Nations Conference on Trade and Development）认为，企业社会责任涉及商业企业如何联系及影响社会需求和目标。人们期望，随着时间的流逝，所有的社会组织都能随社会发展而改变自己的任务和职责。人们期望商业组织，尤其是跨国公司会随着自己在全球化社会中地位的不断提高，可以做出相应的快速转变。因此，关于跨国企业社会责任标准和执行的讨论，就包括要努力发展一个稳定、繁荣和公正的全球化社会。美国国际商业委员会（The United States Council for International Business）认为，公司责任涉及公司尽到其社会角色的责任。这些责任包括一些自愿性原则：超越那些相关法律的要求；确保公司在运作期间对社会有积极影响。关于商品和服务的生产和市场，商业道德，环境保护，员工待遇，人权和社会改善行动等问题的策略是与企业责任协调一致的。国际商会（The International Chamber of Commerce）从商业角度则认为，企业社会责任是指公司负责地管理其活动而主动承担社会责任。还有，越来越多的公司以一套综合的价值和原则来承担企业责任，而这些价值和原则是融合了一些管理政策，实践和决定过程。

无疑，企业的社会责任首先是一个社会道德问题，它要求企业不仅关心股东的利益和自己的盈利，还要关注相关利益者和社会公共的利益，以使社会能够协调并和谐地发展。但是，企业社会责任不仅是企业的社会道德责任，还是企业作为商事主体的法律意义上的责任。

法律是处理相应社会关系的，从这个意义上来说，企业社会责任是指企业在经营管理过程中，须承担的对相关利益者和社会的义务。企业社会责任是处理企业与相关利益者与社会之间关系的法律制度与原则。

事实上，企业本身的存在就是相应社会关系的组合。按照制度经济学的看法，企业本质上是一种合约，是不同合同关系的组合。作为“合同关系的链接”，企业包含了专用和通用型投入的提供者，管理、技术及其他劳动服务的提供者，股权和债务资金的提供者，以及客户等之间的关系。① 在这种不同人之间组合的社会关系中，企业处于中心地位，股东及相关利益者都紧紧围绕着企业。

企业和投资者之间的关系是企业关系的核心，传统企业法及相关商法的规定首先也主要是对二者之间关系的规范。"投资者利益至上"是传统商法的基本理念，相应制度设计也均基于此进行。由于企业与投资者之间关系的核心性，现代企业法及商法的规定仍然以二者之间关系的规范为首要任务与主要内容。

企业的经营与发展，是一个不断与各种各样的债权人进行交往的过程。双方之间债权债务关系的不断进行，使得企业事实上成为一个集股东与债权人财产及双方关系的结合物。债权人成为企业存在与发展必不可少的一方。如果企业仅是与投资者之间的关系的话，所谓的企业法的存在意义是不大的，因为这时完全可以交由投资者契约自治。也正是企业与债权人关系的重要性，一定意义上才导致企业法的产生，相应法律制度的设计也主要是规范企业的经营与存在如何不损害债权人的利益。如《合伙企业法》规定的无限连带责任制度、合伙人退伙时须对其退伙前债务承担连带责任制度；《公司法》规定的资本制度、会计制度、清算制度等。特别是投资者承担有限责任的公司企业形态的产生，更是要求相应企业法律制度强化对债权人的保护。

企业的经营，需要雇佣职工。没有职工的企业是不存在的。企业与职工之间的关系是企业关系中重要的不可缺少的一环，那么，相应法律必须规范二者之间的关系。对此，各个国家和地区主要是通过劳动法或雇佣法和破产法等中解决的。随着社会对职工地位认识的提高，关于职工的问题，已经开始超出劳动法和破产法范畴，已经在企业法特别是公司法中加以规定，德国于19世纪末对职工参与公司管理就作出了规定。

企业购买原材料，需要供应商；销售产品，离不开销售商。现代市场经

① ［英］路易斯·普特曼、兰德尔·克罗茨纳编：《企业的经济性质》，孙经纬译，上海财经大学出版社2000年版，第27～28页。

济的发展，众多企业成为一个产业链条上的一分子，它们之间常常紧密联系而难以分离。供应商、生产商、批发商与零售商之间事实上已经成为一个利益共同体。对此，传统商法主要通过合同法和破产法加以规范。但在它们之间联系愈来愈紧密的情况下，特别是那些因长期来往而形成一种较为固定的联系下，仅靠合同法和破产法规范它们之间的关系已经不够了，尚需企业法和其他法律加以规范，如现代企业法关于关联交易问题已经不限于相互之间持股或间接控制，还包括那些通过长期交往而形成的影响力导致的企业利益转移情况。

企业的生存和发展，不仅关系其自己与职工、债权人等，还关系到企业所在社区。很多社区都是因为某个企业的存在而产生并发展的，特别是那些大企业所在社区，社区居民很多都是企业职工家属或依赖于企业生存的人。企业环保更是直接影响当地社区。因此，现代企业破产法并不强调破产，而更注重破产重整与破产和解；企业的生产和经营必须符合环保法要求。

除了以上具体的对象之外，企业本身的存在就是一种社会性的存在。为使自己更好发展，它还需要时时通过关心社会公益而展示自己的良好社会形象。现代企业特别是那些大中型企业，无不注意利用现代媒介展示自己。在一定意义上，关心公益，就是关心自己。企业常常利用各种机会，进行各种各样的社会公益活动，如捐赠、援助、吸纳残障人士就业等。对此，法律本无必要进行规范，因为这完全是企业自身的事情。随着这些活动对社会的影响日益增大，法律有必要通过强制性规定或引导性措施加以规范，使企业的这些社会公益活动纳入健康的法治轨道，如通过捐赠法和税法等。

可以看出，企业的社会责任不仅是社会对企业的企望，还是企业本身发展的需要。鉴于传统商人活动的范围、手段及能力，传统商法主要关注企业营利的安全与便捷，而对其所谓社会责任问题仅限于其产品或服务质量如何，而这些，事实上仅仅是企业营利内容的一部分。但在现代商人，即企业活动范围扩大、技术提高、能力增强而使其影响日益扩大时，企业自身的发展需要增强相应的社会责任意识，企业的产品质量和服务等已不仅仅是企业营利的部分内容，而成为其营业之外的独立部分了。

企业的社会责任问题，是近现代商法应有的内容和原则，只不过，这个问题在当代更具有现实意义。现代企业不仅要为股东存在，还要为相关利益者和社会而存在。

二、企业社会责任原则在商法中的发展及体现

企业的社会责任问题，早在中世纪商法的形成时期就有了。中世纪是个教会力量强大的时代，它一方面排斥商业经营，认为商业生活对于拯救灵魂是危险的；但另一方面，它又需要商人的财富支持其教会活动。同时，商人也需要教会的支持，因此，当时商人也主动向教会捐赠。但是，这种所谓的社会责任并不是体现在商法中，而是一种道德意义上的。商人自发发展起来的商法更多是为了商业经营的便捷与安全的习惯法。

进入自由资本主义时代，体现商人身份的商法被逐步纳入国内法。一方面，这些商事立法是对商事习惯的总结与反映，另一方面，国家通过这些立法也有意识地加强对商业活动的管理与控制，以使其符合社会发展的需要。在对商业活动进行管理和控制方面，当时的商事立法已经具有了一定的商人社会责任意识的规定，如1807年的《法国商法典》已初步规定了商事登记制度①。1861年的德国旧《商法典》第二章则详细规定了商事登记制度，规定了登记簿的管理、查阅、公告、登记事项及效力等问题。19世纪末20世纪初进入垄断资本主义阶段，商品经济的普遍化使得社会联系更加紧密，社会矛盾也开始加剧，相应商法的规定越来越重视对社会利益的保护与协调。1897年《德国商法典》更为详细地规定了商业登记制度；1919年法国加强了商人的责任，要求商人须向商业局登记，并为第三人提供信息。在破产和解方面，1883年，英国通过立法正式将和解制度引入破产程序。1886年，比利时率先颁布了以预防破产为目的的《预防破产之和解制度》。法国也于1889年在《破产法》中增加了和解制度等。在破产重整方面，美国1898年

① 该《法国商法典》并没有对一般商事登记制度作出规定，主要原因是商事登记制度虽然早在中世纪就已存在，但这种登记并不受法律调整，是否登记完全由商人自由决定。

《破产法》最早规定了破产重整制度。在反垄断和公平竞争方面，美国也于1890年最早制定了被称为“经济宪法”的《谢尔曼反托拉斯法》，德国则最早于1896年制定了《反不正当竞争法》。

第二次大战后，为更好地保护广大消费者，各个国家和地区纷纷制定《消费者权益保护法》《产品质量责任法》《食品安全法》等。在合同方面，各国增加了商业集体合同、定式合同，立法中限制当事人自由的倾向增强。在环保方面，相应的法律制度更是自不待言。1997年10月，美国经济优先权委员会制定了企业社会责任标准（SA8000），旨在保护人类的基本权益，促进全球企业社会责任的承担。

可以说，这些法律都是关于企业社会责任的规定，是企业对第三人、消费者和社会应当负有的法律责任。

这些体现企业社会责任的法律制度表现为两个方面：一是直接规定于传统商法之中，如关于商事登记制度和破产和解及重整制度；二是规定在非传统商法领域，如产品质量与公平竞争法。这两个方面，本是企业在商业活动中应当遵守的义务，是随着企业在社会发展过程中自身发展的必然。

随着社会对企业社会责任认识的提高与细化，20世纪60年代，公司相关利益人理论进一步丰富和深化了企业社会责任理论与制度。该理论认为，任何一个公司的存在与发展都离不开各种利益相关者的投入或参与，如股东、债权人、职工、消费者、供应商、销售商等，企业不仅要为股东服务，还要为相关利益者着想。该理论突破了传统公司法关于公司仅为股东利益着想的看法，公司成为一个其所有者和相关利益者共同拥有的团体。它要求，公司在作出决策时，在考虑股东利益的情况下，还须考虑相关利益者的利益。

在一定意义上，相关利益人理论是对传统公司法理论的悖论，[①] 对长期强调市场自由主义和股东利益至上的公司立法造成了很大的冲击。

美国20世纪80年代末90年代初，宾夕法尼亚州、艾奥瓦州等修改其公

① 徐强胜：《公司相关利益人理论的法学述评》，载《中共中央党校学报》2001年第4期，第118页。

司法，要求董事会须考虑公司相关利益者的利益。

英国1985年《公司法》第309款规定，公司董事必须给予公司职工和股东同样的注意。为进一步适应社会发展和欧盟的要求，1998年3月，英国政府颁布了“公司框架的基本检讨”文件，该文件的总体目标是建立一个现代化的公司法，以便为商业活动提供一个“便捷的、高效的”制度框架。根据该文件，公司董事应同时考虑包括职工、债权人等在内相关利益人的利益。为此目的，《英国2006年公司法》第172条明确规定了董事的“促进公司成功的义务”，要求公司董事必须以他善意地认为为了公司成员的整体利益而将最大可能地促进公司成功的方式行事，并在这样做时考虑：（1）任何决定最终可能的后果；（2）公司雇员的利益；（3）培养公司与供应商、消费者和其他人商业关系的需要；（4）公司运作对社会和环境的冲突；（5）公司维护高标准商业行为之声誉的愿望；（6）在公司成员之间公平行事的需要。该条第3款接着规定，本条赋予的义务之效力，隶属于要求董事在某些情形下考虑或以公司债权人的利益而行事的任何法规或法律规则。①

2000年以来，法国先后出台了三部专门的企业社会责任法律，2001年《新经济规制法》要求上市公司必须公开其社会影响和环境保护的相关信息，但由于要求披露的信息定义模糊、指标不清，且该法没有明确任何惩罚措施，在一定程度上减弱了该法的约束力。2010年《非财务信息报告强制性披露义务法》在《新经济规制法》的基础上，将公开企业社会责任信息的适用对象扩大到年营业额达到或超过1亿欧元且员工总人数达到或超过500名的企业。另外《非财务信息报告强制性披露义务法》还引入独立的第三方机构来审核企业社会责任报告，使企业公布的社会责任相关信息更具可读性和可信度。2017年《有关母公司和发包商的义务的法律》再次扩大了企业社会责任的承担主体的范围，规定跨国公司有义务识别和防止其母公司、子公司和供应商的经营活动对环境和社会产生的不利影响。该法规定跨国公司必须制定、发布和实施警戒计划，当警戒计划中识别的风险发生并造成损失时，公司需要

① 《英国2006年公司法》，葛伟军译，法律出版社2008年版，第105页。

承担责任并必须赔偿损失。

印度强制性企业社会责任（MCSR）是“全球首次由一个国家认为应当在税收和企业自身意愿之外规定企业对于社会公共利益的强制支出水平。”印度《公司法草案》第135条规定：“（1）所有净资产大于50亿卢比或交易额大于100亿卢比或任何一个财政年度净利润大于5千万卢比的企业应当建立董事会企业社会责任委员会。……（5）第（1）款中所涉企业的董事会应当保证每一个财政年度企业支出不低于最近三个财政年度平均净利润的百分之二的资金，用于完成企业社会责任计划。若企业未达到社会责任资金支出标准，董事会应根据134条第（3）款制定的报告中就该问题进行解释。”同时，该法案列表七中还列举了企业社会责任涉及的具体事项。尽管该立法最终采用了“遵守或解释”（comply or explain）原则，但其立法对企业社会责任的公司治理结构和资金投入都进行了强制性规定，其法定性与强制性均远超各国目前立法。①

为适应我国不断深入发展的社会主义市场经济的发展需要，我国《公司法》明确规定了公司的社会责任原则，要求“公司从事经营活动，必须遵守法律、行政法规，遵守社会公德、商业道德，诚实守信，接受政府和社会公众的监督，承担社会责任”。《民法典》第7条规定了民事活动的绿色原则。

企业社会责任法律规范是十分抽象的，《公司法》的表述是原则性的。在实践中，企业承担什么样的社会责任，以及如何承担社会责任，须加以类型化。

从整体上看，企业承担社会责任是法定的义务，都是“应当如此”的，但鉴于企业社会责任的复杂性，法律需要将企业应当承担的社会责任加以区分。对于那些明显直接关联且影响重大的社会问题，如环保、劳工保障、消费者保护等社会义务，是由法律明确规定的义务，其明确性与强性是毋庸置疑的，企业对此必须也只能严格按照法律的规定和要求履行其社会责任。对

① 华忆昕：《印度强制性企业社会责任立法的中国启示》，载《华中科技大学学报（社会科学版）》2018年第3期，第97页。

于那些与企业没有直接关联性的社会问题，如慈善事业，或尽管法律做出了明确规定的社会问题，如环保等，但在其最低标准之上，尚需由企业依据自己实际情况主动承担社会责任。也就是说，企业承担社会责任有两种情况，即狭义上法定的企业社会责任和合理的企业社会责任。前者具有被动性，是企业必须依法为之的义务；后者具有主动性，是企业可以根据自己的情况适当考虑承担的义务。对于狭义上法定的社会责任，其实是通过法律提供了一种手段，促使公司决策者遵守社会责任标准。这些标准建立了禁止某种特定行为发生的规则和程序。对于合理的企业社会责任，法律更多地是一种引导手段，引导公司决策者做出承担高于法律强制性规定标准的企业社会责任道德要求。①

企业的社会责任，是商法的应有原则。不论是从企业作为商人社会性，还是从企业作为商人不同于普通民众的特殊性，即其天生具有不同于普通民众的精于计算性、专业性、知识性等特征，企业都应主动承担更多的责任。这种责任的承担，既是社会对其的要求，也是其自身更好地发展与营利的要求。现代商法已经不再是关于商人特权的法律，更多的是关于商人严格责任的法律。这种严格责任，不仅是关于商人产品和合同的被动严格责任，还包括作为商人的企业的更为广泛和积极的社会责任。

---

① 徐强胜：《公司自治与企业社会责任——关于公司法企业社会责任规范的功能与适用》，载《法学杂志》2013 年第 5 期，第 44 页。

第四章 商法基本范畴

第一节 概 述

范畴是认识世界的理论工具，其建立与推演构成认识世界的图景。不同的学科均有自己的基本范畴，并因此自成体系和奠定发展。范畴不仅构成一个学科认识世界的工具，还体现一个学科认识世界的价值趋向。刑法的基本范畴包括犯罪与刑罚，理念是保障人权、刑法谦抑及罪刑法定；民法的基本范畴包括权利能力者、权利、私法自治，理念是平等与自由。

作为一个重要学科，商法的范畴是认识商事世界的工具，是对商本质的理性认识，反映商事的存在形式、内在规定性及商的发展，既规定商的内涵，也框定商的外延。商法的基本范畴是开展与其他学科，特别是民法学科之间对话交流的基本前提。

我国没有商法传统，也无如西方那样单独的商法典或商法通则。《民法典》实现了民商合一，同时将公司、证券、保险等单行立法，界定商法的基本范畴，一是可以推动商法与民法的对话，二是可以奠定学科意义上的商法体系与框架。

关于商法基本范畴，学界主要有以下观点：一是仿西方商法，认为商法的基本范畴是商主体与商行为；① 二是认为现代国家有关法律已经或逐步在采经营者的概念，故经营者与经营行为是现代商法的基本范畴；② 三是认为

① 参见姜朋：《反思商法基本范畴》，载王保树主编：《中国商法年刊2007》，北京大学出版社2008年版。

② 参见王建文：《我国〈民法典〉中商法核心范畴的立法构想》，载《扬州大学学报（人文社会科学版）》2016年第2期。

商法体系是由商事主体与商事行为两大部分构成，连接两者的核心范畴是营业。①

尽管有不同认识，但均不外乎商法中主体的相对特定性与行为的相对特定性，第一种观点是基于西方民商分立下的传统认识，正是商人（商主体）与商行为两大基本范畴建构了大陆法系民商分立的商法体系与结构。第二种观点是基于现代大陆法系（如德国）将与消费者对应的经营者概念引入民法，加上传统商人概念已经不能很好地界分其与非商人之间的适用，希望以经营者及相应的经营行为较为现代的概念代替传统认识。第三种观点则试图以现代企业经营活动的“营业”上升到法律层面建构现代商法。

本书认为，现代商法是关于企业的营业之法，企业与营业构成商法基本范畴。

第二节 企　业

一、企业与企业法在商法上的确立

（一）域外企业与企业法在商法上的确立

在传统的西方法律体系中，并没有企业和企业法概念，经济学普遍认为商个人、合伙、公司及其他从事经营活动的主体为所谓的企业，即人力和物力等生产要素相组合并有组织的经济体。它具有以下特征：一是组织上的独立性，即其一定程度上是独立于其投资人的，有自己的名号，有自己的财产，其经营活动也区别于投资人的个人活动。当企业成为法人型企业时，其独立性更强。二是经营目的的营利性，即其存在的目的要么就是为了获取相应利润，要么尽管不是为了获取利润，但其需要获取利润存在并发展。三是经营

---

① 参见肖海军：《商法基本范畴的逻辑建构与理论展开——以营业为切点的分析》，载《湖湘法学评论》2021 年第 1 期；于庆生：《营业：商法理论的核心范畴》，载《行政与法》2006 年第 6 期。

的长期性和计划性，即企业的存在是长期性的，而不是偶然或暂时的，由此也决定了其经营的计划性。

西方法学理论及立法不认为企业为法律概念，一个重要原因在于法律上无法界定所谓企业及相关关系人之间的权利义务和责任归属，传统商个人、合伙和公司的概念十分清晰；而且，企业一词一直被视为投资客体，是投资人的投资工具，是被拥有的对象，非法律上的主体范畴。但是，随着资本主义市场经济的全面发展，传统商个人、合伙和公司制度已经不能涵盖新型经营及组织形态。公司传统上被认为是依法成立的以营利为目的的社团法人，但现代公司不仅出现了一人公司，也出现了以公司形态展现的公益企业，如由地方政府拥有的公共交通企业、公共事业企业；以及尽管是合作社企业，但以公司面目出现的企业形态。① 合伙传统上被认为是承担连带无限责任的企业，其本身不仅陆续衍生出有限合伙企业和有限责任合伙企业②，且美国20世纪80年代出现了完全依合伙形态设计的有限责任公司（LLC），③ 日本2005年公司法规定的合同公司，属于合伙性质的持分公司④，但其出资人又是以出资为限对公司债务承担责任的。在德国，作为传统商个人的独资企业，可以成为承担有限责任的企业主制公司，且企业主公司可以为法律上允许的任何目的设立。⑤

传统的商个人、合伙与公司主体形态已经不能全面、科学地概括现代社会各种经济或其他社会目的的组织形式，西方国家和地区开始以企业概念为中心的立法。以一向严谨的德国立法为例，较早的是1920年德国《企业代表会法》规定，不论是商个人、合伙还是公司制企业，雇员人数达到20人以上

① 参见［德］托马斯·莱塞尔、吕迪格·法伊尔：《德国资合公司法》（第6版），高旭军等译，上海人民出版社2019年版，第25页。

② 我国合伙企业法的特殊普通合伙企业即源于此。

③ 关于有限责任合伙企业与美国的有限责任公司（LLC），参见宋永新：《美国非公司型企业法》，社会科学文献出版社2000年版。

④ 包括无限公司、两合公司和合同公司。

⑤ 参见［德］格茨·怀克、克里斯蒂娜·温德比西勒：《德国公司法》（第21版），殷盛译，法律出版社2010年版，第326页。

均须成立企业代表人会。其后，德国有关以企业命名的法律相继出台，如《1951年煤炭和钢铁工业企业职工共同决定法》、《1952年企业雇员代表共同决定法》、1998年《企业控制透明法》、2004年《有关监督企业年度决算报表的法律》、2006年《企业一体化和对异议权进行现代化改革的法律》，《德国股份法》第三编直接以“关联企业”而非“关联公司”概念规范企业集团等。二战后的德国法学界希望将公司法等作为内容广泛的企业法组成部分，因为对于许多相关法律来说，法律形式或公司形式并不重要，它们同样适用于个体企业、合伙企业和合资公司。在某些领域，法律是根据公司的规模而非形式而予以区别对待的，因此需要企业这样一个上位概念，过去之所以严格限制商个人、合伙与公司为市场主体的形式，完全是历史的原因。现代社会已经普遍承认，企业法是一个相对于公司、合伙、商个人的上位概念，法律本身将企业作为法条规范的对象。① 有些国家和地区，如奥地利，已经将其《商法典》改称为《企业法典》。我国澳门特别行政区《澳门商法典》也将第一卷命名为“经营商业企业之一般规则”。

经济意义上的企业成为了法律主体，有关商个人、合伙与公司均为企业而成为企业法主体。其实，早在20世纪20年代，西方法学界就提出了商法企业法说，② 认为法律意义上的商与企业具有共同点，商法是为商人而制定，亦即为企业而制定，商事活动是有组织的商事、持续不断的交易，而这完全是由企业完成的。尽管对于企业一词成为商法概念仍有争议，③ 但随着现代社会对于企业认识的深入，学界普遍认为现代商法的核心不是商人，而是企业，商法规范企业主体权利义务、企业客体层面的交易、企业主之间的关系，而且，通过类推，那些非商业企业也可以因此受到商法的调整，使商法规则对于企业及类似主体具有统一性，促进市场统一规则的建立与适用。

---

① 参见［德］托马斯·莱塞尔、吕迪格·法伊尔：《德国资合公司法》（第6版），高旭军等译，上海人民出版社2019年版，第17页下。

② 参见［葡］乔治·曼努埃尔·高迪纽德·阿布莱乌：《商法教程》（第1卷），王巍译，法律出版社2017年版，第13页。

③ 参见［葡］乔治·曼努埃尔·高迪纽德·阿布莱乌：《商法教程》（第1卷），王巍译，法律出版社2017年版，第19页。

日本学界认为，商法是调整以企业为中心的经济主体间的“私利益”或“私的利益”的法律规范，与此相对，民法则是调整广义上一般个人之间的“私的利益”法律规范。商法的调整对象仅限于企业这一经济主体，在这一点上，或许可以说商法是民法的特别法。①

如何理解商法意义上的企业？日本学界的认识可资借鉴，即在法律上，企业可做如下理解：企业不同于一般意义上的个人，是持续地、有计划从事营利活动的独立的经济主体之一。② 至于该企业为独资企业、合伙企业，还是公司企业或合作社企业，则视法律规定的利害关系人之间的权利义务而定。商法上关于企业界定的核心是其成为不同于个人的经济主体，能够以（企业）自己的名义从事经济活动并承担后果。③

（二）企业与企业法在我国商法上的确立

新中国成立后，企业一词就成为包括独资、合伙与公司的上位概念。1950 年政务院财政经济委员会颁布《机关国营企业合作社签订合同契约暂行办法》，1951 年政务院和有关部门先后通过了《企业中公股公产清理办法》《关于国营企业清理资产核定资金的决定》《私营企业暂行条例》等。它们明确规定了国营企业、合作社、独资、合伙、无限公司、有限公司、两合公司、有限公司、股份有限公司的法律主体地位。

20 世纪 80 年代改革开放后，陆续出台“三资企业法”、《涉外经济合同法》（1985 年）、《民法通则》（1986 年）、《私营企业暂行条例》（1988 年）、《全民所有制工业企业法》（1988 年）等，均明确了企业的主体地位。其中，《民法通则》关于企业法人与企业法人的分类，以民法基本法形式正式确立了企业及企业法在我国经济生活与法律世界中的地位。

进入社会主义市场经济建设阶段后，1993 年《公司法》、1997 年《合伙

① ［日］近藤光男：《日本商法总则·商行为法》，梁爽译，法律出版社 2016 年版，第 5 页。

② ［日］近藤光男：《日本商法总则·商行为法》，梁爽译，法律出版社 2016 年版，第 5 页。

③ 我国澳门特别行政区《澳门商法典》第 2 条规定：“商业企业系指以持续及营利交易为生产目的而从事经济活动之生产要素之组织……”

企业法》、1999 年《个人独资企业法》、2006 年《农民专业合作社法》均以鲜明的态度表明了它们作为主体的企业和组织的企业法含义。2020 年《民法典》以营利法人与非营利法人进行区分，不再区分为企业与非企业的法人，其本意并非否定企业作为主体存在的普遍意义，更多是希望通过这种区分设计出符合中国社会主义市场经济体制“经济的”与“非经济的”主体制度，企业仍是上位性的主体概念。《民法典》第 76 条第 2 款规定，营利法人除了有限责任公司、股份有限公司之外，还包括“其他企业法人”，即是此意。

所以，企业在我国法律上一直作为主体存在，其经营性决定了在我国社会主义市场经济建设中的经济地位。

我国采民商合一立法体例，与瑞士、意大利、荷兰不同，我国没有民商分立的历史基础，但有以经济发展为中心的改革开放之愿景，从 1986 年《民法通则》开始，民法就被视为商品经济基本法，是关于经济而非市民的法律。民商合一的《民法通则》从来没有民事主体与商事主体之分，没有民事债与商事债之别。也就是说，我国民商合一并非如西方大陆法系先源于分，而是以经济发展为导向的统一规则的结果。从规范技术角度，没有民商之分，也不存在民商之合，但是，以经济发展为导向的统一规则，更多的是企业的或者说是经济的，而不是一般或普通民事生活的，经济发展的规则与一般的民事生活规则规范意旨是不一样的，前者重在经济发展，后者重在日常生活，因而需要从规范技术及解释上进行恰当区分，关键在于经济发展的主体——企业。

无论是采民商合一还是采民商分立的国家和地区，普遍都承认现代商法是关于企业的法，特别是作为交易法的当代合同法基本上是关于企业交易的。基于《民法典》民商合一的规范技术，企业概念应当且事实上也是我国民商合一下，作为商法规则的可分与应分之基石性概念。

首先，将企业之间的交易规则界定为具有商事性的规则，符合《民法典》“总则编”关于民事法律行为规定及“合同编”规范目的，符合世界各国对于合同法主要调整和规范商业交易的功能定位。在承袭主要针对企业之间交易的 1999 年《合同法》的基础上，《民法典》合同编更多借鉴了国际上关于商事合同先进的做法，无论是从内容还是立法技术上，都是非常成功的。该法并没有在有关法条中明确规定适用于企业或其他主体，却基本上是以企业或经营者为主体来设计有关规则的。

其次，从法技术上来看，将企业之间的交易规则界定为具有商事性质的规则，不仅较好地实现了民商合一，也使那些处于非商业领域的交易规则有别于所谓的商事性质的规则。《民法典》合同编的调整对象主要是企业。自然人和非企业之间的买卖、租赁、借贷、赠与等合同关系是《民法典》合同编附带规范的，这种做法本身是符合社会经济活动主要发生在企业及有关组织之间的实际情形的。

再次，将企业之间的交易规则界定为商事性的，并不妨碍对小企业或经营者的保护。在形式上，企业本不分行业和大小而一律平等，它们都被认为精于计算而营业，因而凡企业之间的交易规则应该是没有区别的。① 但事实上，企业之间因行业差异而专业性具有差异，因大小规模不同而实力不同。如果适用所谓同等的规则，必将引起适用后果的不公平。合同的效率很重要，但也不能忽视应有的公平。作为市场交易法的合同法，其调整对象尽管可以区分为企业与非企业，但不能在此基础上进一步区分为所谓的大企业和小企业，否则，作为统一市场交易规则的合同法将是混乱的。那么，将企业之间的交易规则界定为商事性的规则，是否会对小企业或经营者产生不公平？这个问题可以通过合同法的开放标准与公平原则予以解决。现代各国民商法发展的一个重要表现就是对当事人各方的现实能力和资质的关注在持续增长。通过这种方式，弱势当事人应当享有免受强者欺凌的保护思想被补充进立法者的理念当中。②

最后，将企业之间的行为规则界定为商事性质的规则，也可以同时对仅

---

① 德国学者认为，采民商分立的德国商法将小营业经营者从商法适用领域中排除的根本性原则实际上是自相矛盾的。参见［德］C.W.卡纳里斯：《德国商法》，杨继译，法律出版社2006年版，第20页以下。

② ［荷］J. 海玛：《荷兰民法典的基础及体现的趋势》，薛启明等译，载王卫国主编：《荷兰经验与民法再法典化》，中国政法大学出版社2007年版，第35页以下。

一方为企业，而另一方为消费者之间的行为规则予以定性。传统商法强调商行为是商人的营利性行为，但现代主要通过强调商行为是关于企业或营业者的营业行为认识的。一般情况下，现代民商法主要是将企业或营业者之间的行为规则视为具有商事性，但尽管如此，当不损害消费者利益时，相应仅一方为企业或营业者的行为（传统单方商行为）规则也以强调保障商事交易的便捷与安全为原则。从这个意义上，仅一方为企业的营业规则也具有商事性，不过从消费者保护角度观察，这些规则不能因此损害消费者合法权益而成为消费者权益保护规则。

以企业或经营者之间的行为规则作为具有商事性的交易规则，可以同时解决消费者、劳动者在民法或其他法律中的法律地位及其关系问题，有效地连接民法、商法及其他法律，建立以民法为核心的民商法体系，同时在学科上建立商法的自我认知。

需要指出的是，国外将商法视为企业法，是从企业对外而言的，即在法律角度将属于企业的权利与义务自身联系起来，是所谓企业外部私法的问题。商法并非研究企业本身，特别是不研究出资人与雇员是否为企业的成员等企业组织内部问题。①

企业自身的法律，如《独资企业法》、《合伙企业法》、《公司法》等，主要是企业组织内部构成与权利义务分配问题，属于组织法，既非传统的民法，也非现代的商法，它们只是因为商法为商人法或企业外部法而可以视为现代商法的组成部分。②

---

① 参见［德］卡斯腾·施密特：《从商法到企业私法?》，严诚译，载《中德私法研究：民商合一与分立》（第15卷），北京大学出版社2017年版，第105页。

② 公司法是什么？民法是什么？前者是组织法与团体人格法，后者是财产法与个人法，甚至公司法都不属于商法（商法是商行为法，是民法的特别法）。作为组织法，其重视自身的形式意义，通过形式，理顺了复杂的公司团体关系及其对外行为准则。在组织法与行为法之间的关系上，组织法是基础，行为法尊重组织法。唯在出现严重损害第三人利益情形，方产生实质大于形式问题。当公司没有形式意义时，公司自身也就如传统合伙那样仅成为财产和客体了，而这恰恰是民法所关注的。如果我们以民法规则解释公司法问题时，其应当是在公司法基础之上的解释与运用，从而产生，尽管规则是同样的，但解释和运用是不同的结果，亦即，民法上的规则可以运用到公司法中，但其已经不是民法规则的简单复制，而是在公司法上的位移。

在我国，尽管《公司法》、《合伙企业法》等企业法为商法研究对象，但整体而言，本书遵循国际普遍认识，作为企业法的商法在我国也是对外私法，突出商及商法的交易特性，而关于企业组织法问题仅附带研究。

二、企业在商法上的含义

（一）企业在商法上的认识

关于企业的概念，主要体现在企业立法上，如《全民所有制工业企业法》（1988 年）第 2 条第 1 款规定："全民所有制工业企业（以下简称企业）是依法自主经营、自负盈亏、独立核算的社会主义商品生产和经营单位。"《个人独资企业法》（1999 年）第 2 条规定："本法所称个人独资企业，是指依照本法在中国境内设立，由一个自然人投资，财产为投资人个人所有，投资人以其个人财产对企业债务承担无限责任的经营实体。"这两部法律均着眼于企业为经营单位或实体。其他有关企业立法，如《乡镇企业法》（1996 年）、《中小企业促进法》（2017 年修订）等，并未对企业做出直接定义，但均具有经营实体的意义。

也就是说，我国企业立法关于企业的认识是与其经济意义有关的，首先是一种经营实体的存在，进而具有了法律主体的意义。已废止的 1986 年《民法通则》对企业法人的界定除了其法人性之外（第 41 条），明确了其经营实体价值（如第 41 条、42 条、48 条）。2020 年《民法典》没有沿用企业法人用语，以更具经营性意义的营利法人分类进行了概括，即"以取得利润并分配给股东等出资人为目的成立"，"包括有限责任公司、股份有限公司和其他企业法人等"（第 76 条），其实质是作为法人的经营实体，仍是企业法人。

从经营实体角度界定企业，是一种典型的商法认识，商法重视的是经营实体的经营行为，至于经营实体的投资人则隔离于该实体，他们仅在经营实体产生对外责任不足时，才因企业形态的不同而承担补偿性的无限责任或仅以出资为限的有限责任。

因此，我国商法上的企业可做如下界定，指以自己的名义对外从事经营活动的经济实体。

企业具有以下特征：(1) 它是一个相对于一般个人的经济实体，具有市场经济的经济性；(2) 其对外是长期、有计划或职业性地从事经营活动的经济实体，不同于消费者与其他普通人在市场中的消费与经济行为（如普通人提供的担保和保证）；(3) 它以自己的名义（企业名称或商号）从事经营活动，具有独立性。

与民法关于民事主体（自然人、法人、非法人组织）认识不同，商法上作为主体的企业并不刻意区分企业自身与投资人之间对外的责任界定，唯关注其能否以自己的名义从事经营活动，这是由商法的实践品格决定的。当然，二者都是关于企业作为主体的法，但作为民法主体的企业主体性是形式意义上的抽象人格问题，他们在民事活动中均为平等的当事人，这种平等是形式而不考虑实质情况如何的；商法上的企业主体性是具体的“人”的问题，他们在商事活动中首先是企业（相对于消费者、劳动者和其他主体），同时还有大企业与小企业，或不同专业和职业领域的企业之分，相应平等要考量不同当事人的背景因素，即个性化。

商法上的企业与经济法上的企业含义也是不同的，后者关注的是因企业从事经营活动可能导致的外部性，需要政府的干预，企业是被管理和规制的对象。不过，与商法上的企业相似，经济法对不同性质、规模、专业的企业管理和规制不同，有差序对待。

企业主体的重大意义在于其与个人的区分，即使是包括个体工商户在内的个人独资企业，一旦依法成立，就具有了主体资格，相应经营活动是企业的，不再是个人的，商法因此关注的是经济组织的经济行为。

（二）典型企业与非典型企业

商法上的企业是经营实体，典型是以营利为目的的企业，包括《公司法》中的有限责任公司和股份有限公司、《合伙企业法》中的普通合伙企业与有限合伙企业，以及《个人独资企业法》中的独资企业。《民法典》第 76 条第 1 款规定，营利是指以取得利润并分配给投资人。该定义指出了典型企业的本质，营利是企业成立的目的及动力，因而使企业成为现代社会最重要的经济主体。

典型企业之外，还有非典型企业，即作为经营实体，未必以营利为目的，而以企业的形式及内部管理模式从事经营，达到其他目的。非典型企业有两种情况：

第一种是法律明确规定的非典型企业，典型的当如合作社企业，其从事相应的经营活动，目的是以合作社员之间互助合作，并非营利，故被称为介于营利企业与非营利组织之间的企业形态。《农民专业合作社法》（2017 年修订）第 2 条规定："本法所称农民专业合作社，是指在农村家庭承包经营基础上，农产品的生产经营者或者农业生产经营服务的提供者、利用者，自愿联合、民主管理的互助性经济组织。"不仅如此，《民法典》将城镇农村的合作经济组织法人归类为特别法人范畴（第 96 条、100 条），更为突出了合作社的非典型企业色彩。

除了传统的合作社企业之外，我国还包括《乡镇企业法》（1996 年发布，现行有效）和《城镇集体所有制企业条例》（2016 年修订）规定的乡镇企业和城镇集体企业。乡镇企业是"指农村集体经济组织或者农民投资为主，在乡镇（包括所辖村）举办的承担支援农业义务的各类企业"（《乡镇企业法》第 2 条），"主要任务是，根据市场需要发展商品生产，提供社会服务，增加社会有效供给，吸收农村剩余劳动力，提高农民收入，支援农业，推进农业和农村现代化，促进国民经济和社会事业发展"（《乡镇企业法》第 3 条）。城镇集体企业是"财产属于劳动群众集体所有、实行共同劳动、在分配方式上以按劳分配为主体的社会主义经济组织"（《乡镇企业法》第 3 条），其"应当遵循的原则是：自愿组合、自筹资金，独立核算、自负盈亏，自主经营、民主管理，集体积累、自主支配，按劳分配、入股分红"（《乡镇企业法》第 4 条）。

第二种情况是以典型企业为形式，但成立目的并非营利。典型的是依照《公司法》成立，不以营利为目的，仅以公司的形式从事相应经营活动，实现特定目的或肩负某种政策重任，如成立于 1994 年的国家开发银行①和中国

---

① 国家开发银行成立于 1994 年，于 2008 年改制为国家开发银行股份有限公司，又于 2017 年变更为国家开发银行，组织形式为有限责任公司。

农业发展银行，为政策性银行，立足于国家经济发展需要，促进并扶持（农业）经济发展为宗旨。

在对外方面，非典型企业仍表现为以自己的名义对外从事经营活动，与典型企业一样为商法上的企业范畴。典型企业与非典型企业的区别主要是否以营利为目的，而营利与否，则是企业内部问题，原则对外无涉。

（三）企业与经营者

在我国法律体系中，经营者是《反不正当竞争法》、《反垄断法》、《消费者权益保护法》和《电子商务法》的核心概念，意在规范经营者在经营过程中对消费者的保护及与其他经营者之间的公平竞争。关于其含义，《反不正当竞争法》有明确规定，是指从事商品生产、经营或者提供服务的自然人、法人和非法人组织。

按照《民法典》关于民事主体的规定，其序列为自然人、法人和非法人组织，它们因从事商品生产、经营或者提供服务而成为经营者。其中的自然人为个体工商户，法人指包括有限责任公司、股份公司和其他企业法人的营利法人，非法人组织包括个人独资企业、合伙企业及其他非法人企业。

《反不正当竞争法》关于经营者的界定，与《民法典》主体类型中企业的内涵与外延是有差异的。内涵上，《民法典》上的企业是具有组织状态的营利法人和非法人组织；《反不正当竞争法》上的经营者则强调主体的经营状态，以规范消费者保护与经营者之间的公平竞争。外延上，《民法典》上的企业不包括作为自然人的个体工商户，《反不正当竞争法》上的经营者则包括从事经营活动的自然人。

商法上企业的存在意义在于其是能够以自己的名义对外从事经营活动的经济组织，既包括公司企业、合伙企业、独资企业，也包括非典型的合作社企业和其他企业。个体工商户和个人独资企业均属于独资企业，二者在经营及组织上没有质的不同，主要基于经济改革历史的法感情而在民法典作的区分。①

---

① 个体工商户是我国改革开放历史的产物，其地位堪比农村承包经营户，具有极强的经济文化价值，《民法典》沿袭《民法通则》将其与农村承包经营户一起规定在自然人章，强调自然人可以自由经营之意。同时，从类型观察，个体工商户相比个人独资企业，更为接近个人色彩，而非组织状态。《民法典》将个体工商户与个人独资企业分别规范，具有合理性。

从这个意义上，经营者与企业具有同样的含义，只不过，企业是与非企业相对应，经营者与消费者相对应，并在相应法域发挥不同作用。

（四）企业与非企业

《民法典》将法人以营利与非营利为标准分为营利法人、非营利法人，前者成为企业的典型，后者成为非企业的典型，包括事业单位、社会团体、基金会、社会服务机构等。将法人分类为营利与非营利，有助于国家针对不同性质的法人，制定不同的规范，采取不同政策措施，促进非营利法人的公益与其他非营利目的的实现，以契合中国社会主义市场经济发展需要。

非营利是与营利相对应的概念，指其运作目的不是为了获取利润，但并非指非营利法人不能从事非营利性的经营活动。也就是说，《民法典》上的非营利不是经济学上的无利润，也不是不从事经营活动。《社会团体登记管理条例》（2016 年修正）规定“社会团体不得从事营利性经营活动”，就指社会团体可以从事经营活动，仅不得是营利性而已。① 真正将营利与非营利区分开来的，是法律对其行为的限制，法律的统一口径是禁止将利润向企业所有人分配。只要不将利润分配给所有人，商业行为是可被允许的，但接受权益资本则被禁止，亦即，禁止分配规则并不对非营利公司“可以做什么”进行限制，而对其“可以针对利润做什么”进行规范，这是非营利企业与营利企业的核心区别。②

从经营而非营利上，从事经营活动的非营利组织与企业并无二致，这就使得作为非企业的非营利组织可以如企业那样受到商法的调整，而不能以其非营利性规避商法的特别要求。

另外，按照《民法典》的规定，营利法人与非营利法人之外，还有特别

① 为加强对社会团体从事经营活动的管理，1995 年民政部、工商管理局发布《关于社会团体开展经营活动有关问题的通知》（民社发【1995】14 号、已废止），具体就社会团体开展经营活动问题作了规定，“社会团体开展经营活动，可以投资设立企业法人，也可以设立非法人的经营机构，但不得以社会团体自身的名义进行经营活动。社会团体从事经营活动，必须经工商行政管理部门登记注册，并领取《企业法人营业执照》或《营业执照》”。

② ［美］德纳·布雷克曼·雷塞、史蒂文·A. 迪恩：《社会企业法：信任、公益与资本市场》，方懿等译，上海财经大学出版社 2019 年版，第 28 页。

法人制度，包括机关法人、农村集体经济组织法人、城镇农村的合作经济组织法人、基层群众性自治组织法人。其中合作经济组织属于非典型企业范畴，其他特别法人，需要具体分析。机关法人仅可以从事为履行职能所需要的民事活动，不得为任何经营活动，不存在商法调整之可能。农村集体经济组织法人的经济组织性质决定，其也可以常常从事相应的经营活动，故在其从事相应经营活动时，是应当受商法调整的。基层群众性自治组织法人，实际情况较为复杂，一般不从事经营活动，如从事，也要受商法调整，如长期出租房屋。

（五）关于农村承包经营户

《民法典》第55条规定，"农村集体经济组织的成员，依法取得农村土地承包经营权，从事家庭承包经营的，为农村承包经营户"。该"从事经营"字眼，使农村承包经营户被认为属于商事主体。①

以上观点笔者并不认同。商法上的经营源于低买高卖的买卖商，意在获得利差，其需要经营人的计算与管理。现代意义上的经营概念尽管发生变化，但计算的本质没有改变。无论是企业组织，还是非企业组织，只要其经营行为具有计算性，均认为属于商而受到商法的调整。然而，农村承包经营户的实质是农民从事土地耕种，没有计算的含义，此处所谓"从事经营"仅是对土地的耕作，其结果不仅依靠自然，还仰仗变幻莫测的世界粮食市场行情，即使是大规模耕作的农民也无法预测与计算。从世界各国关于商的认识来看，农民与土地之间的关系，从来不是商的问题，相反，农民与土地之间的关系，是受到有关法律特别保护的，商法根本就不能适用于农业土地经营。

农村土地承包经营户对于土地的承包经营新时代下的耕作关系，因土地所有权属于国家或集体所有，基于当地村民身份而对土地以承包为内容的中国式的土地关系而已，不能因"承包经营"一词而认为其具有如企业一般的

① 参见《商法学》编写组：《商法学》（马克思主义理论研究和建设工程重点教材），高等教育出版社2019年版，第47页。

经营性。

（六）关于商业信托

商业信托（trust），是指以信托形式组织起来的一种自愿的联合体，其基于当事人之间的信托契约而成立，区别于依照法律规定而成立的企业组织，包括“共同基金”（mutual funds）、“退休信托”（pension trusts）、“资产证券化”（asset securitization）等。

商业信托源于美国马萨诸塞州，是传统私益信托的变形，其以信托方式向投资人募集投资资金，并赋予信托受益人的地位。依相关规定，受益人的受益权得自由转让，且有权选举董事。有些州规定，商业信托受益人得如公司股东一般，主张有限责任。所以，这种信托具有组织化特征，受托人系为受益人之利益管理或处分信托财产，且受益人不必对信托财产之债务负责，与公司组织并无重大差异。① 不过，商业信托的组织架构仍可能具有不确定性，未全然具备企业组织之特征，其具有相当程度的契约性。②

在我国，典型的商业信托为集合资金信托，法律依据是《证券投资基金法》（2015 年修订）和《信托公司集合资金信托计划管理办法》（2009 年修订），其形成和运作模式有公司组织因素。

尽管商业信托具有相当程度的契约性，但商业信托一旦成立，其是独立运作的，并不因某个信托公司发起而不独立，且其内部管理具有明显的组织性，因此，完全可以将商业信托纳入企业范畴。

三、企业的种类

（一）国家出资企业、集体企业、一般企业

依据《宪法》，我们国家处于社会主义初级发展阶段，坚持以公有制为主体、多种所有制经济共同发展的基本经济制度，既有包括国有经济形式的

① 参见王文宇：《新公司与企业法》，中国政法大学出版社 2003 年版，第 452 页。

② 参见王志诚：《非公司企业组织法制之基础理论》，载王保树主编：《非公司企业法制的当代发展》，社会科学文献出版社 2009 年版，第 46 页。

公有制经济，也有集体经济形式在内的公有制经济，也有在法律规定范围内的个体经济、私营经济等非公有制经济。

体现在企业上，有国家出资企业、集体企业和一般企业，它们在我国社会主义经济市场经济体制中地位不同，各自的地位决定了它们之间的区别。

1. 国家出资企业

国家出资企业是指由国家（包括中央政府与地方政府）完全出资或控股的企业，包括依照《全民所有制工业企业法》成立的企业，以及根据《公司法》成立的国有独资公司和国家控股公司。

国家出资企业是国有经济的表现形式，是国民经济的主导力量，其设立及经营范围根据国家经济发展需要决定，其内部治理结构具有特殊性。

2. 集体企业

集体企业包括农村集体企业与城镇集体企业。前者是指农村集体经济组织或者农民投资为主，在乡镇（包括所辖村）举办的承担支援农业义务的各类企业；后者实质是财产属于劳动群众集体所有、实行共同劳动、在分配方式上以按劳分配为主体的企业形式。二者的法律依据为《乡镇企业法》与《城镇集体所有制企业条例》。

集体企业是集体经济的表现形式，是社会主义建设的重要力量，内部治理体现集体民主管理与合作。

3. 一般企业

一般企业是指除了前两者之外的企业，包括依据《公司法》、《合伙企业法》、《个人独资企业法》和《个体工商户条例》设立的企业。

国家出资企业一般包括关系国计民生和自然垄断性的企业，以及国家和地方为发展经济而设立的其他企业。集体企业主要是为了提高农村集体经济组织、农民发展农业及合作需要，城镇集体企业主要是为了促进城镇集体的发展的合作性经济企业。所以，大量的企业表现为除了二者之外的一般企业，其目的主要是营利。

不过，国家出资企业、集体企业与一般企业的区分并非简单地对应于国有经济、集体经济和个体或民营经济，国家出资企业与集体企业具有特定含义，仅指上述企业范围。如果国家出资企业和集体企业另行依照《公司法》设立全资子公司、控股子公司或参股公司，则它们属于一般企业范畴，不属于国家出资企业与集体企业。

（二）一人出资企业和共同企业

一人出资企业是指由一个主体单独出资成立的企业，包括自然人个人出资企业、国家单独出资企业和其他组织单独出资企业。

共同企业是指由两个以上主体共同出资成立的企业，包括合伙企业、公司企业、其他两个以上主体共同出资企业。

传统上一人出资企业是包括个体工商户和自然人个人独资企业的业主企业，强调业主与企业之间财产无须区分，承担连带无限责任。我国现行法上的一人出资企业还同时包括全民所有制工业企业、由一个农村集体经济组织（如村集体）单独出资成立的乡镇企业及由城镇集体组织单独出资成立的城镇集体企业，后者一般为独立法人。

传统上的共同企业包括合伙企业与由两个以上股东出资成立的普通公司。随着现代社会经济的发展，各国普遍承认了一人公司制度。一人公司也是由包括一个自然人或法人单独成立的公司，法律上仍属于公司范畴，是公司型共同企业法人制度的例外。国有独资公司也是如此。

这种区分的意义已经不在于责任的承担上，而是结合出资人性质的不同而在企业内部治理上的差异。传统业主制企业不存在治理，但作为法人的一人出资企业则须遵守相应法律规定的治理规则，即使是一人公司，也须遵守公司法关于公司治理的特殊要求。合伙企业尽管为无限责任企业，其内部也有相应权力平衡规定，须遵守基本的议事与决议规则。

（三）法人企业和非法人企业

根据企业是否具有法人资格，可区分为法人企业与非法人企业。

法人企业作为主体具有完全的独立性，在财产、人员及分配上都独立于投资人，在财产责任的承担上，投资人只以投资为限对外承担责任。非法人企业也具有主体性，但投资人与企业对企业经营所产生的债务承担连带责任，尽管该责任应先由企业财产来支付，当企业财产不足以支付企业债务的，投资人应以自有财产对企业债务承担直接或补充性的连带责任。

法人型企业可以分为公司企业法人与非公司企业法人。一般而言，现代意义上的企业制度主要是指有限责任公司与股份有限公司法人制度。但社会经济关系的复杂化和多样化使得企业的形态也应多样化，除了公司企业法人制度外，还有如依照《全民所有制工业企业法》、《乡镇企业法》、《城镇集体所有制企业法》等成立的国有企业、乡镇企业和城镇集体企业。

非法人型企业包括个体工商户、个人独资企业，以及合伙企业和其他非法人企业，其中合伙企业又分为普通合伙和有限合伙。普通合伙是指两个或两个以上的主体共同投资、共同经营、共享收益，并对企业的债务承担无限责任的企业形式；有限合伙是指两个或两个以上的主体共同投资，其中有一方或多方只以投资为限对外承担企业债务，而另一方或多方则承担无限责任的企业形式。

法人企业与非法人企业的意义主要在于出资人是承担无限连带责任还是有限责任，并因而在公司治理或管理上有不同要求。

（四）独立企业、附属企业、关联企业、集团企业

独立企业是指自身独立，不受其他企业影响和控制的企业。

如果一企业能够直接或间接地对另一企业施加决定性的影响，该另一企业是附属企业，如母子公司之间，子公司为附属企业。

关联企业，是指与其他企业之间存在直接或间接控制关系或重大影响关系的企业，相互之间具有联系的各企业互为关联企业。关联企业在法律上既可表现为由独立企业和附属企业构成，也可表现为分别为独立企业，但受同一控制人控制的企业之间，也包括相互之间互为独立，但相互之间通过协议或其他安排而一致行动或串通行动的企业之间。

集团企业是以一个或多个实力强大、具有投资中心功能的大型企业为核心，以若干个在资产、资本、技术上有密切联系的企业、单位为外围层，通过产权安排、人事控制、商务协作等纽带所形成的一个稳定的多层次经济组织。集团企业内部主要是通过明确的产权关系和集团内部的契约关系来维系；核心是实力雄厚的大企业。按照总部经营方针和统一管理地进行重大业务活

动的经济实体，或者虽无产权控制与被控制关系，但在经济上有一定联系的企业群体，是现代企业的高级组织形式。

以上区分是根据企业之间是否存在关联、关联程度及是否有一个中心企业进行的，是现代法律上重要的新区分。现代各国都对关联企业的关系作了规定，以确定相关主体的法律责任和税收关系。无论是独资企业法、合伙企业法，还是公司法，都是从独立企业角度进行规范的，但对企业之间的关联性关注较少，我国仅《公司法》对关联交易作了简单规定，未来企业法的发展将以集团企业为出发点予以规范。

（五）大企业与小企业

根据企业的规模，可以分为大企业与小企业，大企业一般指规模较大且成熟的企业，包括营业额大、职工人数多等的企业，一般指规模较大的公司、合伙企业。小企业一般是指规模较小或处于创业和成长阶段的企业，包括规模在规定标准以下的法人企业、合伙企业和独资企业。

大企业与小企业的区分在现代社会经济发展中意义重大，它不仅关系到税收，还涉及企业内部治理与外部规制，如公司规模较大的，则可能要求有职工董事，公司规模较小的，可仅有一个董事。在现代互联网的高科技与资本市场时代，企业越来越可以突破地域、时空、技术的局限发展壮大，成为跨地域、跨国、跨行业领域的企业帝国，对现行法律提出巨大的挑战。同时，现代科技的发达及信息的畅通，也使得众多的投资者选择小微企业模式，不仅成为自我就业者，也成为自我创业者，他们可以随时根据市场变化及时调整，迅速适应社会，如大量的小电商与微商，他们也对法律提出新的要求。

（六）营利性企业、合作社企业、公益性企业

营利性企业是法律规定的一种最基本的企业形式，其目的是获得利润。一般的企业都是营利性企业。

合作社企业的经营目的并非为了谋取利润，而是为了向其成员提供各类帮助，使其成员能够获得更多的利润。

公益性企业的目的不是为了盈利，而是为了向公共或社会提供服务。盈利并非其经营目的，至少不是其主要目的，如政府设立的公益性信贷公司。

另外，还有一种被称为倾向性的企业，是指主要为了政治的决策、联合政治决策、宗教政策、教育政策、科学或者艺术政策直接提供咨询服务的企业，专门就上述问题撰写并提供报告和发表言论的企业也属于倾向性企业。①我国也有大量类似的企业。

第三节　营　　业

一、营业在商法上的确立

中世纪商法产生的主要标志，是一个新的职业商人阶级在乡村和城市从事大规模的商业交易而在商人之间产生的商事习惯，它们是因应大规模商业交易的规则，具有客观性、普遍性和权利的互惠性。大规模商业交易包括各种各样的交易形态，从一般的贸易到金融活动，后发展到相应的生产与服务活动，这些不同的交易活动并非简单地体现为某个或某些交易，而体现为作为商人阶层交易活动的客观性、普遍性，从而适合以统一的商事规则予以规范与调整。商法体系的整体性，即它的各项原则、概念、规则和程序在结构上的一致性，首先来自它所属的商业的共同体的整体性和在组织结构上的一致性。②

商业活动的客观性与普遍性表现为商人的营业，即商人为商业交易从事的一种具有长期性、专业性的事业。为此事业，商人不仅要进行各种各样的交易，还要为有关交易进行有关准备，这些准备可能并不表现为直接的交易，如询价、公证、制作账簿等，它们与商人们的所有交易一起构成营业，从而使得营业成为描述商人商业活动的抽象上位概念。

---

① ［德］托马斯·莱塞尔、吕迪格·法伊尔：《德国资合公司法》（第6版），高旭军等译，上海人民出版社2019年版，第26页。

② 参见［美］伯尔曼：《法律与革命——西方法律传统的形成》，高鸿钧等译，中国大百科全书出版社1993年版，第431页。

在采民商分立的国家和地区，商法是通过商事行为与民事行为予以区分，该所谓商事行为尽管在不同国家和地区（如法国、德国和日本）商法典中表现不同，但基本判断因素是商人或尽管不是商人从事的以营利为目的的商业行为，而且，该判断常常与商人是结合在一起的，亦即，尽管不是商人，如果其从事了商行为，会被视为商人，如采客观主义立法的法国商法典规定，实施商事行为并以其为经常性职业的人是商人。亦即，营业常常是与商人联系在一起的，反之，商人也常常与营业联系在一起。

在采民商合一的国家和地区，民法是商法化的，其调整交易的规则主要是常业性的，对于一般化的交易规则，尽管不再使用商事概念，但能够看得出来其对于经常性的商业行为的规范意义，如要约承诺、沉默等。对于那些不能一般化而特别适用于企业或商人的交易制度，如代理商、仓储、居间等，则体系化于民法典有关合同编中，这些体系化于其中的商行为，尽管也没有了商事之特别用语，但其含义明显地是一种以营利为目的的职业性行为，因此相应规则之含义具有商业上的拓展价值，最终通过解释使其与普通民事合同予以区分，主要或专门适用于以营利为目的的职业性行为。当某个商业行为具有职业性时，一般来说，该行为就被认为是有别于一般民事的。

从20世纪80年代初改革开放以来，我国民商事立法采民商合一，有关规定特别是交易规则（《合同法》）基本上是围绕职业性的商业行为即企业的营业行为予以规范的，即使是典型民事的赠与合同，也体现了企业营业之概念，如我国《民法典》第666条规定，赠与人的经济状况显著恶化，严重影响其生产经营，可以不再履行赠与义务。

二、营业的含义

（一）概念与特征

营业是指企业独立且持续地以经营为业的活动，具有以下特征：

1. 营业是企业的独立活动

这是指由企业根据自身实际及市场判断进行的独立营业。独立相对的是根据政府部门或上级指示进行营业活动，前者如特殊情况或特殊时期（如战争）政府管制要求企业按照国家计划进行生产或买卖，后者如企业雇员按照企业要求进行生产或服务。独立意味着因营业产生的权利义务归属的确定，以及风险承担的市场确定。

2. 营业是企业持续地以经营为业的活动

这是指营业并非偶然为之的活动，而是有计划并不断地进行的经营。营业的持续性使得营业活动具有了职业性和长久性，成为了一种事业，具有了规模性与不特定性，企业不仅因此获利，也必须为其经营的事业承担各种明示与默示的义务与责任，其每次的单个行为均构成其事业的一部分，一贯的行为成为判断其行为成立与否的重要依据。

3. 营业是企业的经营行为

这是指营业表现为企业的经营，一般是为了营利目的，但营利目的并非营业的法律必要要求，经营可以盈利，但未必是以分配为目的的营利，是否分配，完全由企业根据自身目的及实际情况决定，非法律必然要求。对于以营利为目的的企业来说，如《民法典》上的营利法人，营利是营利法人身份的典型特征，但在法律上没有必要使它成为一个必要条件，① 如非典型企业的经营行为，常常是为了其他目的。

4. 营业是企业的对外经营行为

这是指营业须对外进行，因而具有公示的意义。如果某企业仅在证券交易市场上开户经常性地进行投机证券买卖，不进行其他经营活动，则尽管其行为也具有计划性与独立性，但因不具有公开对外性，故不认为该企业之行为为营业。对于个人开户买卖证券而言，更是如此。

（二）营业与经营

营业是一种以经营为业的活动，营业与经营两个词汇很难区分，但相对而言，营业有以经营为事业之意，经营则主要强调为之。

在我国有关立法上，立法文件以营业一词表达的仅为《营业性演出管理

① 参见［德］C. W. 卡纳里斯：《德国商法》，杨继译，法律出版社 2006 年版，第 35 页。

条例》（2020年修订），其第2条规定："本条例所称营业性演出，是指以营利为目的为公众举办的现场文艺表演活动。"该定义是关于营业的典型规定。不过，其他法律法规中，有专门的某种营业规定，如《铁路法》（2015年修正）第二章专门规定了"铁路运输营业"。

关于经营的有关法律是比较多的，如《无证无照经营查处办法》（2017年）、《商业特许经营管理条例》（2007年）、《城市房地产开发经营管理条例》（2020年修订）等，除了这些以经营直接命名的法律法规外，其他有关经济管理的法律法规中，也主要以经营表达相关概念，如《反垄断法》《反不正当竞争法》等。可以看出，在我国立法中，经营是作为被管理对象出现的，它是政府因有关经营而对其予以特别管理和规制的概念。

所以，本书以营业而非经营作为商法的基本范畴，营业一词能够深刻地表达企业独立而持续的对外经营活动性。

（三）主观意义上的营业与客观意义上的营业

在西方商法及理论上（如德国和日本），营业也是一个重要概念，被认为是判断行为人的行为是否受商法调整的一个标准。日本学界甚至认为，正是营业概念的桥梁作用才使商人概念及商行为概念结合起来。①

日本商法学界认为，应从主观意义及客观意义层面对"营业"进行界定。主观意义上的营业是指商人所从事的营利性活动，即从活动的方面理解营业；客观意义上的营业是商人以进行营利活动为目的而拥有的财产，即从组织方面来理解营业。② 后者的实质是因营业而导致的财产组合，因而可以进行营业转让，即将企业转让出去。

对于客观意义上的营业，我国较为接近的概念是企业产权。作为活动的营业与作为组织的营业实质上是营业的两个不同侧面，它们是紧密联系的，营业活动不能离开营业组织，而营业组织又是营业活动的产物。而且，因为

---

① 参见刘成杰：《日本最新商法典译注详解》，中国出版集团、中译出版社2021年版，第6页。

② ［日］近藤光男：《日本商法总则·商行为法》，梁爽译，法律出版社2016年版，第74页。

营业，使得企业产权不仅仅是有形财产的组合，也是包括商誉、信誉在内的企业无形财产的结合，企业因此具有了更高的营业价值。①

三、营业权

（一）概念

营业权是指企业享有的依法营业而不受非法侵害的权利。在各国民商立法中，并没有营业权这一概念，它是因企业正常经营而应受到法律保护而产生的权利。一般地，各国都是通过竞争法和侵权法予以调整的，前者体现为各国的反不正当竞争法和反垄断法中；后者一般体现在各国的侵权法中，如德国是通过《民法典》第823条的一般侵权责任条款予以调整的。该条第1款规定："故意地或者有过失地以违法的方式侵害他人的生命、身体、健康、自由、所有权或者其他权利的人，负有向他人赔偿由此发生的损害的义务。"其中的"其他权利"就包括营业权。

营业权是商事主体因营业而产生的权利，它具有概括性、变动性和外向性。概括性是指营业权是一种界限不太清楚的笼统性的权利，它需要"通过权衡权利承担者的利益和干涉者的利益，始能够确定此二人中何人是正当的"，因此，它是一种框架性权利。② 变动性是指与营业权有关的资产利益是随着其营业状况的变动而不断变化，法律对其保护时需要确定某个时点的特定利益予以保护。外向性是指营业权主要是针对外部而言的，即它主要是针对商事主体外的第三人而言的权利，而不涉及商事主体内部经营管理权，后者是通过章程和法律明确确定的权利。

营业权制度的意义在于企业享有营业自由并不受非法干扰和侵犯。

（二）营业权的内容与界限

营业权是基于企业的营业自由产生的权利，是现代市场经济下市场主体

---

① 参见王保树主编：《中国商法》，人民法院出版社2010年版，第64页。

② ［德］迪特尔·梅迪库斯：《德国债法分论》，杜景林、卢湛译，法律出版社2007年版，第666页。

的一项基本权利，体现了个人和团体在经济领域的发展空间，是推动现代社会经济发展的重要因素。营业权也是现代宪法予以保障的权利。

在内容上，营业权主要包括营业时间自由、营业地点自由、营业方式自由、营业内容自由、使用员工自由、投资自由等。

但同时，由于营业自由关系到第三人和社会公共利益，相应营业权是受到宪法和其他法律、行政法规限制的，如营业时间和营业地点须受到劳动法、商业规划法及有关法律、法规限制，营业方式须符合公序良俗，营业竞争须遵守竞争法，特殊行业须遵守特别许可等。

需要注意的是，营业权是受到宪法保障的基本权利，相应法律、法规的限制须符合宪法要求，不得与宪法规范相冲突。特别是有关地方政府和部门不得随意设置限制措施，如随意变更城市规划而使商事店铺拆迁或关门，随意查封企业而使其无法正常营业等。

（三）营业权的保护

现代法律对企业营业权的保护主要是通过竞争法和侵权法进行的。

1. 竞争法的保护

营业自由意味着竞争，竞争须以公平的方式进行，不公平竞争是对于公平竞争者的侵害，它主要体现为不正当竞争和垄断。对此，各国均有反不正当竞争法和反垄断法加以规范和调整。

我国《反不正当竞争法》第2条明确规定："经营者在生产经营活动中，应当遵循自愿、平等、公平、诚信的原则，遵守法律和商业道德。本法所称的不正当竞争行为，是指经营者在生产经营活动中，违反本法规定，扰乱市场竞争秩序，损害其他经营者或者消费者的合法权益的行为。"从事不正当竞争者，要承担相应的民事责任、行政责任甚至刑事责任。《反不正当竞争法》第17条规定："因不正当竞争行为受到损害的经营者的赔偿数额，按照其因被侵权所受到的实际损失确定；实际损失难以计算的，按照侵权人因侵权所获得的利益确定。经营者恶意实施侵犯商业秘密行为，情节严重的，可以在按照上述方法确定数额的一倍以上五倍以下确定赔偿数额。赔偿数额还应当包括经营者为制止侵权行为所支付的合理开支。”

《反垄断法》第3条明确规定以下行为为垄断行为：经营者达成垄断协议、经营者滥用市场支配地位，以及具有或者可能具有排除、限制竞争效果的经营者集中。构成垄断给他人造成损失的，要承担民事责任；违反规定实施垄断协议或实施集中的，须承担相应行政责任。

2. 侵权法的保护

竞争法对营业权的保护主要是对于那些相互间具有竞争关系的企业而言的，对于相互间不具有竞争关系，对企业的营业权造成损害的，则以侵权法予以保护。

通过侵权法对营业权予以保护，各个国家和地区做法并不相同，如德国是通过扩大解释其民法典第823条①中所谓“其他权利”而创设营业权进行的②，法国是通过其1382条③关于侵权行为一般条款而认定的。我国《民法典》第1165条④是关于侵权的一般责任条款，可以通过该条对侵害营业权的行为予以调整。

综合比较各国关于侵害营业权行为的形式，结合我国具体实际，可以确定以下侵权行为是侵害营业权行为：（1）恶意妨害，即故意以违法的行为或者违背善良风俗的行为，对他人的营业活动进行妨害，使其营业权及相应利益受到损害的侵权行为⑤；（2）非法罢工或聚会；（3）损害性评价，这时，

① 《德国民法典》第823条第1款：“故意地或者有过失地以违法的方式侵害他人的生命、身体、健康、自由、所有权或者其他权利的人，负有向他人赔偿由此发生的损害的义务。”

② ［德］马克西米利安·福克斯：《侵权行为法》，齐晓琨译，法律出版社2006年版，第69－70页。

③ 《法国民法典》第1382条：“人的任何行为给他人造成损害时，因其过错致该行为发生之人应当赔偿损害。”

④ 《民法典》第1165条：“行为人因过错侵害他人民事权益造成损害的，应当承担侵权责任。”“依照法律规定推定行为人有过错，其不能证明自己没有过错的，应当承担侵权责任。”

⑤ 杨立新主编：《类型侵权行为法研究》，人民法院出版社2006年版，第389页。

要在营业权和表达意见的权利或新闻自由之间进行权衡，权衡的结果是，当事人一方以不容允许的方式利用了后者①；（4）其他侵害行为，如随意更改城市规划而致使店铺无法正常营业。

需要注意的是，由于营业权为一种框架性权利，通过竞争法和侵权法对营业权的保护仅为“兜底构成，其仅在其他的保护性规定（如知识产权法）不予适用的情形，始告以适用”；其仅涉及“直接”或者“与企业相关联”的干涉，且干涉必须要“超出单纯的烦扰或者社会上通常的阻碍”时，才予以适用。②

① ［德］马克西米利安·福克斯：《侵权行为法》，齐晓琨译，法律出版社2006年版，第77页。

② ［德］迪特尔·梅迪库斯：《德国债法分论》，杜景林、卢谌译，法律出版社2007年版，第670－671页。

第五章　企业构成与形态规制

第一节　概　　述

一、作为主体的企业与作为组织的企业

民法是以主体（自然人、法人）为起点规范作为主体的“人”之法律关系的，现代商法也是以企业为主体构建营业法律关系并予以规范的。

作为主体的企业是指企业能够以自己的名义对外从事营业活动，并因而独立或相对独立地享有权利、负有义务，承担责任。一般认为，企业外观足以决定其行为后果归属，这是交易安全和便捷的需要。但是，作为主体的企业不同于自然人，是被“组织”起来的人，其作为人的外观只是表象，尚需从组织角度分析与认识。

企业由不同的财产和人组成，有一定的机构，具有不同角色的人在企业内部有不同的分权与分工。不同的企业形态，其组织法理有很大区别，如营利企业与非营利企业，合伙企业与公司企业。

二、科斯定理与企业组织

企业是什么？传统经济学认为，企业是一个生产函数，它们从市场上买来原料或服务，再把这些原料和服务加工转化为其他家庭或企业需要的商品或服务，从中赚取相应利差，实现利润最大化。但是，对于为什么会有企业的存在，传统经济学并不能给出令人满意的解释。因为大部分微观经济理论都假定价格体系协调资源配置，并把资源配置到最有价值的用途中，而在这种假定下，企业组织根本就没有存在的理由。所以，传统经济学理论下的企

业是一个生产“暗箱”，人们只能从外部得知其存在，至于其内部如何则无法知悉。

以科斯为代表的新制度经济学则认为，企业是由于节约了交易成本存在的。这时，企业的功能在于，将各个要素所有者通过内部契约组合起来，形成一个代表着各种要素集合者利益的独立人格体，并以企业自身的名义而不是各个要素所有者的名义参加市场交易，企业本质上是一种合约。

作为“合同关系的联结”，企业包含了专用和通用型投入的提供者，管理、技术及其他劳动服务的提供者，股权和债务资金的提供者，以及客户等之间的关系。① 也就是说，在企业这个框架中，相互合作的大量“生产要素”的所有者达成了书面或非书面合同。合同规定哪项任务要由企业的哪些成员完成，在什么情况下完成，以及企业内劳动分工应如何协调等问题。合同也具体规定了企业的组织结构，基本所有权实际上被分割和安排给了不同人。企业中最终发号施令的权利一般交给了那些拥有企业专用性资源、被认为具有更大的风险承担能力并能确定任何时点上的“自然状态”的人。② 该理论对于分析企业的效率和监督管理提供了基本框架。

科斯及其新制度经济学提出的命题是革命性的，打破了传统经济学理论的企业“暗箱”，指出了企业是为了节约交易成本而由不同要素组合在一起的独立人格体。这种认识，无疑为社会如何组织企业和规范企业提供了科学的导向。

首先，企业不是人和物的简单组合，而是能够节约交易成本而由不同投资者依据不同行业和自己的实际情况组建的。那么，作为规范企业组成和经营的企业立法，必须是能够适应这种不同资源组合需要的开放立法模式，而不能是封闭和保守的。

其次，企业是有边界的，它必须根据投资行业、投资者本身的条件等在

① ［英］路易斯·普特曼、兰德尔·克罗茨纳编：《企业的经济性质》，孙经纬译，上海财经大学出版社 2000 年版，第 27～28 页。

② ［德］埃瑞克·G. 菲吕博顿、鲁道夫·瑞切特编：《新制度经济学》，孙经纬译，上海财经大学出版社 1998 年版，第 10 页。

节约交易成本的前提下存在，不同表现形式和具有不同内涵的企业都有存在的合理性。法律对此的规范应该是尽量满足具有不同表现形式和内涵的要求，不能以简单划一的标准规范。

最后，企业是一个具有独立或一定人格的实体，这本身使其可以与投资者、雇员和其他人签订合约。换言之，企业尽管是投资者投资创办的，但它一经创办，就具有相应独立性而能够独立活动，区别于投资者和其他关系人。对此，现代法律必须通过相应制度设计使其区别于投资者和相应关系人。

第二节 企业构成与企业形态

一、概述

企业是由不同的要素构成的。从大的方面来看，所有企业都是由人和财产构成的。进一步分析，人有不同身份之人，组成企业的人数有多少之分，不同的投资者有不同的投资目的。财产表现也是多样，如出资表现为现金、实物、知识产权、技术、商誉、劳务等，企业财产可以有自有财产（股权），也可以有借入财产（债务）等，这些财产还可以进一步划分。这些不同要素的组合，其内部关系和管理要求都必然是不同的，因而会形成不同的企业形态。而作为法律规定的企业形态和立法，则必须能够适时地反映和容纳这些不同的企业构成，能够使企业在节约交易成本的基础上发展自己。

二、投资者构成

投资者构成主要是指投资者的投资目的、人数和成分。不同投资目的和不同数量、不同身份的投资者对于企业的形态和管理等要求是不同的。

（一）投资目的

不同的投资者往往会根据自己所处的实际情况而具有不同的投资目的。这些投资目的在我国立法上就是所谓的“经营范围”，在公司法上就是所谓的公司目的事业范围。

在公司法上，公司目的事业范围是股东成立公司的“目的”，直接关系到公司股东切身利益的实现。在英国，其公司法和判例一开始是严格禁止公司超越经营范围活动的。大陆法系国家甚至将公司目的与公司的权利能力结合在一起，认为公司法人于目的事业范围之外，并无权利能力，亦即在法律上不具有人格，不成其为民事主体。这种认知尽管在现代愈来愈被扬弃，但该说无疑证明公司目的事业范围对于公司的重要。

不同的投资者基于自身实际状况，必然会有不同的企业目的事业范围。该事业范围是投资者企盼营利的基础，是其赖以利用并控制企业之所在。基于该目的事业范围，投资者得以在法律允许之下构架企业特别是公司的管理和经营，从而约束并发挥管理者的能力。

在一定意义上，每一个企业的目的事业范围都是不一样的。这使得每一个企业都体现出自己的特点并经营出自己的特色。当然，企业的目的事业范围也可以因不同因素而不同，如因行业不同而不同，因投资者资本多少和能力大小而不同，因投资地域不同而不同。

企业目的事业范围的不同不仅仅关系到投资者的利益，也关乎第三人和社会公共利益。特别是那些涉及社会、经济、军事等利益的目的事业，显然更需要特殊的制度规则加以设计和规范。许多国家法律对于公用企业、金融企业和军工企业等都有特殊的法律要求，往往是一些专门的法律规定，美国早在罗斯福新政时期就颁布过很多专门企业方面的立法，如1935年美国国会通过了《公用事业法》和《公用事业控股公司法》，1933年通过了《银行法》（1935年又再次颁布）等。许多国家都要求经营金融、保险业务的公司必须采取公司形式。

根据《保险法》和《商业银行法》，我国的保险和银行企业，均须采公司形式，且一般为股份有限公司，同时对其最低注册资本及实缴作出明确规定。

（二）投资者人数

投资者的人数对于企业形态影响是重大的。

对于个人独资企业，正是其自然人人数决定了该种企业形态的存在。对于合伙企业与公司制企业，不同的人数也深深影响了它们各自的存在。

一般合伙企业基本上是由亲朋好友组成，组成人员较少，相互之间了解，而且，他们常常都要参加企业管理，因而能够较好地控制其他合伙人。所以，一般合伙企业对外的责任形态为连带无限责任。但是，当合伙人人数较多时，他们之间相互控制的可能性在降低，特别是当合伙事务遍布全国各地甚至全球时，众多的合伙人各自在不同的地方发展着业务。这时，要求其他合伙人为其根本无法控制甚至根本不了解的合伙人的合伙事务负责显然是不公平的，也不利于合伙事业的发展。因此，就需要设计出不同于普通合伙的合伙制度。基于此，美国设计出了所谓的有限责任合伙企业形式。我国2006年《合伙企业法》所规定的特殊普通合伙企业即从此而来。与普通合伙企业不同，在特殊普通合伙企业中，"一个合伙人或者数个合伙人在执业活动中因故意或者重大过失造成合伙企业债务的，应当承担无限责任或者无限连带责任，其他合伙人以其在合伙企业中的财产份额为限承担责任。"当然，如果没有这种情形，全体合伙人仍要承担连带无限责任，即"合伙人在执业活动中非因故意或者重大过失造成的合伙企业债务以及合伙企业的其他债务，由全体合伙人承担无限连带责任"。①

对于公司制企业，特别是大型的股份有限公司，其组成人员众多，股东成千上万。这时，相应制度设计必然要求内部有专门管理层，且设计出相应的制约机构或人员，即完善的内部治理结构。但当公司股东较少时，他们常常参与直接管理，相应公司制度设计就没有必要按照大型股份公司去做了。所以，现代各国对于有限责任公司的规定和设计就和股份有限公司具有很大差异。对于有限责任公司，如果规模较大，则可设董事会，如果较小，则仅设一至两名董事即可。对于股份有限公司，也有较大型和较小型之分，较小的股份有限公司内部管理要求与大型股份公司也可以不同，以免无端增加企业经营中不必要的成本和负担。我国《公司法》规定，采发起设立的股份有

① 《合伙企业法》第51条。

限公司，可以仅一至两名董事，不设董事会；也可仅设一至两名监事，不设监事会，从而使其可以如有限公司那样进行灵活管理。而且，较大型公司，包括股份有限公司和有限责任公司，因为涉及职工众多，为保护职工合法权益，鼓励职工参与，我国《公司法》也要求董事会和监事会中应有一定比例的职工董事和监事制度。

（三）投资者的身份

从投资者的身份上看，具有不同身份的投资者对组成或参与组成的企业形态和管理也提出了特殊的要求。

首先，对于由国家出资或参与出资组成的企业，往往都是涉及公用或垄断的企业，因而必须由专门的法律规定，以实现国家的特殊意图。其次，对于由私主体组成的企业，则不同的私主体也会产生不同的要求，如在完全由个人组成的公司中，由家庭或夫妻之间组成的企业是比较特殊的。除了个人独资企业和合伙企业，在有限责任公司中，如果是由关系十分紧密的人组成的，法律就应该对其规定与一般有限公司有所区别，如法国在1982年就允许夫妻以技艺出资组成有限责任公司。在税收上，法国1980年的法律规定家庭式的有限责任公司可以选择人合公司的税收制度，避免重复征税。再次，对于具有专门职业性质人员组成的企业，如律师、会计师、建筑师、医师等，他们这种“技术性或专业性技能的对生产在合伙制下比在其他队生产形式下更有可能”,① 因而各国基于其组成人员特别身份及职业道德而一般要求采合伙企业制，或采专业公司制。

由我国国家性质决定，国家出资、集体出资及私人出资的企业共同成为我国社会主义市场主体，均受到同等法律保护与鼓励、支持。同时，由出资人身份决定，国家出资企业、集体出资企业与私人出资企业，以及因此导致的混合出资企业，除了形式上的基本一致，也都分别受到不同法律法规的特别要求。我国企业立法的一个重大特色在于，仍保留了以企业所有制性质的

① ［美］R. 科斯、A. 阿尔钦、D. 诺斯：《财产权利与制度变迁——产权学派与新制度经济学派译文集》，刘守英等译，上海三联书店、上海人民出版社1994年版，第79页。

立法，包括《全民所有制工业企业法》（2009 年修正）、《城镇集体所有制企业条例》（2016 年修订）、《乡镇企业法》（1996 年）、《个人独资企业法》（1999 年）、《个体工商户条例》（2016 年修订）。这种立法模式是符合我国社会主义市场经济性质的，不存在保守或落后的问题，它将不同性质的企业作了针对性制度设计，有利于发挥不同性质企业针对特定人群的经济作用。

除此之外，作为主要企业形态的《公司法》，也专门有针对性地对国家出资企业做出治理上的特别安排，专章规定了国家出资公司，并由专门的管理性法规，如《企业国有资产法》予以特别规制，使其既可以如一般公司那样产权清晰、管理科学，也因其性质而受到特别管理，实现其国家出资的经济与社会意义。

另外，根据《合伙企业法》第 55 条规定，以专业知识和专门技能为客户提供有偿服务的专业服务机构，可以设立为特殊的普通合伙企业。亦即，特别的普通合伙企业仅限于具有专门职业性质人员组成的企业，如律师、会计师、建筑师，这是由其投资人身份的知识性价值决定的，应当尊重其主要依靠各自独立工作的能力。在一定意义，这种企业中，资本的意义并不大，故不能简单凭其所谓出资决定其行为的责任后果。进而，值得思考的是，现代法律允许律师、会计师、建筑师事务所等专业性企业采公司形式，那么，他们能否如普通公司股东那样仅以出资为限，也是十分值得研究的课题。

三、资本和资产构成

这是是指企业的自有资本和借入资本构成及其表现。

（一）出资方式构成

从理论上讲，投资者可以以各种方式出资，但不同方式的出资对于企业自身和第三人、社会公共利益的影响是不同的。对于无法评估的出资方式，如劳务、商誉、技艺，在企业破产时无法保证债权人利益的顺利实现，故主要适用于承担无限责任或连带无限责任的企业，其他出资方式，如现金、实物等则可适用于所有企业。

不同的出资方式对于企业的管理和规范要求是不同的。如有甲、乙、丙三人，其中甲有某专利或专有技术但无资金转化生产，银行又不愿冒险贷款于他。而这时，乙有雄厚财力，同时又不愿冒太大的风险投资，丙则具有冒险精神又有管理能力。假如他们三人愿意以各自所长出资，又希望满足他们各自的冒险或避险性，那么相应企业制度的设计就应该按照他们的实际情况进行。盛行世界各国的有限合伙企业往往是货币和知识产权或非专利技术出资以及管理的结合，亦即所谓“财”“智”“能”的结合，因而常常用于高风险行业。其资本结构是非常灵活的，如其利润比例的确定是独立于股权比例的确定的，亦即它可以把资本投资与利润分配看作是相互独立的，从而允许各方在企业的管理与控制方面具有不同的角色定位。

（二）股权流动性

股权能否自由流动直接影响着股东的责任，因而决定着企业的责任形态。

法律经济学认为，“自由转让的股份导致了事实上的有限责任”。因为，“有限责任的明确，只不过节省了交易费用，而这些费用是同破产即将临头时发生的那些转让的混乱联系在一起的。”①

股权可以完全自由转让形成了现代股份有限公司，股权不能转让则形成了合伙企业，在它们之间，还有受限制的股权自由转让的企业形态，即有限合伙、有限责任公司、简化的可发行股票的公司、股份两合公司等。在这些股权转让受限制的企业，其责任扩展成为可能。因而出现了（法定的）保证有限责任公司（英国），以及，可以在具体情形下由股东自愿承担保证的有限公司。

在我国，包括《民法典》规定的合伙合同中的合伙份额，均是可以转让的，除非合伙协议或章程有明确限制。但由松散组合及紧密性程度决定，股权或份额之转让在内容甚至性质上具有极大差异。

对于合伙合同合伙份额，“合伙人向合伙人以外的人转让其财产份额，表面上看属于合伙人处分其合伙份额的行为，实质上涉及合伙合同主体变更，

① ［美］唐纳德·A. 威特曼：《法律经济学文献精选》，苏力等译，法律出版社2006年版，第233页。

直接影响着合伙合同存续，属于影响合伙稳定的重大事项”,① 故其转让为受到严格限制的转让。对于股份有限公司的股份，则完全为自由转让，除非章程和法律有特别明确的规定，转让基本是不受限的。

合伙企业（包括有限合伙企业）合伙份额转让与有限责任公司股权的转让，则介于其中，形成一种类型化的过渡状态。《合伙企业法》和《公司法》也分别对依法成立的合伙企业和人合性较强的有限责任公司对外转让合伙份额与股权作了限制性规定。其中《合伙企业法》第 22 条的规定与《民法典》第 974 条几乎雷同，但不能因此认为这些规定的逻辑及法理都是一样的。依《合伙企业法》设立的合伙企业，在企业序列上，与《公司法》中的股份有限公司分别处于两端，一个是典型的人合企业，一个是典型的资金企业，有限责任公司则居于二者之间，被认为是人合兼合资企业。有限公司的人合性，使得其股权对外转让受到限制。但从本质上而言，有限公司属于合资企业，其人合性只是一种附带意义的。《公司法》对有限公司股权转让的限制性规定，是在股权或股份自由转让原则下的必要限制，以维系股东之间应有的信任关系。从《公司法》规定可以发现，股权自由转让是原则，限制只是要求履行必要程序。合伙企业属于典型的人合企业，其维系主要靠合伙人之间的高度信任，故《合伙企业法》关于合伙份额的转让要求是非常高的，即“除合伙协议另有约定外，合伙人向合伙人以外的人转让其在合伙企业中的全部或者部分财产份额时，须经其他合伙人一致同意”，该规定的法理与合伙合同是相同的。

总体而言，《民法典》第 974 条关于合伙份额对外转让的限制性规定，是从根本上对于合伙份额转让的限制，该条关于合伙份额转让的限制性规定与《公司法》关于股权转让的限制性规定的法理是不同的，解释和运用二者之时，不可简单比较与借鉴；而《合伙企业法》第 22 条的规定则介于二者之间。

（三）债务构成

企业在经营过程中往往会形成大量债务，这些债务成为企业的主要资产。

① 最高人民法院民法典贯彻实施工作领导小组主编：《中华人民共和国民法典合同编理解与适用【四】》，人民法院出版社 2020 年版，第 2759 页。

传统企业法理论认为，企业是所有人的企业，亦即股东的企业，因此，谈起企业治理主要限于股东、企业、公司“三会”和经理层的关系。相应企业法律制度设计也主要是围绕此进行的。但随着现代企业社会角色的转化，人们越来越认识到企业相关利益人，特别是债权人、职工和客户在其中的重要作用和角色。

从法律层面上看，它们都是企业的债权人，因而形成相应的企业债务构成。具体来说，企业债务构成包括金融贷款、企业债、应付客户款、应付职工福利等。这些债务构成深深影响着企业的管理和发展。

如对于公司制企业而言，当公司处于破产状态时，如果公司的控制权仍由股东控制，则必然会对债权人的利益造成严重损害。即使公司没有处于破产状态，如果公司有大量借债，特别是银行的贷款时，银行就会对其管理甚至管理结构产生重大影响。如在德国，商业银行可以经营一切金融服务，包括各种期限和种类的存贷款、各种证券买卖以及信托保险等金融服务，而且，它们还可以持有公司的股票并参与公司内部治理，因而可以向公司派出董事、监事。美国公司法对于债权人也给予了充分的保护，如《特拉华州公司法》第 221 节关于“表决、有抵押债券和无抵押债券的持有人的检查权和其他权利”之规定中明确赋予了债权人在公司中的投票权。[①] 即使公司中没有债权人代言人，债权人也会要求对公司的举债项目有一定的发言权，如贷款合同常常包含一些限制性条款，公司进行重大资产重组时须征求债权人的意见，或者直接规定于贷款期限内，债权人可以直接委派董事进入董事会。

（四）企业资产表现

企业资产主要表现为货币等金融资产，还是主要表现为实物抑或无形资产，对企业形态与管理也会提出不同要求。

银行、保险、投资等企业资产主要表现为货币等金融资产，它们尽管大都实行公司制，但这种公司制企业与其他公司制企业有着极大差异。如证券投资信托企业从事有价证券的投资，其持有的资产大多也为流通性高的金融

① 卞耀武主编：《特拉华州普通公司法》，左羽译，法律出版社 2001 年版，第 94 页。

资产，其证券投资信托基金每日或定期会计算其净资产价值，以一方面供投资人评估基金的纯净，另一方面据此计算投资顾问的报酬。特别是开放式基金提供投资人“买回权”，投资人随时可选择要求买回，因此类似股东会的机制就非必要。①

对于科技型企业，其资产主要表现为专利、技术秘密等无形资产，这些无形资产作用的发挥完全决定于发明人或掌握者，这种企业应该主要由发明人或掌握者管理，他们应是企业的核心。相应企业制度设计必须能够满足这一点，否则，企业很难发挥其科技企业的优势。基于此，2005 年日本公司法的制定专门创设了合同公司形态，这种企业形态主要是为技术、服务型企业设计的。它在肯定出资人的有限责任的基础上强调几乎完全的章程自治，是集资合公司与人合公司于一身的中间公司形式。我国新的《公司法》允许公司设计不同类别的股权与股份，其中重要的就是为科技型企业提供更多的管理机制选择。

企业资产在公司表现如此重要，以致现代企业法特别是公司法必须考虑资产，而非资本（股东出资）对于公司企业形态的意义。

四、企业资产规模

企业本不论大小，均应受法律一视同仁。但企业规模的大小，使得其经营成本、对社会之影响均不可同日而语。现代许多国家在制定企业法时，允许针对大小企业的不同需求，量身定做制定规范，以寻求人合与资合、强制规范与任意规范的平衡点。②

如对于公司，起初，公司法主要采公众公司和封闭公司，即股份有限公司和有限责任公司解决大型和中小型公司的区分问题，但这种区分也主要是以股份有限公司为标准，而以有限责任公司为例外的立法，因而相应立法以强行法为主，任意法为例外，很不符合主要以中小型甚至很小的有限责任公

① 王文宇：《新公司与企业法》，中国政法大学出版社 2003 年版，第 17 – 18 页。
② 王文宇：《公司法论》，中国政法大学出版社 2004 年版，第 53 页。

司的需要。同时，即使对于股份有限公司，也存在规模大小之分，小型的股份有限公司适用更多强制性规定，既有失公允，也无必要。有限责任公司本身，事实上也存在着大小之分，现实中有不少的具有一定股东人数和一定资本额的“大”有限责任公司。

在这种情况下，大小公司之分十分具有意义，特别是其政治意义也不同。因而，根据公司的大小而分别制定相应的规定，已经已成为公司法最新发展中的一个不可避免的新趋势。① 如德国股份法根据公司规模不同，而在监事会的人数、公司财务制度和共同管理制度方面分别作了不同的规定。英国公司法对私公司也作了进一步区分，在账目豁免上区分了中型公司和小公司。欧盟法也对中小公司作了区分，规定，小公司的标准为营业额不超过480万英镑、资产负债总额不超过240万英镑、雇员不超过50人；中型公司的认定标准为营业额不超过1920万英镑、资产负债总额不超过960万英镑、雇员不超过250人。

大小公司的区分不仅体现在公司账目和管理的要求不同上，还体现在职工对公司管理的参与上。德国1952年《企业组织法》，将职工的参与决定权一般化，扩大到煤炭钢铁等以外的产业，亦即煤炭钢铁业以外的股份有限公司、股份两合公司以及员工超过五百人以上的有限公司，其监事会的1/3，必须是职工代表。两千人以上者，则适用1976年制定的《职工参与决定法》。

我国新《公司法》根据公司规模大小，在公司治理、职工参与等方面也做出了不同的规定。

第三节　企业形态与资源配置

一、概述

新制度学派对于企业的认识表明，企业是由不同要素依据效率规则组合

---

① ［德］托马斯·莱塞尔、吕迪格·法伊尔：《德国资合公司法》（第6版），高旭军等译，上海人民出版社2019年版，第26页。

在一起的，当组成企业的成本大于市场组织时，企业就会停止扩张或分解。

不同要素集合的企业，其表现形态是不一样的。也就是说，不同的企业构成，形成了不同的企业形态。每一种企业形态都应该是在反映节约交易成本、提高效率基础上的企业形式表现。新制度学派对于企业要素构成的认识尽管是基于提高经营效率、减少交易成本进行的，但这种分析思路无疑也为我们从法学角度分析企业形态及其构成提供了一个良好的视角，即任何企业形态及其构成都应该是在比较好地配置经济资源、节约交易成本基础上的。

从法学角度，企业都是由人和物组合而成，而这首先形成了经济学中所谓的不同资源配置。其次，不同人投资创办企业，都必然要考虑投资风险，这体现在法学上就是投资者对企业债务责任的承担上，即有限责任还是无限责任问题。再次，企业管理因形态而不同，因而就会导致企业内部资源如何充分利用，以及如何利用企业外部资源。最后，投资者投资创办企业的一个重要考虑的因素是税收，税收得如何直接影响到投资人的收益，因而必然使相应资金流向不同。

二、企业形态与资源组合

企业形态首先是一种企业构成，不同要素的构成形成了不同的企业形态。从这个意义上讲，企业形态本身就应该意味着高效的资源组合。

依类型学理论观，从个人独资企业到合伙企业和公司制企业，存在着一种过渡状态，彼此之间并非截然区分的。企业形态是可以涵盖不同投资者和不同财产组合的。

独资企业是个人与自有或借入资金的组合。这种企业形态的资金主要来源于业主及其亲戚朋友。因此，它可以很大程度上将社会上的个人资金利用起来用于企业经营发展。同时，独资企业也是自我能力发挥的表现，它可以将那些无须更多资金就可创业的项目创办起来。在独资企业中，既有走街串巷的小商小贩，有较为固定的个体工商户，也有一定组织规模的较大的企业。这些不同的表现形式使得独资企业可以较好地满足不同的个体的投资需要。

合伙企业是不同人与更多财产的组合。它无论是在组织化上，还是资金、人力上都超越了独资企业，使其可以做更大的事业。这种企业形态自产生以来就成为具有长久生命力的企业组织形式。合伙对于资源的组合关键在“伙”而非“合”，“伙”意味着超越了资源的简单组合，使其可能成为具有更大凝聚力和发展力的整体。在合伙企业中，既有简单的较为松散的组合，也有较为紧密的组合；既有全体合伙人都承担连带无限责任的合伙，也有部分合伙人只承担有限责任的合伙。这些不同形式的合伙，为不同投资者提供了不同的选择。

合伙对于发挥民间资源意义十分重大。举例言之，如某甲有一定钱财，乙具有一定厨艺。甲想办一个饭店，他可以办一个独资企业，聘用乙作厨师。但这时假如乙的厨艺对于饭店生意影响十分重大，如该厨师不愿接受聘用，则甲的资金意义就可能大打折扣。这时，甲可以邀请乙共同组建合伙企业，由乙享有饭店相应股份，双方共同努力经营该饭店，从而实现资金与技艺的充分利用和配置。

合伙中的有限合伙制度，更是能够为暂时缺乏资金实力但是有市场开拓能力、具有冒险精神的人员及时地找到风险资金，达到资金与其他市场要素的最佳结合，实现市场资源的有效配置。现代世界各国的风险投资企业大都采有限合伙企业形式。

公司制企业是号称现代企业的制度形式。它在资源组合上在一定意义上均远胜于独资企业和合伙企业。这主要体现为两点：一是在资本组合上，如果说合伙企业在资源组合上还只是一种简单相加和积累的话，公司制企业特别是股份有限公司则是一种相乘效应和集中。日本著名学者大塚久雄谈到，随着前资本主义资本的逐步退场，它的积累和集中也归于消失，但作为其集中形态而确立的股份公司，或者说公司形态，却不与其一起销声匿迹，而是通过接替前资本主义资本而发展起来的工业资本的积累和集中，被广泛继承下来，并在形态上不断臻于完善。① 二是在人力组合上，除了出资者亲自参

① ［日］大塚久雄：《股份公司发展史论》，胡企林等译，中国人民大学出版社2002年版，第30页。

与管理外，还产生了专门以管理为业的阶层。这些管理者并不持有公司股份，但掌控公司的经营管理大权。这是人力资源的有效组合和充分利用。

公司制企业形态也是多样化的。在大陆法系，有无限公司、两合公司、有限公司、股份有限公司和股份两合公司的形态系列。其中，股份有限公司和有限公司是最为常见的公司形态。

股份有限公司不仅可以将社会闲散资金集中起来，而且股份可以自由流动。股份的自由流动使最有才能和资历的人可以较为容易地获得对生产性资源的控制。也就是说，股份有限公司可以灵活地把产权重新分配给更有能力的人，这种灵活性会使股份公司比其他组织形式更有优势。① 在股份有限公司中，有三种投资者：一种是经营股东，他们投资于公司是为了经营公司，扩大事业。这些股东往往持有公司的多数股份。一种是投资股东，他们投资于公司是为了通过持有股份获得股息和分红，他们一般不参与公司的经营管理。另一种是投机股东，他们投资是为了在变化不定的股市中获得投机利益，而对于长期持有公司股份和经营没有兴趣。这三种投资者的组合造就了稳定的企业和长期流动的证券市场。

有限责任公司可以将那些具有家族或亲戚朋友关系的人有效组合起来，但又不必承担无限责任。有限责任公司的特征决定了这种企业形态也是一种比较好的金融资源配置载体。首先，该种企业形态满足了家族或亲戚朋友之间的投资需求，它既可承担有限责任而减少投资风险，又可以凝聚投资者的向心力，将家族或朋友之间的资金和能力充分调动起来。其次，这种企业形式可以因股东自愿而使股东承担无限责任，从而使其可以比较好地获得贷款或借款。再次，该种企业形态中的一人有限公司的出现，使得有能力并有一定资金的个人进行创业。

无限公司、两合公司和股份两合公司也各有其特定用途。其中的无限公司、两合公司很类似于美国的普通合伙和有限合伙。股份两合公司尽管并不

---

① ［英］马丁·利克特：《企业经济学：企业理论与经济组织导论》（第三版），范黎波、宋志红译，人民出版社2006年版，第96页。

多见，但这种公司形态十分适合于那些通过个人或家族努力发展起来的企业。当它们一方面希望通过证券市场募得资金以获得更大发展，一方面又希望能够继续控制企业时，可以通过股份两合公司形式达到这个目标。

合作社是在独资企业、合伙企业和公司制企业之外的非典型企业形态。这种企业的基本特征在于不以营利为目的，而以成员之间的互助合作为要旨。国际合作社联盟在1995年曼彻斯特成立百年大会上提出，合作社是自愿联合起来的人们通过共同拥有与民主控制的企业来满足他们共同的经济、文化的需求和抱负的自治组织。合作社具有将特定地区、特定群体组织起来予以自助的功能，所以，这种企业形态是一种弱者或特定社区特定群体之间的各自有限资源的联合，通过这种联合，实现了有限资源的一定程度上的无限扩大。合作社是一种将那些分散而以互助的方式集合在一起的资源组合，它适合于某个特定的群体的自我发展。

三、企业形态与风险承担、激励和管理

企业法律形态关于责任的设计直接关系到投资者风险的承担。不同的企业形态决定了投资者不同的风险承担、激励和管理。从个体独资企业的无限责任到股份有限公司的有限责任，同时还存在着责任的混合状态和不同的激励、管理方式。

个体独资企业业主对外承担无限责任，其风险极大。但这种企业形态也为业主提供了极大的激励—他可以获得企业完全的控制权，包括剩余索取权、监督管理权等。在个人的初始投资时期，独资企业是一个比较理想的投资形式，它可以让投资者完全按照自己的想法经营企业。

普通合伙企业的合伙人对外承担连带无限责任，任何一个合伙人都要为其他合伙人的不慎行为负责，所以，这种合伙企业形态风险也非常大。但在一定意义说，这种风险的承担是一种共同承担，因而在一定程度上分散了风险。在激励机制上，也正是每一位合伙人对合伙事务承担连带无限责任，因此每一位合伙人都可以参与企业管理和经营，并有权作为其他合伙人的代理人对外活动。在利润分配上，则一般不是根据投资比例进行，而是按照合伙

契约约定或平均分配的。

有限合伙企业是一种混合责任形态的企业，既有承担无限连带责任的合伙者，也有承担有限责任的合伙人。其中，承担无限连带责任的合伙人责任重大，但他往往是合伙企业的管理者，他可以以比较少的投入获得较大的回报。这部分投资者常常是风险投资家和创新投资家。承担有限责任的合伙人则风险较小，具有很大的选择权，并对企业具有有限的经营权，如参与企业事务的管理和投票表决。有限合伙人除了可以查阅企业账册文书外，还享有一定的建议权和决策权。这既有利于保障他们的合法权益，又可以较好地监督普通合伙人。在投资回报上，他们也能够获得超过对一般公司投资的收入。所以，现代运用有限合伙制度的风险投资基金的优势是明显的，专家管理可以有更多的投资机会；分散投资可以大大降低投资风险；规模优势可以赢得低成本的运作；服务专业化可以获得方便的操作；流动性好可以获得易变现的收益等。①

有限责任合伙（我国特殊的普通合伙）是一种在一定条件下受到约束的合伙人承担无限连带责任的合伙，即合伙人只对他能够控制的合伙事务的风险承担无限连带责任，而对其难于控制的合伙事务的风险则仅以其合伙份额为限承担责任。这种合伙企业形态大大减少了合伙人的不可预测风险，并激励他们专心于自己的事业。

股份有限公司的股东只以出资为限对公司债务承担责任，而且，上市的股份有限公司还有着股份自由进出的通道，这种企业形态的投资风险是最小的。在激励机制上，经营投资者、长期投资者和投机投资者可谓各取所需。经营投资者利用别人的资金做起了大事业，长期投资者在不参与经营的情况下获得了稳定并高于银行同期利息的回报，投机投资者则利用证券市场获得投机利益。为保护广大中小投资者，法律不仅对股份有限公司提出了严格的程式要求，如严格的设立制度、内部治理制度等，它也对管理者规定了严格的信义义务，并设置了一系列制度，如信息公开、派生诉讼等。

---

① 张陆洋：《美国风险（创业）投资有限合伙制》，复旦大学出版社2005年版，第23页。

严格来讲，有限责任公司是利用有限责任形式的合伙制度。投资者不仅享有了仅以出资为限对公司承担责任的好处，还常常可以利用合伙企业的灵活性经营企业。尽管有限责任公司的股东可能因为债权人要求而须为企业债务提供担保从而承担无限责任，但这种无限责任毕竟是具体而一次性的。所以，有限责任公司的经营风险是比较小的。但是，需要注意的是，有限责任公司是封闭的，其股份不能自由流动，需在法律和章程约定下进行，因此，这种企业形态对于资金的自由流通有很大限制。在激励机制上，有限责任公司可以通过章程约定分红，而不必完全按照投资比例进行。

合作社是一种有限责任企业形态，即社员对合作社的债务只以出资为限，因而其投资风险比较小。在激励机制上，合作社社员可以获得合作社在某方面的优先支持。如当消费者对供应商提供的商品质量和可靠性不甚了解时，就可以通过建立零售合作社解决这个问题。农民则可以通过供销合作社优先出售或买入农业生产资料。社区合作社可以为社区居民提供特别服务等。在管理上，合作社企业是社员之间的互助合作形式，成员一般并不参与企业管理，而常常是通过选举管理层进行的。这些管理层可能充分发挥自己的经营能力，但须受到成员的监督。由于该种企业的特殊性，其内部管理有较好的民主管理制度。

四、企业形态与税收

和企业的责任形态相一致，出资者对企业债务承担无限责任的企业形态往往只缴纳个人所得税，而不再缴纳企业所得税，避免了双重征税。反之，则负担双重征税。但是，随着社会经济的发展，为鼓励投资，创造就业，各国大都对中小企业的税收采愈来愈轻的税收制度，对于那些小企业，即使是承担有限责任的公司，也允许它们仅缴纳个人所得税，不再缴纳企业所得税。这种藏富于民的做法，无疑刺激了人们的投资和创业热情。

美国允许封闭公司申报 S 公司而享有免缴企业所得税待遇，特别是其独创的有限责任企业（LLC），更是一种既可以享有有限责任，又可以像合伙制度一样只缴纳个人所得税的企业形态。法国则允许由夫妻之间创办的有限责任公司无须缴纳企业所得税。

所以，企业形态是多样化的，它们应该是能够满足不同资源组合需要的。相应法律规定必须为这些具有不同资源组合需要的企业提供应有的空间和制度设计。试图将企业形态统一为某种单一、严格的模式不仅是有害的，还往往是徒劳的。利益的冲动常常能够有效地冲破不必要的法律障碍。

总之，企业立法应该是开放的，应该能够为现代社会的投资提供足够的空间。法经济学认为，“公司发展的历史，就是那些在治理结构上因不能适应周围环境的公司，在竞争中不断被击败的历史。同样公司法的发展历史，也就是那些试图将所有的公司统一为单一模式的法律不断被淘汰的历史。”① 这句话同样适用于所有的企业和企业法。

第四节 现代企业形态立法的发展

一、西方国家和地区企业形态立法的发展

（一）概述

自20世纪70年代末以来，西方主要发达国家美、英、法、德、日等国相继进行了一系列企业立法变革。这次立法变革规模之大、影响之深，都是前所未有的。

在企业本身的发展上，已由过去强调企业形态的外表转向重视企业不同要素构成，走向企业立法的精细化。因为，企业形态不仅是一个企业的外观必须符合法律规定的问题，还是一个企业内部构成问题。各国关于企业形态的法律规定，原先主要强调企业形态的外表，即其对外责任的承担，以确保第三人利益的实现。这次各国企业立法的变革则在此基础上开始重视企业的

① ［美］弗兰克·伊斯特本鲁克、丹尼尔·费希尔：《公司法的经济结构》，张建伟等译，北京大学出版社2005年版，第15页。

内部构成，以适应或满足不同资源组合下的企业需要，鼓励投资，保证投资者和企业自身利益的实现。

（二）体现企业构成的新型企业形态的出现

1. 结合合伙与公司制优点的美国的有限责任公司（limited liability company）

该种新型的企业形态是在20世纪70年代后期出现的。美国尽管有较多的企业形态可供投资者选择，但它们各有优缺点。如普通合伙制度尽管有更多的经营自由，但合伙人之间承担连带无限责任。有限合伙企业中的有限合伙人可以享有有限责任，但不得参与企业的经营与控制。封闭公司的股东们可以享有有限责任，但法律要求严格，经营程序复杂，如违反法律规定，就可能导致“揭开公司法人面纱制度”的适用。在这种情况下，1977年，怀俄明州第一个颁布了有限责任企业法。美国国税局1988年裁决确认有限责任企业可以免于企业所得税司，有限责任企业立法迅速在其他州展开。1994年，美国统一州法全国委员会制定了《统一有限责任公司法》。

这种企业形态既具有一般公司的主要优点，主要是其成员可以享受有限责任的保护。同时，它又能如一般合伙企业那样灵活经营，还可以免于缴纳企业层次上的所得税，受到的限制也很少。也就是说，它兼有合伙和公司的优点。① 日本于2005年进行重大修订的《公司法》规定了所谓的合同公司，就是借鉴美国有限责任公司这种新型企业形态的公司。

我国新修订的《公司法》没有就此做出回应，但关于有限责任公司管理的灵活性规定，完全可以适应这种企业形态需求，有关税收问题可以通过税收管理法规予以解决。

2. 更加适合专业人员构成的有限责任合伙

有限责任合伙是普通合伙的一种特殊形态，其合伙人均为普通合伙人，在经营管理上与普通合伙类似。不同的是，在有限责任合伙这种企业形态下，对某一合伙人、员工等在提供专业服务时的错误、不作为、过失、低能力的或渎职的行为所产生的侵权与违约责任，全部合伙人以有限合伙的全部资产

① 宋永新：《美国非公司型企业法》，社会科学文献出版社2000年版，第174页。

为限对其债务承担责任，超过合伙资产总额的未偿付债务由过失合伙人独立承担无限责任，其他合伙人不再承担连带责任。

1991 年，美国得克萨斯州的立法率先规定了有限责任合伙制度。1996 年，在综合了各州有限责任合伙立法的实践经验基础上，美国统一州法全国委员会对其 1994 年的新统一合伙法作了重大修改，增加了有限责任合伙，以向各州提供有立法的蓝本，使各州的有限责任合伙立法走向统一。以后其他国家相继通过立法承认了这种企业形式，如德国 1994 年通过了关于所谓合伙公司的法律，其实就是有限责任合伙的法律。

我国 2006 年修订《合伙企业法》，规定了特殊的普通合伙企业制度，即是借鉴于此。

3. 适于中小型公司发行股票需要的德国、法国的简化的可发行股票的公司

1994 年 8 月，德国通过了《关于小型股份公司和简化 1994 年股份法的法律》。目的就是放宽限制，减少负担，为中小企业开辟利用股份有限公司形式的方便途径。同年，法国法律设置了“简化的可发行股票的公司”。该种公司仍然属于股份公司，其股份可以交易。

德国、法国创设的这种小型或简化的股份公司是适合那些股东较少的股份有限公司发展需要的，它们可以通过股份的方式更好地组织管理和获得资金。

我国于 2021 年设立的北京证券交易所，其功能就是为支持中小企业创新发展，目标是构建一套契合创新型中小企业特点的涵盖发行上市、交易、退市、持续监管、投资者适当性管理等基础制度安排，提升多层次资本市场发展普惠金融的能力。也就是说，在北京证券交易所上市的公司其实也类似于德国与法国的做法，我国是从实践而非直接的法律规定解决中小型企业上市融资问题的。

4. 鼓励投资的一人公司的出现

一人公司是指股东（自然人或法人）仅为一人，并由该股东持有公司的全部出资或所有股份的有限公司（包括有限责任公司和股份有限公司）。一

人公司具有法律上的独立人格，股东以自己的出资为限对公司债务承担有限责任。

一人公司的产生是公司制度发展的必然结果。19 世纪末，当代产业和市场经济发展，个人资本力量加强，小规模企业不断增加，并多数选择公司形态进行经营，而且还出现了不少成立后的公司成员人数比法定人数减少甚至减为一人的情况，个人出资者为了使自己在出资失败时能把损失范围限制在最小范围内，迫切需要在复杂的市场经济关系中获得有限责任的保护。一人公司尤其是实质意义上的一人公司在有限公司范围内大量存在的事实，使得许多国家出于企业维持的立法思想和维护经济秩序的利益考虑，对公司法进行了修改，承认了一人公司，赋予其公司法人人格，认可其享有有限责任的优惠。

我国 2005 年《公司法》承认了一人有限责任公司制度，新修订的《公司法》则进一步承认了一人股份有限公司的存在。

5. 保护个人为生活而设立的企业主公司的出现

2007 年 5 月，德国政府通过了《有限责任公司法律现代化和滥用斗争法的政府法案》，该法案不仅降低了最低原始资本，还加上了一个有限责任公司的新变种，即所谓的“企业主公司”。根据该法案，企业主公司是对于那些为了生活而设立公司的人，通过有限责任的限制来保护这些人。①

与一人公司不同的是，其目的是保护那些为了生活而设立的公司，即企业主个人为了生活而希望采用有限责任公司形式规定的公司形式。如果说一人公司是为了鼓励投资的话，企业主公司则是为了保护名为投资实为生活的需要。在这种公司里，最低原始资本被降到了 1 万欧元（其他有限公司则需 2.5 万欧元），其设立更为简化，原始资本缴付规则被更容易实施的规则所取代。

我国 2013 年修改《公司法》，重要内容是取消最低资本制，实行全面的

---

① ［德］格茨·怀克、克里斯蒂娜·温德比西勒：《德国公司法》（第 21 版），殷盛译，法律出版社 2010 年版，第 293 页。

认缴资本制，其意义就在于为那些个人设立公司，享有有限责任的好处提供了选择。新修订的《公司法》对于有限责任公司继续采全面的认缴资本制，延续了鼓励投资精神，可以更好地适应现代高科技数据化下的创业需求。

（三）强化企业不同要素构成的传统企业形态的变革

现代各国企业立法不仅创造了更多的新的企业形态，而且，对于旧的企业形态也进行了重大变革，其着眼点在于强调旧的企业形态的内部构成，使其发挥更适合的角色与功能。

1. 强调企业内部关系的普通合伙的变革

进入20世纪80年代以来，美国合伙本身的发展使得其已经大大突破以往的存在形式，传统的合伙制度已经不能适应经济发展的需要。1994年，美国统一州法委员会正式推出了一个全新的《统一合伙法（1994）》，对原有的合伙法作了全面、重大的修改。1996、1997年又两次修订。

在普通合伙方面，其主要修订内容有：一是确认合伙企业的实体法律地位，放弃传统将合伙视为合伙人之间的简单集合的做法；二是强化合伙的内部关系，如在对合伙财产的占有使用上，强调合伙对合伙财产的占有和使用权，而非合伙人共同占有和使用，并确立了合伙对合伙人的诉讼制度等。

我国于1997年制定《合伙企业法》始，就将其定位于自然人、法人之外的独立主体制度，2020年《民法典》则直接以合伙企业为模板，规定了所谓自然人、法人之外的非法人组织，赋予其权利主体地位。

2. 强化投资功能的有限合伙的变革

有限合伙制度在美国早已存在。1822年美国的纽约州和康内狄克州就制定了有限合伙法。1916年，美国统一州法全国委员会制定了《统一有限合伙法》，该法总体上仍倾向于保护债权人，规定有限合伙人参与对合伙的控制就丧失有限责任。进入1960年代以来，美国经济繁荣，人们纷纷通过有限合伙进行投资和避税，导致有限合伙成员众多。为适应这种发展，1976年，美国又制定了新《有限合伙法》，该法尽管保留了有限合伙人参加对合伙的控制即要对企业债务承担责任的规定，但规定，只有达到参与控制有限合伙程度时才会丧失有限责任的保护，从而减少了这种责任的范围。同时，该法允许有限合伙人以劳务出资。

1985 年，全国统一州法委员会在 1985 年又制定了一部全新的《有限合伙法》。它规定有限合伙人可以在许多方面参与合伙事务的管理和投票表决，但并不构成实质意义上的管理行为。所以，有限合伙人即使参与了企业管理，也只有第三者认为他是普通合伙人的情形下，才需负偿债责任。该法对有限合伙人参与企业控制的规定，大大强化了人们对有限合伙制度的使用，使有限合伙制度成为一种最重要的风险投资方式。

我国于 2006 年修订《合伙企业法》，规定了有限合伙企业制度，以促进中国的风险投资市场的发展与完善。

3. 强化中小股东和相关利益者保护的股份有限公司法变革

20 世纪 80 年代末以来，以美国为首，西方发达国家对股份有限公司掀起了一场广泛而深刻的变革，其核心主要在于两点：一是加强公司治理，保护中小股东的合法权益；二是注重相关利益人的利益，提出对公司债权人、职工等的保护。不过，这种保护主要是通过专门法案进行的，典型的是美国 2002 年《萨班斯 - 奥克斯利法案》，即《2002 年公众公司会计改革和投资者保护法案》，该法案对美国《1933 年证券法》《1934 年证券交易法》做出大幅修订，在公司治理、会计职业监管、证券市场监管等方面做出了许多新的规定。

无论是对中小股东的保护，还是对相关利益人的关注，都是围绕公司股东、董事、监事、职工、债权人以及其他相关者的利益关系进行的，其实质是强化企业构成要素特别是相关利益者之间的合理与平衡。所以，各个国家和地区纷纷通过立法设立了一套调整和平衡公司各参与方权利与利益关系并对公司运营进行监督的制度安排。

4. 细化不同组成的有限责任公司的变革

为保护债权人和社会公共利益，原先的有限责任公司立法基本上是沿用股份有限公司的制度，如资本制度、“三会”制度、会计制度等。随着社会经济的发展和法律对社会控制力的提高，人们发现，将有限责任公司简单地当成中小型化的股份有限公司是不合适的。

1998年以来，英国开始认真检讨其公司法，着重点在于其占公司绝大多数的私公司，特别是其中只有5个或更少股东的公司，后者占英国整个私公司的98%。认为，现行公司法是为大型公众公司的需要设计的，在很大程度上，公司法规定的公司形态和基本原则反映了大公司的需要，而小公司和私人公司的需要是无法满足的。明确提出，立法应该清楚规定哪些是适用于小公司的，要求对私人公司的规定和立法结构进行检讨，致力于简化所有私人公司的法律，废除不必要的过详、过多的规则，并对大公司也做出必要的、例外的或不同的规定等。① 英国《2006年公司法》就体现了这一成果。

其他各国包括欧盟都纷纷改造其有限责任公司法，使其更加适合其股东少、资本规模小的特点。我国于2005年修订《公司法》，重要内容就是对代表中小企业形态的有限责任公司进行灵活性调整，2013年《公司法》关于全面认缴资本制，则进一步强化了股东投资及管理的自治框架。

可以看出，自上个世纪末以来发生的世界各国企业形态立法愈来愈为精细，已经从原来强调企业的外观，即企业的责任形态转向企业内部构成关系的协调，从而产生出更多的企业类型。这些企业类型适应着不同投资者的需要，大大促进了社会投资，为一个国家经济生态创造了良好的法律环境。

二、现代各国企业立法的发展特征

（一）放松对企业的结构控制

这主要体现为以下几点：

1. 放松资本管制

为维护第三人和社会公共利益，传统企业立法特别是公司立法一向对企业资本控制严格，如大陆法系曾经实行严格的公司法定资本制、出资形式严格限于法定种类、限制公司转投资、增资、减资须履行严格的法定程序、股

① 钱玉林、李颖洁：《竞争体制下的英国公司法改革之评价》，载王保树主编《全球竞争体制下的公司法改革》，社会科学文献出版社2003年版，第290页。

份公司不得购回自己发行的股份等。美国有些州的公司法对公司最低资本额也仍有相应要求。

这些严格的资本管制无疑有利于保护第三人和维护社会公共利益，但他们对于企业经营的效率和促进投资却是不利的。所以，早在1969年，美国修订标准公司法时就率先删除了关于公司最低资本额的规定，以后各个州大都陆续取消了最低资本制。在出资方式上，美国的LLC出资形式完全自由化，可以是有形的、无形的资产及其他对公司的利益，包括金钱、期票、已提供的劳务或承担缴纳的现金或约定在将来提供劳务。大陆法系国家和地区，也纷纷放松相应资本管制，改法定资本制为折中资本制；放宽股东出资方式，允许以劳务和技艺出资；取消公司转投资限制，允许公司在一定情况下回购自己的股份等。日本2005年修改公司法删除了最低资本金的规定，从实行折中资本制改行授权资本制、进一步健全公司取得自己股份的制度。①

不论是英美法系，还是大陆法系，其原始资本的功能发生了一个转变，即债权人保护或进入门槛不再属于考虑范围。可自由选择的原始资本完全是股东的一个投资决策。也就是说，关于资本配备的法定规则很少与经济上的资本需要以及其满足有关系了。②

2. 放松中小企业治理结构的控制

20世纪80年代以来，各国开始认识到中小企业是有别于大型企业的，从而开始在立法上考虑加强其内部治理结构的自治性，减少强制性规定。美国于1977年率先出台了不同于普通公司的有限责任企业（LLC）法，该种企业内部治理几乎等同于合伙。以后，英国、欧盟等也纷纷改革，将中小企业与大型企业开始区别开来，不再将有限责任公司仅仅作为股份有限公司例外，日本走得更远，将一般的有限责任公司与股份有限公司归一，而将小型的公司单独设立了合同公司形态，完全强调这种小型公司的自治性，其内部治理基本上交给了当事人的意思自治。

① 王保树主编：《最新日本公司法》，于敏、扬东译，法律出版社2006年版，第5页。

② ［德］格茨·怀克、克里斯蒂娜·温德比西勒：《德国公司法》（第21版），殷盛译，法律出版社2010年版，第294页。

3. 经营方面的放松

新的立法把一些僵化的规定作了灵活化处理，甚至加以删除。在美国，其新型的有限责任公司的经营活动不必遵守公司法中严格程式要求。在德国，其小股份有限公司的经营有了较大的灵活性，立法简化了股东会召集、会议程序、未上市公司中股东会记录的公证程序等内容。在这些新型企业形态中，企业应该如何经营、成员之间权利如何安排、利润如何分配都是企业自己的事。①

4. 其他方面的放松

除了以上几点以外，在企业结构管制上，相应的放松还有：（1）发起人数要求灵活；（2）成员的资格限制放松：（3）企业的成员可以利用章程自由选择适宜的经营方式，甚至承担责任的方式。（4）企业形式之间相互转换的程序明显简化。（5）企业的经营价值大于清算价值，要尽量避免企业的解散。美国《统一有限责任企业法》将有限责任公司“解散事由”的规定改为“退出事由”；有限责任公司成员的投资利益以及有限责任合伙成员的合伙利益都可以转让。《1994 年统一合伙法》明确规定“合伙是一个与其合伙人相区别的实体”，从而使得合伙并不因某个合伙人的退伙而解散。

（二）加强程序性控制

放松对企业的结构管制的同时，各国相应加强了企业内部相应程序的管制，这主要表现为两点，一是加强事前程序的设计，二是明确有关人员事前责任和加强事后责任的追究。

1. 事前程序的设计

首先，强化企业事前公示制度。企业名称必须提示成员的责任类型，申报文件及章程必须严格按照法律要求记载企业成员的人数、名称、出资额、经营人等事项，并予以登记公告。在具体业务执行中，美国的合伙法、有限责任企业法均要求让交易的对方知道执行者的身份。美国的统一合伙法规定，

① 张武、曹兴权：《中小企业组织法的发展与启示》，载《江淮论坛》2003 年第 2 期，第 59 页。

如果一个非合伙人声明自己是合伙人，就必须对声明负责；一个成员退出了合伙，如果该成员原先有业务执行权，那么在两年内，相对人仍可就其行为的效力进行抗辩；即使没有履行程序要件，但事实上存在合伙关系，事实上的合伙人也必须对合伙企业营业所造成的对第三人的损害负责，加害方负连带责任。

其次，明确企业相应决策主体、决策程序制度。企业法的作用就是合理分配企业成员之间的权利，企业法的主要内容一直以来主要就是在企业相应决策主体及程序上的规定。20 世纪 80 年代以来各国变法进一步强化了这方面的内容，特别是在关于涉及第三人利益之情事上，要求企业做出相应决策时必须履行一定程序，如关于自我交易，过去并不为公司法所允许，但现行各国公司法一般都允许这样做，其前提是履行相应程序，即经过股东会或无利害关系董事批准。在美国，其公司法允许无利害董事批准原本可能因为利益冲突而无效的交易，只要这些决定是由无利害董事批准的，法院对它们的审查将宽松许多。再如关于关联交易，现行公司法也大都规定了相应程序，以有效保护第三人和社会公共利益。

2. 事前明确有关人员的责任

一是明确管理层的忠实义务和谨慎义务。如 1994 年美国新合伙法借用公司法语言，明确了合伙人行为的一般标准，专节规定了合伙人的信托义务，即忠实义务和谨慎义务。二是明确股东的相应义务，如在美国的新型有限责任公司中，成员的出资义务不得因成员的死亡、能力丧失或其他原因无法亲自履行承诺义务而免除，除非经全体成员一致同意，该免除还不得对抗债权人。在德国，一人设立股份有限公司的，为了债权人利益，发起人必须就未缴清的 3/4 提供担保。

3. 强化事后责任的追究

现代各国大都借鉴美国企业法，建立了股东的派生诉讼制度。所谓股东代表诉讼，又称派生诉讼、代位诉讼，是指在公司怠于通过诉讼手段追究有关侵权人员的民事责任及实现其他权利时，具有法定资格的股东为了公司的利益可以依据法定程序代公司提起的诉讼。它源于英国 1864 年东潘多铅矿公司诉麦瑞威泽案的判例。该案创设了这样一条规则：如果少数股东指控控制公司的人欺骗了公司，则该少数股东可以以公司的名义提起诉讼。目前，世界上主要国家都规定了股东代表诉讼制度。

这种制度的实质是一种事后救济，它通过事后对侵犯企业利益的高管和控股股东的诉讼，使企业管理者和控股股东必须对自己的行为尽到应有的谨慎和勤勉。

经过40年的改革发展，我国的社会主义市场经济已经深入到社会各个角落和层次，作为社会主要投资形式的企业必须能够为社会资金的有效组合提供合适的载体。在世界经济竞争的浪潮中，我国于2005年修改了实施十几年之久的《公司法》，将有限责任公司与股份有限公司作了明显的区分，承认了一人有限责任公司，赋予了代表中小企业形态的有限责任公司更多的自治。2013年《公司法》修订通过完全的认缴资本制完全放松了资本管制。新的公司法修订区分有限公司和股份有限公司分别实行认缴资本制和授权资本制，以及承认一人股份有限公司，通过设置董事会与不设置董事会公司、设置监事会与不设置监事会公司、设置委员会公司等治理结构选择的多元化规定等，均与世界各国公司立法保持了一致。2006年《合伙企业法》作了较大修改，增加了有限合伙和特殊的普通合伙企业制度，以图为风险投资创业和经济中介组织的注册会计师事务所和律师事务所等提供更多的企业形态选择。

总体而言，我国现代的企业立法与世界各国企业立法是一致的，放松管制，鼓励投资，适应现代高科技发展需要，有些规定甚至更为开放，如完全的认缴资本制，它们提供的企业形态能够更好地配置经济资源，从而为我国社会的投资提供了更多的空间。

企业立法应该是开放的，封闭的企业立法模式表现上有利于保护第三人和社会公共利益，但事实上掩盖了企业内部不同要素的构成，使第三人仅关注于企业资本和账面上的营利能力，而忽视企业的持续经营能力及企业内部的要素构成。

第六章　企 业 登 记

第一节　概　　述

一、企业登记的含义

企业登记是指通过企业信息公示调整围绕企业的各有关经济主体间利益关系的制度。

企业登记是商法的重要内容，因为企业的营业行为是经常、大量、反复地在进行着，需要通过企业信息的公示保证经济主体间法律关系的清晰与确定。即使是对于企业而言，通过信息公示不仅可以使自己有效地对抗第三人，也可以提升企业的商业信用。对于第三人，则可以通过公示的信息做出合理的商业判断，在发生争议时有效地提起诉讼与仲裁。

企业登记在我国被称为市场主体登记，其法律依据是2022年3月正式实施的《市场主体登记管理条例》。因我国立法并未有“企业”这一统一法律概念，且《民法典》将本属于独资企业的个体工商户制度列入自然人章，以及随着电子商务的兴盛而使大量自然人进入电子商务行列，故该登记管理条例统称为市场主体登记管理条例，从商法角度，它们均属于企业范畴。

企业登记具有以下含义：

1. 企业登记是企业成为法定“市场主体”的前提条件

除了法律、行政法规规定无须办理登记的，所有企业，包括个体工商户和从事电子商务的自然人，均应当依法办理市场主体登记。未经登记，不得以市场主体名义从事经营活动。

从经济学角度，任何人均可以自由进入市场而作为市场主体，但在法律上，进入市场从事营业活动的人，其行为直接关系整个社会，其活动被视为社会而非个人的行为，加上现代科技发达到足以实现简单明了的登记而不增加登记者的负担，故要求所有从事营业的企业，不论大小与规模均须登记，符合企业之上的意义与价值。

2. 企业登记意在必要的企业信息公示

企业登记一方面向社会公告了某个企业的成立、变更与消灭，一方面公告了企业必要信息的事实与变更情况，使作为市场主体的企业不仅是一个主体的问题，还是一个企业内部基本信息通过登记"窗口"可视化问题，达到企业内部关系外观化。

二、企业登记的功能

凡登记，其本意是公开有关事实。企业登记就是为了公开企业有关信息事实，即通过登记将其商业营业或与商业营业具有直接关系的重要事项记录在案，使其取得公开而明确的法律地位，并使广大公众和第三人知悉其基本情况，以维护经济秩序和保障交易安全。

德国是最早制定关于商事登记法律的国家，其于1861年商法典（旧商法典）率先规定了商事登记制度。该法典第二章为"商事登记簿"，规定了登记簿的管理、查阅、公告、登记事项及效力等问题。按照德国学者的看法，商事登记是保存于基层法院的有关商法领域法律事实的公开名单。① 认为，作为法律事实的名单记录，商事登记类似于团体、夫妻财产和合作社登记，通过登记，使人了解某种法律事实的存在及相应关系。所以，在德国，商事登记的主要功能在于公开。登记机关对此要予以公告，任何人均可以对此查阅。

在日本，商业登记仅仅是设立了公共登记机关，而且，无论是谁，只要支付相应的费用，就有权要求登记机关交付登记簿中记载事项的书面证明，并且有权要求交付记载了相关事项主要内容的书面证明。所以，在日本，登

① ［德］卡纳里斯：《德国商法》，杨继译，法律出版社2006年版，第70页。

记也是为了公开。①

根据我国市场主体登记管理条例，市场主体应当按照国家有关规定公示年度报告和登记相关信息，且国务院市场监督管理部门应当加强信息化建设，制定统一的市场主体登记数据和系统建设规范。可以看出，我国的企业登记功能也是公开企业基本信息。

我国关于企业登记的功能，由于历史原因及管理体制问题，普遍认为企业登记的功能在于管理，而非企业相应事务的公开。在一定意义上说，管理说是较为符合我国以往法律和企业登记管理体制要求的，但随着我国服务型政府的建立和完善，特别是近年来市场监管体制围绕以“放管服”为中心的改革以来，企业登记已经从以往的管理概念过渡到为服务企业而公开的认识，即从过去强调市场主体资格如何取得与消灭的思路过渡到了以企业信息公示为主要内容的立法设计。这一转变意义是重大的，契合了社会主义市场经济深入发展需要。理解《市场主体登记管理条例》应着眼于市场主体的信息登记，而非所谓主体的登记。

三、介于公私法之间的企业登记

通过登记，企业公开基本信息的实质是理顺了企业与外部关系，有利于保障交易安全。而且，除了特殊行业与经营领域，我国普遍采企业登记准则主义，即只要符合基本规则，均可自由设立企业。因此，企业登记属于私法问题。同时，凡成立企业从事营业，均须通过登记取得市场主体资格，且因此受到市场监管部门的监督。因此，企业登记也属于公法领域问题。企业登记是介于公私法之间的。

不过，企业登记整体上为私的问题，公法仅仅是通过登记确认企业市场主体地位，并通过信息的登记保证市场相关方获得登记企业的基本情况。在一定意义上，我国现代社会主义市场经济中市场监管部门的登记要求，只是

① ［日］近藤光男：《日本商法总则·商行为法》，梁爽译，法律出版社2016年版，第29页。

为市场的有效运行提供了类似于媒介的作用，保证了市场中企业必要信息的沟通。登记本身是行政行为。通过企业登记政府也只是获得了企业成立及基本信息的情况，并不因此获得了对企业营业行为的管理权。

第二节　企业登记事项

一、概述

企业登记是商业领域法律事实的公开名单，哪些事项可以登记，即登记事项的可登记性问题，就是法律必须首先要解决的事情。

对此，一般各国常常零散地分布于相应不同条文和法律、法规中。我国则相对集中于市场主体登记管理条例和有关规章，以及专门的企业组织法之中。

二、登记事项的可登记性

作为公开名单的商业登记簿，其目的是使第三人了解相应情况，确立企业的对外关系。因此，对于社会和商业交易有法律意义或有利益的法律事实才具有可登记性。

但是，这并非说对于社会和商业交易有法律意义或有利益的法律事实都具有可登记性，如授予某人普通代理权，就不具有可登记性；普通合伙的各个合伙人的出资额，也不用登记。一般地，某一法律事实如果被法律条文在某处被要求登记或将登记作为前提条件，或它的登记与否和重大的法律效果有关，则可以认为具有可登记性。

另外，如果某事实本来就对另一有可登记性的法律事实的形成或补充起重大作用，则其也具有可登记性，如德国法院认为，免除对经理人关于民法禁止与自己订立合同的规定，具有可登记性。

总的来说，某一法律事实如果被法律条款在某处要求登记或将登记作为前提条件，或者它的登记与否和重大的法律效果有关，则认为它是有可登记性的。另外，如果某事实本来就对另一有可登记性的法律事实的形成或补充起重大作用，则应同时肯定它的可登记性。①

三、登记事项

我国将企业登记事项分为所有种类企业均须登记事项（一般登记事项）与依企业种类分别登记事项。

下列事项为一般登记事项：（1）名称；（2）主体类型；（3）经营范围；（4）住所或者主要经营场所；（5）注册资本或者出资额；（6）法定代表人、执行事务合伙人或者负责人姓名。

下列事项则依企业种类而定：（1）有限责任公司股东、股份有限公司发起人、非公司企业法人出资人的姓名或者名称；（2）个人独资企业的投资人姓名及居所；（3）合伙企业的合伙人名称或者姓名、住所、承担责任方式；（4）个体工商户的经营者姓名、住所、经营场所；（5）法律、行政法规规定的其他事项。

国外将企业登记事项分为应登记事项与可登记事项，前者是指当事人必须登记的事项，后者是法律不强制要求登记，由申请人自己决定登记的事项。

上述一般登记事项与依企业种类分别登记事项，在我国均属于应登记事项。除了这些应登记事项外，企业登记法并未就企业能否自己决定登记某些事项，做出明确规定。从鼓励企业信息公开及维护交易安全考虑，如果企业自愿将应登记事项之外的事项予以登记的，应当允许。不论是应登记事项还是自愿登记事项，当登记将导致相关事项产生变更或消灭的效力时，应对该事项进行登记，否则不产生对抗第三人的效果。

在我国企业登记法及企业法所规定的登记事项中，从理论上有设定的登记事项与免责登记事项之分。

---

① ［德］卡纳里斯：《德国商法》，杨继译，法律出版社 2006 年版，第 73 页。

设定的登记事项是指通过登记可以创设事实或法律关系的效力，如法定代表人的选任、公司的设立、入股等；免责的登记事项是指通过登记可以免除相关当事人责任的效力，如法定代表人的更换、股东因转让股份而退出。

一般来说，第三人不知道发生免责的登记事项的，也因该事项已经公示而可以避免遭受意外损害。正因为如此，商业登记所发挥的功效，也主要反映在免责的登记事项上。

四、备案事项

《市场主体登记管理条例》在规定以上企业应登记事项之外，还规定了应备案登记事项。具体包括：（1）章程或者合伙协议；（2）经营期限或者合伙期限；（3）有限责任公司股东或者股份有限公司发起人认缴的出资数额，合伙企业合伙人认缴或者实际缴付的出资数额、缴付期限和出资方式；（4）公司董事、监事、高级管理人员；（5）农民专业合作社（联合社）成员；（6）参加经营的个体工商户家庭成员姓名；（7）市场主体登记联络员、外商投资企业法律文件送达接受人；（8）公司、合伙企业等市场主体受益所有人相关信息；（9）法律、行政法规规定的其他事项。

从市场监督管理角度，备案是报送备查之意，是我国市场监督管理由行政强制到服务的转变表现，软化了市场监督管理部门与企业之间的管理与被管理关系。备案一方面表明备案事项并非企业应登记事项，可以由企业通过简单的报送程序即可完成；一方面表明备案事项是市场监督管理部门需要关注的事项，以备其随时查证，确定相关关系，及时处理问题。

但从企业登记角度，通过以上备案事项可以看出，它们对于确立企业内部与外部关系，意义也是重大的，如章程和合伙协议直接确立企业内部关系；公司股东或发起人认缴或认购的出资数额则会在公司破产或被执行时产生对第三人责任问题；个体工商户家庭成员的记载则直接关系个体工商户对外责任应由个体工商户的个人承担还是家庭承担。

从整体上来说，市场主体登记管理法关于企业登记事项的规定是具有可登记性的。同时，为使企业内部关系更为明确，对于并不怎么涉及外部关系或社会利益的一些事项，如普通合伙企业每个合伙人认缴或者实际缴付的出资数额等，基于维护合伙企业内部关系出发，规定了它们为备案事项。在一定意义上，这是我国对于企业登记事项的可登记性要求的进一步提升，因为它同时也将企业自身的稳定当成了企业备案登记的重要价值所在，有利于保护并促进投资。

相对而言，企业应登记事项属于一般公开事项，即对社会的公开，在公开的网站即可获得。备案事项则属于特定交易方需要时的公开，它需要由利害关系人通过法定程序到市场监督管理部门查询而获得。

第三节　企业登记规范

一、实名登记与申请主义

（一）实名登记

企业登记是有关企业重要信息对外的公开，企业登记首先要求实名，即企业设立人、股东、法定代表人、董事、监事等均须实名。实名登记是企业登记的基本原则，它直接关系被公开的法律事实是否真实，保证着企业内外部关系的运行顺畅。

在申请登记时，登记机关必须对实名进行实质审查，登记人有义务配合核验身份信息。如果提交虚假材料或采欺骗手段获得登记的，则利害关系人可申请撤销登记，并会受到包括罚款在内的行政处罚，情节严重的可以吊销营业执照。

（二）申请主义

对于应登记事项，应当由当事人依照《市场主体登记管理条例》规定将该事项登记于工商登记册，此称为当事人申请主义。除了被判决股东会决议或董事会决议无效或撤销而被法院强制执行外，均采当事人申请主义。申请人应当依法自主申请，对提交材料的真实性、合法性和有效性负责。

当事人可以委托他人代为办理登记事项。

二、登记审查

对于企业申请登记事项如何审查，有实质审查与形式审查两种做法或者说主义。前者是指登记机关在审查登记事项时，不仅审查提交的文件是否符合法定要求，还要审查相应事项的真实性；后者则仅审查提交的文件是否符合法定要求，而不审查相应事项的真实性，事项的真实由申请人保证。

原则上，我国登记机关对申请材料进行形式审查。对申请材料齐全、符合法定形式的予以确认并当场登记。不能当场登记的，应当在 3 个工作日内予以登记；情形复杂的，经登记机关负责人批准，可以再延长 3 个工作日。申请材料不齐全或者不符合法定形式的，登记机关应当一次性告知申请人需要补正的材料。

实质审查并非由登记机关保证申请材料的真实性，而是指登记机关对申请事项有是否真实的调查权。一般情形，登记机关只是对申请材料进行形式审查，但对于前述实名主义及企业涉嫌违法的，则其具有调查权，包括进入市场主体的经营场所实施现场检查；查阅、复制、收集与市场主体经营活动有关的合同、票据、账簿以及其他资料；以及向与市场主体经营活动有关的单位和个人调查了解情况等，如果因此发现违法登记和不实登记，则登记机关有权要求更正并予以行政处罚。

三、营业执照

当事人申请设立企业，符合条件并按照法定程序登记申请，登记机关依法予以登记的，签发营业执照。营业执照签发日期是企业依法成立日期。

取得营业执照是企业作为法定市场主体的法律证件，一方面表明企业的合法性，一方面表明企业基本信息，包括企业名称、法定代表人（执行事务合伙人、个人独资企业投资人、经营者或者负责人）姓名、类型（组成形式）、注册资本（出资额）、住所（主要经营场所、经营场所）、经营范围、登记机关、成立日期、统一社会信用代码。营业执照分为正本和副本，具有同等法律效力。电子营业执照与纸质营业执照具有同等法律效力，企业可以凭电子营业执照开展经营活动。

营业执照是关于企业依法成立及基本信息的，故其属于企业登记制度中重要的内容。如果企业登记事项发生变更，涉及营业执照记载事项的，需要依法及时换发新的执照。如未及时换发或换发与变更登记不一致，则按照有利于第三人原则，依营业执照记载或工商登记记载为准确定利害关系人之间的法律关系。

营业执照制度是计划管理体制的产物，随着我国社会主义市场经济深入全面发展，特别是近年来市场监督管理体制的转型，其已经从原来以营业管制为主要内容转变为以营业公示为体的制度。

首先，营业执照是关于企业合法性与信息透明的，是企业主体性的问题。所以，企业应当将营业执照置于住所或者主要经营场所的醒目位置。从事电子商务经营的市场主体应当在其首页显著位置持续公示营业执照信息或者相关链接标识。如果企业应登记信息是虚假且情形严重的，可以吊销其营业执照。其次，营业执照才是一个依此营业的问题，即可以凭其开展经营活动。在一定意义上，营业执照的主体性与营业性是一个问题的两个方面，企业一旦依法成立，自然可以进行营业活动，除非需要法律特别许可的行业或事项，所以，营业执照所表现的营业意义是企业作为主体的必然结果或表现，二者不可分割。不过，总体而言，营业执照所表现的营业性是依附于企业主体性的，不具有独立意义，即仅因企业依法成立而表现出的应有营业价值。从这个角度，当企业违法而被吊销营业执照时，其主体性并不因之丧失，其不得进行经营活动只具有行政管理意义，会受到行政处罚。如果被吊销营业执照的企业仍然从事营业活动，仍为有效法律行为。

四、歇业制度

歇业是指因自然灾害、事故灾难、公共卫生事件、社会安全事件等原因造成经营困难的，无法开展经营活动，企业可以自主决定在一定时期内暂时停止营业的制度。

歇业制度主要是为特殊时期或特殊事件引发企业难以有效营业，而为经营困难的企业提供的一个缓冲性制度选择，以降低市场主体维持成本。企业应当在歇业前向登记机关办理备案，登记机关通过国家企业信用信息系统向社会公示歇业期限、法律文书送达地址等信息，通过公示加强对歇业企业的社会监督和信用监管。歇业备案是企业登记的法定事项，应当向登记机关办理备案。

因歇业直接关系劳动者的合法权益，故企业应当在歇业前与职工依法协商劳动关系处理等有关事项，歇业期限最长不得超过 3 年（包括连续和累计），在歇业期间开展经营活动的，就视为它恢复了营业，市场主体歇业期间，可以以法律文书送达地址代替住所或者主要经营场所。备案的歇业期限届满，或者累计歇业满 3 年，视为自动恢复经营，决定不再经营的，应当及时办理注销登记。

歇业制度主要是为那些小型企业设置的，中大型企业一般不宜适用。

第四节 企业登记的后果与效力

一、企业登记的后果

（一）企业登记的设权和公示后果

在我国，企业登记一经依法完成，就会产生相应的设权后果和公示后果。

1. 设权后果

所谓设权后果是指只有通过企业登记才能成立某种法律事实的情况，如公司设立登记导致公司成立的效果，有限合伙企业设立登记导致有限合伙企业成立的效果，企业名称的登记导致企业名称权利的产生等。

企业登记的设权后果主要是针对企业能否成为法定的市场主体资格而言

的，即企业的市场主体资格需不需要经过登记而具有该法定的资格。

对于这个问题，各国规定并不完全一样：（1）在法国、瑞士等国家，企业法人只有在进行商业登记后才能获得商事法律人格，否则其行为不能视为商行为。对于商个人和商合伙，商业登记则只有宣告性，是其商主体身份的法律认可。这时，如果行为人未经登记而从事了商业经营活动，其不享有商主体权利，但必须承担商主体应负的义务。（2）在荷兰等国家，行为人尽管没有进行商业登记，但其实施了商业经营活动，这时其仍然可以享有商主体的权利并承担义务。也就是说，在这些国家，商业登记不是商主体资格取得的必要条件。商业登记的作用只是在于保护商号和企业的商标等其他与商主体有关的特殊权利而已。（3）在其他一些国家，欲取得商主体的资格，则必须进行商业登记，如果没有经过商业登记，当事人即使从事了商业经营活动，他也不能享有商主体应该享有的权利，也不必履行商主体应负的义务。

在我国，企业登记是所有欲从事市场活动的主体必须履行的程序，包括个体工商户、电商经营者在内的所有企业均须通过登记而取得法定的市场主体资格，而不仅仅限于法人企业和有限合伙企业。因此，我国的企业市场主体登记具有设权后果，只有经依法登记，才产生公司、合伙、独资企业、合作社、个体工商户等法定的市场主体，否则为非法而不为法律承认和保护。

从各国发展趋势上看，商业登记的设权后果在淡化，更多注重其宣示后果。1998 年德国商法典修改，其登记制度不具有创设力，只具有宣示力。这种做法不仅意在强调保护社会公众和第三人，也在实际上有利于投资人及企业的自治。

2. 公示后果

公示后果是指某种法律事实的成立并不以企业登记为前提，即使未予商业登记，该法律事实也是成立的。这时，商业登记仅具有公示效果，如公司股东变更登记、法定代表人的变更登记、合伙企业合伙人的变更登记、分支机构的登记。

需要注意的是，公示性的登记并非是说不产生法律效果，而仅仅是指被登记的法律事实本身并非通过登记才予以产生的。[①] 如果这些事项进行登记和公告的，第三人必须承受事实的效力，不登记，则未必承受。

所以，并非所有的登记事项都产生设权后果，只有那些经过登记产生相应权利或某种法律事实的事项登记才具有设权后果，否则仅产生公示后果。

（二）企业登记的正确性推定后果

正确性推定是指凡已经登记注册于企业登记簿的事项，均应被认为是正确的。

一般国家和地区对商业登记事项主要进行形式审查，但这种形式性审查是基于当事人应当对登记事项及相关文件的真实性负责的要求，及登记机关的审查义务和权力进行的，因此在当事人申请并由登记机关审查后，它们就是可信和正确的。

对此，这是否意味着登记事项一定是正确的？答案是否定的，其正确性只是强调这些登记事项一经登记，不得以此错误为由对抗善意第三人。《德国商法典》第15条第3款规定，"对应登记的事实已经进行不正确公告的，第三人可以对在其事务上应对此种事实进行登记的人援用已经公告的事实，但第三人明知不正确的，不在此限"。

《民法典》第65条规定，法人的实际情况与登记事项不一致的，不得对抗善意第三人。司法实践中也是这样判断的，如公司法实践出现的被借名股东（即工商登记的股东），在公司资不抵债时，因为其股东身份已向社会公示，实际出资人与挂名股东之间的私下借名行为不能对抗善意第三人，也就是说，名义出资人（被借名股东）不但不会享有股东的权利，却存在以实际出资人未缴出资范围内对公司债务承担连带责任的法律风险。

二、企业登记的效力

企业登记的法律后果和效力是一个问题的两个方面，前者主要是针对企业本身而言的，即由企业本身及其投资人因登记而产生的法律状态；后者是

① ［德］卡纳里斯：《德国商法》，杨继译，法律出版社2006年版，第74页。

针对第三人的效力。在一定意义上，企业登记的法律后果是登记后的静态存在，法律效力则是登记后的动态存在，即时刻在影响着第三人。

（一）企业登记的公开效力

企业登记具有公示效果，即对于登记者来说，其就是“如此”。但该登记或应该登记而未登记的事项，如果涉及第三人，就会产生相应的“力”，即如果第三人因此与之进行交易而会“如何”。

企业登记的公开效力有消极效力和积极效力之分。

1. 商事登记的消极公开效力

企业登记的消极公开效力是指，应依法登记的法律事实，只要尚未登记和公告，就不得被应对此种事实进行登记的人利用来对抗第三人，但此种事实已为第三人知悉的除外。

之所以称之为消极公开，是因为它保护的是人们对于商事登记簿“沉默”的信赖，而不是保护对其“表达”的信赖。①“注册的权利存在，不注册的权利不存在”，就是此意。现代各国普遍认可，已登记注册事项有对抗善意第三人的效力，不允许援引应登记而未登记的事项来对抗善意第三人。

例如，企业法定代表人代表权的消灭没有进行工商登记和公示，尽管该消灭是有效的（它不具有设权性），企业仍然要承担尚登记于工商登记册上法定代表人的代表行为后果。合伙企业中某合伙人甲退伙，退伙时他没有进行变更登记，那么，甲仍要对新的合伙债务承担责任。

企业登记消极公开效力的实质是为善意第三人的利益，一个事实上并不存在的法律状态被视为存在，即外观被视为真实情况，当然，第三人知悉除外。所以，企业登记的消极公开效力是所谓的权利外观责任。那么，人们对于这一“消极”公开的信赖体现在什么地方？它主要体现为两种情况，一是关于对迄今为止的法律状态存续的信赖保护（如某个企业法定代表人代表权消灭而未变更登记）；二是对法律通常状态存在的信赖保护（如普通合伙企业中每个合伙人个人的代表权）。

---

① ［德］卡纳里斯：《德国商法》，杨继译，法律出版社2006年版，第81页。

适用企业登记消极公开的效力要求具备以下条件：（1）应登记人有登记义务的事实，即应登记而未登记。（2）有登记义务的事实尚未登记和公告。登记本身还不足以排除信赖责任，必须还要已经公告，因为“商人的交易对方不须知悉商事登记簿中的登记，而只需知悉公告即可”。（3）第三人对于真实的法律状态不知悉。（4）第三人在法律行为意义上或诉讼法意义上做出了行为。所以，如果某合伙人驾车撞倒某人，则被撞之人不得向已退伙合伙人要求承担责任。驾车撞人行为为法律上的纯粹的“不法行为”。同样，已退出合伙的合伙人对其退出以后产生的合伙税务债务也不承担责任。其实，这一要件强调的是第三人须因交易行为而受害。

那么，如果不仅仅是登记义务事实，而且相关的前登记义务事实也没有登记，如一个公司企业既未登记某个股东，也没有登记该股东的退出，该股东是否还要对公司债权人承担出资不实责任；同样，某合伙企业从未登记过某个合伙人情况，是否其退伙还要对新的债务承担责任？对此，从目的论角度看，即使前登记义务事实没有登记，第三人也可能对此知悉。因为，一方面，信赖表现不仅仅存在于商事登记簿中，也可以存在于其他的有关相关法律状态的宣告中，特别是在所谓“开业过程”中存在，如在经营过程中，第三人知道某人是合伙人。

所以，企业登记的消极公开效力表现为，登记义务事实不得“用来对抗”第三人（注意，是登记义务事实，而非登记事项）。但对于第三人而言，他通常对于企业登记提供的法律状态和真实的法律状态之间具有选择权，如第三人认为和已经离职但未变更登记的法定代表人之间签订的协议不够有利，他可以主张代表权的缺乏而主张协议无效。也就是说，其倾向于保护第三人而非本人，本人在此没有选择权。

2. 企业登记的积极公开效力

企业登记的积极公开效力是指，对应登记的事实已经进行不正确公告的，第三人可以对在其事务上应对此种事实进行登记的人援用已经公告的事实，但第三人明知不正确的，不在此限。

企业登记积极公开效力的法理依据是，向企业登记簿进行了不实陈述的人，相对于善意第三人要受此内容约束；以及，不能推卸其对企业登记簿中不正确登记的责任之人，相对于善意第三人要受此内容约束。

和企业登记的消极公开效力一样，它们都是为第三人利益而将权利外观置于和法律事实同等地位。因此，企业登记的积极公开效力也是关于权利外观责任的规定。但和消极公开效力不同的是，企业登记的积极公开效力是关于保护对于不正确公告事实的信赖，即其不是信赖的企业登记簿的“沉默”，二是企业登记簿的“宣告”，即“表达”，所以，它是一种“积极”公开。

（二）企业登记事项的对抗效力

凡企业应登记的事项业已登记并公告后，第三人除基于不可抗力之正当理由而对此尚不知悉外，不论其出于善意还是恶意，均能对其产生对抗效力。① 也就是说，已经登记公告的事项，法律可以推定第三人已经知悉。

企业登记目的在于通过关系第三人和社会公共利益的重大事项的公开，保护交易安全。它强调的是登记人有义务进行登记并公告，以使第三人知悉这些事项，从而做出如何与之进行交易的选择。登记人做出正确的事项登记，是其义务，否则要承受不利后果。这一点，从前述关于企业登记的消极公开效力和积极公开效力上都可以看出。

那么，当登记义务人做出了正确的事项登记并公告后，第三人是不是就因为被推定知悉而要承受相应不利后果？对这个问题的理解，必须将之放在具体交易的关系之中来理解。

一般地，做出正确的事项登记而必然对抗第三人，主要发生在前述改变迄今为止的法律行为状态，如法定代表人变更或普通合伙人的退伙。如果这些事项变更已经登记并公告，仅是在抽象意义上，善意第三人不能再依照企业登记法关于已经正确登记的要求主张自己的权利。而在具体事务上，他仍然可以按照表见代理制度主张所谓非登记法的权利外观责任，即不适用登记法要求，而适用普通民法关于表见代理制度要求相关人承担责任。也就是说，如果有相应信赖存在，如表见代理行为，则第三人仍可以通过其他权利外观

① 范健主编：《商法》（第4版），北京大学出版社、高等教育出版社2011年版，第87页。

责任主张权利。《民法典》第 172 条规定，行为人没有代理权、超越代理权或者代理权终止后，仍然实施代理行为，相对人有理由相信行为人有代理权的，代理行为有效。

所以，理解企业登记的对抗效力必须结合有关权利外观责任的一般性条款和规则。如果虽然将法定代表人变更进行了登记并公告，但原法定代表人人仍然持有公司印章或其他证明且已出示而从事某种法律行为，则适用民法上关于表见代理的制度。因为，第三人通常并不必然知悉公告，而且出示了授权文书后对于企业登记簿的查阅也没有必要。

如果说企业登记一经正确登记并公告就意味着第三人知悉，显然是武断和简单的，至少该看法没有顾及到非商人不可能被要求具有真正意义上的交易中的勤勉义务这一点。而且，即使对于企业，也不可能保持对于登记机关的持续注意，而随时对登记机关的信息加以充分利用和分析。登记并公告与知悉之间没有必然的联系，它常常是偶然和例外的。有时，第三人会例外地查阅一下企业登记簿或者向营业所有人询问确认，如某负责人已经很长时间没有来往，这时，第三人是不应该受到保护的。但这不是适用企业登记的问题，而是适用民法关于代理规定的，如果第三人在法律行为实施时知道或应当知道代理权消灭的，不产生代理效果。

第七章　企 业 名 称

第一节　概　　述

一、企业名称的含义

企业名称，又称商号，是指企业营业活动中所使用的名称。正如社会中每个人都须通过自己的名号以别于他人并彰显自己一样，企业名称也是企业在商业经营中有别于相同或相似业者并表彰自己的名号。《德国商法典》第17条第1款规定："商号是商人的名称，他以其商号从事其商事营业的经营并进行签名。"不过，大多数国家和地区，对什么是企业名称并无明确规定，而常常规定什么可以作为名称，我国也是如此。

一般认为，企业名称有两层含义：

1. 企业名称是企业作为市场主体表彰自己的名称。

企业名称是企业的名称，表明其起到的是"名称"的作用，它使某个企业与其他企业，特别是相同或相似行业的企业相互区别开来。它不是对企业经营者的单纯描述，不能认为企业名称或商号使企业与其投资人区别开来。所以，生活习惯上使用企业名称或商号时，常常将某商号，如"曙光"企业，当作企业本身，而在法律上，它则仅指企业名称。企业虽然可"以其商号"起诉和应诉，但这仅仅意味着他可以其商号为标志作为诉讼当事人，而不表示企业在法律上的独立性。

2. 企业名称是企业在营业中使用的名称，即企业或其代理人在营业上为法律行为时，用以盖章、署名，而与他人为法律行为。

企业名称对于企业业务合同对方当事人的确定具有实际作用。如果企业在营业中没有使用其登记名称，而经常使用其他名称，其效果如果判断？日本曾经有判例认为，对于商业登记簿上名称是“甲林业股份有限公司”的公司，营业上经常使用“乙林业股份有限公司”的名称，支票交易也以乙名称使用的情况，则以该乙名称开出的支票作为该公司开出的支票，为有效支票。①

企业名称可以转让，从而使被转让的企业名称代表了被转让的企业，从这个意义上，企业名称并非代表企业本身，在很多情形，其具有表示营业活动的机能。②

一般地，企业名称是企业开展营业活动所使用，但即使企业尚未正式开业，处于设立阶段，也可以企业名称开展营业。

二、与相近概念的区分

（一）企业名称与商标

现代商品经济社会中，企业名称与商标的关系十分密切，二者经常同时出现在同一商品上。有时，企业名称可以成为商标的组成部分甚至为同一内容。不过，二者在功能和性质上不同的，主要表现为：首先，企业名称是特定企业的标志，代表企业的信誉；商标是企业特定商品的标志，代表企业商品的信誉。其次，一般情况下，二者分别受不同的法律保护和规范，其中，企业名称在各国主要受到一般民法或关于名称登记法律的规范与保护，其权利被称为名称权或商号权；商标则普遍受到《商标法》的规范与保护，其权利是一种知识产权。③ 再次，企业名称受到保护的范围是与其登记机关管辖范围一致的，而商标受到保护的区域得是全国性的。最后，作为企业标志的名称是与企业相伴随的，因此法律对其保护是没有时间限制的，企业存在，

① 参见马太广编译：《判例所表现的商法法理：日本最高裁判所商法判例要旨（1962—2004）》，法律出版社2004年版，第9页。

② 参见［日］近藤光男：《日本商法总则·商行为法》，梁爽译，法律出版社2016年版，第38页。

③ 不过，根据《保护工业产权巴黎公约》，商事名称权属于工业产权，亦即为一种知识产权。

其名称的权利就存在；作为商品标志的商标是与商品相伴随的，而企业生产的商品或提供的服务常常会发生变化的，因此，法律对其保护是有时间限制的，尽管其到期可以延续。

（二）企业名称与企业招牌

商店招牌，是企业或经营者在营业场所前挂置的作为标志的各种牌匾、招贴，用来作为企业或经营者的住所地告示和营业场所广告。企业名称则是企业在所有营业活动中使用的标识。在多数情况下，商店招牌会采用与企业名称一致或者具有一定联系的文字、符号和图案等加以表示；但有时，企业也可以不用自己的名称，而使用其他的文字、符号和图案等作为招牌。在法律上，保护企业招牌主要是通过《反不正当竞争法》，而保护企业名称则有包括《反不正当竞争法》在内的一套法律制度。

（三）企业名称与服务标志

企业名称与企业的服务标志也是不同的。后者是企业用来识别和区分于其他企业提供的服务的标志，尽管该标志常常用企业名称加以区别，但形式上，企业的服务标志可以用文字之外的图形、字母、线条等构成。对服务标志的保护也主要通过《反不正当竞争法》。

（四）企业名称与字号

字号在我国企业登记法律上有特别的意义，是企业名称的核心组成部分。商法所称商号，主要就是指字号，是最能表示企业名称与众不同的组成部分，如北京同仁堂股份有限公司中的“同仁堂”即是字号，彰显着该企业。

第二节　企业名称的表示、使用与变更

一、企业名称的表示原则

（一）合法原则

企业名称是表彰企业的存在并与其他企业是不同的，因此其是由不同要

素构成，这些要素一方面要求表彰其存在（包括地方、行业），一方面表彰其与同行的与众不同（字号），同时还要表彰出其对外责任（组织形式）。

根据《企业名称登记管理规定》（2020 年修订）规定，企业名称由行政区划名称、字号、行业或者经营特点、组织形式组成。跨省、自治区、直辖市经营的企业，其名称可以不含行政区划名称；跨行业综合经营的企业，其名称可以不含行业或者经营特点。

作为表彰企业存在并以之对外活动的企业名称来说，其不仅表彰自己（经济价值），更重要的是通过企业名称显现的社会意义，亦即，企业名称的表示或构成必须符合法律规定。我国企业名称的表示或构成须符合以下要求：

1. 作为中国的企业，其应当使用规范汉字。民族自治地方的企业名称可以同时使用本民族自治地方通用的民族文字。

2. 企业名称中的行政区划名称应当是企业所在地的县级以上地方行政区划名称。市辖区名称在企业名称中使用时，应当同时冠以其所属地设区的市的行政区划名称。开发区、垦区等区域名称在企业名称中使用时，应当与行政区划名称连用，不得单独使用。企业名称中的行政区划因素主要彰显企业存在的区域，进而涉及企业市场监督管理、税收、诉讼管辖。凡同区划中的企业，均可以使用。

3. 企业名称中的字号应当由两个以上汉字组成。县级以上地方行政区划名称、行业或者经营特点不得作为字号，另有含义的除外。

字号是企业名称核心构成，是最能彰显企业名称部分，传统商法称企业名称为商号，主要指的就是字号部分，通过该字号，其他人可以有效地区分不同的企业。企业名称中的行政区划、行业必须与字号结合，来体现作为整体的企业名称特定化意义。

在“湖北省天门泵业有限公司、登冠品信（天门）泵业有限公司不正当竞争纠纷民事申请再审审查民事裁定书”（【2021】最高法民申 5965 号）中，最高人民法院指出，登冠品信公司的企业名称由“登冠品信”字号、所在地县行政区划名“天门”加括号、所属行业“泵业”及组织形式“有限公司”组成，符合法定的企业名称命名规则。相关公众不会将“天门泵业”作为登冠品信公司的简称，登冠品信公司名称与天门泵业公司的全称具有显著区别，现有证据不足以证明相关公众会将二者混淆。登冠品信公司使用含有“（天门）泵业”字段的企业名称也不违反公认的商业道德，未扰乱市场竞争秩序。天门泵业公司无权禁止湖北省天门市的企业依法将“天门”作为所在地行政区划名，将“泵业”作为所属行业名使用在企业名称中。登冠品信公司名称中的“（天门）泵业”字段即是该公司对“天门”“泵业”词汇在前述本意语境下的合理使用，并非对天门泵业公司“天门泵业”简称的使用，并未侵犯天门泵业公司的名称权或损害其他合法权益。

4. 企业名称中的行业或者经营特点应当根据企业的主营业务和国民经济行业分类标准标明。国民经济行业分类标准中没有规定的，可以参照行业习惯或者专业文献等表述。

5. 企业应当根据其组织结构或者责任形式，依法在企业名称中标明组织形式。《公司法》明确规定，有限责任公司和股份有限公司必须在其企业名称中明确标识“有限责任”与“股份有限责任”字样；合伙企业法则要求特殊的普通合伙企业名称标明“特殊普通合伙”字样，有限合伙企业则须标识“有限合伙”字样。

6. 企业名称的禁止性规定。企业名称不得有下列情形：（1）损害国家尊严或者利益；（2）损害社会公共利益或者妨碍社会公共秩序；（3）使用或者变相使用政党、党政军机关、群团组织名称及其简称、特定称谓和部队番号；（4）使用外国国家（地区）、国际组织名称及其通用简称、特定称谓；（5）含有淫秽、色情、赌博、迷信、恐怖、暴力的内容；（6）含有民族、种族、宗教、性别歧视的内容；（7）违背公序良俗或者可能有其他不良影响；（8）可能使公众受骗或者产生误解；（9）法律、行政法规以及国家规定禁止的其他情形。

其中的字号，尽管要求应当由两个以上汉字组成，但整体而言，其构成是自由的，企业可以充分选择，只要不违背以上限制性规定即可。

（二）标识性原则

企业名称是企业表彰自己的名称，它“必须适合于标识某个企业”，具有标识性。

首先，语言的标识可以成为企业名称，但形象化的标识，如图形、式样、标记等不能作为企业名称使用。我国要求企业名称为两个以上汉字组成即为此意。

其次，对于单纯的字母，能否成为商号，国内外争论较大。德国学者认为，它们对于人们是可以如同想象的词汇一样被读出来，而且交易中人们也习惯了此类标识（如 BMW），至于普通交易者是否知道其缩写含义如何，并不重要。日本过去不允许以外国的字母作为商号（如 SONY），现在已经允许用日文的罗马字拼音作为商号。我国不允许以单纯的字母表示企业名称，但不表示完全禁止同时有字母出现在企业名称之中。

再次，对于数字，有些国家，如德国，也承认其标识性，这不仅在于它们可以被人们读出，且交易也已经习惯把它们作为企业的名称使用。我国要求企业名称应当为两个以上汉字组成，但并未禁止同时加数字的要求。

（三）区分力原则

企业名称是区别于他人的企业标识，须有区分力，具有使其个体化的作用。

1. 企业名称的可识别性与相混淆性

各国法律普遍规定，首先，企业名称必须适合于标识某个企业，并且便于识别，这是关于名称区别性的抽象和普遍规定。其次，任何一个新的企业名称均须与在同一地点或在同一乡镇已经存在的和已经登录商业登记簿的一切企业名称明显相区别，这是对和一个已经存在的确定的其他企业名称的具体区别规定。

和识别性相对应的是相混淆性，即任何一个新的企业名称均须与在同一地点或在同一乡镇已经存在的和已经登录商业登记簿的一切企业名称明显相区别，否则构成混淆。

我国《企业名称登记管理规定》（2020 年修订）第 17 条规定，在同一企业登记机关，申请人拟定的企业名称中的字号不得与下列同行业或者不使用行业、经营特点表述的企业名称中的字号相同：（1）已经登记或者在保留期内的企业名称，有投资关系的除外；（2）已经注销或者变更登记未满1年的原企业名称，有投资关系或者受让企业名称的除外；（3）被撤销设立登记或者被撤销变更登记未满1年的原企业名称，有投资关系的除外。

2. 人名可以作为企业名称

人名是可以用作企业名称的，其区分力是无疑的，因为它非常明确地表示了“这是谁的企业”。如德国商法规定，一名商人与一名已经登记的商人具有同一之名和同一之姓，并且其欲将该姓名用作其商号的，必须在商号上附加能够使该商号与已经登记的商号明显区别的内容。我国关于企业名称登记管理规定并不排斥人名用作企业名称。从识别及企业自身信用而言，小型企业特别是个体工商户、个体独资企业等均鼓励以业主姓名作为企业名称。

3. 单纯物名不得作为企业名称

我国不允许单纯以某个物名作为企业名称，因为其不仅不如人名具有区分力，且易导致同性质、同行业无法区分，如建筑有限公司或中原有限公司等。因为它们仅描述了企业和种类以及地点或活动领域，而远远未达到个体化的要求。而且，这类所谓企业名称还会阻止大量类似企业构成相近的企业名称。所以，物名须结合其他要素（主要是字号），如上海大众汽车股份有限公司，从而使其具有了区分力。

二、企业名称的使用原则

（一）自由原则

总体上，企业如何选定企业名称，原则概由当事人自由选定。一般国家和地区，均采此原则。除了前述原则性限制外，我国也基本如此。《企业名称登记管理规定》第16条规定，企业名称由申请人自主申报。申请人可以通过企业名称申报系统或者在企业登记机关服务窗口提交有关信息和材料，对拟定的企业名称进行查询、比对和筛选，选取符合本规定要求的企业名称。

（二）真实原则

企业名称真实原则是指企业名称不得包括能够使人对相关的交易领域非常重要的业务关系产生误解的事项。真实原则对企业名称的所有部分都有效，包括核心及附属部分。

具体之：(1) 不能对营业类型产生误导。如一家企业生产塑料，不能在商号中标识为金属工厂，如果一家企业仅仅经营建筑材料，不能起名为建筑企业，如果经营疗养院，不能称特殊诊所。(2) 对于营业范围和规模也不允许误导。如果仅仅是一个做点心的小作坊，不能将商号叫面包厂，如果仅仅经营独资企业，不能在商号中叫大市场。(3) 地理标识不能误导。如果企业位于内地某城市，不能叫北京或上海某公司；如果仅仅是一个国内企业，从不进行国际贸易，则不能叫国际某企业。(4) 其他方面的误导禁止。如某经营茶社，不能称医学或保健茶社等；再如，将一个与企业无关的人的姓名放在商号中也是禁止的。

根据《企业名称登记管理规定》规定，企业名称冠以“中国”“中华”“中央”“全国”“国家”等字词，应当按照有关规定从严审核，并报国务院批准。企业名称中间含有“中国”“中华”“全国”“国家”等字词的，该字词应当是行业限定语。这些规定的意义主要在于防止误导。

企业名称真实原则还包括对于企业形态责任形式的要求，如股份公司要标明“股份有限公司”字样，合伙要标明普通合伙或有限合伙字样等，该要求的意义在于公示责任关系。因为仅仅一个人名，如福特，其背后有可能隐藏着一切可能的法律形式，通过公开责任形式，也是企业名称真实性的一个具体规定，最终目的是避免对交易的误导。

企业名称真实原则对于判断是否构成侵权十分重要。在“成都中铁二局腾昌装饰工程有限责任公司、中铁二局建设有限公司擅自使用他人企业名称、姓名纠纷民事申请再审审查民事裁定书”[(2021) 最高法民申 3888 号] 中，腾昌公司主张企业字号是否应当停止使用、变更与股东的构成没有因果关系，认为其使用“中铁二局”系正当地基于历史原因的延续使用。法院认为，判定腾昌公司使用“中铁二局”是否侵害了中铁二局的企业名称权，要综合考虑腾昌公司有无使用的合法权利基础。在中铁二局下属子公司系腾昌公司的股东情况下，腾昌公司使用“中铁二局”没有违反诚实信用原则，属正当使用。但在 2015 年 11 月 23 日后，中铁二局下属子公司不再持有腾昌公司股份的情况下，腾昌公司与中铁二局则不再具有法律上的关联关系，不再具有继续使用中铁二局企业名称权的法律基础。考虑腾昌公司与中铁二局的业务范围的重合，以及中铁二局的知名度，容易使相关公众误认为腾昌公司与中铁二局存在一定联系。在中铁二局明确两次发函要求变更企业名称的情况下，腾昌公司并未在合理期限内对企业名称进行变更，而是继续使用，客观上会造成市场混淆，损害中铁二局的合法权益，二审法院认定构成不正当竞争并无不当。

（三）单一原则

企业名称应为单一名称，凡同一营业与同一营业所，应用单一企业名称。有数个营业所时，其支店之商号，应以附加文字表示之。

《企业登记管理规定》要求，企业只能登记一个企业名称。如果企业设立分支机构，则企业分支机构名称应当冠以其所从属企业的名称，并缀以“分公司”“分厂”“分店”等字词。境外企业分支机构还应当在名称中标明该企业的国籍及责任形式。

企业集团或有投资关系的各个企业很多为独立企业，各个独立企业须自行命名，以实现企业名称单一原则。不过，有投资关系或者经过授权的企业，其名称中可以含有另一个企业的名称或者其他法人、非法人组织的名称，这仅限于独立企业名称中可以含有另一个企业的名称，非互相使用同一名称。

（四）稳定性原则

又叫企业名称连续性原则，主要指独资企业和个体工商户的所有人发生变更之后，企业名称可以被继续保留。

一般来说，独资企业的所有人发生变更以后，企业名称也是需要变更的，以避免误解相应法律关系。但现实中，独资企业的受让人可能希望继续保留原企业名称，因为该名称可能具有很高的商誉。在这个时候，就应当允许继续保留原企业名称。

在一定意义上，独资企业名称在企业主变化时继续保留是可能引起误解而不符合企业名称的真实性原则，但如果通过相应制度，特别是公示制度完全可以避免误解的话，则企业名称就应当予以保留，这有利于经济。所以，打破企业名称真实性原则的理由主要在于调和，这种调和之所以被接受主要是有关变更需要变更登记，从而适用登记法规定。

企业名称真实性原则是惯例，稳定性原则是特例。

（五）公开性原则

公开性原则是指企业名称必须公布，使人人都可以知晓，对此，企业名称首先必须进行工商登记。

根据《市场主体登记管理条例》规定，企业登记包括企业名称登记、住所或经营场所、投资人、负责人、出资等。

企业名称的使用应当是规范的，否则会引起不利的法律后果，如一人有限公司未使用“一人”二字，就可能使其承担无限责任，但这并非说不规范的企业名称的使用都会引起不利的法律后果，尚需具体情况具体分析。在“长沙市食品公司与云南一心食品开发有限公司、长沙市食品公司肉食批发部购销农副产品合同纠纷提审案”（最高人民法院［2001］民提字第3号民事判决书）① 中，最高人民法院裁决：批发部领取了企业法人营业执照，其开办单位已将注册资金足额投入到位，并且已有营业场所，实行经理负责制，有独立核算的财务制度。虽然批发部名称前冠以开办单位的名称，只能说明批发部的名称尚不规范，但不能以此否认批发部的法人资格，应由其独立承担偿还拖欠的贷款及利息的责任。

三、企业名称的变更

企业可以根据自己的经营或其他原因变更其企业名称，仅须依法进行，且变更并不因此改变企业债务和其他责任的承担。

企业可以更名甚至以新名成立新的法人组织，但如果该变更仅仅是更名，或尽管以新名成立了新的企业法人组织，如果新老企业之间存在承继关系的话，则更名后或更名后的所谓新企业须承担更名前企业的债务。在“三九企

① 最高人民法院审判监督庭编：《审判监督指导与研究》（第4卷），人民法院出版社2002年版，第203页下。

业集团与中国工商银行哈尔滨市北环支行借款合同纠纷上诉案”［最高人民法院（2003）民二终字第56号判决书］① 中，法院认为，原龙滨酒厂被兼并后，三九集团将其重新注册为三九龙滨酒厂。三九龙滨酒厂2000万元注册资本来源为原龙滨酒厂积累的固定资本1000万元和流动资本1000万元。此后，三九龙滨酒厂又更名为龙滨酒厂，并向债权人承诺三九龙滨酒厂的债务由变更后的龙滨酒厂承担。无论是纯粹的更名，或是注销原法人，成立新法人，主体之间的债权债务承接关系均没有发生变化。所成立的新的法人资产也是从原法人主体承接而来，其承担前一主体债务的责任不能免除。

所以，企业名称毕竟是企业对外交往的名称，其表彰但并不能完全表彰某个特定的企业。实践中，企业名称可以依法变更，或者尽管已经变更，当事人如果仍然继续使用原来的名称，则不影响相应合同的效力。在“泰阳证券有限责任公司与海南洋蒲华洋科技发展有限公司等单位资产管理委托合同纠纷上诉案”［最高人民法院（2005）民二终字第217号民事判决书］② 中，最高人民法院认为，当事人使用其更名前的名称及更名前的单位公章签订合同，虽然违反了《公司登记管理条例》关于更名企业名称和印章使用的相关规定，但究其实质，由于更名前与更名后的企业实属同一主体，且对于本案所涉债务，更名后的公司在一、二审均予以认可，故不应因当事人在使用公章及名称上具有表面瑕疵而否定所签订协议的效力。

企业变更名称，应当通知合同相对人。如果合同相对人有合理理由认为对方当事人名称没有发生变更，则此后签订的合同对变更名称前的当事人具有约束力。在“大连宝玉集团有限公司与大连金世纪房屋开发有限公司、大连宝玉房地产开发有限公司管辖权异议纠纷上诉案”［最高人民法院（2006）民一终字第45号民事裁定书］③ 中，一方当事人与宝玉集团签订《联合建房

---

① 最高人民法院民事审判第二庭编：《民商事审判指导》（总第5辑），人民法院出版社2004年版，第245页下。

② 最高人民法院民事审判第二庭编：《民商事审判指导》（总第10辑），人民法院出版社2006年版，第250页下。

③ 最高人民法院民事审判第一庭编：《民事审判指导与参考》（总第27集），法律出版社2006年版，第230页下。

协议书》约定，双方争议解决方式为向大连仲裁委员会申请仲裁，但当时宝玉集团与现宝玉公司的名称完全相同，且宝玉集团未提交证据表明，其将公司名称的事实告知了一方当事人。此后，双方签订《补充协议》，约定将双方争议的解决方式变更为向人民法院提起诉讼，《补充协议》是对《联合建房协议书》的补充，两者具有同等法律效力，不同之处以《补充协议》为准。签订《补充协议》时，宝玉集团与宝玉公司的法定代表人是同一人，理应承担管辖变更的法律后果。一方当事人基于对合同相对人的合理信赖，可以根据宝玉公司签订《补充协议》变更约定的争议解决方式向人民法院提起诉讼。

第三节　企业名称权

一、概述

（一）概念

企业名称依法登记后，企业即取得对该名称的专用权。

企业名称权具有以下特征：首先，企业名称权具有公开性，由于企业名称是特定企业区别他人的标识，因此它必须进行登记公开而为他人知道，其中登记是公开的程序。其次，企业名称权具有区域性，即仅在登记机关管辖范围内有效。再次，企业名称权具有可转让性，可以依法转让或继承。

《民法典》第110条第2款规定："法人、非法人组织享有名称权、名誉权和荣誉权。"《市场主体登记管理条例》第10条规定："经登记的市场主体名称受法律保护。"

不过，对于未登记的企业名称，也受到法律保护，它也是一种名称权，但因未登记，不属于专用性权利，但适用《反不正当竞争法》第6条规定，即擅自使用他人有一定影响的企业名称构成不正当竞争。

（二）性质

企业名称是某企业区别于其他市场主体的特定标志，企业名称权具有人身权属性。与此相应，它是一种绝对权，其他人负有不得侵犯的义务。

和自然人的姓名权不同，企业名称权还是一种无形财产权，其可以为企业带来巨大的商誉和商业价值。也就是说，企业名称权既非一种纯粹的人身权，也非纯粹的财产权，而是混合性质的，这一点使其具有知识产权的性质。许多国家和地区将企业名称作为工业产权的一部分给予法律保护，《保护工业产权巴黎公约》将其列为工业产权的调整范围。

（三）企业名称权与姓名权的关系

当姓名被用于企业名称时，就会产生企业名称权与姓名权的关系处理问题。

关键是看企业名称的使用人是否属于民法上“无权使用”姓名的情形，如通过继承获得、合同转让甚至某些情况下通过利益权衡而被授予。

二、企业名称权的保护

（一）对于已登记商号的保护

1. 已登记的企业名称具有排斥他人在一定区域内登记相同或相类似名称的效力

法律主要通过它们之间是否具备明显区别判断的。

依《企业名称登记管理规定》第 17 条，在同一企业登记机关，申请人拟定的企业名称中的字号不得与下列同行业或者不使用行业、经营特点表述的企业名称中的字号相同：（1）已经登记或者在保留期内的企业名称，有投资关系的除外；（2）已经注销或者变更登记未满 1 年的原企业名称，有投资关系或者受让企业名称的除外；（3）被撤销设立登记或者被撤销变更登记未满 1 年的原企业名称，有投资关系的除外。

2. 已登记的企业名称具有排斥他人使用相同或类似字号的效力

企业名称权的排他效力，是指企业名称一旦依法登记，就发生排斥他人为相同或类似名称的登记或使用该名称的效力。

排他效力有以下含义：（1）一般情况下，名称必须登记，非经登记不产生排他效力；（2）名称登记后，其他同行业营业不得再行登记和使用相同或类似的名称。

企业名称登记对其他商业名称产生排他效力，需要具备两个基本条件：（1）必须是名称相互雷同，即相同或类似；（2）必须是同一行业，如果不是同一行业，不产生排他效力。

对于企业名称权的侵权判断，主要是基于名称构成进行综合判断。在“河北建屏酿酒有限公司（原石家庄市西柏坡酿酒有限公司）、河北西柏坡酿酒总厂擅自使用他人企业名称、姓名纠纷案”（【2021】最高法民申2352号裁定书）中，西柏坡酿酒总厂于1995年注册成立，其住所地一直处于平山县区域。根据《平山县志》记载，西柏坡酿酒总厂成立填补了平山县高档白酒的空白，可见西柏坡酿酒总厂的成立对于平山县白酒市场具有一定影响。西柏坡酿酒总厂的白酒产品经多年市场经营，取得了多项荣誉，具有一定的市场知名度，“西柏坡酿酒”字号应认定为有一定影响的企业名称。建屏公司于2003年注册成立，2012年建屏公司将公司注册地、经营地迁移至平山县。将双方企业名称进行比对，西柏坡酿酒总厂的名称由河北（行政区划）、西柏坡（字号）、酿酒（行业）、总厂（组织形式）组成，建屏公司原企业名称由石家庄市（行政区划）、西柏坡（字号）、酿酒（行业）、有限公司（组织形式）组成。从行政区划上，河北省包含石家庄市，二者字号、行业相同，仅在组织形式有所区分，足以使相关公众误认为两者存在特定联系，建屏公司使用“西柏坡酿酒”字号的行为，构成不正当竞争。建屏公司主张其公司名称经工商管理机关核准注册登记，具有合法性，其经过核准登记的公司名称亦不侵犯他人的在先权利，该主张不能成立。虽然建屏公司在白酒类商品上拥有“西柏坡及图”商标，且在生产经营过程中取得了一定的荣誉，但在其生产、销售的酒类商品上突出使用“西柏坡”标识的行为，足以使相关公众对于其商品来源产生混淆，侵犯了西柏坡酿酒总厂在先使用的、具有一定影响的企业名称，符合《反不正当竞争法》第6条第2项“擅自使用他人有一定影响的企业名称（包括简称、字号等）”的规定，应认定为不正当竞争行为。建屏公司的申请再审理由不能成立。

另外，企业名称简称也会构成企业名称权的重要部分，不得侵犯，否则构成侵权。在山东起重机有限公司与山东山起重工有限公司侵犯企业名称权纠纷案（最高人民法院［2008］民申字第758号民事裁定书）中指出①，企业名称的简称源于语言交流的方便。企业简称的形成与两个过程有关：一是企业自身使用简称代替其正式名称；二是社会公众对于企业简称的认同，即认可企业简称与其正式名称所指代对象为同一企业。由于简称省略了正式名称中某些具有限定作用的要素，可能会不适当地扩大正式名称所指代的对象范围。因此，企业简称能否特指该企业，取决于企业简称是否为相关社会公众所认可，并在相关社会公众中建立起与该企业的稳定的关联关系。对于具有一定的市场知名度、为相关社会公众所熟知并已经实际具有商号作用的企业或者企业名称的简称，可以视为企业名称。如果经过使用和社会公众认同，企业的特定简称已经在特定地域内为相关社会公众所认可，具有相应的市场知名度，与该企业建立了稳定的关联关系，具有识别经营主体的商业标识的意义，他人在后擅自使用该知名企业的企业简称，足以使特定地域内的相关社会公众对在后使用者和在先企业之间发生市场主体的混淆、误认，在后使用者就会不恰当地利用在先企业的商誉，侵害在先企业的合法权益。具有此种情形的，应当将在先企业的特定简称视为企业名称，并根据《反不正当竞争法》的规定予以保护。

（二）对未登记企业名称的保护

对未登记企业名称，是通过竞争法进行保护的。因其未登记，在未登记名称权利人的企业名称使用权方面，不适用推定规则，权利人对他人的侵权行为要负举证责任。

《企业名称登记管理规定》第23条规定，使用企业名称应当遵守法律法规，诚实守信，不得损害他人合法权益。此规定可以视为对于未登记企业名

① 最高人民法院办公厅：《最高人民法院公报》（2010年卷），人民法院出版社2011年版，第23页。

称的一种保护，即他人不得恶意，否则构成侵权。在“山东华力发电设备有限公司、山东华力机电有限公司等侵害企业名称（商号）权纠纷民事申请再审审查民事裁定书”［（2021）最高法民申6264号］中，最高人民法院指出，华力机电公司于2010年11月23日成立，经过长期经营和宣传，在华力发电公司2019年11月8日成立注册之前，华力机电公司及其产品在相关公众中已经具有较高的知名度和影响力。华力发电公司与华力机电公司系同行业经营者，亦与华力机电公司同在山东省，其应当知晓华力机电公司的知名度和影响力，在此情况下，仍将“华力”作为企业名称登记，并在其实际生产、销售的产品及宣传中使用“山东华力发电设备有限公司”和“华力发电”，具有攀附华力机电公司商誉的意图，客观上亦容易导致相关公众误认为华力发电公司与华力机电公司存在特定联系，二审法院认定华力发电公司的被诉行为侵犯了华力机电公司的企业名称权，并判决其应当承担停止侵权、赔偿损失的民事责任，并无不当。

第四节 企业名称的继承、转让及出借

一、企业名称的继承

对于独资企业而言，其名称可以继承。

根据《民法典》继承编及《个人独资企业法》规定，作为被继承人的合法财产的个人独资企业，包括企业名称，是可以继承的。个体工商户的名称也可以继承。

对于合伙企业而言，由于其团体性而使继承人只能继承合伙企业的应有份额，但因合伙份额的继承而事实上同时具有了整个合伙企业的财产权。公司企业，即使是一人公司，股东的继承人也只能继承应有股份或出资份额，并因此与其他全体股东一起享有整个公司的权利。也就是说，合伙企业与公司企业的合伙人和股东必须以全体合伙人和股东的名义享有合伙企业与公司

的财产权。

二、企业名称的转让

（一）转让的要求

不论何种形式的企业，其名称均可以依法转让。

关于企业名称如何转让，世界上有两种立法体例，一是不得单独转让的做法，即名称与企业营业应一起转让，不得单独转让，如《德国商法典》第23条规定："商号不得与使用此商号的营业分离而让与。"意大利、日本等国也有类似规定。二是可以单独转让，如法国认为企业名称是企业资产的一部分，它可以自由转让。

根据《市场主体登记管理条例》规定，企业名称可以随企业或者企业的一部分一并转让。企业名称只能转让给一户企业。这时，企业名称的转让方与受让方应当签订书面合同或者协议，报登记主管机关。企业名称转让后，转让方不得继续使用已转让的企业名称。

（二）受让人的责任

在企业名称不得单独转让的情况下，受让人的责任有三种情形：首先，原则上，以原企业名称、附加或不附加表示受任关系的字样继续营业的，继受原所有人在营业中设定的一切债务。当然，原所有人已同意继续使用商号的，对于债务人而言，在营业中设定的债权视为已移转于受让人。其次，如果转让人与受让人有另行约定的，在另行约定已经登记并公告时，或者已经通知第三人时，可以按照约定承担责任。最后，如果受让人不继续使用原商号的，则只有在有特别负担义务的原因时，特别是在债务的承担已由受让人以商业上通常的方式公告时，受让人才对原营业债务负责任。

在企业名称可以单独转让的情况下，受让人的责任则视是否随营业转让而定。如果仅是单独转让，则原营业债务不随之转移。

三、企业名称的出借

作为一种财产，企业名称的所有人是可以出借名称于别人的。但由于企业名称属于识别性权利，如果企业将其名称许可他人使用，使第三人误认该他人为真正的企业名称所有人而与之进行交易的，则真正的名称所有人必须与使用名称的人就因此发生的债务负连带责任。①

《市场主体登记管理条例》允许企业名称授权他人使用，即为出借。我国经济实践中大量的挂靠，本质上属于企业名称的出借行为。

对于企业名称的出借，在我国均属于授权行为。从出借本意来看，出借方意在扩大市场与影响，并收取相应出借费用；借名方意在通过出借方企业名称进入相应市场或取得资质、特定许可，完全是一种市场行为。出借方与借名方需要通过合同明确约定双方权利义务，但合同约定仅具有内部效力。

对于外部，企业名称的出借意味着保证或担保，从而产生权利外观，即名称借出后，借名方或挂靠方则被视为出借方，故出借方须对借名方行为负责。在此，即使第三方知道或应当知道，因借名方行为导致第三人损失的，出借方均须承担连带责任，除非出借方、借名方与第三人另有协议约定。《最高人民法院关于审理建设工程施工合同纠纷案件适用法律问题的解释（一）》（法释〔2020〕25 号）第 7 条规定："缺乏资质的单位或者个人借用有资质的建筑施工企业名义签订建设工程施工合同，发包人请求出借方与借用方对建设工程质量不合格等因出借资质造成的损失承担连带赔偿责任的，人民法院应予支持。"

对于未获授权的借名行为，原则上属于侵权，不适用连带责任。但如果被借名方明知或应当知道借名的存在，而不制止，也会产生权利外观而适用连带责任问题。

---

① 谢怀栻：《外国民商法精要》（第三版），法律出版社 2014 年版，第 257 页。

第八章　营 业 资 产

第一节　概　　述

一、营业资产的含义

营业资产是指企业拥有并组织起来的、用于营业活动的一切财产，及在营业活动中形成的各种有价值的事实关系的总体。①

营业资产是与企业营业有关的一个概念，从主观意义上说，营业是指作为主体的企业营业活动；从客观意义而言，营业则指营业资产的综合，并统一组成了整个企业。那么，从客观意义上，营业资产与作为投资客体的企业同义，并因其客体性而使得这些资产可以根据企业营业需要单独处置。以此观之，商法上的资产表现为一种活的状态，不仅因经营好坏变化，也因经济形势而变化，也会因为投资人的（信心）感受而变化。

营业资产具有以下含义：

1. 营业资产既包括企业的财产，也包括其在营业活动中产生的有价值的事实关系，前者包括各种有形财产和无形财产、积极财产和消极财产，后者如顾客关系、销售渠道、地理位置、数据运用和物流支持、股东或其他组织加持等。

2. 营业资产是企业用于营业活动之需，且有组织的财产和事实关系的总体，是用来生产、服务经营活动，而被有机地组织运用的全部现有和未来资产的集合。

---

① 参见谢怀栻：《外国民商法精要》（第三版），法律出版社2014年版，第257页。

3. 营业资产是企业所拥有的，是企业经营的对象，反过来，它因构成企业（客体）并进而成为企业（主体），即作为企业经营对象的营业资产一起有机地形成了企业，离开了作为主体的企业，不存在营业资产；同样，离开了作为客体的企业，不存在企业。所以，全部营业资产的转让，就是企业的转让。但全部营业资产的转让并没有消灭作为主体的企业，而仅仅是更换了管理人与所有人，甚至管理人也无须更换。在我国，企业的合并或兼并，原企业的债权债务关系仍然原状存续，其法理不仅是主体未变，企业资产也未变。

可以看出，营业资产类似于企业的概念，均表现为企业的财产和相应事实关系的总和。不同的是，企业的概念同时具备主体性，即其为法定的市场主体，而营业资产则一般从客体意义上来说的。二者之间的分与不分，均表明商法资产的经营意义。

二、营业资产的特征

作为商法上的一个重要概念，营业资产是同普通民法上的财产观念相比较而言的。

普通民法对财产的调整分别是由物权法、知识产权法和债法进行的。其中物权法调整有形财产法律关系，知识产权法调整无形财产法律关系，债法（主要是合同法）调整债权债务关系。普通民法对于财产的调整重视的是其具体形态。而且，在更加具体的法律关系中，对于这些具体的财产形态，民法仍然还要将之更加具体化。具体化的调整模式有利于民事主体对财产的不同运用，从而满足其具体的生活需要。

但是，商法是对作为市场主体的企业营业活动调整的法律，被称为商事的活动是将不同具体形态的财产加以综合运用的过程，重视的并非财产归属和支配，更多的是如何整体和有机运用以达到利益最大化。在对这些财产的综合运用过程中，它们不断地增加或减少，或借出或借入，呈现出一种混合状态。如果依靠普通民法的分别调整模式，企业营业资产的整体价值性将不存在或失去意义，新制度经济学所称的不同关系连接的契约群的企业，以及企业中专用资产价值的理论也就不成立了。围绕这些营业资产的综合运用，企业相关利益者产生了不同的利益关系，而使其价值具有了超越单纯财产及简单相加的品质。

营业资产具有以下特征：

1. 集合性。它是企业经营管理的所有财产的集合，包括积极财产与消极财产、有形财产与无形财产、现有财产与未来财产、实有资产与虚拟资产在内的集合。民事财产则强调其单一性，且一般指积极财产、有形财产、现有财产与实有资产。

2. 经营性。营业资产是为企业的经营需要进行的有机和有价值的组合，具有交换性、动态性、前瞻性与发展性。民事财产强调其归属，具有使用性、静态性、现实性。

3. 营业性。营业资产因营业而具有了对内对外的事实价值关系，并因此产生了超越单个财产及单个财产之和的价值，进一步具有了整体性，以及未来的可评估性与增值性。民事财产的单个性使其价值仅限于自身，单个民事财产的简单相加仅产生相加之和。营业资产被称为“活的企业财产”。①

三、营业资产的性质

营业资产概念的提出及制度化，源于企业经营财产的整体性和有机性，它是有组织的经济统一体。在这种经济统一体中，既有各种各样的财产，也有因此产生的各种有价值的事实关系。这些财产与因经营产生的各种有价值的事实关系一起，构成了一个无法相互分离的有机整体。

这个有机整体是为作为市场主体的营业存在的，不断地营业，使得营业资产处于不断的变动之中。构成营业资产的具体组成可以在不断地经营之中发生各种各样的变化，或单独被出卖，或单独被买入，或因市场价值重估而增加或减少，但某个具体构成要素的变化或瑕疵并不影响企业营业资产的整体性。由于营业资产在现实中的特别复杂性和它活跃的变化性，它是一种极

① 参见吴建斌：《现代日本商法研究》，人民出版社2003年版，第90页。

为特殊的标的物而和普通的物根本无法置于同一层面上进行研究。①

从广义上而言，营业资产也属于财产范畴。那么，作为独特的财产形态，其性质如何，由于受到民法基本法“帝国”般的影响，学界往往是从其是动产还是不动产入手认识的。对此，不同国家和地区有不同认识，在法国，营业资产被认为是动产，它是由“用于从事商业活动的全部动产财产”构成的。② 在俄罗斯，其《民法典》第132条规定：“作为财产综合体的企业在整体上是不动产。”日本学界认为，对于有机的总括性营业财产，法律上认可其上存在一个物权性权利，理论上可以将其作为担保的标的物，但在现实上并不可行。通说认为，由于无法进行登记及公示，作为“整体”的营业其实并不能成为物权的客体，真正具有可操作性的物权其实还是存在于构成“营业财产”的个体财产之上。③ 日本是依营业资产的个别组成的性质认识的。

我国学界主要有两种看法，一是根据法国的做法和认识，认为营业资产为动产④，一是根据营业资产的转让等需要经过登记公示标准，而认为其是不动产⑤。

以上认识和做法都是囿于传统民法财产理论的，它们既不符合营业资产的综合性状态，也不符合营业资产制度功能的需要。在商法或者说商的世界里，营业资产不仅关系企业本身及相对人，还关系第三人和社会公共利益，因而当营业资产发生转让、担保时，需要通过相应程序加以公示，即登记。但登记本身并不能意味着其为不动产。同时，一般的动产交易规则也无法适应复杂的营业资产交易。因此，营业资产是一种完全不同于民法世界的特殊财产，体现的是交易的意义与价值，其规则适用商法的特殊规制。

民法关于财产和债的转让、担保制度和规则并非不能成为规范营业资产

---

① ［德］卡纳里斯：《德国商法》，杨继译，法律出版社2006年版，第244页。

② ［法］伊夫·居荣：《法国商法》（第1卷），罗结珍、赵海峰译，法律出版社2004年版，第703页。

③ 参见刘成杰：《日本最新商法典译注详解》（第二版），中国出版集团、中译出版社2021年版，第7页。

④ 张民安：《商法总则制度研究》，法律出版社2007年版，第333页。

⑤ 李飞：《营业财产理论评析》，载《法律科学》2008年第2期，第94页。

的法规则，但相应的解释与运用则是商法的，需要结合营业资产的经营与交易性质予以把握。从这个意义上，民法相应的制度与规则是被借用并修改的，并可能成为完全不同于民法制度和规则本意的解释和运用。相对于民法，商法是实践中的法，其法源必须借助商业实践理解与运用。

第二节　营业资产的构成

一、概述

营业资产是由不同性质的财产及事实关系集合而成的综合体。对于这种综合体到底应该包括哪些因素，基本上是根据一国经济、文化背景需要的，如法国就不认为不动产属于营业资产范围。但随着商业活动对社会生活领域的全方面渗透和资产观念的发展变化，营业资产的构成越来越多样化。在一定意义上，凡是法律不禁止的、由企业营业需要的不同性质的财产及因不同事实关系形成的利益都可以成为营业资产的构成和组成部分。

二、基本构成

（一）一般构成

一般地，营业资产除了包括企业拥有营业需要的各种动产（如原材料、机械设备及商品等）和不动产（如房屋、土地等）以外，主要包括以下要素：

1. 企业名称

企业名称是企业在营业活动中用来表彰自己并与他人区别开来的名称，它一经产生，就成为企业重要的组成部分而具有身份意义与财产价值。特别是那些“出名”的企业名称，其能为企业带来更多的经济利益。企业名称可以在经营活动中出借、出让而获得相应利益。当企业将其营业资产全部予以转让时，一般都同时将企业名称转让出去。

2. 经营招牌

经营招牌是指经营者挂在营业所门前或电子网站上作为标志的牌子或标志（logo）。传统的经营招牌只是企业住所地告示，起一个营业场所的广告作用。现代的经营招牌 logo 则是 logotype 的缩写，起到对徽标拥有企业的识别和推广的作用，通过形象的徽标可以让他人记住企业主体和品牌文化。网络中的徽标主要是各个网站用来与其他网站链接的图形标志，代表一个网站或网站的一个板块。一般情况下，经营招牌与企业名称、形象化设计是一致的，因而使用其他文字、图案或符号作为招牌。经营招牌可以为企业带来更多的社会关注。

3. 知识产权

知识产权是商主体拥有的专利、商标和著作权。随着科技知识创新在新经济发展中的重要作用越来越突出，知识产权成为企业十分重要的营业发展根本。在现代，它们为企业带来的价值已经远远超出了现金、实物等有形财产。

4. 商业秘密

商业秘密是指不为公众所知悉、能为权利人带来经济利益、具有实用性并经权利人采取保密措施的技术信息和经营信息。商业秘密的本质是未公开的技术信息或者经营信息。一般地，技术信息和经营信息包括设计、程序、产品配方、制作工艺、制作方法、管理诀窍、客户名单、货源情报、产销策略、招标投标的标底及标书内容等信息。现代商品社会中，一个具有相当商业秘密的企业往往能够在经营中不同于其他竞争对手，从而能够使其在激烈的市场竞争中占据有利地位。

5. 债权、债务

债权、债务是企业在经营过程中必然形成的对第三人的相应债权和债务。它们构成企业营业资产的重要组成部分。任何企业，都不可避免地与第三人形成债权或债务。这些债权和债务，使企业的营业资产成为独特的财产。可以说，没有这些债权与债务，就没有现代意义上的企业存在。在企业转让其营业资产时，其债权债务也同时概括地转移。

（二）特别构成

1. 事实关系

在企业营业过程中，会形成与顾客、上下游企业、社区和地方政府的长期关系，这些关系的稳定将为企业带来稳定且可预期的收益及荣誉，成为某企业重要的营业资产。作为营业资产，其只能是某个企业特有的，是企业长期经营的结果。企业社会责任之所以产生并对企业重要，其基础就在于此。从这个意义上，企业的社会责任并非社会对于企业的要求，而是企业自身营业的结果。

2. 特别许可权

由于资源的短缺或营业性质，有些营业领域需要取得政府特别许可，如特定生产行业、探矿采矿、通信、排污、医药医疗等。一个企业一旦获得特别许可，将具有一定的垄断性，获得垄断利益。

3. 数据财产

在现代社会大数据时代，数据成为新的生产要素，催化出数据经济。所谓数据是指任何以电子或者其他方式对信息的记录，人们在网络空间的行为轨迹被数据化，由网络平台收集、加工处理而形成数据产品被商业化而成为企业新型的财产。相对于其他财产，数据财产属于增值性财产，其并非数据的简单沉淀，而常常为企业利用分析而带来精确化的投入与收益。现代社会已经进入以数据为核心竞争力的时代，数据成为企业的核心营业资产。无论是平台企业还是非平台企业，其掌握的经济数据决定着其经营模式、收益和未来。由于数据不仅涉及企业，也涉及相关信息的来源及个体信息权，如何规范数据财产，成为当代社会的重要课题。

4. 虚拟财产

虚拟财产是指狭义的数字化、非物化的财产形式，包括网络游戏、电子邮件、网络寻呼等一系列信息类产品，也包括长时间虚拟生活中形成的人物形象等。

“虚拟财产”中的“虚拟”二字并不仅仅只是虚无的含义，更加强调的是虽然看不见摸不着，但却可以将其视为实物一般存在。简言之，虚拟财产是在网络世界中的一种无形资产，具有一定的使用价值和经济价值，且其本身是非实体的。虚拟财产属于网络平台软件搭建的虚拟空间内的组成元素，是由网络信息化构建的当代知识经济下的新型商品，它反映了两大层面的特性，即技术上和商业上，并在这两个层面上促进推动了网络商品经济的发展。

对于数据财产与虚拟财产，《民法典》第127条作出了原则性保护规定。

5. 电子经营平台

电子经营平台是指通过互联网等电子信息网络销售或提供服务的商务经营平台，包括电子商务经营平台、在平台内经营的平台，以及通过自建网站、其他网络服务销售商品或者提供服务的电子商务平台（《电子商务法》第9条）。

其中，电子商务经营平台（如京东、淘宝等）系专门为其他经营者提供的经营平台；在平台内经营的平台则是电子商务经营平台的用户。随着大数据及电子的发展，电子经营平台成为现代企业经营的重要载体和形式，成为现代企业十分重要的营业资产。

6. 其他能够为企业带来利益的财产或关系

除了以上这些因素构成企业的营业资产外，其他能够为企业带来利益的财产或关系也构成相应的营业资产，如政府政策特别优惠、某大型有实力企业对于某小型企业的特别照顾、企业之间的长期合作关系等。

三、关于人力资本

现代商法正在进一步关注人力资本的问题。人力资本（human Capital）是西方经济学概念，亦称“非物质资本”，与“物质资本”相对，是体现在劳动者身上的资本，如劳动者的知识技能、文化技术水平与健康状况等。其主要特点在于它与人身自由联系在一起，不随产品的出卖而转移。人力资本，比物质、货币等硬资本具有更大的增值空间，特别是在当今后工业时期和知识经济时代，人力资本将有着更大的增值潜力。因为作为“活资本”的人力资本，具有创新性、创造性，具有有效配置资源、调整企业发展战略等市场应变能力。

人力资本不仅使企业的营业资产成为“活的”资产，重要的在于，随着科技的发展及相应熟练劳动力的价值，作为市场主体的企业才能够真正成为人、财、物的有效结合，仅仅只有股东或出资人和管理者是远远不够，其需要足够有能力且适应企业的劳动者高效而默契地工作。现代企业法通过所谓职工参与、股权激励、不同股份种类的配置等来表现劳动者的资本价值。

现代企业的发展实质是人力的聚合与发展，如何在高科技时代保护和促进企业的人力资本价值，是当代法律必须面对的课题。一般认为，雇员是通过劳动合同得到保护与价值体现的，但事实上，雇员在企业专用型人力资本上的投资并不能通过明确的完备契约得到很好地保护，需要将一些能把雇员和企业的命运结合在一起的其他制度安排。①

四、关于商誉

商誉在英文是 Goodwill，通常是指企业在同等条件下，能获得高于正常投资报酬率所形成的价值。这是由于企业营业资产的优势、或是由于经营效率高、历史悠久、人员素质高等多种原因，与同行企业比较，可以获得超额利润。商誉是指能在未来期间为企业经营带来超额利润的潜在经济价值，或一家企业预期的获利能力超过可辨认资产正常获利能力（如社会平均投资回报率）的资本化价值，它是企业整体价值的组成部分。

商誉意味着该企业不仅是一个持续经营的企业，而且其价值与各种现有的以及可确认的资产与负债的价值相比是较高。② 所以，企业的营业资产与商誉是紧密联系的，后者不仅体现了营业资产的整体性价值与商业判断，也体现着企业的持续经营能力。

---

① ［美］玛格丽特·M. 布莱尔、马克·J. 罗伊：《雇员与公司治理》，陈宇峰等译，中国人民大学出版社 2014 年版，第 53 页。

② ［美］乔纳森·萨瑟兰德、黛安·坎威尔：《英汉帕尔格雷夫会计与金融词典》，张明等译，中国金融出版社 2006 年版，第 99 页。

第三节　营业资产的转让

一、概念

营业资产的转让是指以概括转移整个营业资产为目的的债权契约行为，转让后受让人能够利用该财产进行企业活动，并且与转让人有相同的经营者的地位。营业资产的转让相当于客观意义上的营业，它也被称为营业转让。

营业资产转让的价值在于，如果单独处分企业的各个财产，则必然导致企业的解散，但将营业作为一个统一的有机体予以转让，就会使相应生产、制造、销售、服务等营业活动继续下去，维持企业的存在价值，相应企业的商誉等无形资产也可得以保持。对于受让人而言，不仅可以因此免去设立企业的烦恼，也可以因原企业的营业而迅速发展。

二、转让程序

从整体上讲，如何进行营业转让是自由的，但如果特别法上对营业转让有相应禁止或限制的规定，则须符合法律规定，如《反垄断法》关于合并控制的规定；某些特殊行业需要经过行政批准的等。在营业转让合同双方为个人时，其转让手续较简单；但有一方或双方均为合伙企业或公司企业时，则需要符合法定程序，如全体合伙人的同意、公司股东会的决议等。而且，由于营业转让直接关系债权人利益，营业转让需要在法定期间发布公告，告知债权人，债权人有权提出异议等。

三、转让范围和交付

营业转让事关转让与受让双方重大利益，营业转让合同应以书面方式签订转让合同，其主要内容包括转让资产的范围、对价、人员处理、其他必要事项等。

首先应确定转让资产范围。营业资产转让是转移企业营业资产的集合体，范围十分广泛，凡是构成商业企业及为经营商业企业而使用的一切有形及无形的资产和利益，无论是积极财产还是消极财产，均包括在内。但法律规定必须通过明示意思表示转让的财产除外，如知识产权。当然，当事人双方也可以通过合同明确约定排除资产范围事项。关于民事权利的一般处分规则与确定营业资产转让范围的特殊规则有所不同。依照前者，凡是没有明确规定转让的财产，属于不转让的财产；依照后者，凡未明确排斥转让的资产，均应转让给受让方。①

根据营业资产转让合同，转让人须履行其交付义务。总体而言，转让人应善意地根据商业习惯及被转让企业的性质，完成相应必需的转让行为。需要注意的是，虽然营业资产转让合同是一种概括转让合同，但营业资产转让人应当根据财产的性质、种类，分别履行资产移转行为，办理相关手续，进行登记、交付、对债权人或债务人的通知等。如动产交付即可，不动产和知识产权则办理登记转移手续，债务转移则须通知债权人并经其同意等。

四、转让的法律效力

首先是对于转让双方的效力。对于转让人而言，其不仅要履行其转移资产的义务，尚需遵守在出让营业资产后的一定期间不得在一定地域内经营同样的营业的义务，除非双方在合同中免除这种义务。如日本商法就规定，转让营业时，当事人如无另外意思表示，则转让人在20年内，不得于同一市镇村内或相邻市镇村内经营同一营业。对于受让方而言，其须按照法律和合同规定概括承受原营业的债权债务。

其次是对于债权人的效力。原则上讲，如果没有特别约定，随着营业资产的转让，营业上的债务也随之转移给受让人，但须依照法律规定履行债务转让手续，否则，原债务人仍须承担履行义务。一般情况下，如果商事名称随之转让与受让人，则债务也同样随之转移；如果商事名称没有转让，则债

① 叶林：《营业资产法律制度研究》，载《甘肃政法学院学报》2007年第1期，第10页。

务一般不随之转移。当然，受让人不继续使用原商号时，如果受让人对外表示其承担债务，债权人有权请求清偿。

再次是对债务人的效力。一般地，当营业资产概括转移时，其债权也随之转移。也就是说，在营业资产转让当事人之间没有特别约定时，营业资产受让人的营业债权原则上是转让给受让人的，即债务人是因此受到约束的。不过，受让人继续使用原商号时，即使原来营业债权并未转于受让人，只要债务人是善意而清偿了其债务，其清偿是有效的。

营业资产转让是个较为复杂的法律问题，需具体情况具体分析。如对于独资企业，其营业资产须与家庭财产加以区别；租赁方式转让与出卖方式转让在性质上是不同的，转让规则及要求也是不同的。

第九章　企业账簿

第一节　概　　述

一、企业账簿的含义

企业账簿是指企业为了表明其经营及资产状况而依法制作的账簿。

企业账簿有实质意义与形式意义之分，前者是指企业所制作的一切关于经营账目的记载，不管这些记载是出于法律的规定，还是当事人自己主动的记载，都属于企业账簿；后者是仅指企业依法所制作的账簿。

法定账簿还有广义与狭义之别，前者是指依据企业法、会计法和其他商法所制作的账簿；后者则仅指依据《会计法》规而备置的账簿。商法上的企业账簿是指形式意义上且广义的商事账簿。

企业账簿具有以下含义：

1. 企业账簿是企业制作的账簿

一切法律主体都可以制作账簿，如政府有政府账簿，社会团体甚至公民个人等有非商事账簿，但企业账簿仅是企业制作的账簿。非企业制作的账簿不是企业账簿，而被称为政府账簿或其他会计账簿。

2. 企业账簿的设置具有法定性

企业账簿制度是关于企业经营和资产状况的记载，它直接关系投资人、第三人和社会公共利益，现代各国一般都要求其制作须依法为之。非依法制作的账簿，不具相应效力。

3. 企业账簿反映企业的营业状况

企业账簿的记载事项是直接反映企业的资产和经营状况的。各国商法均要求，企业须设置账簿，记载其营业上的财产及其损益状态。非反映企业资产和经营状况的记载事项，如股东名册、营业报告等，不是企业账簿。

二、企业账簿的功能

企业账簿制度的功能是多样的，主要表现在以下几方面：

1. 表明企业的经营和财产状况，反映企业的真实性

这是企业账簿的基本功能。以复式记账法为主要方法的企业账簿制度从其产生那一天起，就担负着确认和保证企业真实性的功能。真实性意味着企业本身经营和财产状况的真实。通过这种真实，使企业自身与投资人区别开来并使其具有相应的对外信用力，并因而导致了企业（特别是合伙与公司制企业）人格的产生及独立。

2. 保护投资人和第三人的利益，彰显企业信誉

企业账簿可以使投资人清楚地了解和掌握企业的运营及财产状况，有利于其监督和管理企业，维护自己的投资利益。在共同投资初始，投资者是将其股票份额视为所有权凭证的，但随着投资模式的聚集，一般的投资者事实上并不能享有所谓股份的所有权能的，甚至，中小股东对于企业和没有投资的人几乎没有什么区别。通过企业账簿，他们可以获得企业有关经营信息，决定投资并保护其利益。对于第三人而言，通过企业账簿可以了解和掌握企业的经营状况，决定是否与某个企业交易。因此，企业账簿制度彰显着企业的投资信誉。

3. 促进政府的税收及宏观经济调控

企业的经营活动，同时还关系政府的税收和宏观经济管理。通过企业账簿及相应会计法，政府经济管理部门可以进行有关数据统计，成为政府决策和宏观调控的重要依据。作为税收机关，企业账簿是其征税的依据，无论是利润还是营业额，其确定依据均是企业账簿。

4. 证明企业合法经营

企业如何经营，常常是体现在会计账簿相关记载上。在事涉企业的有关诉讼中，企业账簿可以成为证据证明自己的合法性和正当性。反过来，对于

股东和债权人及政府有关部门来说，维护自己合法权益的重要根据也是商事账簿。通过账簿的证据力来证明自己的合法权益，其具有诉讼证据功能。①

在企业账簿的以上功能中，第一个是其基本功能，其他都是基于该功能产生的。从这个意义上说，尽管现代会计制度的内容和功能已经远远超出了传统商事账簿制度，但仍是以如何体现企业的经营和财产状况，并反映其真实性为基本内容的，其他相关制度，如管理会计制度、审计制度等都必须以此为根本。离开了这一点，产生的只能是相应的数字，而非企业的经营和财产的真实情况。

三、企业账簿制度的历史演进

企业账簿在大陆法系国家的商法上称为商事账簿，是人们对其经济活动的一种记载。有证据表明，人类在文明早期就开始对经济事件保存记录。公元前3000年，美索不达米亚人用土坯记录税务单据。埃及也曾用粮票记账。但它们都属于文书性质，而并不做收入方面的管理手段，真正的簿记首先出现于中世纪的意大利。14世纪初，商人们把他们的商业活动账目记在账簿上，而且一旦需要在法律上确定一笔金额时，这些分类账就可以作为依据。② 1494年，方济各会（Franciscan）教士、数学教授卢卡·帕乔里（Luca Pacioli）出版了目前所知的第一本对一种复杂的复式记账系统进行介绍的教科书。帕乔里的“威尼斯法”体系是为了满足当时意大利商业贸易的需要而发展起来的，因为这种复式簿记同时具有能够确定企业发展和状况的独特作用。③ 现代的

---

① 《法国商法典》第L123－23条规定：“符合规定而编制的财务账目，准许作为商人之间商事行为的证据在法院提出。”“如账目编制不符合规定，编制该账目的人不得为自己的利益援用其作为证据。”“仅在涉及继承、夫妻共同财产、公司分立以及司法重整或司法清算的诉讼中，法院才能命令提出会计文件。”《德国商法典》第258条规定：“在诉讼进行中，法院可以依申请或依职权命令提示当事人一方的商事账簿。”《日本商法典》第19条第4款规定：“法院可以应申请或者依职权命令诉讼当事人提交全部或部分提供商事账簿。”

② ［美］詹姆斯·W. 汤普逊：《中世纪晚期欧洲经济社会史》，徐家玲等译，商务印书馆1992年版，第596页。

③ ［美］加里·约翰·普雷维茨、巴巴拉·达比斯·莫里诺：《美国会计史：会计的文化意义》，杜兴强等译，中国人民大学出版社2006年版，第19页。

簿记体系直接从这一体系演变而来。① 复式记账法被认为是欧洲经济史中具有决定性意义的事件,②

簿记是在联合贸易的基础上成长起来的。在某种意义上，家庭是支持持续不断的贸易活动的最古老单位，无论是在古代的中国，还是古巴比伦和印度，家庭都是最早的联合进行经营活动的单位，但由于这种联合经营或贸易组合仅属家庭内部事务，记账显然是没有必要的。但到了中世纪的欧洲，与家庭外的成员联合经营或贸易组合成为必要与常态。因为，中世纪欧洲海上贸易盛行，而这种贸易不仅要求巨额资金，而且风险极大。与不同的人特别是有钱人的联合就是不可缺少的了。在整个中世纪，因为风险的缘故，几乎没有一艘船出海仅是为了一个人，它总是为若干股东共同建造的，也就是说，合伙所有制占支配地位。随之，康孟达（Commenda）组织形式开始出现。该种组织形式的实质是：在同一个组织中有两种形式的合伙人，一种留在本国港口，另一种则携同货物出海。货物在海外出售后，以所得价款购买其他货物，于运回本港后估价出售，所得利润双方予以分配。如果留在国内的合伙人提供了全部资本，就分取 3/4；如果资本是由双方共同提供的，则各分取一半。为进行利益分配，就须算账，甚至仅在家庭成员之间时，也必须如此。因而，当时会计簿记因其和家庭外的商人业务上的联系而渗透到家庭范围里。③

商事账簿制度是商事实践活动的产物，是商业经济发展到联合组织进行经营的必然结果。商人为了自己的利益计，都会主动地记录相应经营状况。簿记既是与商人名誉相关的事情，又是他的法律义务。它使得 13 世纪以来的流动商贩变为现代的远距离商人。④ 后来随着行会的兴起和商业联盟的扩展，商事管理日趋成熟和规范，商事账簿也随之完善和制度化。随着商事活动的日趋复杂，商人之间的联系日渐密切，客观上要求商人编制商事账簿，借以

---

① ［美］戴维·马歇尔：《会计学——数字意味着什么》（第 5 版），沈洁译，人民邮电出版社 2005 年版，第 6 页。

② 参见［美］托马斯·金：《会计简史》，周华等译，中国人民大学出版社 2018 年版，第 6 页。

③ ［德］马克斯·韦伯：《经济通史》，姚曾廙译，上海三联书店 2006 年版，第 141 - 142 页。

④ ［德］拉德布鲁赫：《法学导论》，米健等译，中国大百科全书出版社 1997 年版，第 73 - 74 页。

维护自身利益和社会公共利益，确保商事交易的安全与有序。为了适应这一客观要求，各国立法逐渐确认和建立了商事账簿制度，对商事账簿的内容和编制规则予以规范化，使之由商事习惯走向了法制化轨道。1673 年的法国《商事敕令》，是欧洲最早的成文商事立法，其中就包括关于商事账簿制度的规定。1807 年，法国正式颁布《商法典》，专门规定了商事账簿。以后，其他国家和地区相继通过立法规定了商事账簿制度。

从整体上看，这时各国的商法对于商事账簿制度的规定着眼于商人本身发展需要，因而其内容主要是要求依法制作并保管相应商事账簿。

随着账簿制度重要性的突出，其功能开始多样化。进入 19 世纪后期，人们发现，通过账簿也可以为管理者提供决策支持，从而产生了管理会计。19 世纪末 20 世纪初，围绕完善“工厂制度”，开始着重核算与控制，于是产生了成本会计。同时，在这个过程中，为更好地控制企业与保障投资者利益，出现了审计会计。特别是股份公司的出现，使得审计更为重要。当然，不可避免地，为税收及相应费用的征收的需要，加强账簿制度的法治建设也成为必然。在这种情况下，传统上对商事账簿制度的商法规范已经显得不能适应社会发展需要。1921 年，美国颁布了《预算与会计法案》，试图通过单行会计法解决因商事账簿产生的相关会计问题。但它也并未能够具体而有针对性地解决企业财务问题。1929 年到 1930 年代的经济大危机，美国政府认识到需要对企业会计进行明确法定指导，其 1933 年和 1934 年颁布的《证券法》和《证券交易法》规定了相应的会计准则以指导企业的会计行为。同时，美国会计师协会会计程序委员会于 1939—1959 年间发布了 51 项关于会计原则的会计研究报告，认为会计数字恰好具有保护财产权利、促进资本市场发展的功能。从此，现代会计制度逐步确立。①

---

① 现代会计的演进可划分为三个阶段：在第一人阶段，会计师或簿记员只与他的雇主相关，而他的雇主是企业唯一的所有者和管理者。在第二个阶段，公共会计师产生是缘于 1 名债权人的介入，这句债权人坚决要求独立编制财务报表。在这个阶段，产生了两个利益群体，分别是企业所有者（也是企业管理人）和债权人。第三个阶段，则是上百个或成千上万个股东取代了单一所有者，出现了三类利益群体，即股东、管理层和债权人。参见［美］肯尼斯·福赛思·麦克尼尔：《会计中的真实性》，龚翔等译，立信出版社 2017 年版，第 49 页下。

20世纪50年代以后，经济的全球化使得世界各国关于会计的准则逐步统一化，出现了一系列国际会计准则。联合国还专门设立了国际会计特设组织，用以协调各国之间的会计标准，会计制度日趋国际化。会计信息是对企业经济业务的量化描述，是主要的商业语言，它能够帮助企业的投资者与债权人了解企业经营状况，评估企业的未来。

总之，进入20世纪以后，传统的商事账簿制度已经开始逐步非商法化，进入一个广义上的以会计法为中心的法律制度化时代。商事账簿已经不仅是关系投资者与企业之间的关系问题，还是关系企业与第三人和政府的问题。随之，包括企业的财务、管理、审计等内容的现代会计制度代替了传统的主要以企业的财务制度为内容的商事账簿制度。而且，现代会计制度不仅是关于企业的会计规定，也是政府及非企业社会组织的会计要求，会计制度与会计学逐步成为现代社会的重要经济制度与管理学科。

尽管如此，企业账簿制度仍是商法重要的制度，它是关于企业经营状况和财产的一种记录，是对企业真实性的反映。基于财务制度产生的管理会计和审计仍然是对企业经营状况和财产的厘清，它们也成为现代企业账簿制度的重要组成部分。

至于政府会计和非企业社会组织的会计制度，它们是现代会计制度的组成部分，但不属于商事账簿制度。

第二节 企业账簿与会计法、企业法

一、企业账簿的强制设置原则

现代企业账簿涉及投资人、企业自身，以及第三人和社会公共利益，世界各国对于企业账簿的设置，普遍采强制原则，要求企业须依法设置账簿。

由于各国经济、政治和文化发展背景不同，它们对于如何要求强制设置商事账簿的做法是有差异的。法国、德国通过其《商法典》，明确要求企业必须设置账簿，对商事账簿的内容和记账方法都做出了明确规定，由国家主管机关进行监督。大陆法系国家和地区普遍采取这种做法。美国则通过其散布于不同法律和法规及会计准则中的规定强制企业设置商事账簿，并对商事账簿的内容和记账方法提出要求。日本则既通过其《商法典》要求设置商事账簿，也通过会计法律、法规及会计准则加以规范。

相对而言，美国的企业设置商事账簿的自由度要大一些，监督以民间为主导，但并非说不要求企业设置。美国的这种做法有利于企业创新，但也导致了许多问题，如创新过度而无法监管。美国于21世纪初发生的一系列上市公司财务欺诈案后，在公司设置商事账簿问题上日趋严格。2002年《萨班斯-奥克斯法案》修正了1933年和1934年《证券法》《证券交易法》，成为自《证券法》颁布以来影响会计业的最重要法律。该法案涉及了与公众公司和它们的审计师相关的一系列问题，包括审计师的监督和独立性。

考虑到小型特别是大量的微型企业的实际情况，一般国家均对它们的商事账簿要求简单，如法国规定，小型企业可以按照主管机关颁布的会计规则所确定的条件，采用简化形式提交年度账目。微型企业则无须制定会计账目的附件。

因我国并无商法传统和观念，新中国成立以来，企业账簿一直以来属于国家重要的经济管理范畴，所有企业不仅均须依法成立，并均要依法设置和制作企业账簿。企业账簿与其他单位账簿一样均属于会计法统一规范对象。《会计法》第2条规定："国家机关、社会团体、公司、企业、事业单位和其他组织必须依照本法办理会计事务。"

二、企业账簿与《会计法》

企业账簿是企业为了表明其经营及资产状况而依法制作的账簿，因此账簿首先必须是能够表明企业的经营及资产状况，其次是依法制作，非依法制作的账簿，不属于企业账簿。从这个意义上观察，企业账簿首先是私的问题，即企业经营与资产状况的记载，其次是一个公的问题，即符合国家要求。

《会计法》是关于所有单位会计设置、制作和责任的规范，属于公法范畴，其目的是“加强经济管理和财务管理，提高经济效益，维护社会主义市场经济秩序”（《会计法》第1条）。也就是说，我国的《会计法》着眼于国家整体经济的效益与秩序，其制度设计与要求尽管不会偏离会计单位的经济行为与财产状况，但为了整体效益的提高与秩序，其实关于核算和监督会计单位经济活动的法律规范，是关于社会和组织的，前者仅是基本前提，后者才是目的。

从这个角度来说，《会计法》上的会计账簿与商法上的企业账簿并非一个问题，各自关注不同。企业账簿的目的是通过制作账簿表明企业经营与资产状况，以为投资人和企业自身提供财务信息。① 因此，企业账簿的登记和记录要求是完整、正确、及时与有序，② 它是一种关于企业账簿的正面描述，以表明商事账簿是企业自身经营问题。

尽管如此，《会计法》关于会计账簿的统一规范与强制要求，为商法上企业账簿的记载与保管提供了基本要求与准则，在我国商法上的企业账簿制度不完善的情况下，会计法关于企业账簿的规定是判断企业账簿记载正确、完整的标准。

三、企业账簿与企业法

严格来说，我国商法上的企业账簿制度主要体现在企业法上。

《公司法》规定，公司应当在每一会计年度终了时编制财务会计报告，并依法经会计师事务所审计。财务会计报告应当依照法律、行政法规和国家统一的会计制度制作。有限责任公司应当按照公司章程规定的期限将财务会计报告送交各股东。股份有限公司的财务会计报告应当在召开股东会年会的法定日期前置备于本公司，供股东查阅；公开发行股票的股份有限公司必须公告其财务会计报告。

---

① 19世纪英国学者克朗赫尔姆在《簿记新法》中认为：“簿记，乃是通过记录财产，随时反映所有者的资本全部价值及其组成部分的技法。”参见郭道扬：《论会计的本质与职能》，载《郭道扬文集》，经济科学出版社2009年版，第152页。

② 参见《德国商法典》第239条。

此规定是公司账簿制度的基本规定，尽管有限，但成为我国商法上企业账簿制度的基本要求。依此，公司账簿制度是指公司必须依法制作财务会计报告，这是公司的簿记义务。

《公司法》同时规定了股东对公司财务会计报告、会计账簿与会计凭证的查阅权，但这并非关于公司账簿制度的，而是股东知情权的规定，后者可以促使公司正确、完整记载企业账簿，二者的功能不同，不能混淆。

第三节　企业账簿的种类

一、概述

对于企业账簿的种类，各国规定基本是一致的。

日本商法上的商事账簿包括会计账簿和资产负债表两种。其中，会计账簿是记录商人在营业上所发生的持续的、有组织的交易往来的账簿；资产负债表是反映商人在某一特定日期实有资产的存在状态以及为了取得资产而调度资金即负债和资本状况的商事账簿。日本公司法则要求股份公司依法制作的财务报表包括资产负债表、利润表及其他法务省令规定的作为显示公司财产及盈方状况有必要的适当报表、事业报告及此等的附属明细表。相比而言，日本商法典与公司法基于调整对象而有不同的规定，非公司的企业（包括个人商人）不用制作损益计算表。①

德国和法国商法上的商事账簿包括资产负债表、损益账目，其中损益账目是指营业年度的费用和收入对照表，二者共同构成企业的年度结算。除了资产负债表和损益表外，法国同时要求有附件，它是对资产负债表和损益表中提供的情况进行的补充与说明。

① 参见刘成杰：《日本最新商法典译注详解》（第二版），中国出版集团、中译出版社2021年版，第49页。

美国示范公司法规定了公司给股东的财务会计报告制度，要求公司须向股东提交年度财务会计报告，包括资产负债表、损益表和股东权益变化表。

尽管规定有差异，但总体而言，各国关于企业账簿均主要包括资产负债表与损益表，它们是最能表明企业经营与资产状况的账簿。

二、我国《公司法》规定的企业账簿

按照《公司法》规定，公司必须依法制作财务会计报告，即财务会计报告是《公司法》上的账簿制度。依企业财务会计准则，财务会计报告的目标是向财务会计报告使用者提供与企业财务状况、经营成果和现金流量等有关的会计信息，反映企业管理层受托责任履行情况，有助于财务会计报告使用者做出经济决策。

对于财务会计报告，同时须借助会计法及企业财务会计准则规定予以理解。《会计法》第20条第2款规定，财务会计报告由会计报表、会计报表附注和财务情况说明书组成，而会计报表至少应当包括资产负债表、利润表、现金流量表等报表（《企业财务会计准则》第44条第2款）。小企业编制的会计报表可以不包括现金流量表（《企业财务会计准则》第44条第3款）。

可以看出，我国的企业账簿种类与各国规定并无差异。

《会计法》第9条规定，企业必须根据实际发生的经济业务事项进行会计核算，填制会计凭证，登记会计账簿，编制财务会计报告。

其中，会计凭证是具有一定格式、用以记录企业日常经营业务发生和完成情况的书面证明。按其填制的程序和用途可以分为原始凭证和记账凭证。会计账簿是由具有一定格式、相互联系的账页所组成，用来序时、分类地全面记录企业经营业务事项的会计簿籍。企业通过设置和登记账簿，可以把分散在会计凭证上的大量核算资料，加以集中和归类整理，生成有用的会计信息，从而为编制会计报表提供主要依据。会计账簿有很多种类，如可以分为序时账簿、分类账簿和备查账簿等；而序时账簿又可以分为普通日记账和特种日记账。

会计凭证与会计账簿的记载是为了生成公司财务会计报告，并非《公司法》上的账簿。

三、企业财务会计报告

财务会计报告是指企业依法制作并提供的反映企业某一特定日期的财务状况和某一会计期间的经营成果、现金流量等会计信息的文件，包括会计报表及其附注和其他应当在财务会计报告中披露的相关信息和资料。其中会计报表至少应当包括资产负债表、利润表、现金流量表等报表。

（一）资产负债表

资产负债表是反映企业某一特定日期（如某一年度12月31日或6月30日）财务状况的会计报表，是静态会计报表。

它是根据资产、负债和所有者权益（或股东权益）之间的相互关系，按照一定的分类标准和一定的顺序，把企业一定日期的资产、负债和所有者权益各项目予以适当排列，并对日常工作中形成的大量数据进行整理后编制而成的。它表明企业在某一特定日期所拥有或控制的经济资源、所承担的现有义务和所有者对净资产的要求权。

资产负债表的基本结构是“资产 = 负债 + 所有者权益”。不论公司处于怎样的状态，这个会计平衡式永远是恒等的。左边反映的是公司所用的资源；右边反映的是公司的不同权利人对这些资源的要求。债权人可以对公司的全部资源有要求权，公司以全部资产对不同债权人承担偿付责任，偿付完全部的负债之后，余下的才是所有者权益，即公司的资产净额。利用资产负债表的资料，可以看出公司资产的分布状态、负债和所有者权益的构成情况，据以评价公司资金营运、财务结构是否正常、合理；分析公司的流动性或变现能力，以及长、短期债务数量及偿债能力，评价公司承担风险的能力；利用该表提供的资料还有助于计算公司的获利能力，评价公司的经营绩效。

资产负债表是会计的起点，能够校验会计核算的正确性，帮助企业追踪资产的权利归属（即其来源）。①

---

① ［美］托马斯·金：《会计简史》，周华等译，中国人民大学出版社2018年版，第8页。

（二）利润表

利润表是反映企业在一定会计期间的经营成果的财务报表。

当前国际上常用的利润表格式有单步式和多步式两种。单步式是将当期收入总额相加，然后将所有费用总额相加，一次计算出当期收益的方式，其特点是所提供的信息都是原始数据，便于理解；多步式是将各种利润分多步计算求得净利润的方式，便于使用人对企业经营情况和盈利能力进行比较和分析。① 我国采多步式。

将利润表中的信息与资产负债表中的信息相结合，还可以提供进行财务分析的基本资料，如将赊销收入净额与应收账款平均余额进行比较，计算出应收账款周转率；将销货成本与存货平均余额进行比较，计算出存货周转率；将净利润与资产总额进行比较，计算出资产收益率等，可以表现企业资金周转情况以及企业的盈利能力和水平。

20世纪20年代，利润表是随着股票投资者队伍的快速增长，取代资产负债表成为最重要的财务报表。债权人关注借款是否能够按期收回，相应地，资产负债表更为重要，因为资产负债表反映了企业潜在的抵押品及其他各方对资产的索取权，有助于债权人评价管理层受托责任的履约情况。而股东们则更关心企业未来的经营成果和股利支付能力，相应地，利润表更为重要，因为利润表能够帮助股票投资者评估被投资公司的股票价值。

（三）现金流量表

现金流量表是指反映企业在一定会计期间的现金和现金等价物流入和流出的会计报表。

现金流量表是财务报表的三个基本报告之一，所表达的是在一固定期间（通常是每月或每季）内，一家机构的现金（包含银行存款）的增减变动情形。

现金流量表的出现，主要是要反映出资产负债表中各个项目对现金流量

---

① 李海坡、蒋英编：《新编会计学原理——基础会计》（第20版），浙江大学出版社2019年版，第198页。

的影响，并根据其用途划分为经营、投资及融资三个活动分类。现金流量表可用于分析一家机构在短期内有没有足够现金去应付开销。现金流量表是反映一定时期内（如月度、季度或年度）企业经营活动、投资活动和筹资活动对其现金及现金等价物所产生影响的财务报表。现金流量表是原先财务状况变动表或者资金流动状况表的替代物，它详细描述了由公司的经营、投资与筹资活动所产生的现金流。这张表由财务会计标准委员会于1987年批准生效，因而有时被称为FASB95号表。这份报告显示资产负债表及损益表如何影响现金和等同现金，以及根据公司的经营，投资和融资角度做出分析。①

（四）附注

附注是指对在会计报表中列示项目所作的进一步说明，以及对未能在这些报表中列示项目的说明等，它是对会计报表的编制基础、编制原理和方法及主要项目等所作的解释和进一步说明，以便报表的使用者全面、正确地理解会计报表。

一般地讲，会计报表附注至少应当包括下列内容：（1）不符合会计假设的说明；（2）重要会计政策和会计估计及其变更情况、变更原因及其对财务状况和经营成果的影响；（3）或有事项和资产负债表日后事项的说明；（4）关联方关系及其交易的说明；（5）重要资产转让及其出售说明；（6）企业合并、分立的说明；（7）重大投资、融资活动；（8）会计报表中重要项目的明细资料；（9）会计报表中重要项目的说明有助于理解和分析会计报表需要说明的其他事项。

按照规定，公司财务会计报告应当根据经过审核的会计账簿记录和有关资料编制，并符合会计法和有关国家统一会计制度关于财务会计报告的编制要求、提供对象和提供期限的规定。向不同的会计资料使用者提供的财务会计报告，其编制依据必须一致。财务会计报告应当由公司负责人和主管会计工作的负责人、会计机构负责人签名并盖章，如设置有总会计师，还要由总会计师签名并盖章。公司的负责人必须保证财务会计报告的真实和完整。

---

① 参见李端生：《基础会计学》（第三版），中国人民大学出版社2011年版，第203页下。

财务会计报告的作用在于系统而又有重点地、简明扼要地反映企业的财务状况和经营成果的，它有整体性，对于相关利益者意义重大。

第四节 企业账簿的制作

一、制作的法律依据

我国《公司法》规定，公司应当依照法律、行政法规和国家统一的会计制度建立本公司的财务、会计制度。其中，财务会计报告应当依照法律、行政法规和国家统一的会计制度制作。

企业会计在技术上不断发展和进步，企业法对企业账簿的制作设立规定有限，因此，商法体现的主旨是只规定基本事项，其他均交给会计法和国家统一的会计制度。国家统一的会计制度在我国体现为财政部依据世界会计发展及我国企业发展实际而制定的企业会计准则及相应解释和说明。

公司法要求公司应当依照法律、行政法规和国家统一的会计制度制作账簿。原则上，只要公司依此行事即可，但如果公司为了更好地发展和表现其经营和资产状况，在不违背国家要求范围内，且仅为公司内部使用，而依照行业发展需要制作的账簿，也并非法律所禁止。如国家企业会计准则及税收规定的折旧制度，是按照“有税折旧”进行的，但企业不按照法定折旧年限，而缩短折旧年限，完全是企业自主经营的问题。

企业账簿的制作，必须能够为企业提供方便，让企业能够有效地追求“销售或生产最大化、费用最小化”这一经营原则，只要不违反法律的规定，均可以依企业自身实际情况制作适用于自身的账簿。

二、权责发生制

《会计法》第 25 条规定，公司、企业必须根据实际发生的经济业务事项，按照国家统一的会计制度的规定确认、计量和记录资产、负债、所有者权益、收入、费用、成本和利润。

它是指以权利和责任的发生来决定企业收入和费用归属期的一项原则，即凡是应属本期的收入和费用，不论其款项是否收到或付出，都作为本期的收入和费用处理；反之，凡不属于本期的收入和费用，即使款项在本期收到或付出，也不应作为本期的收入和费用处理。

在企业的经济活动中，经济业务的发生和货币的收支不是完全一致的，即存在着现金流动与经济活动的分离。由此而产生两个确认和记录会计要素的标准，一个标准是根据货币收支是否发生作为收入确认和费用确认和记录的依据，称为收付实现制；另一个标准是以取得收款权利付款责任作为记录收入或费用的依据，称为权责发生制。比较而言，权责发生制能更加准确地反映特定会计期间实际的财务状况和经营业绩。

为保证权责发生制，《会计法》第26条规定，公司、企业进行会计核算不得有下列行为：（1）随意改变资产、负债、所有者权益的确认标准或者计量方法，虚列、多列、不列或者少列资产、负债、所有者权益；（2）虚列或者隐瞒收入，推迟或者提前确认收入；（3）随意改变费用、成本的确认标准或者计量方法，虚列、多列、不列或者少列费用、成本；（4）随意调整利润的计算、分配方法，编造虚假利润或者隐瞒利润；（5）违反国家统一的会计制度规定的其他行为。

三、借贷记账法

借贷记账法为复式记账法的一种。复式记账法是指企业在经济业务发生时，对每一笔经济业务都要以相等的金额在两个或两个以上有关账户中作相互联系的登记。如收到某股东交来的股款10万元，存入银行。这笔业务就要记入借方：银行存款10万元，贷方：实收资本10万元。这样就可以清楚地反映资本运动的来龙去脉。

借贷记账法就是以“借”、“贷”为记账符号，记录经济业务的复式记账法。它是以“资产＝负债＋所有者权益”为理论依据，以“借”和“贷”为记账符号，以“有借必有贷，借贷必相等”为记账规则的一种复式记账法。借贷记账法是目前世界上通用的一种复式记账法。

借贷记账法起源于13－14世纪的意大利。其中“借”“贷”两字，一开始是以其本来含义记账的，反映的是“债权”和“债务”的关系。随着商品经济的发展，借贷记账法也在不断发展和完善，“借”“贷’两字逐渐失去其本来含义，变成了纯粹的记账符号。

在企业账簿上记账时，借方在账簿的左侧，贷方在账簿的右侧。这时，“借方＝贷方”，也就是说，在任何交易中，都必须同时登记到账簿的左右两侧，原则是：(1) 资产增加时，记入左侧；资产减少时，记入右侧。(2) 负债增加时，记入右侧；负责减少时，记入左侧。

四、企业账簿的易懂性

(一) 企业账簿内容的形式性

首先，国家实行统一的会计制度。《会计法》第8条第1款规定：“国家实行统一的会计制度。国家统一的会计制度由国务院财政部门根据本法制定并公布。”

其次，企业财务报告记载统一。《会计法》第20条规定：“财务会计报告应当根据经过审核的会计账簿记录和有关资料编制，并符合本法和国家统一的会计制度关于财务会计报告的编制要求、提供对象和提供期限的规定；其他法律、行政法规另有规定的，从其规定。”“财务会计报告由会计报表、会计报表附注和财务情况说明书组成。向不同的会计资料使用者提供的财务会计报告，其编制依据应当一致。有关法律、行政法规规定会计报表、会计报表附注和财务情况说明书须经注册会计师审计的，注册会计师及其所在的会计师事务所出具的审计报告应当随同财务会计报告一并提供。”

该法有关企业账簿的记载规定以及财政部门公布的统一的企业财务准则都体现了内容记载的形式化要求。

(二) 企业账簿制作的程序性

企业簿记的程序性是指簿记有严格的制作程序要求。

企业簿记的内容应该是真实、准确、完整的，为保证这一点，企业簿记的形式化和程序化就是必不可少的。我国的《会计法》及行政法规、会计准则等都对企业簿记规定了严格的程序要求。在很大程度上，国家的《会计法》和审计法的有关规定，都是关于企业簿记的程序规定。程序性的意义在于，它为判断商事簿记的合理与合法提供了一个基本的标准。

（三）企业账簿制作的技术性

企业簿记的技术性是指商事簿记具有很强的技术要求，其技术的处理恰当与否直接关系到对商事主体经营状况的判断。

企业簿记一般要求必须由专业的会计机构和会计人员进行，其有关概念和记载技术性强，各国有关企业财务通则和会计准则的内容基本上都是关于会计事务的技术性要求。从法律角度来看，这些技术性规定保证企业簿记的科学性和一致性，有利于记载的真实性和客观性。

企业簿记的形式化、程序化和技术化规范着商事簿记的合理、合法和有效，保证着企业簿记的统一、易查和易懂。

第五节 企业账簿的保存与提交

一、企业账簿的保存

企业账簿对于确定企业经营活动，保护投资人、第三人及社会公共利益意义重大，各国商法一般都要求必须保管企业账簿。《会计法》第 23 条规定："各单位对会计凭证、会计账簿、财务会计报告和其他会计资料应当建立档案，妥善保管。会计档案的保管期限和销毁办法，由国务院财政部门会同有关部门制定。"

对此，我国将会计档案的保管期限分为永久、定期两类。定期保管期限一般分为 10 年和 30 年。会计档案的保管期限，从会计年度终了后的第一天算起。单位可以利用计算机、网络通信等信息技术手段管理会计档案。

二、企业账簿的提交

(一) 一般规定

我国《公司法》规定了企业账簿的提交义务，即有限责任公司应当按照公司章程规定的期限将财务会计报告送交各股东。股份有限公司的财务会计报告应当在召开股东会年会的20日前置备于本公司，供股东查阅。

该规定是企业营业经营的内部组织法，它和财务报告对外公开是两个不同的问题，前者是对内的，后者是对外的。而且，财务公开主要是上市的股份有限公司而言的，非上市公司，一般不存在财务公开。《公司法》规定，上市公司必须依照法律、行政法规的规定，公开其财务状况、经营情况及重大诉讼和财务会计报告。也就是说，公开义务与企业规模有关，并不适用于所有的企业。

《公司法》关于企业账簿的规定，是和通过记录而自我管理有关，而且服务于债权人保护与公共利益。严格而言，其与个别债权人是没有关系的，因为对于公司债权人的保护一般采取制度保护而非个体保护的原则，债权人被保护的制度是支付和信用交易。① 公司法上法人人格否定制度是一种制度性保护，它将公司的信用及人格置于公司正常交易之中，如果违背公司的信用和人格，则通过人格否定达到保护债权人的目的。

(二) 公司提交账簿的真实与完整

《会计法》第2、3条规定了会计的真实性原则，即企业依法设置会计账簿须真实、完整。企业及其负责人对企业会计工作和会计资料的真实性、完整性负责。

企业账簿是为了表明企业经营及财产状况的，因此其提交的账簿必须是真实且全面的。但企业法上的真实与全面主要目的是企业内部关系及企业债权人，其公开的意义主要是对于上市股份有限公司的。因此，如果并非上市公司，企业提交的账簿可以是公司内部得以理解并由公司依经营需要而产生

---

① 参见［德］C. W. 卡纳里斯：《德国商法》，杨继译，法律出版社2006年版，第350页。

的账簿。一般而言，许多非公开公司往往要置备两套会计账簿，分别满足企业内部管理和税务管理需要。那么，公司提交的企业账簿的真实与全面可能与税法上要求的真实与全面有一定出入，并不完全一致。

我国《会计法》严格要求公司必须按照会计法及有关准则制作并向税务机关提交企业账簿，其目的是税务管理需要，未必符合公司实际需要。因此，在理解和解释公司法向股东提交的企业账簿时，不一定需要完全与《会计法》一致，只要不违背税法即可。

进一步来讲，《公司法》规定了股东可以查阅公司会计凭证与会计账簿，目的并非证明公司提交的财务会计报告与会计凭证、会计账簿一致，二是通过对会计凭证与会计账簿的查阅，了解公司经营与财产的真实与全面。

整体而言，《公司法》上的企业账簿的提交，不宜简单照搬《会计法》要求。如果公司提交的企业账簿足以体现公司经营和财产的实际情况，即使其不符合会计法规定，也不能因此追究董事高管的责任，更不能作为税法上责任的所谓事实。

第十章　企业代表与职务代理

第一节　概　　述

企业对外营业，需要有人代表或代理企业，由此产生企业代表与代理制度。

在我国，企业代表是指企业负责人或法定代表人所享有的对外代表权，职务代理则指非企业代表的企业雇员因职务而具有的对外代理权。无论是代表还是代理，均表现为企业的行为，其行为后果均归属于企业。

在大陆法系国家和地区，无论是民商合一（如瑞士、意大利），还是民商分立（如德国、法国和日本），其民法典或商法典中均有所谓经理权，并在公司法中规定了公司代表制度。我国民商法没有如德国和日本那样的经理权制度，而是通过民法典中的代理、委托合同等予以规范相关问题。

企业代表与职务代理，不仅是企业行为是否对企业自身有效，更是如何保护第三人，促进交易，保障交易安全的问题。

第二节　企 业 代 表

一、企业代表的含义

企业是以自己的名义对外从事经营活动的经济实体，其须有负责代表企业对外从事民事行为的机关和担当人，该人就被称为企业代表。

其具有以下含义：

（一）企业代表是代表企业对外活动的机关

无论是法人企业，还是非法人企业组织，均有相应机构管理企业，同时为使企业便宜对外，企业同时设置被称为代表机构的代表人，以代表企业对外活动。从机关角度，法人企业因其人格的独立和完整，其代表机关在我国是法定的，即所谓法定代表人。非法人企业组织尽管不如法人企业那般人格完整与独立，但在对外交往上，其也需要设置代表机关，一般称之为负责代表人。

作为机关的代表意味着代表人与被代表人的一体化，代表人的行为就是被代表企业的行为。特别在法人企业，其代表属于代表机关，与被代表的企业具有人格一体化的意义。在非法人企业，其代表为与被代表企业之间至少具有行为一体化的意义。

（二）企业代表是由自然人担当的

企业代表机关的设置是为了表彰企业组织对外由谁代表企业从事民事行为，其是由相应自然人担当的，该自然人为企业代表机构的担当人。企业代表机关与机关担当人是两个不同的概念，前者表明代表机关与企业之间的一体化，是人的统一；后者表明担当人仅是代表机关的担当者，其具有独立人格，与企业之间并不因代表身份而失去人格独立性，故企业代表的担当者，即通常所谓的作为代表人的自然人与被代表的企业之间是一种代理关系。如果超出代表权，给企业造成损失的，须对企业承担赔偿责任。如果故意或重大过失给他人造成损失的，须承担连带赔偿责任。

将企业代表区分为代表机关及担当人（自然人），意义重大，特别是对于法人企业，可以在理论与实践上解释法定代表人的行为何以会受到企业内部限制及其越权代表的后果承担问题。

（三）企业代表人的职务行为后果由企业承受

无论是从作为代表机关的企业代表角度，还是从作为代表机关担当人的自然人角度，代表人的行为如果是在职务范围之内，其后果均由企业承受。从代表机关与企业之间的关系观察，二者为一体关系，故代表机关的行为就是企业的行为；从代表机关担当人的自然人与企业之间的关系来看，二者是代理与被代理关系，代理行为后果自然也归属于被代理人。

二、公司法定代表人

（一）公司法定代表人的含义

法人企业典型为公司，故本章主要就公司法定代表人予以阐述。

《民法典》第61条规定，依照法律或者法人章程的规定，代表法人从事民事活动的负责人，为法人的法定代表人。《公司法》规定，公司法定代表人依照公司章程的规定，由董事长、执行董事或者经理担任。不设董事会的公司，由董事或经理担任。公司法定代表人具有以下含义：

1. 法定代表人是公司必设且常设的代表机关

《公司法》关于“公司的法定代表人按照公司章程的规定，由董事长、执行董事或者经理担任；依照本法规定不设董事会的公司，由董事或者经理担任”的规定，首先表明了法定代表人是公司的代表机构，至于由谁担任，则属于担当人的问题。同时，《公司法》规定法定代表人是公司应登记事项、法定代表人为公司营业执照应记载事项。如果公司登记没有法定代表人事项，则公司将不获登记，不能取得营业执照而成立。所以，法定代表人是公司必设且常设的机关，① 功能是代表公司。

法定代表人首先是公司内部机关问题，其次才是公司由谁对外代表的概念，其并不因对外代表而不属于公司内部机关。② 前者决定了法定代表人应当设置，但如何设置、由谁担任及权力范围，完全是公司自治范畴，而非法定的问题；后者决定了法定代表人的代表外观，即对第三人而言，是谁在担任法定代表人并有权代表公司对外。

2. 法定代表人是由公司董事长、执行董事、董事或经理担任的

法定代表人可以通过章程规定由董事长、执行董事、董事或经理担任，

---

① 参见施天涛：《公司法论》（第4版），法律出版社2018年版，第375页。

② 民法学界认为，代表机关为公司对外机关，不属于内部机关，值得商榷，代表机关只是公司对外的代表机关，仍属于公司内部机关，仅功能分工不同，这种认识割裂了代表机关与执行机关之间必然的联系。参见张俊浩：《民法学原理》（上册）（第二版），中国政法大学出版社1997年版，第199页。

仅在章程规定的董事长、执行董事、董事或经理，才能成为公司的法定代表人，这些人均作为执行机构董事会的成员或是受到董事会领导的经理，其本身也是相应机关，一般属于业务执行机关。所以，作为机构的法定代表人与作为执行机关的成员或受到其领导的经理机关是一体两面，体现了代表权与业务执行权的统一。代表机关的本意是代表公司对外执行公司相应的业务，只有业务执行权的机关对外代表公司，其对外意思表示才体现为公司的意思进而成为所谓代表机关。从这个角度观察，作为机构的法定代表人具有双重身份，其业务代表机关性质决定代表机关的意义。

3. 法定代表人是由作为公司董事长、执行董事、董事或经理的担当者具体担任的

机关是法人组织之一部，所以机关与机关的构成员或机关担当人应为区别。机关为其活动，非有由一人或数人构成自然人不可。机关构成员，依法律之规定、法院之选任或依其与法人间之法律行为，而担当法人机关之地位。① 法人机关与法人机关的担当人是不同的概念，其法律意义也不同：法人机关是法人的组成部分，本身无法律人格；法人机关的担当人作为自然人，仍具有自然人人格；法人机关不可或缺，法人机关担当人则可以暂时没有或不完整；法人机关不存在变更，仅随法人的终止而消灭，而法人机关担当人则随时可能变更，因自然人死亡而不存在。②

作为机关的法定代表人，是由作为执行机关的董事长、执行董事、董事或经理的担当人担任的，他是一个自然人。学界普遍认为法定代表人是代表法人进行民事活动的自然人，即是此意。

作为代表机关的法定代表人与作为代表机关的担当者（自然人）是两个不同的层面，前者是机关，后者是履行代表机关职责的业务执行者。作为机关，法定代表人与公司为一元系统关系；作为担当者的自然人，法定代表人有自己的人格，唯在职务范围内具有代表的权力，从而是一种代理关系。

---

① 史尚宽：《民法总论》，中国政法大学出版社 2000 年版，第 173 页。

② 参见张俊浩：《民法学原理》（上册）（第二版），中国政法大学出版社 1997 年版，第 197 页。

总结如下：第一，法定代表人与担任法定代表人的自然人是两个不同的概念，前者是机构，后者是担当者。第二，作为机构，其是一个公司权力分配问题，受制于作为执行机构的董事会或作为经营管理机关的经理。从这个意义上，作为机构的公司法定代表人没有如股东会、董事会和监事会那样清晰的权力界定及顺位，其代表权是董事会及其管理下的董事长、执行董事或经理因执行公司业务而派生的对外代表权力，不具有独立性。第三，作为担当人，无论是董事长、执行董事或经理，从其身份而言，初步判断，均须服从于董事会，没有超出董事会执行业务范围的代表权，更无股东会应有的权力，不仅受到公司章程的限制，还会受到公司决议的限制。作为担当人的法定代表人的代表权是公司内部业务执行权的表现，其并不因法定代表人身份而具有超出公司内部存在的意义，或者说因此就成为公司的化身。

（二）法定代表人代表权的性质

以文义来看，法定代表人的代表权显属代表性质，它符合我国《民法典》关于法人的组织说，认为法定代表人是法人的代表机关，是直接代表法人进行民事活动的自然人，法人的其他管理和工作人员则只能以法人代理人的身份为之，而代表与代理是两种不同的法律制度。① 公司法定代表人也同样如此，负责代表公司，权力概括法定，代表人唯一，与公司为同一人格。②

代表说是民商法理论界主流认识，但该说无法解决法定代表人越权和代表权滥用问题，不能合理解释《民法典》第 61 条第 3 款和《公司法》关于代表权被限制的规定，因为按照代表说，人格的等同不存在法人自身对等同于自己人格的法定代表人权力的限制，即自己不能限制自己。在这种情况之下，学界开始认为应将代表人人格与法人人格区分开来，采纳代理理论，③ 认为，代表制度其实是一种特别的、适用于法人（公司）领域的代理，其真

① 梁彗星：《民法总则讲义》，法律出版社 2018 年版，第 69 页。

② 王利明：《民法总则研究》（第 3 版），中国人民大学出版社 2018 年版，第 292 页；刘俊海：《现代公司法》（第 3 版），法律出版社 2015 年版，第 612 页。

③ 朱广新：《法定代表人的越权代表行为》，载《中外法学》2012 年第 3 期，第 484 页。

正含义在于，其是设有法定公示系统的公司代理人。[1] 但这是一种为解释而解释的逻辑，不具有说服力。

如前所述，关于法定代表人代表权的性质，应区分作为机构的法定代表人与作为担当人的法定代表人，前者为公司机构，与公司人格一体，故构成代表；后者为公司代表机构法定代表人的担当人，为具有自己独立人格的自然人，与公司并不具有一体化意义，故构成代理。也就是说，作为机构的法定代表人行使的是公司代表权，作为担当人的法定代表人行使的是代理权，只不过是以所谓“法定代表人”名义为之而已。

这种区分认识，符合公司治理法理，符合《公司法》关于作为代表机构的定位，以及章程对作为担当人的法定代表人的内部限制要求。

（三）法定代表人对外行为的后果

对外而言，无论是从作为机构的法定代表人的代表意义上，还是从作为担当人（自然人）的法定代表人的代理角度，其以法人的名义行为后果均归属于公司。亦即，法定代表人以法人名义从事的民事活动，其法律后果由法人承受（《民法典》第61条第2款）。

一般地，法定代表人以法人名义对外行为，均是为了法人利益实施，但在法律上，其只要是以法人名义为之即可，无须考虑其行为实质上是否有利于法人。不过，判断法定代表人以法人名义的行为后果归属于公司，须同时要求以法人名义实施的行为为法定代表人的职务行为（《民法典》第62条第1款）。

对于公司法定代表人，其权力来源于公司章程和其在公司治理结构中的定位，并非因为其作为代表人而具有法定的权力。依照新修订《公司法》，董事会是公司的执行机构，可以行使本法和公司章程规定属于股东会职权之外的职权，从而使董事会获得了股东会法定和章定之外的概括性公司管理权力，公司所有的商业经营与事务管理均可以集中在董事会的统一指导下。它清晰地表达了董事会全面的公司业务执行机关地位，体现了企业所有与企业

① 殷秋实：《法定代表人的内涵界定与制度定位》，载《法学》2017年第2期，第27页。

经营分离的原则。全面的公司业务执行机关意味着，除了股东会保留的重大事项外，其他一切公司事务均由董事会直接或间接管理，相应地，公司事务的对外代表权必须基于公司业务执行需要进行，代表权与业务执行紧密联系而不可分割。①

公司的代表权是以公司业务执行权为前提的，作为公司业务执行的内容与第三人所为行为的后果归属公司，所表达的正是公司代表概念本身，可以说反映的是代表董事业务执行权的对外层面。② 两者的区别，在于执行业务系有关特定行为应如何为之，在公司内部属适法的事务处理；反之，代表公司则关乎特定行为应如何为之，在公司外部，就对第三人之关系，可视为有效之公司行为。所以，同一行为，对内观之，为执行业务，对外观之，则属代表公司行为，两者并非依事务种类之不同为区别。③ 即法定代表人的代表权属于公司业务执行权的对外问题，既为业务执行权，则相应的对外代表行为应与之相符，不能超出业务执行权范围。

以法定代表人为名称的公司代表，与其他国家和地区有关公司代表制度理论上基本是一致的，其权力范围没有超出公司管理中心的董事会，仅以法定代表人的名义明确了公司日常经营事务由作为法定代表人的担当者——董事长、执行董事、董事或经理进行，这些公司日常经营事务属于董事会管理并控制之下的事务。如果一些事务由法律规定或公司性质决定，应由董事会或股东会处理，则这些事务不属于法定代表人代表权范围。认为“法定代表人的代表权是基于其法定职位而产生的、当然的、概括性的原则上不受限制地对外代表法人的权力”的观点，④ 无论是从作为机构的法定代表人来说，还是对于作为担当者的法定代表人而言，均是不恰当的。因为，对于前者，如认为其权力是不受限制的，意味着其可以超越董事会与股东会的权力范围；

① 刘斌：《公司治理视域下公司表意机制之检讨》，载《中国政法大学学报》2021 年第 2 期，143 页。

② ［日］前田 庸：《公司法入门》（第 12 版），北京大学出版社 2012 年版，第 362 页。

③ 柯芳枝：《公司法论》，中国政法大学出版社 2004 年版，第 45 页。

④ 蔡立东：《论法定代表人的法律地位》，载《法学论坛》2017 年第 4 期，第 20 页。

对于后者，则意味着担当者的个人仅因法定代表人身份而具有不受限的代理权，这显然是不符合法定代表人在公司内部的位置。对于第三人而言，法定代表人不受限制的代表权也只是因外观而生，非法定和当然，如果没有外观且第三人非为善意，不受保护。

与《民法典》第61条规定一致，新《公司法》规定了公司法定代表人具有广泛的代表公司权力，原则上，凡法定代表人以公司名义从事的民事活动，法律后果均由公司承受，即使公司章程或者股东会对法定代表人职权做出限制，也不能对抗善意相对人。此规定一方面表达了法定代表人广泛的公司代表权，一方面也蕴含着公司可以通过章程或股东会决议限制法定代表人的代表权范围，惟限制不得对抗善意第三人而已。因此，从对外代表意义上，法定代表人享有的代表权不仅是概括性的，也是一种不可限制性职权。①

但是，从公司治理角度而言，作为董事或经理，其对外权力并非绝对，受制于法律和章程的规定。一方面，法律强制规定属于股东会的权力只能由股东会行使，董事无权行使，相应法定代表人不能不经过股东会决议而直接“代表”行事，如发行公司债券、公司合并、财务资助；同时，法律规定某些重大事项应由董事会或股东会决议的，法定代表人也无权直接决定（如公司对外担保）。② 另一方面，除了法律规定外，公司章程或股东会决议可以限制法定代表人的代表权，以较好地制约作为法定代表人的担任者，如果超出章程和股东会决议的权力限制，给公司造成损失的，公司可向法定代表人追偿。而且，对此一内部限制如果交易第三人非为善意，公司可以主张交易无效。

---

① ［日］前田庸：《公司法入门》（第12版），王作全译，北京大学出版社2012年版，第364页；［德］格茨·怀克、克里斯蒂娜·温德比西勒：《德国公司法》（第21版），殷盛译，法律出版社2010年版，第477页。

② 尽管现代公司法允许董事会将全部管理职权实际上授予执行董事和经理，但董事会通常保持某些经营管理职权，如英美法院判决，某些决策如此重要，应由董事会为之。某些州法甚至明文规定，诸如提起诉讼或为其他公司债务签署保证书等基本事务，应视为是保留董事会之非常决策。参见［美］Jeffrey N. Gordon/Wolf - Georg Ringe主编：《公司法与公司治理》（上），江朝圣等译，新学林出版股份有限公司2021年版，第385页。

（四）善意相对人的信赖利益保护

公司可根据自己的实际情况，通过章程或股东会、董事会的决议对公司法定代表人的权力予以限制，但此限制不得对抗善意第三人。《民法典》第61条第3款规定，法人章程或者法人权力机构对法定代表人代表权的限制，不得对抗善意相对人。新修订的《公司法》也做出了同样的要求。

法定代表人的代表权具有法定性和担当人的唯一性，即凡登记于登记机关并公示于外的法定代表人，其就具有对外的代表权，且一般仅该被登记的法定代表人方具有代表权。因此，当所有形式要件满足时，或至少根据登记和公示能证明行为人系在任的法定代表人时，第三人即有理由相信行为人具有合法的对外代表权限。①

公司章程或股东会可以对法定代表人的代表权限做出限制，但对于该限制，第三人没有调查的义务，只有在应当知道或因重大过失而未能知道的情况下，第三人才自行承担责任。即使是该限制可能通过登记机关查询获得一定信息，也是如此。

《民法典》与《公司法》均规定公司章程或股东会可以对公司法定代表人代表权限做出限制，未明确规定董事会对法定代表人权限的限制及后果。举重以明轻，后果是一样的。

需要注意的是，《民法典》与《公司法》关于第三人善意受到保护的规定，并非基于第三人与公司之间某个具体交易行为的善意要求，而是基于公司法定代表人的代表外观，即法定代表人因具有代表身份而使得其行为对于所有第三人产生了权利外观导致。非法定代表人的代理权或者民法领域中其他交易外观，一般是一种具体交易外观的问题。从这个意义上，法定代表人的代表权并不等同于一般代理。

（五）法定代表人的职务侵权责任

法定代表人在行使职务时，如果因此造成其他人损害的，应由公司承担

① ［德］斯蒂尔·格伦德曼：《欧盟公司法》（上册），周万里主译，法律出版社2018年版，第145页。

侵权责任。公司承担责任后，可根据法律和章程向有过错的法定代表人要求赔偿（《民法典》第62条）。

长期以来，基于法人组织说，法定代表人被视为公司一体，故从民法通则开始，我国就一直规定，法定代表人的行为就是法人的行为，其职务侵权自然由公司承受。因此对于法定代表人是否也应当向第三人承担赔偿责任，无论是理论还是司法实践，也一直采否定态度。

这种认识，是直接且简单地将作为机构的法定代表人与作为担当人的法定代表人（自然人）混同的，没有将作为担当人的法定代表人，即自然人从法定代表人制度中区分开来。该认知和做法既不符合公司法理，也不符合作为担当人的法定代表人实际上为具有独立人格的存在，导致实际生活中出现大量法定代表人以法人名义严重侵权而又不承担个人责任的现象发生。

新《公司法》则对此做出修正，规定董事、高级管理人员执行职务，因故意或者重大过失，给他人造成损害的，应当与公司承担连带责任，从而使得作为公司法定代表人在执行职务过程中存在故意或重大过失，造成他人损害，须同时承担个人责任。当然，如果其并非因故意或重大过失导致，则法定代表人不承担个人责任，该限定是必要且可行的，既有利于督促法定代表人在履行职务过程中尽到应有的谨慎与勤勉，也有利于保护第三人利益。

（六）公司法定代表人缺位时临时代表的确定

实践中，经常会出现作为法定代表人的担当人不宜作为代表人（如发生利益冲突），或不履行其代表职责或滥用其代表职责，或因此被公司停权，在新的代表担当人被选举或任命之前，需要有人代表公司对外行为时，如何处理，值得研究。一般认为，这是可以盖公章的方式，但公章的使用，仍须由有权机构或其担当人、代理人使用方可产生公章效果，① 亦即仍需确定由公司相应的机构及其担当人代表公司，这时的代表机构及担当人唯非“法定代表人”而已。

---

① 参见陈甦：《公章抗辩的类型与处理》，载《法学研究》2020年第3期，第39页；崔建远：《合同解释语境中的印章及其意义》，载《清华法学》2018年第4期，第174页。

法定代表人作为代表机构的实质是以法律确定的机构名义行使本属于董事会业务执行事项，作为担当人的法定代表人属于董事会成员或受其管理的经理，法定代表人的代表权与董事会的业务执行权是一体两面。而且，代表权是基于董事会的业务执行权而产生，非因机构法定而独立或并列于董事会。因此，作为法定代表人的担当人不宜代表公司，或不履行其代表职责或滥用其代表职责而被公司停权，在新的代表担当人被选举或任命之前，对此负责的公司机构首先应当是董事会，董事会应根据章程规定及时任命临时或新的代表人；如果章程规定须由股东会罢免和选举，则可以临时任命一位执行董事代表公司对外活动，等同于法定代表人之代表权。如果董事会没有临时任命，则可以依照《公司法》第 58 条规定，由副董事长临时担任，在副董事长不能担任或不担任时，由半数以上董事临时选举一名董事担任。在董事会全体成员均不担任或不能担任时，监事会设置公司则可以由监事会以监事会的名义担任，由监事会全体成员推举监事会主席、副主席或一名监事具体为之。

如此解释，既符合公司法团体法理，也符合公司治理结构安排，有利于维护公司内部稳定及维系必要的对外关系。

三、合伙企业代表人

在传统合伙法上，就合伙业务来说，每一合伙人均有代理其他合伙人与合伙的权利，从而使得每个合伙人均可以为合伙的代表人。这是和传统合伙的松散性与合伙人和合伙之间利益的一致性决定的。现代合伙已经不是合伙人之间松散的结合，而成为为共同利益而组成的法律实体，从而具有了一定的人格价值。

我国《民法典》将合伙企业视为具有相应权利能力者，即其尽管是不具有法人资格，但是能够依法以自己的名义从事民事活动的组织（《民法典》第 102 条第 1 款）。既可以自己的名义从事民事活动，则合伙企业也具有对外代表者。

关于合伙企业的代表人，体现在《合伙企业法》第 26 条，其规定内容有三：首先，合伙人对执行合伙事务享有同等的权利。其次，按照合伙协议的约定或者经全体合伙人决定，可以委托一个或者数个合伙人对外代表合伙企业，执行合伙事务。最后，作为合伙人的法人、其他组织执行合伙事务的，由其委派的代表执行。

依此规定，合伙人均有执行合伙事务的同等权利，但只有按照协议约定或经全体合伙人决定受到委托的一个或数个合伙人具有对外代表合伙企业的权利（《合伙企业法》第27条）。换言之，合伙人均有执行合伙事务的同等权利并非意味着每个合伙人均可以代表合伙，而须以合伙协议事先规定的一个或数个合伙人，或者经全体合伙人一致决定的一个或数个合伙人，才是合伙企业的代表人。此事先规定或全体决定的代表合伙人，既可以一个或数个，也可以是每个合伙人。

受到委托的合伙人，均有在合伙事务执行范围内对外代表合伙的权利，其行为后果由合伙企业承受。问题在于，没有受到委托的合伙人，如果擅自以合伙企业的名义对外从事民事行为，其行为后果如何？

公司企业的法定代表人是由章程规定并登记公示的，故仅其职务行为产生代表后果而由公司企业承受，而合伙企业的代表人是由合伙协议事先规定或全体合伙人决定委托的，不具有如公司企业那样的公示且法定代表意义，没有受到委托的合伙人以合伙企业对外从事民事行为，除非第三人非为善意，其行为后果由合伙企业承受。因为，合伙人本就具有对外代表合伙的权利，没有受到委托也只是合伙企业内部的问题。

尽管合伙协议是经登记并可以通过查询系统获悉，但第三人并无查询义务。而且，《合伙企业法》第26条规定的“全体合伙人决定”的情形表明，合伙企业的对外代表受托人是可以随时变化的，但如何变化，第三人不能如公司企业那样得到经过公示而稳定且法定的代表人概念。

四、个人独资企业代表人

传统上，个人独资企业属于业主制企业，企业与业主不分，法律也不对独资企业的管理做出特别规定。

我国《民法典》同时将个人独资企业视为具有一定权利能力的非法人组织（《民法典》第102条）。《个人独资企业法》第19条规定了企业的管理问题，即由投资者个人自行管理或委托第三人管理。

如果投资者委托第三人管理，则第三人获得代表企业的权利，其行为后果归属于个人独资企业。投资人对第三人的权力限制，不得对抗善意第三人（《个人独资企业法》第19条第4款）。

作为个人独资企业，投资者个人与企业是不可分离的，二者之间具有人格的同一性价值。尽管《民法典》将个人独资企业视为非法人组织而具有一定的权利能力，但这也仅限于个人独资企业可以企业名义从事民事活动。不论从理论还是实践来看，个人独资企业与投资者个人是统一体的，唯在经营时体现出企业一定的独立意义，即与投资者个人的生活行为予以区分。所以，即使投资人委托了其他人代为管理企业，投资人本人仍为企业真正且实际意义上的代表，其以企业名义或即使不以企业名义，但实际上为企业利益而为之的，其后果均由企业及投资人个人连带承担责任。

五、表见代表

《民法典》第504条规定："法人的法定代表人或者非法人组织的负责人超越权限订立的合同，除相对人知道或者应当知道其超越权限外，该代表行为有效，订立的合同对法人或者非法人组织发生效力。"此规定被称为表见代表，目的在于保护交易安全，维护第三人合法权益，其含义与《民法典》第61条第3款规定是一致的。

此处的"超越权限"既包括超出公司章程或股东会决议决定的内部限制，也包括超出法律的限制。不过，超出法律的限制行为有效必须是要符合法律规定的形式要件或者形式要求的，否则不构成表见代表。

如《公司法》关于公司对外担保的规定，须符合对外担保的形式要件要求，如公司提供了股东会决议或董事会决议，但会议实质上并未召开，或尽管召开但未通过，而公司法定代表人向第三人提供了不合法的决议书，则第三人仅须对此进行形式审查即可。

《最高人民法院关于适用〈中华人民共和国民法典〉有关担保制度的解释》（法释〔2020〕28 号）（以下简称《民法典担保制度解释》）第 7 条规定，“相对人善意的，担保合同对公司发生效力”。所谓善意，“是指相对人在订立担保合同时不知道且不应当知道法定代表人超越权限。相对人有证据证明已对公司决议进行了合理审查，人民法院应当认定其构成善意，但是公司有证据证明相对人知道或者应当知道决议系伪造、变造的除外”。具体而言，依最高人民法院于 2019 年 11 月 18 日印发的《全国法院民商事审判工作会议纪要》（以下简称《九民会议纪要》）规定：（1）债权人主张担保合同有效，应当提供证据证明其在订立合同时对股东（大）会决议进行了审查，决议的表决程序符合《公司法》规定，即在排除被担保股东表决权的情况下，该项表决由出席会议的其他股东所持表决权的过半数通过，签字人员也符合公司章程的规定。（2）债权人对公司机关决议内容的审查一般限于形式审查，只要求尽到必要的注意义务即可，标准不宜太过严苛。公司以机关决议系法定代表人伪造或者变造、决议程序违法、签章（名）不实、担保金额超过法定限额等事由抗辩债权人非善意的，人民法院一般不予支持。但是，公司有证据证明债权人明知决议系伪造或者变造的除外。

当然，如果公司本身就以对外提供担保为业，或者担保公司与被担保企业之间具有直接或间接的控制关系，以及担保合同系由单独或者共同持有公司 2/3 以上有表决权的股东签字同意的情形，则第三人无须再另行专门形式审查，因为这些情形足以导致第三人合理信赖，从而使得担保合同有效（《民法典担保制度解释》第 8 条）。

对于上市公司，为保护扩大投资者的利益，《证券法》及有关监管法令要求公司对外提供担保的信息必须予以披露，故判断相对人是否构成善意的标准是，其是否根据上市公司公开披露的信息为之。如果相对人根据上市公司公开披露的关于担保事项已经董事会或者股东大会决议通过的信息，与上市公司订立担保合同，公司法定代表人的行为构成表见代表；否则，不构成表见代表（《民法典担保制度解释》第 9 条）。也就是说，对于上市公司的对外担保，必须是根据信息披露进行，否则必然无效，该标准是高于普通公司的。

一人公司完全由股东一人控制，当一人公司为其股东提供担保时，无须借助《公司法》关于对外担保的特别规定而可以直接认定有效。而被担保股东如果因此使得公司无法清偿其他债务，则股东须证明公司财产独立于自己的财产，不然须对公司债务承担连带责任（《民法典担保制度解释》第10条）。

第三节　企业职务代理

一、企业职务代理的含义

执行企业职务工作的人员，就其职权范围内的事项，以企业的名义实施的民事法律行为，为职务代理（《民法典》第170条第1款）。企业职务代理具有以下含义：

1. 企业职务代理是企业工作人员的行为

企业从事营业，一般都要借助相应工作人员，既包括基于劳动、雇佣关系的工作人员，也包括主要是劳务派遣而产生的工作人员，但不论何种关系而致的劳动、雇用、劳务关系的工作人员，其均构成企业工作人员。在这些工作人员中，既包括具有一定职位的经理，也包括普通的工作人员。

2. 企业职务代理是企业的工作人员就其职权范围内所为之的行为

在企业内部，企业工作人员均有相应工作范围或者分工，该工作范围或分工构成其工作职权或职责范围，成为判断其行为是否为工作行为的根据。

3. 企业职务代理是企业的工作人员以企业的名义对外实施的行为

企业内部有不同工作分工与任务分配，但对于大多数工作人员来说，其工作职责主要是内部的，相应工作并不对外，不产生所谓职务代理问题，仅那些具有对外工作性质的工作人员，如采购、销售工作人员等，才会发生职务代理。而且，这些工作人员对外以企业的名义从事的行为，方构成职务代理。

企业代表是通过代表机构的设置以解决由谁代表企业的问题，企业职务代理则是通过代理制度以确定企业某职位之人因履行职务行为后果的归属问题。二者的效果都是一样的，均归属于企业。

对于企业职务代理，《民法典》将其规定在总则编第七章第二节“委托代理”中，法律性质上属于意定代理，适用该章关于委托代理及代理的一般规则。

二、企业职务代理与商事代理权

在大陆法系，无论是采民商分立还是合一，均有所谓经理权和其他商事代理权的规定。《德国商法典》第一编第五、六章专门规定了经理权与代办权、商业辅助人和商业学徒，《日本商法典》第六章规定了商业辅助人（商业雇员），《瑞士债务法》第十七章规定了经理权与其他商事代理权。尽管这些国家和地区关于经理权规定有差异，但普遍认为，经理权是指企业具有一定职务之人对外代理权。

我国《民法典》采较为彻底的民商合一，没有规定所谓经理权概念，而是将其规定了总则编第七章第二节“委托代理”部分，并以职务代理命名，以示其特殊性，即其为意定的委托代理权，但属于一种特别的委托代理。

《民法典》第170条规定的职务代理属于典型的商事代理，而与一般民事代理有别。民事代理主要功能在于扩张个人经济活动空间，纯系本人意思表示之授予，是一种具体的行为，一般需要授权委托书。作为商事代理的职务代理，系企业经营活动的需要，需要由相应职务之人对外活动，其对外活动是基于职务而为之的，故属于（职务范围内的）概括代理，至少为种类代理，以自己的行为聘任或委任一定的人得以自己名义为交易行为，就足以让交易相对人信其有代理权，无须再出具所谓授权书。① 这种代理是职务代理

① 参见陈自强：《代理权与经理权之间——民商合一与民商分立》，北京大学出版社2008年版，第102页。

人因职务而进行的经常性或例外性的交易行为。

职务代理是因企业具有一定职位且需要对外地人员产生的代理，这种代理权的范围与企业不同职位之人直接相关，与企业代表人一样，可称为制度性代理。①《民法典》仅以 170 条职务代理笼统概括了这种代理之后果，并未如一些国家那样分经理的代理权（经理权）、商业辅助人的代理权，实践中需要结合不同职位之人判断其代理权范围及后果。

三、企业不同职位之人的职务代理

（一）公司董事、经理的职务代理

董事会为公司执行机构，拥有除了股东会职权之外的一切公司经营管理权。一般而言，董事会作为集体议事和管理机构，主要负责公司决策与监督，董事个人只能通过董事会集体行权，不存在个人权力问题。如果董事会做出决定，需要对外活动，应通过法定代表人为之。但没有被章程规定为法定代表人的董事和经理，可以因职务行为引起职务代理。

根据《公司法》规定，股份有限公司的董事会内可分为执行董事与非执行董事。有限责任公司是否分设执行董事与非执行董事并未明确，从解释学上，可以通过章程决定是否分设，如果章程没有规定，基于有限责任公司的性质，所有董事均为执行董事。

执行董事是按照董事会决议执行公司业务的担任法定代表人以外的董事。法定代表人也是执行董事，与其不同，其他执行董事并非依照章程而具有对外代表权的董事，仅仅是为了执行公司业务，而由董事会决议决定的。因此，一般而言，执行董事所执行的业务限于公司内部管理事务，非对外事务，后者是由法定代表人为之的。但尽管如此，执行董事在执行业务过程中，还是会发生对外的关系，如因业务需要而对外交流或招待，从而产生相应的职务代理问题。而且，公司也可以根据业务发展需要，由董事会决议决定、法定

---

① 参见陈自强：《代理权与经理权之间——民商合一与民商分立》，北京大学出版社 2008 年版，第 127 页。

代表人委托授权的方式，授予执行董事在某方面概括性的代理权。

非执行董事包括独立董事，是指仅通过董事会集体行使权力的董事，不参与公司具体事务管理，不具有执行公司内部事务的权力。相对于执行董事，非执行董事基本上是不对外产生关系的。不过，非执行董事，特别是有限责任公司的非执行董事（如其内部分设的话），也并非完全不会以公司董事的身份对外活动，从而产生一定的职务代理。

依新《公司法》，经理是由公司根据经营需要由董事会设置和聘任。经理主要负责公司内部经营管理，有总经理与副总经理之分。与西方所谓经理制度不同，我国《公司法》上的经理一般由董事担任，或尽管不由董事担任，但其执行的为董事会授权范围之业务，实质上为执行董事。因此，经理的职务代理可类比执行董事。

我国《公司法》规定董事会为执行机关，且实行法定代表人制度，包括执行董事、经理在内的非法定代表人，没有直接为公司管理事务而对外签字权利，在对第三人关系上，也不得当然视其有为管理上一切必要行为的权力，必须经过代表机关（法定代表人）授权后，方可认为取得代理权。也就是说，判断非法定代表人的董事与经理的对外职务代理，一般需要结合法定代表人的授权。

（二）业务部门负责人的职务代理

企业业务部门是指企业内部设置的具有对外业务的管理部门，如销售部、采购部、广告部等，相应的负责人在对外活动时，会产生相应的职务代理。

对于企业业务部门，其主要从事企业某一方面的业务活动，故其负责人的职务代理权是限定于该方面业务活动范围之内的。同时，判断其是否具有代理权，一般需要有法定代表人的明确授权。在“张某芳、河南辉县农村商业银行股份有限公司民间借贷纠纷再审案”（【2020】最高法民申 6360 号）中，张某西系农商行客户管理部经理，其以辉县农商行的名义签订借款合同，并加盖辉县农商行客户管理部印章。但法院认为，张某西向张某芳借款不是其职权范围内的事项。张某西并非辉县农商行法定代表人，若其以辉县农商行名义从事民事法律行为，应当有明确授权，故其行为不构成职务代理。

实践中，由于企业经营模式不同，很多情况下部门负责人并不需要法定代表人的明确授权，而允许部门自己为之，这时，则需结合相关证据判断部门负责人是否得到授权。在“上海本来生活信息科技有限公司、盛某望等买卖合同纠纷民事申请再审案”（【2021】苏民申2272号）中，法院查明，李某是本来公司的销售经理，从生效的詹某伟案中举证的詹某伟等人与本来公司销售部负责人及法务部人员沟通的录音反映，本来公司允许李某作为销售经理收取客户货款再转付给公司，这说明代收客户货款属于本来公司对销售经理的职务许可范围，故认定案涉交易中李某的收款行为系履行职务行为，对外代表本来公司并无不当。

（三）企业分支机构负责人的职务代理

企业分支机构是指企业根据经营需要设立的分公司或其他企业分支，需要进行工商登记并取得营业执照。

与企业业务部门不同，企业的分支机构具有一定的对外业务经营独立性，相应负责人的职务代理是典型的经理权概念，其具有在分支机构经营范围内的概括性代理权，可以直接签字。

但对于涉及企业重大事项，如对外担保，则如未经授权，一般无效。

《最高人民法院关于适用〈中华人民共和国民法典〉有关担保制度的解释》（法释〔2020〕28号）第11条规定：（1）公司的分支机构未经公司股东（大）会或者董事会决议以自己的名义对外提供担保，相对人请求公司或者其分支机构承担担保责任的，人民法院不予支持，但是相对人不知道且不应当知道分支机构对外提供担保未经公司决议程序的除外。（2）金融机构的分支机构在其营业执照记载的经营范围内开立保函，或者经有权从事担保业务的上级机构授权开立保函，金融机构或者其分支机构以违反《公司法》关于公司对外担保决议程序的规定为由主张不承担担保责任的，人民法院不予支持。金融机构的分支机构未经金融机构授权提供保函之外的担保，金融机构或者其分支机构主张不承担担保责任的，人民法院应予支持，但是相对人不知道且不应当知道分支机构对外提供担保未经金融机构授权的除外。（3）担保公司的分支机构未经担保公司授权对外提供担保，担保公司或者其分支机构主张不承担担保责任的，人民法院应予支持，但是相对人不知道且不应当知道分支机构对外提供担保未经担保公司授权的除外。（4）公司的分支机构对外提供担保，相对人非善意，请求公司承担赔偿责任的，参照本解释第17条的有关规定处理。

（四）企业店铺、仓库工作人员的职务代理

企业店铺和仓库工作人员，因其系以销售或保管为目的的工作人员，其拥有在店铺销售或仓库保管等相关权限，他们即使没有被授予销售或保管代理权，为了保护交易安全，认定其拥有限于该店铺物品销售或仓库保管等代理权。当然，如果第三人知道或应当知道该店铺工作人员或仓库保管工作人员没有相应权利时，则不予保护，如店铺或仓库的清洁工作人员，就不具有相应权利。

四、小结

我国基于法定代表人或其他企业代表人制度，并没有直接赋予有关董事、经理和部门负责人如西方商法那样的经理权，而以职务代理制度统一予以规范。判断职务代理，除了需要结合其职务情况，一般尚须结合是否获得代表机构的授权。

现实是复杂的。与西方国家关于商事代理规定及理论一致，职务代理制度主要是为了保护交易安全，其内部是否获得授权并非关键，因为授权与否，完全是企业内部的问题。因此，需要看职务代理人的行为是否构成所谓职务行为，而职务行为则往往是实践中予以体现出来的。

在“克拉玛依市丰业节能建材有限公司、永升建设集团有限公司买卖合同纠纷再审案”［（2014）最高法民申字第536号］中，其中陈某国是涉案工程的施工员，永升公司亦当庭承认是其员工，陈某国与永升公司签订的《建筑安装工程内部承包合同》，陈某国在与丰业公司签订合同时，明确告知其身份是永升公司高建六十队负责人。关于陈某国向丰业公司购买建筑材料的行为是否构成职务代理或表见代理的问题。法院认为，首先，陈某国在与丰业公司签订《销售合同书》时，没有出示任何证明其与永升公司有关的身份证件或授权文件；且在永升公司的《投标书》以及《建筑工程内部承包合同》中也没有任何关于陈保国的授权规定。因此，即使认定陈某国是永升公司的工作人员，也不能表明陈保国有代表永升公司与丰业公司签约的职务权限。故陈某国与丰业公司之间签订《销售合同书》，并不属于履行职务的行为。其次，丰业公司在签约时并未对陈某国的身份、权限尽合理的审查责任，也没有要求陈某国出示任何与永升公司有关的身份证明或授权文件，故丰业公司在主观上并非是善意且无过失的。客观上，陈某国并未持有具有代理意义的介绍信、授权委托书、印鉴等，也没有证据证明其作为永升公司的业务员与丰业公司有永升公司承认的长期业务往来等。而根据《建筑工程内部承包合同》的约定，若急需用料，永升公司下属的物流公司一时无法组织解决，陈某国需自行采购的，必须事前写书面报告，上报自购计划，报永升公司主管领导审批同意后，方可自行采购。陈某国与丰业公司之间的采购行为并未经过永升公司主管领导审批同意，合同也未在永升公司备案。故陈某国向丰业公司采购建筑材料纯属个人行为，并不符合表见代理的构成要件。因此，虽然永升公司在向建设方提交的涉案工程《投标书》中记载陈某国为施工员，并附陈某国的身份证、学历证书、资格证书等资料，永升公司在二审过程中亦承认陈某国是其员工，但是不能当然认定陈某国与永升公司的签约行为是职务代理或表见代理行为。

本案说理很多，但只是基于其没有获得明确授权而否定其职务行为引起的表见代理，是不符合职务代理法理与制度设计的。

第十一章　中　间　商

第一节　概　　述

一、中间商的含义

中间商是指长期或短期地通过受托或协议为其他企业媒介交易或生产的独立营业者。它具有以下含义：

1. 中间商是独立营业者。不管中间商长期或短期、甚至专门地为其他企业销售产品、提供服务或提供加工生产，其在法律地位上均是独立的。

2. 中间商是为其他企业媒介交易的。媒介交易或生产是指作为生产者和消费者，或生产者与其他企业之间提供中间服务、销售、生产的行为，其既包括代为销售、服务，也包括促进交易的成功。

3. 中间商主要是通过委托代理合同或协议为其他企业提供服务或销售代理的。中间商与委托人或其他企业之间为平等商主体，它们之间的关系自然主要受到双方的合同约束，但鉴于双方之间可能因为长期性与因此形成的相互关系下的中间商对委托方的依赖或地位不对等，故同时应由相应法律特别规定调整，如德国和日本商法典对于其中的代理商做出了一定的保护性规定，我国《商业特许经营管理条例》（2007 年）也对被特许人做出了保护性规定。

二、中间商的种类

中间商包括代理商、行纪商、居间商、协议经销商、特许经营商。

在我国《民法典》中，前面几种主要规定在总则编第七章“代理”、合同编第二十三章“委托合同”、第二十五章“行纪合同”、第二十六章“中介合同”中。单行法主要有《商业特许经营管理条例》（2007 年）。关于协议经销商则在适用合同编第九章“买卖合同”的时候，需要结合委托合同、行纪合同及代理予以分析。

总体而言，我国的中间商主要受《民法典》民事法律行为一章和合同编调整，符合世界各国关于合同统一立法趋势，但需要通过解释，特别是需要通过对行业习惯的做法解读发展并完善相关制度。

三、中间商的意义

中间商在现代商业世界中意义重大，首先，它即使企业通过中间商可以扩大自己的经营规模，也可以通过解除与中间商的合同或协议而缩小经营规模。其次，它可以充分利用中间商的专业能力和品牌渠道、物流系统。再次，企业可以仅支付代理费用而通过中间商的销售、服务或代工实现自己的业务要求，但无须为此提供雇佣费用及其他。最后，对于中间商的评判仅须以是否按照合同要求实现销售任务即可，企业不需要再进行监督管理。

第二节　代　理　商

一、代理商的含义

代理商是指作为独立的营业经营人受长期委托为另一企业进行媒介交易或以后者名义为一定交易的人。① 其具有以下含义：

1. 代理商是长期受托为企业行为。商法上，代理商的意义就在于独立且长期地为本人代理行为，由此使得代理商与本人之间形成一种较特殊的相互关系，需要特别的规定予以保护代理商。这一委托与受托构成《民法典》第

① 参见《德国商法典》第 84 条。

919条以下的委托及相应规定。

一般地，所谓长期是指，这一活动指向不特定大量交易的成立，并且合同规定的期限较长。①

2. 代理商受托内容包括推进交易成功和以本人名义进行交易。其中推进交易成功是典型的（狭义）媒介交易，即代理商通过其对用户的影响来推进交易的成功，其实质是中介，适用《民法典》中介合同规定，并准用委托合同。以本人名义进行交易则是指代理商直接以本人名义（直接代理）与第三人交易，相应后果直接归属于本人，主要适用《民法典》代理及委托合同规定。

二、代理合同

代理合同是代理商从事代理活动的基础，其可以书面形式，也可以口头或其他形式（《民法典》第135条、第469条），它属于《民法典》第919条以下关于委托事务处理合同，在有些国家如德国，它还属于劳务性质的合同，可适用有关雇佣合同规定。我国《民法典》没有规定雇佣合同，但在适用时，可参照有关法理。这是由代理商的代理合同之长期性决定的，特别是在代理商仅为一特定企业为代理业务时，往往会因此形成某种依赖关系而受制于本人的情况下。

即使是在代理商可以为不同企业为相应代理业务时，因其行为必须遵守本人之指示（《民法典》第922条），且长期代理必然对代理商带来对本人的依赖，也需要通过法律保护代理商合法权益。《民法典》委托合同及有关代理部分没有规定因此导致的保护问题，可借助诚实信用原则（《民法典》第7条、第142条）解释适用。当然，一些代理商因其更为高效和顺畅的物流、合理和较大范围的销售渠道而使其在与本人的关系中占据优势，这时对代理商的保护就不再是问题。

① ［德］C. W. 卡纳里斯：《德国商法》，杨继译，法律出版社2006年版，第417-418页。

三、代理商的义务与权利

对于代理商的义务与权利，主要集中在《民法典》委托合同一章，但基于代理商的长期受托关系，其义务与权利须考虑信义关系。

（一）勤勉和维护本人利益的义务

作为受托人，代理商必须对受托事务尽到勤勉义务，最大限度维护本人利益。这是代理商不言自明的义务，也是《民法典》诚信原则的必然要求。

1. 遵从本人的指示义务

由代理商受托处理本人相关事务性质决定，其必须遵从本人的指示（《民法典》第922条）。不过，与普通受托代理不同的是，代理商遵从本人的指示是指“合理的指示”，由此体现代理商的专业性与职业性判断的重要性。

遵从本人的指示，是代理商勤勉义务的具体化。但本人的指示权是有界限的，它仅仅提供了将代理商已经存在的义务具体化的可能，而当然不能成为构建新义务的基础，亦即，通过指示要求代理商的行为是否在其义务范围之内。如果本人的指示对于代理商的独立性造成损害，而使他的企业决策自主权的核心领域受到侵害的话，则是不被允许的。①

遵从本人的指示义务包括，在适当的条件下，代理商应努力谈判并促成其经指示承办的事务；同时须向委托人提供对其有用且必要的信息。

2. 亲自处理受托事务的义务

本人之所以委托代理商代为处理有关事务，核心在于其对于代理商能力的信任，因此代理商一般应亲自处理受托事务（《民法典》第923条）。但这里的“亲自处理”并非不能交由他人处理，如果交由他人处理能够更好地完成受托任务，则是代理商代理应有之意。不过，如果本人明确禁止，则不能交由他人处理。

《民法典》第923条规定：“经委托人同意，受托人可以转委托。转委托

---

① ［德］C. W. 卡纳里斯：《德国商法》，杨继译，法律出版社2006年版，第426页。

经同意或者追认的，委托人可以就委托事务直接指示转委托的第三人，受托人仅就第三人的选任及其对第三人的指示承担责任。转委托未经同意或者追认的，受托人应当对转委托的第三人的行为承担责任；但是，在紧急情况下受托人为了维护委托人的利益需要转委托第三人的除外。”该规定并不能简单地适用于代理商代理情况，其仅是对一般委托或者说民事委托的一般性要求。

3. 报告义务

代理商代理交易或中介介绍交易时，必须立即向本人通知该情况。

《民法典》第924条关于受托人应当按照委托人要求，而向委托人报告受托事务处理情况的规定，没有规定立即通知。从本人与代理商之间的关系来看，与普通代理不同，它要求代理商负有立即通知的义务，以促进交易的快捷。如果代理商怠于通知造成本人损失，须赔偿相应损失（《民法典》第929条）。

该义务也包括委托合同终止时，受托人应当报告委托事务的结果（《民法典》第924条）。

（二）忠实与竞业禁止义务

尽管代理商并非受雇于本人，但其与本人之间长期的代理关系要求其不能将个人利益置于本人利益之上，特别是在概括性代理情况下，代理商对本人负有忠实与竞业禁止义务。

对此，《民法典》委托合同章并未规定，但从代理商负有的诚信原则出发，代理商的代理行为须照顾委托人的利益并应恪尽职守、诚实守信。

其中竞业禁止义务是指在合同的有效期内，代理商如果没有经过本人的许可，不能为自己或为第三人进行该本人所属营业类别的交易，或者在经营与该本人同种事业的公司内担任高级管理职务或一般管理职务。不过，与法定代表人和职务代理人不同，此竞业禁止义务仅限于规制违反本人与代理商利益的行为，因为代理商是独立的营业者，其义务范围有限。如果违反该义务，代理商或第三人因该行为所得利益金额，推定为对本人产生的损害金额。①

这里的“有效期”既包括代理合同期限，也包括代理合同终止后一定的时期，如果合同有约定，依约定；无约定，则依具体情况判断，但一般不得一个合理的期限，如2年，因为过长的期限将限制代理商的代理营业，违背自由营业精神。

代理商对于因代理而获取的本人商业秘密负有保密义务自不待言。

（三）报酬权

代理商行为属于营业行为，为有偿合同，代理商有权获得报酬。

《民法典》第928条规定，受托人完成委托事务的，委托人应当按照约定向其支付报酬。因不可归责于受托人的事由，委托合同解除或者委托事务不能完成的，委托人应当向受托人支付相应的报酬。当事人另有约定的，按照其约定。

（四）留置权

由于代理商与特定的本人企业之间存在长期持续的委托代理关系，其中涉及中介合同的媒介行为，故代理商可在符合条件下行使留置权。对此，《民法典》第448条规定了企业之间的留置，不要求债权债务关系的同一性。

（五）获取支持与通知的权利

在本人委托代理商从事某代理业务时，本人有义务向代理商提供必要支持，并将代理中发生的必要信息通知代理商。前者主要指向代理商提供其活动必要的文件，如样本、价目表、广告印刷品等；后者指本人必须将对代理商媒介或由其在无代理权的情况下成立的交易的接受或拒绝，以及对一项交易的不完成不迟延地通知代理商。同样的还包括有可能对代理商造成不利影响的其交易领域的变化，如计划中的企业关闭、销售体系的重组或者长期的变化，如产品质量的下降等。②

① 参见［日］近藤光男：《日本商法总则·商行为法》，梁爽译，法律出版社2016年版，第70页。

② 参见［德］C. W. 卡纳里斯：《德国商法》，杨继译，法律出版社2006年版，第440页。

另外，依《民法典》第931条，委托人经受托人同意，可以在受托人之外委托第三人处理委托事务，因此造成受托人损失的，受托人可以向委托人请求赔偿损失。

代理商合同属于有偿合同，因受托人的过错造成委托人损失的，委托人可以请求赔偿损失。受托人超越权限造成委托人损失的，应当赔偿损失（《民法典》第929条）。不过，受托人处理委托事务时，因不可归责于自己的事由受到损失的，也可以向委托人请求赔偿损失。

四、代理商与第三人的关系

在代理商仅获得（狭义）媒介交易权时，代理商并没有获得相应交易的直接权利，其仅需要将有关信息通知本人并促成交易成功即可。即使第三方将愿意交易的信息通知了代理商，如果没有通知本人，也不产生交易之效果。但由于代理商本身的代理媒介地位，有可能产生权利外观，即在代理商或第三人已经通知本人成立业务和业务基本内容之后，其须不迟延地予以拒绝，否则会被认为交易得到了本人承认（《民法典》第172条）。

五、间接代理本人、代理商与第三人之间的关系

我国《民法典》规定的代理基本上为直接代理，即由代理人以被代理人名义从事的活动，其效果归属于本人（《民法典》第162条）。但在商事实践中，也有大量的间接代理，即代理人获得代理权，但不以被代理人的名义而直接以自己的名义与第三人为商事活动。对此，《民法典》第925条、第926条做出了简要规范。

受托人以自己的名义，在委托人的授权范围内与第三人订立的合同，第三人在订立合同时知道受托人与委托人之间的代理关系的，该合同直接约束委托人和第三人；但是，有确切证据证明该合同只约束受托人和第三人的除外。

受托人以自己的名义与第三人订立合同时，第三人不知道受托人与委托人之间的代理关系的，受托人因第三人的原因对委托人不履行义务，受

托人应当向委托人披露第三人，委托人因此可以行使受托人对第三人的权利。但是，第三人与受托人订立合同时如果知道该委托人就不会订立合同的除外。

受托人因委托人的原因对第三人不履行义务，受托人应当向第三人披露委托人，第三人因此可以选择受托人或者委托人作为相对人主张其权利，但是第三人不得变更选定的相对人。

委托人行使受托人对第三人的权利的，第三人可以向委托人主张其对受托人的抗辩。第三人选定委托人作为其相对人的，委托人可以向第三人主张其对受托人的抗辩以及受托人对第三人的抗辩。

第三节　行　纪　商

一、行纪商的含义

行纪商是指以自己的名义为委托人从事贸易活动的企业（《民法典》第951条）。其具有以下含义：

（1）行纪商专门为他人从事贸易活动的企业。从事行纪的人是专门营业者，以行纪为业，是独立的商人。（2）行纪商是以自己的名义为他人处理事务。行纪类似间接代理，与我国民法典规定的直接代理不同。（3）行纪商是代人处理经济事务的。一般情况下，行纪是处理经济上特别是贸易事务的行为，非经济事务很少出现。所以，对于行纪，国外一般称之为佣金代理商（大陆法系）或佣金代理人（英美法系），即通过代理经济事务而获取佣金。如证券公司就属于典型的行纪商，其接受客户的卖出或买入委托，以自己的名义在证券交易所买卖股票等有价证券，其经济损益归属于客户。

在我国，行纪商行为主要适用《民法典》合同编第二十五章关于行纪合同的规定。

二、行纪法律关系

行纪是行纪人受人委托，以自己的名义为他人处理事务，从而在行纪人、委托人和第三人之间产生三方法律关系：委托人与行纪人（受托人）之间形成委托法律关系，即行纪关系；行纪人与第三人之间形成交易或买卖关系。这两个关系共同构成行纪营业的法律关系。也就是说，在行纪法律关系中，有两个合同，即行纪合同与买卖或其他交易合同。

这里，行纪关系与直接代理就区别开来，后者是在委托人与第三人之间形成直接的法律关系。而行纪法律关系中，行纪人是以自己的名义与委托人和第三人分别形成不同的法律关系，行纪人成为行纪合同与买卖合同分别的当事人，而委托人则不能与第三人之间形成直接的法律关系，因而也不能成为买卖合同的当事人。

委托人与第三人之间不存在合同关系，但他们之间具有法律上的权利义务关系。毕竟，委托人是通过行纪人与第三人而具有关系的，因而需要法律对他们之间的权利义务做出明确的规定，如第三人必要时对当事人的选择权，委托人必要时的介入权等。

（一）委托人与行纪人之间的委托关系

行纪是行纪人受委托人委托而以自己的名义与第三人为经济关系的，亦即，行纪人与委托人之间形成受托与委托关系。因而，行纪要受委托法律制度调整，《民法典》第960条规定："本章没有规定的，参照适用委托合同的有关规定。"也就是说，行纪是委托关系的特例，在法律没有对行纪作出特别规定时，参照适用法律关于委托的规定。因而，委托合同关于委托人与受托人的权利义务的规定，委托合同关于第三人的选择权、委托人的介入权等规定都可以适用于行纪法律关系。

由于委托人与行纪人之间为委托代理关系，相应委托事务的市场风险一般是由委托人承担的。在中国农业银行、内蒙古乾坤金银精炼股份有限公司与中国农业银行个人业务部代销合同纠纷上诉案（最高人民法院（2006）民二终字第226号民事判决书)① 中，最高人民法院指出，代销合同属于行纪合同，是受委托人以自己的名义为委托人代销商品，委托人支付报酬的合同。在代销合同的履行过程中，代销商品的所有权属于委托人，代销期间代销人对代销商品享有占有权。相应地，代销商品在代销期间的市场销售风险也应由委托人承担。在没有当事人合同明确约定的情况下，不应依代销商品价值的高低，以及是否具有知识产权而改变代销商品的所有权归属和市场销售风险的承担原则。

（二）行纪人与第三人的交易关系

行纪人是受委托人委托而处理受托事务，并以自己的名义而与第三人为相应的交易关系。也就是说，尽管行纪人是受委托人委托处理事务，但其并非以委托人名义而是以自己的名义与第三人为相应交易关系的，因而在行纪人与第三人之间产生直接的合同法律关系，如买卖货物或买卖证券，并在形式上成为这些法律关系的当事人而能够直接取得相应财产。《民法典》第958条第1款规定："行纪人与第三人订立合同的，行纪人对该合同直接享有权利、承担义务。"

一般情况下，行纪合同主要调整行纪人与委托人之间的关系，民法典关于行纪合同的规定也主要是适用于他们之间关系的。但行纪合同也直接涉及第三人的利益，法律也对行纪人与第三人之间的关系作出了规定。《民法典》第958条第2款规定："第三人不履行义务致使委托人受到损害的，行纪人应当承担损害赔偿责任，但行纪人与委托人另有约定的除外。"

三、行纪人的义务与权利

（一）行纪人的义务

1. 处理受托事务

行纪人一旦接受委托，便负有了按照委托人的指示而与第三人订立合同，

① 最高人民法院民事审判第二庭编：《民商事审判指导》2007年第2辑，人民法院出版社2008年版，第225－233页。

并将履行合同的结果转移于委托人的义务。

行纪人受托而与第三人为交易，是以自己的名义为之的，其在形式上是相应交易关系的当事人。当第三人不履行或不当履行合同时，除非合同另有约定或习惯如此，行纪人仍须向委托人履行合同。我国台湾地区相关民事法律规定："行纪人为委托人之计算所订立之契约，其契约之他方当事人，不履行债务时，对于委托人，应由行纪人负直接履行契约之义务，但契约另有订定，或另有习惯外，不在此限。"

行纪人与交易相对人是交易合同当事人，形式上，行纪人取得债权，但实质上该债权为委托人的债权。《德国商法典》第 392 条规定："对于因行纪人所成立的行为而发生的债权，委托人只有在让与后才可以向债务人主张。""但即使此种债权未行让与，其在委托人和行纪人或其债权人之间的关系上，仍视为委托人的债权。"这样的规定可以避免因行纪人破产而引起对委托人的不公。

我国《民法典》第 952 条规定，除了当事人另有约定外，行纪人处理委托事务支出的费用，由行纪人负担。该条表明，首先，行纪人的首要义务是处理受托事务；其次，该事务是受托事务，故产生的债权应当视为委托人的债权。

2. 对受托财产的妥善保管

在行纪法律关系中，委托人常常要将委托财产交与行纪人而由其占有并处理。这时，行纪人要像对待自己的财产一样，对该财产尽善良管理人义务。对第三人而言，行纪人的占有就被推定为所有人。《民法典》第 953 条规定"行纪人占有委托物的，应当妥善保管委托物"，该义务为法定义务，并非通过行纪合同约定的。

一般情况下，对于贵重物品，所有人或管理人常常要对其进行保险，以防不测。但是，对于行纪人，其负有的妥善保管义务并不包含保险义务。如果行纪人主动为确实需要投保的委托物提供保险的，应视为其系为委托人计算而支出的必要费用。① 我国台湾地区相关民事法律规定："前项占有之物，除委托人另有指示者，行纪人不支付保险责任。"

另外，由于行纪合同为有偿合同，行纪人的保管义务程度要高于无偿保管人。

3. 对受托财产的合理处置

对于代为出卖的委托物，如果其容易变质或有其他败坏情形，行纪人须及时合理处置。《民法典》第954条规定："委托物交付给行纪人时有瑕疵或者容易腐烂、变质的，经委托人同意，行纪人可以处分该物；和委托人不能及时取得联系的，行纪人可以合理处分。"

可以看出，该义务的履行须区分两种情形，一是能够与委托人取得联系的，则须经其同意；二是如果不能及时取得联系的，则可以合理处分，该"合理处分"的判断标准是"应与保护自己之利益为同一之处置"，要求方式合理、价格最优、时间恰当。所谓"不能及时取得联系"应严格解释，即只有在没有合理通信手段或确实不能找到委托人的情况下，才能予以合理处置。

4. 遵守价格指示

行纪属于委托，行纪人须按照委托人的指示合理行事，特别是有关价格指示为之。如果相应价格更有利于委托人的，可以按照约定处理，约定不明的，则依有利于委托人原则处理。在委托人有特别指示的，则依特别指示为之。

《民法典》第955条规定："行纪人低于委托人指定的价格卖出或者高于委托人指定的价格买入的，应当经委托人同意。未经委托人同意，行纪人补偿其差额的，该买卖对委托人发生效力。""行纪人高于委托人指定的价格卖出或者低于委托人指定的价格买入的，可以按照约定增加报酬。没有约定或者约定不明确，依照本法第五百一十条的规定仍不能确定的，该利益属于委托人。""委托人对价格有特别指示的，行纪人不得违背该指示卖出或者买入。"

① 林诚二：《民法债编各论》（中），中国人民大学出版社2007年版，第233页。

5. 向委托人交付标的物及移转权利的义务

行纪人受托以自己的名义向第三人购买标的物或获得相应权利的，应向委托人交付标的物和移转权利。《民法典》第 927 条规定："受托人处理委托事务取得的财产，应当转交给委托人。"

从形式上说，行纪人与第三人之间成立交易，取得相应财产权或其他权益，但这是为了履行其与委托人之间的行纪合同，所以，行纪人不能以自己是交易当事人而认为自己取得财产所有权加以抗辩。

另外，由于行纪合同属于委托合同，行纪人也要遵守法律关于委托合同其他规定的义务，如需服从委托人的指示义务、亲自处理事务的义务、报告义务等，如果因过错而给委托人造成损失的，还要负损害赔偿的责任。

（二）行纪人的权利

1. 报酬费用请求权

行纪合同系有偿合同，故行纪人有权取得相应报酬。《民法典》第 951 条关于"行纪合同"定义中规定，委托人须向行纪人支付报酬。

一般情况下，由于行纪是一种营业，原则上除了报酬外，行纪人不应再行收取相应费用。但如果双方在合同有另有约定的，则可以有费用请求权。《民法典》第 952 条规定："行纪人处理委托事务支出的费用，由行纪人承担，但当事人另有约定的除外。"

2. 介入权

行纪系行纪人以自己的名义为委托人出卖或买入财产，在不损害甚至有利于委托人的情形下，法律赋予行纪人自己直接作为买入人或出卖人的权利，可能会更好地实现行纪的目的。该行纪人自己直接与委托人进行的自卖或自买行为，被称为行纪人的介入权。《民法典》第 956 条规定："行纪人卖出或者买入具有市场定价的商品，除委托人有相反的意思表示的以外，行纪人自己可以作为买受人或者出卖人。""行纪人有前款规定情形的，仍然可以要求委托人支付报酬。"

所以，行纪人的介入权是指行纪人自为出卖人或买受人与委托人成立买卖合同，而不另与第三人成立买卖合同的权利。由于该权利系出于行纪人行使介入权的结果，而非由于行纪人与委托人之间的要约与承诺而成立的。行纪人一经表示介入，则该买卖契约的成立，不以委托人的承诺为要件，所以，介入权属于一种形成权。①

行使介入权须符合法定条件。根据《民法典》规定，行纪人卖出或买入的商品须为具有市场定价的商品，即为种类物且能够随行就市，特定物和那些无法通过市场定价的商品，如文物等就不能行使介入权。同时，委托人没有相反的意思表示。

3. 委托物的提存权

行纪是行纪人以自己的名义为委托人卖出或买入财产，作为委托人，须依约及时接受卖出的价款或买入的财产。如果委托人在经催告后仍不接受的，行纪人可以行使提存权。在委托物不能卖出或者委托人撤回出卖时，其须取回委托物或进行其他处置，如果经催告而不取回或处置的，行纪人也可以据此提存以维护自己的合法权益。

《民法典》第957条规定："行纪人按照约定买入委托物，委托人应当及时受领。经行纪人催告，委托人无正当理由拒绝受领的，行纪人依法可以提存委托物。""委托物不能卖出或者委托人撤回出卖，经行纪人催告，委托人不取回或者不处分该物的，行纪人依法可以提存委托物。"对于不易提存的委托物，如易坏变质的商品，可以通过拍卖等合理方式予以处理。

4. 委托物的留置权

行纪合同为有偿合同，在委托人不能按照约定支付报酬或支付不足时，行纪人可以对委托物行使留置权。《民法典》第959条规定："行纪人完成或者部分完成委托事务的，委托人应当向其支付相应的报酬。委托人逾期不支付报酬的，行纪人对委托物享有留置权，但是当事人另有约定的除外。"

四、委托合同的参照适用与代理的准用

委托人与行纪人之间形成委托关系，《民法典》第960条规定，本章没

---

① 林诚二：《民法债编各论》（中），中国人民大学出版社2007年版，第239页。

有规定的，参照适用委托合同的有关规定。同时，也准用《民法典》总则编代理规定。

第四节 中介商

一、中介商的含义

中介商是指向委托人报告订立合同的机会或者提供订立合同的媒介服务的企业（《民法典》第961条）。

《民法典》所规定的中介合同为传统民商法上的居间合同，合同法（已失效）也规定为居间合同。《民法典》编纂之际，考虑到我国社会生活中普遍称之为中介，故以中介合同称之。

中介人是通过与他人订立中介合同而开展营业活动的。根据中介人所受委托内容的不同，中介合同可分为指示中介合同和媒介中介合同。前者是指中介人仅为委托人报告订约机会的中介；媒介中介是指中介人为委托人提供媒介服务的中介。无论何种中介，中介人都只是属于交易双方当事人之间起介绍、协助作用的中间人。但二者之间的差异也是明显的，其中，媒介中介系受当事人双方的委托，于双方当事人间予以斡旋，促使合同成立，报告中介仅向一方报告订立合同的机会。

一般情况下，中介为一种营业，故从事中介者一般为具有商人资格的商主体，但这并不妨碍其他主体特别是普通民众为之。

二、中介合同

中介商行为主要适用《民法典》合同编第二十六章关于“中介合同”规定。

中介合同具有以下特征：

1. 其是一种劳务合同。即中介人为委托人提供报告订立合同的机会或提供订立合同的媒介服务的居间行为的合同，这是中介合同的基本特征。中介人的地位就在于为委托人报告订立合同的机会或进行媒介而促成交易，其无权利也无义务“保证合同成功”。在某建筑工程公司与大光公司居间纠纷申请再审案①中，最高人民法院认为，居间人的主要义务是向委托人报告订立合同的机会或提供订立合同的媒介服务。对于实行公开招标的工程项目，订立合同的机会无须特定人报告，也无须提供媒介报告，否则就可能违反《招标投标法》的规定，有不正当竞争的嫌疑。双方当事人签订的以“保证中标”为条件收取的协议不符合居间合同的特征。

2. 中介合同是一种有条件的有偿合同。即中介人获得报酬不具有确定性，须以委托人与第三人的合同成立为前提，如果居间人未能促成合同的成立，则其仅“可以要求委托人支付从事居间活动所支出的必要费用”。

3. 中介人与第三人并不直接发生法律关系。与代理事务和行纪事务相比，中介合同中的中介事务属于非法律行为范畴，其不像前两者那样是要表达发生法律效果的意思（代理是对本人直接发生效力，行纪是对行纪人本人发生效力）。代理行为和行纪行为的结果都是以与第三人订立合同而告终，而在中介情形下，中介人的活动仅局限于提供当事人信息或媒介，能否产生合同，取决于委托人的意志，而非受托人（中介人）的意志。②

三、中介人的地位

中介人是为受委托人委托而为其报告订立合同的机会或进行媒介而促成交易。对于委托人而言，中介人系为事务的受托人，二者之间产生委托与受托关系而使中介人负有为订立合同的成立所必要的事实上行为的义务，但中介人与相对人之间，并无委托关系，亦即，其非以委托人的名义或以自己的名义代为订立合同。但如果中介人由当事人特别授予此种权利时，也可以为

① 苏泽林主编、最高人民法院立案庭编：《立案工作指导》2007 年第 2 辑，人民法院出版社 2008 年版，第 119 - 122 页。

② 高富平、王连国：《委托合同 · 行纪合同 · 居间合同》，中国法制出版社 1999 年版，第 178 页。

委托人给付或受领给付。

在应娟诉亿贝易趣网络信息服务（上海）有限公司服务合同纠纷案①中，法院认为，在网络交易中，网站作为互动式计算机服务提供者，一方面根据与网上拍卖人的约定（具体表现为网上拍卖人的网络注册行为），有偿为网上拍卖人提供商品及价格展示的信息平台，另一方面根据与竞拍人之间的约定（具体也表现为竞拍人的网络注册行为），为竞拍人提供出卖人及其商品的信息，并根据双方买卖的合意情况，确认双方交易是否成交。拍卖成交的，网站即向双方发送买卖成交确认书以及对方的个人联系方式等信息，并从拍卖人处收取相应的报酬。因此，网站与交易双方之间均构成中介合同关系。网站负有《合同法》所规定的居间人的义务，如应当就有关订立合同的事项向合同双方如实报告，不得故意隐瞒与订立合同有关的重要事实或者提供虚假情况等。如果违反这些义务，网站应当承担相应的法律责任。

四、中介人的义务与权利

（一）中介人的义务

作为受托人，中介人负有受托义务，主要有：

1. 如实报告义务

中介人须就有关订立合同的事项向委托人如实报告。对于显然没有支付能力者或知其没有订立合同能力者，不得为其媒介。按照德国判例和常说，居间人按照诚信原则，就一般关于订立合同有影响的事项，如相对人的信用、所介绍房屋的瑕疵等，虽不负有积极的调查义务，但就其所知事项，负有报告给委托人的义务。②

《民法典》第926条规定："居间人应当就有关订立合同的事项向委托人如实报告。""居间人故意隐瞒与订立合同有关的重要事实或者提供虚假情况，损害委托人利益的，不得要求支付报酬并应当承担损害赔偿责任。"

---

① 《最高人民法院公报》2007年第3期，第43页下。

② 史尚宽：《债法各论》，中国政法大学出版社2000年版，第468页。

2. 隐名中介的不告知义务与履行义务

这是指在中介人实施中介过程中，当事人一方或双方指定中介人，不得将其姓名或商号告知对方当事人，中介人因此负有隐名而不告知的义务。同时，因隐名而使中介人须自己履行义务。

3. 尽力的义务

中介人须积极地为委托人找寻合适的订约机会。中介人负有尽力的义务的具体内容，在指示性中介与媒介性中介中表现出一定的差异。在指示性的中介中，中介人按委托人的指示寻找可能与委托人订立合同的人，并向委托人指明该第三人的姓名或商号，就应视为完成了尽力的义务。在媒介性中介中，中介人不仅要向委托人报告订立合同的机会，而且还有义务进一步在双方当事人之间周旋活动，采取积极有效的措施，以促使双方当事人订立合同，只有这样，才能认为履行了尽力义务。

（二）中介人的权利

1. 报酬请求权

在中介行为产生实际法律效果后，中介人可以请求委托人依约支付报酬。《民法典》第963条规定：“中介人促成合同成立的，委托人应当按照约定支付报酬。对中介人的报酬没有约定或者约定不明确，依据本法第五百一十条的规定仍不能确定的，根据中介人的劳务合理确定。因中介人提供订立合同的媒介服务而促成合同成立的，由该合同的当事人平均负担中介人的报酬。”“中介人促成合同成立的，中介活动的费用，由中介人负担。”

如果委托人在接受中介人的服务后，利用中介人提供的交易机会或者媒介服务，绕开中介人直接订立合同的，也应当向中介人支付报酬（《民法典》第965条）。但同一信息经多个中介公司发布，买方通过上述正当途径获取该房源信息的，有权在多个中介公司中选择报价低、服务好的中介公司促成交易，此行为不属于“跳单”违约。①

① 参见最高人民法院发布的第一批指导案例（法〔2011〕354号）中“上海中原物业顾问有限公司诉陶德华居间合同纠纷案”。

2. 中介人的费用支付请求权

对于从事居间活动支出的必要费用，中介人可以请求委托人支付。

《民法典》第964条规定：“中介人未促成合同成立的，不得请求支付报酬；但是，可以按照约定请求委托人支付从事中介活动支出的必要费用。”

需要注意的是，中介人以上权利的实现有赖于居间事务的完成，即促成了委托人与第三人合同的成立。但是，委托人并非只能委托一家或一个居间人，其可以同时委托多个居间人。在这种情况下，委托人可以选择为其提供更优质服务的一方达成交易。

五、委托合同的参照适用

中介人与委托人之间形成委托关系，《民法典》第966条规定，本章没有规定的，参照适用委托合同的有关规定。

第五节　协议经销商

一、协议经销商的含义

协议经销商是指被长期委托而以自己的名义，为自己的利益销售另一企业（以下简称本企业）的产品，并且其销售以类似于代理商或行纪商的方式进行的独立营业经营者。① 其具有以下含义：

1. 与代理商、行纪商不同，协议经销商不仅是独立的商人，而且以自己的名义并以自己的利益而行为。

2. 与代理商、行纪商相同的是，协议经销商也和本企业存在着密切的利益联系。

这使得协议经销商与另一企业之间产生一种特有的混合结构，带有和独

① ［德］C. W. 卡纳里斯：《德国商法》，杨继译，法律出版社2006年版，第469页。

立销售商的紧密联系，却表现出代理商或行纪商的特征。也就是说，协议经销商与一般独立经销商是不同的概念，后者并不都是协议经销商。①

由于协议经销商表现出代理商或行纪商的特征，德国学者乌尔默认为，协议经销商是商人，他的企业属于某商标产品制造人的销售组织之一员，其方式是他通过与制造人或其指定的中间商签订合同而长期接受以自己的名义，为自己利益在合同规定地域大量销售合同产品，并且推进营销、汇报其商业活动的成果和风险以及在相关产品交易中提示自身商号之外的产品标志。

3. 协议经销商应以类似于事务处理的方式实现本企业的利益，或者在双方当事人之间存在“类似于代理机构合同的利益联系”。

协议经销商一方面是独立的，并以自己且自己的利益经销其他企业的商品或服务，同时通过经销总合同及一系列分合同经销这些商品或服务。这些合同往往要规定经销商的经销以外的有关义务，如品牌维护、客户维系，按照企业要求统一行动（统一定价、统一宣传）等，从而使其并不等同于一般的买卖关系。

二、经销合同

协议经销商与本企业之间一般需要先签订一份总合同，然后再多次签订类似于分合同或具体合同的合同。所以，在协议经销商的交易结构上具有双层性：对协议经销商而言，合同本身是框架合同，而又被当事人之间的有关买卖合同所补充。

在经销合同双层特征上，其既不同于代理商，也不同于行纪商。代理商业务的实现完全在委托企业与第三方之间直接进行；行纪商则名义上在行纪商与第三方之间进行，但实际上行纪商完全是按照委托企业的指示和要求去做的，行纪商与委托企业之间没有买卖法的要素。

作为框架合同，经销合同具有事务处理合同特征，经销商报酬取决于收

① 本节关于协议经销商的基本认识，均源于前引卡纳里斯所著《德国商法》，第468页下。

入可能或机会的出现，经销商负有推进销售和实现本企业利益的义务，本企业则保证协议经销商对其产品销售的参与和由此产生的利润分享机会。经销合同既是一种事务处理合同，在我国法上要考虑委托合同、行纪合同和代理的有关规定，同时它具有买卖法的因素，要考虑《民法典》关于买卖合同的规定。

所以，作为框架合同，经销协议是带有类似于代理人的事务处理和劳务特征以及合同预约式买卖权利因素的混合合同。

三、经销商的义务与权利

协议经销合同具有事务处理特征，因此经销商负有按照约定努力促使交易成立和实现本企业的利益之义务，其需要及时通知和告知本企业有关经销情况，并根据本企业的有关指示行事，要接受本企业的监督。

从权利上，经销商具有佣金请求权、费用补偿权等。

第六节　特许经营商

一、特许经营商的含义

商业特许经营（以下简称特许经营），是指拥有注册商标、企业标志、专利、专有技术等经营资源的企业（以下称特许人），以合同形式将其拥有的经营资源许可其他经营者（以下称被特许人）使用，被特许人按照合同约定在统一的经营模式下开展经营，并向特许人支付特许经营费用的经营活动（《商业经营特许管理条例》第 3 条）。其中，被特许人是特许经营商。它具有以下含义：

1. 被特许人为独立的企业主体，被特许人并不因被特许使用特许人商标等而不具有独立性。

2. 特许的内容是特许人将其拥有的注册商标、企业标志、专利、专有技术等经营资源通过合同而特别许可被特许人使用，从而使被特许人与特许人之间具有特别的合同关系。

3. 被特许人必须按照合同约定采与特许人要求的统一经营模式，不得擅自更改该统一的经营模式，这使得特许人可以通过该统一经营模式而拓展自己的品牌与市场信誉。

特许经营在保留被特许方独立生产经营的同时，通过特许经营而将自己融入特许方的销售体系之中，获得特许方的技术秘密、特别配方、商标等，并通过特许方的广告推广而获益。

特许经营有生产经营特许、销售经营特许与服务经营特许，它通过特许与被特许的统一经营模式实现了产品的最佳营销效果。也正是由于该统一，导致被特许企业的独立性在客户眼中并不大，而往往被视为特许方的一个分支，但这并不妨碍被特许方的独立主体价值与法律效果。

二、特许经营合同

特许经营合同是一种许可合同，即特许人将自己的商标、商业标志、技术秘密和特别的经营管理方式许可于被特许人，被特许人则必须按照特许人要求和相应的指示从事经营，受到特许人的经营指导。商号、招牌、采购、销售甚至服务工装都是统一的。所以，特许经营合同是一种典型的混合合同，特许方与被特许方尽管各自独立，但二者之间具有强烈的依存性。①

特许经营合同直接关系双方特许经营的实施，其涉及众多有关内容，因此应当采书面形式（《商业经营特许管理条例》第 11 条）。

特许经营合同应当包括下列主要内容：特许人、被特许人的基本情况；特许经营的内容、期限；特许经营费用的种类、金额及其支付方式；经营指导、技术支持以及业务培训等服务的具体内容和提供方式；产品或者服务的质量、标准要求和保证措施；产品或者服务的促销与广告宣传；特许经营中

① ［德］迪特尔·梅迪库斯：《德国债法分论》，杜景林、卢谌译，法律出版社 2007 年版，第 492 页。

的消费者权益保护和赔偿责任的承担；特许经营合同的变更、解除和终止等。

三、特许人的义务

首先是持续的指导义务。特许人应当向被特许人提供特许经营操作手册，并按照约定的内容和方式为被特许人持续提供经营指导、技术支持、业务培训等服务。（《商业经营特许管理条例》第14条）

这是一种具有劳务性质的推进义务，除了以上规定外，还包括支持被特许人的经营组织、集中管理销售体系以及采取广告措施等。如果特许人履行该义务不良，将使得被特许人的相应权利产生，特别是损害赔偿权、减价权、解除合同权等。

其次是披露义务。特许人应当向被特许人提供以下信息：特许人的名称、住所、法定代表人、注册资本额、经营范围以及从事特许经营活动的基本情况；特许人的注册商标、企业标志、专利、专有技术和经营模式的基本情况；特许经营费用的种类、金额和支付方式（包括是否收取保证金以及保证金的返还条件和返还方式）；向被特许人提供产品、服务、设备的价格和条件；为被特许人持续提供经营指导、技术支持、业务培训等服务的具体内容、提供方式和实施计划；对被特许人的经营活动进行指导、监督的具体办法；特许经营网点投资预算；在中国境内现有的被特许人的数量、分布地域以及经营状况评估；最近2年的经会计师事务所审计的财务会计报告摘要和审计报告摘要；最近5年内与特许经营相关的诉讼和仲裁情况；特许人及其法定代表人是否有重大违法经营记录；商务主管部门规定的其他信息。（《商业经营特许管理条例》第22条）

再次是费用说明义务。特许人要求被特许人在订立特许经营合同前支付费用的，应当以书面形式向被特许人说明该部分费用的用途以及退还的条件、方式。特许人向被特许人收取的推广、宣传费用，应当按照合同约定的用途使用。推广、宣传费用的使用情况应当及时向被特许人披露。（《商业经营特许管理条例》第16、17条）

四、被特许人的义务

按照《商业经营特许管理条例》规定，被特许人的义务主要有四方面：一是支付特许经营许可费；二是服从特许人的经营指导、管理与监督；三是未经特许人同意，被特许人不得向他人转让特许经营权；四是保守商业秘密。

不过，除了以上义务外，作为特许经营商，被特许人具有使用并推进经营方案的义务，① 这甚至为特许经营商的基本义务。该义务类似于代理商的推进销售义务，但一般比后者广泛和严格。因为特许经营体系要求众多特许经营商同样的行动予以保障与加强。

另外，特许人与被特许人往往会在合同中约定被特许方须从特许方进货，此时，被特许人负有购买特许人货物的义务，从而使其具有了买卖法色彩。此约定有强制之嫌，但一般并不因此无效，因为特许人通过体系发展和享有利用该体系的权限而获得额外的收益或特殊的收益，是与特许经营合同性质相符的。②

五、合同的解除

由于特许经营合同均有赖于双方的信誉，对双方影响重大，故特许人和被特许人应当在特许经营合同中约定，被特许人在特许经营合同订立后一定期限内，可以单方解除合同（《商业经营特许管理条例》第 12 条）。

---

① ［德］C. W. 卡纳里斯：《德国商法》，杨继译，法律出版社 2006 年版，第 469 页。

② ［德］C. W. 卡纳里斯：《德国商法》，杨继译，法律出版社 2006 年版，第 507 页。

第十二章 营业的法律行为

第一节 概 述

一、营业法律行为的含义

“企业”与“营业”是现代商法的基本范畴，它们决定了“谁的”和“什么样的”行为要由商法加以规范而适用相对特殊的规则。

在传统商法中，营业的法律行为被称为商事行为，大陆法系国家和地区不同的立法体例有不同的认识。采取主观主义的《德国商法典》规定，商事行为是“商人从事其商事营业的全部行为”，亦即，商事行为须是商人为营业需要而从事的行为。采取客观主义的原《法国商法典》规定，商事行为是指任何主体的营利性活动。采取折衷主义的日本商法典则规定，有些行为，如投机性买入和在交易所进行的行为等，不论是谁从事，均为商事行为；其他须是商人从事的经营性行为，如租赁等。

虽然不同立法体例的国家和地区的法律对商事行为的认识不同，但现代各国大都认为营业的法律行为主要是由企业所为的营业性行为。原采客观主义立法的法国，现在也已经不再简单地认为谁都可以从事所谓商事行为了，而更多采主观主义的做法。如法国学者认为，商法针对的是商人为了商业经营的需要而与其他商人或顾客从事的法律活动，以及非商人偶尔进行的商业行为。① 至于采折衷主义做法的日本，也主要靠是谁在从事相应的营业性活

① ［法］雅克·盖斯旦、吉勒·古博：《法国民法总论》，陈鹏等译，法律出版社2004年版，第69页。

动来认定商事行为。

所以，营业的法律行为一般是指企业从事的营业性经营行为。

二、营业法律行为的特征

在采民商合一的我国，作为民事法律行为的营业行为，具有以下特殊性：

首先，其主要是一种以营利为目的的行为。“商”的本意是通过买卖赚取价差，后来随着商品经济在社会各方面的深入发展，它又陆续扩张至其他以营利为目的的行业。当然，营业行为的营利性主要着眼于行为的目标，而不在行为的结果。因此，行为的结果是否盈利并不能成为判断营业行为成立与否的依据。商法实践中，判断某一行为是否属于营业行为，主要是借助推定的原则来进行的。如果行为主体为企业时，通常会认为其行为具有营利性而属于营业行为。如《韩国商法》第 47 条规定：“将商人为营业而进行的行为视为商事行为；将商人的行为，推定为是为了营业而进行的行为。”但当行为主体为非企业时，则必须根据其行为的客观目的和商事习惯来加以判定。

需要注意的是，这里说营业行为主要是一种以营利为目的的行为，而非认为营业行为必然以营利为目的。非以营利为目的行为，如具有企业身份的人从事的非营利行为，也一般认为其为营业行为而适用商事规则。这是因为，是否具有营利性对于商法的适用仅仅是一种表象性的依据，它不能成为商法适用的必要条件。

其次，其是一种职业性的经营行为。所谓职业性的经营行为，是指行为人的营利性行为或其他经营行为具有反复性、不间断性、计划性、公开性及独立性的特点。它表明行为主体至少在一段时期内独立地、连续不断地从事某种性质相同的经营活动，因而具有了职业性和专业性。为规范营业活动，现代国家普遍将其纳入专门管理的范围。但是，对于一般民事主体偶尔从事的营利活动，多数国家和地区的商事立法及实践并不将其当作营业行为，不运营商特别法的控制规则。而且，从理论上讲，现代商法中有关企业登记、商号、商事账簿、营业行为规制和企业责任等规则主要着眼于对经营性主体的经济活动加以控制，它们对于非经企业登记的一般民事主体间断的营利性活动控制只具有从属性意义。

第二节 意思表示与通知

一、法律行为制度与营业行为

私法自治的工具是法律行为。所谓法律行为，是指“私人的、旨在引起某种法律效果的意思表示。此种法律效果之所以得依法产生，皆因行为人希冀其发生。法律行为的本质，在于引起法律效果意思的实现，在于法律制度以承认该意思的方式而于法律世界中实现行为人欲然的法律判断”。① 也就是说，法律行为是旨在引起某种法律效果的行为。

在一定意义上，营业行为是民事行为的一种，法律行为制度自然也适用于营业行为。

同其他法律行为一样，营业行为是企业旨在引起某种法律后果的行为。通过营业行为，企业使自己与他人建立了某种法律关系而受到法律的保护和拘束。

但是，营业行为是一种特殊的民事行为，其主体、行为方式及欲达到的目的均与一般民事行为不同。那么，作为私法自治的工具的法律行为制度在商事行为中应有许多不同。

二、营业行为中的意思表示

营业行为主要是企业的营业性经营行为，这种行为具有长期性、计划性与反复性，其目的是营利。因而，对作为营业者的企业意思表示认定是不同

---

① ［德］卡尔·拉伦茨：《德国民法通论》（下册），王晓晔等译，法律出版社 2003 年版，第 427 页。

于普通人。

营业行为的长期性、计划性与反复性意味着商事行为的稳定性与可期待性，即其表现是经常如此，且一经做出就会让他人理解为应当如此。因此，在认定企业的意思表示时，商业习惯或惯例就成为重要因素。《德国商法典》第346条规定："在商人之间，在行为和不行为的意义和效力方面，应注意在商业往来中适用的习惯和惯例。"《美国统一商法典》第1－205条规定："当事人方之间的商业往来和当事人所从事的职业或行业中为当事人方所知悉或理应知悉的交易惯例，使协议条款具有特定的含义，并且起着补充或者限制协议的作用。""协议的明示条款和可适用的商业往来或者交易惯例，在合理之情形下，应作一致解释；但此种解释不合理的，协议之明示条款优于商业往来和交易惯例，商业往来优于交易惯例。"其他国家商法典也有类似规定。

营业行为的营利性意味着行为者对其行为是经过计算的，即其具有可计算性。这种可计算性使得相对方仅凭外观就可判断其意思表示，而不必深究其内心如何，特别是在双方都是企业时，更是如此。外观主义成为营业活动的重要规则，相应地，表示主义是认定营业行为意思表示的重要标准。

民法也有外观主义规则，但民法所调整的社会关系常常是熟人之间或关系较为固定的人之间的，因此，尽管外观主义规则（如善意取得制度）在民法也是存在的，但它在民法上更多的是一种例外。民事行为中意思表示的认定必须考虑行为人之间的道德、宗教、习俗、文化传统，考虑到行为人的真实感受等。为此，民法建立了重大误解、显失公平等制度。但是，商法中的外观主义是一种常态，它是确立商事行为意思表示的基本标准。无论是在企业登记事项的外观规则，还是表见代表与表见代理制度，抑还票据外观等制度，都说明了商事外观主义规则对于认定营业行为意思表示的决定性作用。所谓的重大误解、显失公平等制度很难在商法领域中被证明。

在一定意义上说，外观主义规则使那些可能本无意做出的意思表示成为了其意思，使那些原不想参与某种法律关系之中而形成了某种法律关系。这是在没有当事人意思参与的情况下形成的某种法定、而非意定的法律关系，私法自治在这里受到了一定的限制。①

三、营业通知

现代企业营业中，常常以通知或告知的方式提示有关产品、服务或其他信息，如网商公布的商品价格和其他信息，拍卖商拍卖产品的信息、物流商物流价格、路线、运输方式等信息。这些通知除了意思表示外，还特别包括向对方当事人提供的信息。从技术上看，信息告知不是意思表示，而仅仅是关于知晓之表示，告知的信息似乎只是期待的基础。但在企业营业过程中，一方常常也基本上是依靠企业的信息告知获悉对方的意思及确定的内容的，特别是在对方为消费者时，更是如此。那么，从这个意义上观察，被通知的信息同样参与了法律关系内容的构建。

在前合同阶段企业通知的信息，事实上成为对方当事人的合理期待基础，决定法律关系是否构建及构建内容如何，就不再仅仅是所谓的意思表示，而要考虑到对方的合理期待是什么。仅凭当事人的意思表示，是无法确定当事人的意思表示内容的。这时，意思表示之所以重要并非意思表示本身，而只是其与通知一起成为了合理期待的内容，从而最终确定合同如何。

从“意思表示”概念向“通知”概念的过渡也表征了现代合同法重心的转移，即从个体合同法向标准化大规模经营的合同法。通知的概念磨平了意思表示和观念通知之间区分的边界，并且弱化了意思表示在形成债之法律关系时的地位，因为通知概念表明，当事人特定的、与合同相关的表示应被同等对待，不论其是否被有意或无意做出，是否要产生某种法律后果，或者仅仅为描述。②

一般情况下，拍卖公告、招标公告、招股说明书、债券募集办法、基金招募说明书、商业广告和宣传、寄送的价目表等为要约邀请（第473条第2

① ［德］迪特尔·梅迪库斯：《德国民法总论》，邵建东译，法律出版社2000年版，第145页。

② ［德］莱纳·舒尔策、［波兰］弗里德里克·佐尔：《欧洲合同法》（第二版），王剑一译，中国法制出版社2019年版，第46页下。

款），它们往往构成当事人的合理期待。在解释和适用时，如果它们与当事人的意思表示同时出现，则成为合同内容的重要组成。在它们单独出现，如符合要约条件，则构成要约（第473条第3款）。如果以这些所谓要约邀请的公告等进行恶意磋商，应承担赔偿责任（第500条）。

现代合同法主要通过先合同义务构建当事人的信息义务。这种义务不仅在消费者合同中是必要的，在经营者之间也是不可缺少的，因为经营者之间常常存在巨大的信息落差。而且，充分的信息并非局限于法律关系的先合同阶段。在合同缔结后，合同必要的进展也同样取决于多样的信息。传统合同法上所遵循的"每个人皆应对自己的信息状态负责"的做法，已经不能适应现代大规模经营和科技的发展需要，企业营业中的合作态度与做法成为现代社会共同发展的标志，体现在现代合同法，就是合作态度下的信息提供义务。如果缔结合同的程序以特别的知识为前提，或者技术上复杂，则这些信息对于当事人意义更为重大。①

第三节　法律行为形式

一、法律行为的形式

原则上，法律行为可以通过任何形式予以表达，口头、书面或某种行为，均无不可。但除非当事人事先约定或法律规定，沉默是不能作为意思表示的形式的。

在某些特别情形，法律行为须以某种特别的形式做出，如涉及人身关系的婚姻、收养行为、对社会公众影响重大的不动产转让行为等，一般国家和地区均要求采取书面形式。

---

① 参见［德］莱纳·舒尔策、［波兰］弗里德里克·佐尔：《欧洲合同法》（第二版），王剑一译，中国法制出版社2019年版，第124页下。

为了保护普通民众，许多国家和地区的民法规定，超过一定数额或某些性质的其他合同，须采取书面形式或其他明示的方式。《法国民法典》第1341条规定：“凡是超过法令确定的数额或价值之物，即使是自愿的寄托，均应在公证人前作成证书，或者经双方签名作成私证书；而在证书作成之后，对与证书内容不同或超出证书内容的事项，不得以证人证明之，亦不得对证书作成之前、之时或之后所声明的诸事项，以证人证明之，即使所涉及的款额或价值低于法律规定的数额或价值，亦不得以证人证明之前项规定不损及有关商事交易的法律规定。”也就是说，所有标的在法令规定数额以上的合同，必须采用书面形式或公证形式，人证是无效的。第1988条第2款规定：“如所涉及的是让与财产或抵押财产事务或者其他任何有关所有权的行为，委托应明示为之。”《德国民法典》第492条规定：“除更加严格的形式被规定外，必须以书面订立消费者金钱借贷合同。”第518条规定：“为使以赠与方式约定某项给付的合同有效，必须将该约定做成公证证书。”

二、营业法律行为的形式自由

营业行为是具有商人身份的人从事的营业性经营行为，其长期性、反复性、专业性以及营利要求的便捷性等，都决定了其行为形式的不拘一格，以上书面形式要求基本上不适用于营业行为。

《法国商法典》第109条规定：“对于商人，商行为得以一切方式予以证明，但法律另有规定的除外。”法国最高法院认为，在商事方面，一切证据方法均许可，例如，依推定产生的证据、人证，均在准许之列。即使是对文书的内容作出否认的证据，也是如此。①《德国商法典》第350条规定：“对于保证、债务约定或债务承认，以保证在保证人一方、约定或承认在债务人一方为商行为为限，不适用《民法典》第766条第1款、第780条和第781条第1款的方式规定。”而《德国民法典》的这些规定都要求采取书面形式，否则无效。这是因为，相对于普通人经常认为只要他“不留下字迹”，就不

① 《法国民法典》（下册），罗结珍译，法律出版社2005年版，第1030页。

必承担责任，对于商人却正好相反，原则上存在着“义不容辞的惯例”：对自己所说过的言辞和握手承诺的事情负责。①

我国《民法典》第135条规定，法律行为可以采用书面形式、口头形式或者其他形式，除非法律、行政法规另有规定或当事人另有约定。亦即，我国民事法律行为广泛采自由主义原则。而之所以如此，是和我国《民法典》商事化有关的。

在中国轻骑集团有限公司、中国轻骑集团销售总公司与原阜阳机电集团股份有限公司购销合同纠纷再审案（最高人民法院［2002］民二题字第10号民事判决书、法公布［2003］第43号）② 中，最高人民法院认为，有关多年业务关系的双方当事人在履行购销合同的过程中，实际交货付款的数额超出合同约定，但双方均未拒收或未提出异议，可视为双方协商一致变更了合同内容，在不违反法律法规强制性规定的情况下，该合同变更行为应认定为有效，人民法院应当根据变更后的合同内容判令双方各自应当承担的合同责任。

而且，对于反映当事人意思的书面表现形式，并不限于当事人之间所谓的正式合同或协议，可以是其他各种方式或形式。如在香港锦程投资有限公司诉山西省心血管疾病医院、第三人山西寰能科贸有限公司中外合资经营企业合同纠纷案（最高人民法院［2010］民四终字第3号）③ 中，最高人民法院指出，当事人在签订合同后又签订备忘录，对原合同部分事项作出调整，所涉事项非必须经有关审批机关审批的，无须报批。由于备忘录反映了当事人的真实意思表示，因而对当事人具有约束力。

三、关于沉默

在民事行为中，沉默一般是不能作为意思表示的方式的，除非当事人事

---

① ［德］卡纳里斯：《德国商法》，杨继译，法律出版社2006年版，第593页。

② 最高人民法院办公厅编：《最高人民法院公布裁判文书（2003）》，人民法院出版社2004年版，第296～301页。

③ 《最高人民法院公报》2010年第12期。

先有约定或法律明确做出了规定。但企业营业行为中，沉默则是其常态。《德国商法典》第362条第1款规定："由商人的营业经营产生为他人处理事务，并且关于处理此种事务的要约从某人到达该商人，而该商人与此人有交易关系的，该商人有义务不迟延地予以答复；其缄默视为对该要约的承诺。关于处理事务的要约从某人到达商人，并且该商人已向此人请求处理此种事务的，适用相同规定。"《日本商法典》第509条规定："商人自素常交易人处接受属于其营业部类的契约要约时，应从速发承诺与否的通知。怠发其通知者，视为承诺要约。"所以，对于商人而言，只要不与法律的强制性规定相悖，他们就可以依据自身的力量和需要，用约定的交易条款形式设定他的法律关系。如果这种交易条款已成为一般惯例，即使在个别法律行为中因缺乏对该条款明示合意而产生疑问，仍视其已得到默示承认。① 德国联邦最高法院在一项关于专业咨询人的判决中说道："在咨询对于受领人而言具有重要意义，受领人欲将咨询意见作为其采取重大决策或措施的基础时，在一般情况下，应认定以默示方式订立了一项咨询合同，因此如咨询人提供了错误的咨询，就必须承担合同上的责任。这已成为司法机关的固定判例。"但在另外一项判决中，德国联邦最高法院又认为，这一原理不适用于"私人"做出的咨询表示。②

我国《民法典》第140条规定了意思表示的形式，即行为人可以明示或默示做出意思表示，但沉默只有在有法律规定、当事人约定或者符合当事人之间的交易习惯时，才可以视为意思表示。该规定似乎强调了默示不能随意成为意思表示的形式，但这主要限于普通民事行为，对于营业的行为，则当事人之间的交易习惯和惯常做法的沉默以及双方当事人行为要求的沉默，应当成为判断其行为的依据。

在商业交易中，沉默不被视为对合同要约的同意。但是，如果诚信和公

---

① ［德］拉德布鲁赫：《法学导论》，米健等译，中国大百科全书出版社1997年版，第74页。

② ［德］迪特尔·梅迪库斯：《德国民法总论》，邵建东译，法律出版社2000年版，第156页。

平交易要求受约人明确拒绝该项要约，则须视沉默为同意。当然，这是一种一般规则，如果双方当事人之间已有商业关系，这种拒绝便特别需要。在双方当事人之间已开始履行合同时，受约人应意识到要约人需要他尽快答复。①

第四节　营业行为的内容

一、法律行为的内容

基于私法自治的理念，法律对于当事人从事的法律行为内容并不做积极地规定，仅消极地规定法律行为所不应该有的内容。此种消极的规定是一种例外，一般情况下，法律行为成立后即发生效力而受法律保护。

法律行为成立而效力受到影响的情形，有基于立法政策的考虑，这主要表现在法律强制与禁止规定上，如各国民法关于违反法定禁止者行为无效的原则规定；有民法基于本身的调整功能，从社会道德与私法自治正义的观点，限制私法自治内容的，如各国民法关于违背公序良俗者无效的规定。为保护弱者特别是广大消费者的利益，法律特别对格式合同作了限制。

为实现立法政策与民法调整功能的需要，各国民法除了规定无效情形外，也同时规定了可撤销、效力待定、不利于（格式合同）制定者解释的制度。

二、营业行为扩大了私法自治

私法自治是一方面在商事领域得到了限制，如上述沉默可以作为营业行为的形式；一方面则被扩大了，这主要表现在关于营业行为的内容方面。

原则上，违反法律禁止者和有悖公序良俗者的行为，均为无效。但是，相对于民事领域，大量的违反法律禁止者的营业行为不必然无效，如是违反

---

① ［德］海因·克茨：《欧洲合同法》（上卷），周忠梅等译，法律出版社2001年版，第41页。

效力性的禁止规定的，为无效；如违反取缔性的禁止规定的，则仅行为者受到行政处罚，其行为仍有效。有悖公序良俗者的营业行为并不多见，特别是双方都是商人的情况下更是如此，它主要体现在企业之间的不正当竞争行为中，而在适用公序良俗的情况下，应在更大程度上考虑有关参与竞争的各阶层的观点，而不能作简单的、不加批判的照搬。①

为尽量尊重营业行为的私法自治，有关国家商法还规定了其他一些内容不同于民法。如《德国民法典》第 343 条规定："已经发生失权的违约金过巨的，可以根据债权人的申请，以判决减少至适当数额。在判断适当性时，必须斟酌债权人的一切正当利益而不拘于财产利益……" 而《德国商法典》第 348 条则规定："商人在经营其营业中约定的违约金，不得依《民法典》第 343 条的规定减少。"

基于民商合一，我国《民法典》第 585 条规定，约定的违约金低于造成的损失的，法院或者仲裁机构可以根据当事人的请求予以增加；约定的违约金过分高于造成的损失的，法院或者仲裁机构可以根据当事人的请求予以适当减少。尽管如此，在司法实践中，对于企业之间约定的违约金过高的判断，应当基于商业本身的规律。

在现代商事活动中，商事主体之间通过约定较高的违约金，实为商事经营活动中的常态和惯习，其目的已经不仅仅是一种事前关于违约责任的明确问题，还是一种事后保证的问题。而且，在典型的商事合同，即双方均为商人或经营者的营业合同中，如果一方违约，不仅会引起守约方自身，还会导致与守约方有关合同的履行及其他相关法律关系的变更或终止，亦即产生所谓连锁反应，因此产生的所谓守约方的实际损失将难以判断。而且，重要的是，商人或经营者在签订合同之时，都会涉及商业上的机会利益和成本，当甲方选择与乙方签订合同时，就意味着放弃了与丙方、丁方签订合同。而在乙方违约时，甲方与丙方或丁方成交生意的机会利益就会丧失。

---

① ［德］迪特尔·梅迪库斯：《德国民法总论》，邵建东译，法律出版社 2000 年版，第 512 页。

在“神木市洁能综合利用发电有限公司（以下简称神木洁能公司）建设工程施工合同纠纷案”（【2019】最高法民申 1196 号）中，最高人民法院经过审理认为：（1）案涉会议纪要明确约定单日 10 万元违约金，该约定是双方当事人真实意思表示，不违反法律、行政法规的强制性规定。本案双方当事人均系合法存续的商事主体，对违约金的约定应是建立在合理预判预期收益及违约后果的基础之上，在无特别法定事由情形下，一般不应进行调整。（2）同时，江南环保公司主张违约金过分高于损失，应提交证据予以证明，但该公司未能提交相应证据。（3）此外，本案是脱硫装置项目建设工程施工合同纠纷，工期延误必将对业主的后续生产经营造成严重影响，此种法律关系与金融借款法律关系不具有同一性，此种违约金与银行贷款利率亦不具有可比性。江南环保公司以银行贷款利率类比本案违约金，不具有法律依据。故二审法院根据合同实际履行情况，对违约金不作调整，并无不当。

可以说，本案的裁判思路是比较清晰的，其以商事审判的思维进行了合理的论证，即商事活动中，精明的商人或经营者对其营业活动中所签订的合同具有充分的事前准备与研究，应遵守更高的诚信规则。任何一个具体的商事合同都是一个相对整体的商业活动的组成部分，如果某个具体的商事合同不能得到遵守，将危及其他相关一系列经营活动，其损失不可估算。

为促进和维护整个经济秩序计，相应商事责任应是严格的。体现在违约金上就是，应充分尊重当事人意思自治，不宜轻易调整所谓过高的违约金。企业之间的合同中，违约金过高无须过多担心，因为市场的力量可阻止不合理的过高违约金。

对市场构建和繁荣经济贡献最大的那种法律，会避免以合同框架为基础的轮廓清晰的权利，二是对以商业关系和商业交易为基础的商业预期进行更为情景化的考察。为了实现这种法律推理，必须减少形式主义，而使法院更注重调查合同镶嵌于其中的关系和预期。①

① ［英］休·柯林斯：《规制合同》，郭小莉译，中国人民大学出版社 2014 年版，第 192 页。

第十三章　营业合同的常态

第一节　概　　述

一、营业合同和营业债

营业合同是指由营业引起的各种各样的以合同表现出来的交易法律关系。

在采民商分立的国家和地区，商法上的债（合同）称为商事债，与民法上的民事债对应；在民商合一情形，则不再区分，统称为债之关系。我国《民法典》采民商合一，且不设债法总论，统合于合同编之中。从理论上，可以将企业营业产生的交易关系统称为营业合同。

二、营业债的继续性、关联性、混合性与多角性

企业营业交易关系是由企业营业引起，其尽管在某个具体行为中表现为单个和暂时的交易或合同，但它们更多地体现为继续性或持续性的交易或合同，且常常多个有名合同因素混合，或者因营业而具有多角性，而涉及多个当事人。同时，由于营业原因，这些交易在不同的当事人之间具有链接程度不一的关联性。那么，对于营业的交易关系就不能以单个、暂时的交易和相对性理解，相应法律制度及违约责任的安排就具有复杂性。

继续性合同、关联合同、混合合同、框架合同可谓营业合同的常态。

第二节　继续性合同

一、继续性合同的含义

继续性合同是指交易内容非当事人为一次即可履行，需要经过作为债务人的一方继续地履行始能实现的合同，如融资租赁、运输、承揽、委托、特许经营、物业服务、借贷、合伙等。继续性合同是与一时或一次性合同相对而言的，后者是由当事人一次性即可履行完毕的合同，如一次性买卖。

德国学者基尔克于1914年最早提出“继续性债之关系”，以后得到学界与实务界的普遍接受。随着社会经济的发展，现代社会的交易基本上为企业交易，而企业交易大多为继续性债之关系，故继续性债之关系成为现代社会的一种典型的交易，有学者甚至称为“企业交易中继续性合同的原则化”。作为其表现，诸如继续性供给合同、代理店或特约店合同、合并事业合同、继续地保证、特许经营合同、会员合同等均为企业交易中的继续性合同，从而使得原以财产流转为主要内容的合同也成为利用财产权的合同和提供服务型的合同。①

二、继续性合同的特征

继续性合同中，时间因素在其中居于重要地位，作为债，其主要效力在于履行状态的维持。② 在较长时间的履行状态维持中，受到营业环境的变化，不仅原来确定的权利义务会随之变化，新的权利义务需求也会产生，亦即，继续性合同的性质使得其会随着时间的经过导致双方关系的改变。

对于一时或一次性债之关系而言，债的内容是不变的，变更必须经过当

① 韩世远：《合同法总论》（第三版），法律出版社2017年版，第66页。
② 韩世远：《合同法总论》（第三版），法律出版社2017年版，第63页。

事人同意。继续性债之关系则必然会发生改变，而且该改变很大程度上并非由当事人意志决定。同时，继续性债之关系的变并非改变已经履行的内容，而是在此基础上新的内容增加或已经确定但并未履行部分的变化。

继续性债之关系更多地是一个过程，以实现某种可确定性的后果，其过程是可变的，因此就其本质而言，继续性债之关系的内容是不确定的，其在合同成立时只是具备了一个初步的合同架构，其内容有待于当事人在合同履行过程中逐步确定和填充。本质上，继续性债之关系是一种不确定性债之关系。① 继续性合同主要有以下特殊之处：

1. 在继续性合同的解除与终止要件及效果上，具有特殊性

对于继续性合同，如果没有合同事先约定，则任意一方当事人均可以在合理期间内终止合同，且终止仅对未来产生效力。惟该终止需要在一定期限前通知对方，以便其另作安排。不过，对于该任意终止权，主要适用于无定期合同，有定期继续性合同要求严格限制，当事人对该信赖应受保护。即使解除与终止，其效果也不溯及已履行交付。

2. 继续性合同是情事变更原则最主要的适用对象

契约严守是现代合同法的重要原则，但商事实践合同大多为继续性合同，其在履行过程中，当事人订立合同的基础可能因不可归责于双方的事由产生变化，发生当事人订立合同时所不能预见且不能克服的结果。如果仍坚持契约严守，则显失公平并有悖于诚实信用原则。在这种情况下，应当允许变更或终止原合同，平衡当事人的应有利益。

3. 诚信原则在继续性合同中发挥着极大的作用

继续性合同从订立到履行的较长时间中，因为时间因素而会出现较多的不确定性，它要求双方当事人应就合同履行过程出现的问题及时沟通并通知对方，并以最大诚信处理双方之间的关系。诚信的本意就是对自己负责的同时也要对对方负责，而这一般发生在某个时间阶段之中。

---

① 屈茂辉、张虹：《继续性合同：基于合同法理与立法技术的多重考量》，载《中国法学》2010 年第 4 期，第 34 页。

三、关系性合同理论

继续性债之关系的法理基础是关系性合同理论，该理论认为，关系性合同具有其特殊性：第一，持续期较长。这种合同随着时间的延伸而继续，交换关系既可能表现为同一当事人在不确定时期内订立的一系列“当场交易”合同，也可能表现为一个具有确定期限的长期合同。第二，开放条款和自由裁量权保留。当事人既不打算也不期望看到任何单一时刻现时化的整个未来关系，因此，更为合理性的态度是，随着不同时间的发生做出适应性的调整和组合。第三，未来合作行为和合意的治理机制。开放条款和自由裁量权的保留，使当事人可以根据未来的变化要求，分担风险或者做出必要调整，如果合同条款自身不能实现目的，当事人可能同意诚信协商。第四，损益分担。在关系性合同中，关系通过双方合意的共同合作得以维持，而且，灵活性的规定减少了一方当事人进行策略性的机会而倾向于维持关系。①

按照关系性合同理论，它“不过是有关规划将来交换过程的当事人之间的各种关系”，“某些交换的因素，不是立即发生，而是要到将来才发生”，②亦即，处于继续伙伴关系的当事人一般都将许多条款悬而不决，留待今后根据商业需要再作临机应变的调节。因此，正如前述，继续性合同更多地是一个过程，而非某个时点决定。而“过程的观点势必要求对于无法事先确定的契约行为进行事后评价的标准，即与缔结契约时当事人的意志相分离的评价规范——它一般表现为程序要件的充足和促进交涉的规则”。③ 那么，对于继续性合同，其合意的价值就不在于当事人的意思自治，而更多的是为未来奠定双方合作的框架，有关双方或多方的权利义务是可以通过持续的合作协商调整的，而相应法律则是这种合作框架的保证——合作程序及促进交涉。除

① 孙良国：《关系契约论导论》，科学出版社2008年版，第86－88页。

② ［美］麦克尼尔：《新社会契约论》，雷喜宁等译，中国政法大学出版社1994年版，第4页。

③ 季卫东：《关系契约论的启示（代译序）》，［美］麦克尼尔：《新社会契约论》，雷喜宁等译，中国政法大学出版社1994年版，第3页。

了具有清晰界限的规则（Rule）之外，相应法律还通过标准（Standard）调整当事人的权利与义务，“根据标准，决策制定者可以在事后规定当事人义务的内容”。[①]

继续性合同是一个过程，对其分析须分阶段进行，可以分为交易开始阶段、交易持续中的阶段与交易终了的阶段。在继续性合同中，试图溯及合同订立时的引证，只是一种好心的假设，任何称职的法官都会考虑合同发展的过程，双方当事人行为所产生的期望、良好的商业习惯、对公平与合作的要求等，亦即，需要考虑那些称之为“关系合同”所强调的各种因素，然后做出合理的裁定。[②]

四、现代商法对于继续性合同的构造

除了根据继续性合同的特殊性而对传统合同法形式化且明晰规则进行改造外，[③] 现代商法更多注重当事人之间从合同订立、合同履行及合同终止后的关系协调。

首先，作为营业的一方或双方必须有相应的能力。继续性合同是现代商业社会发展的必然，它往往是具有相应营业能力者为之的。因此，尽管现代合同法采客观主义立法而少提及有关主体的能力，但对于继续性合同，能力规则在其中至关重要，只有有能力者才能提供相应服务或产品，现代商法（包括合同法）对于继续性合同营业的一方的能力做出了相应要求。

其次，在实体上强化当事人的协同义务。与合同法一般规定的合同附随义务（协助、保护等）不同，在继续性合同中，当事人从合同订立到合同履

---

① 孙良国：《从形式主义到实质主义——现代合同法方法论的演进》，载《法学论坛》2007 年第 5 期，第 26 页。

② 参见［德］海因·克茨：《欧洲合同法》（上卷），周忠梅等译，法律出版社 2001 年版，第 21 页。

③ 如根据《欧洲示范民法典草案：欧洲私法的原则、定义和示范规则》第 2－4：101 条规定，在合同的成立上，当事人只要是“意在建立具有拘束力的法律关系或产生其他法律效力”且“达成了充分的合意”即可，无须面面俱到。见《欧洲示范民法典草案：欧洲私法的原则、定义和示范规则》，高圣平译，中国人民大学出版社，第 164 页。

行和终止之后，都对对方负有协同义务。继续性合同的长期性及不确定性决定了当事人从一开始，到运营及终止之后，均须协同对方，非强调自己的权利，否则继续性合同不仅无法继续，其也无法开始。“如何经营和如何建构运作关系而不是简单地确定要交换什么的计划，已经支配了相当大部分的现代契约。”① 因此，对于继续性合同而言，为保障当事人合同目的的实现，各当事人行为之间需要进行一定的协同，其程度超过了传统的附随义务。② 协同义务既包括磋商过程中信息的披露，也包括合同履行过程中的信息沟通，合同终止之后也需要及时提供应有的协助等。

最后，在程序上强化当事人信息披露规定及促进交涉。本来，合同法就是关于合同如何订立、履行及终止的程序规定，但这些所谓的程序对于一时性合同而言，更多的是一种形式上的，实质意义并不大，故传统合同法理论对于合同法中的所谓程序并不重视。③ 但在继续性合同中，其长期性与不确定性要求实质意义上的程序规则，该程序规则更多的是关于当事人的义务性标准。通过这些实质意义上的程序要求，保证了作为过程的继续性合同的在变中的延续性及各方利益的共同实现。

五、继续性合同的立法模式

在立法模式上，对于如何规范作为营业的继续性合同，主要有两种立法模式：

一是采民商合一下的单一合同法模式，即通过合同法加以系统规范，其典型代表为欧洲示范民法典。在该模式下，其对传统合同法进行了根本性改造，由过去的以一时性合同为模型改为以继续性合同为模式构造相应合同制度。

① ［美］麦克尼尔：《新社会契约论》，雷喜宁等译，中国政法大学出版社 1994 年版，第 43 页。

② 王利明：《论合同法组织经济的功能》，载《中外法学》2017 年第 1 期，第 110 页。

③ 现行合同法理论仍然固守合同法的传统上的基本属性认识，即合同法为私法、合同法为财产法、合同法为交易法、合同法为自治法。韩世远：《合同法总论》（第三版），法律出版社 2017 年版，第 14－15 页。

欧洲示范民法典一改传统合同法的客观主义模式，明确区分了经营者与消费者，并对于经营者因经营导致的合同特别是那些继续性合同，如服务合同、商事代理合同、特许经营合同等，明确规定了相应能力要求、协同义务与程序标准。如其第三编“服务合同”分 8 章，规定了建筑合同、加工合同、保管合同、设计合同、信息和咨询合同、医疗服务合同。其中第二章为“适用于服务合同的普遍规则”，该章规定了价款、先合同警示主义、合作义务、转包人（分包人）、工具和材料、具备相应技能及注意的义务、完成工作成果的义务、遵守客户指令的义务、服务提供人的约定警示义务、服务合同的单方变更、客户就预期不履行的通知义务、客户的解除权。如果从传统合同法来看，这些规定已经远远超出了合同法范畴，但继续性合同的特殊性使得这些规定成为现代合同法的重要内容。其他各章也分别规定了相应的具体要求。

二是采民商分立下的“合同法 + 商法”模式，即由合同法规定继续性合同的基本合同要素，由商法规定继续性合同的特殊之处以及非合同要素。法国新商法典第一卷“商事总则”第三编规定了“居间商、行纪商、承运人、商业代理人与独立的上门销售人”，对于居间合同、行纪合同、商事代理合同等继续性合同通过对商人的要求规范了相应营业，如其第 L134 – 4 规定：“商业代理人与委托人之间的合同是为双方共同利益而订立的合同。”“商业代理人与其委托人之间的关系，受诚信与相互提供信息之义务约束。”“商业代理人应以一个善良职业人的态度履行委托。委托人应当为商业代理人能够履行其给予的委托提供必要的条件。”第 L134 – 11 条第 1 款规定：“有确定期限的商业代理合同到期之后，双方当事人仍然继续履行的，视其转为不定期合同。”也就是说，关于商业代理合同，更多的规定是交给了商法，合同法只是提供基本框架和要素。当然，“合同法 + 商法”模式既包括专门的商法典，也包括商事单行法。

基于一时性合同的传统合同法重视的是当事人的合意，要求合意清楚，契约严守，强调守约者个人利益；而基于继续性合同的现代合同法则重视的是当事人的能力与信用，要求相应信息的披露及时协商和协同，以实现当事人共同利益。因此，现代商法对于这些营业行为的构造已经由传统的当事人同意转向当事人信用的要求。

我国《民法典》强调民商合一，但其许多内容仍是基于传统民法个人至上而做出的制度设计，并没有很好地体现现代商业发展的要求。其中合同编规定了服务合同、合伙合同等继续性合同，但这些规定需要进一步结合继续性债之关系原理进行解释而运用。

第三节 关联合同

一、关联合同的含义

关联合同是指数个合同（典型或非典型）具有某种事实上的互相结合而关联的合同，它们之间互为彼此的履行基础或履行保障关系的合同。关联合同具有以下特征：

1. 数个合同都是独立的。尽管数个合同之间具有关联，但数个合同不失其个性，[①] 均产生各自的权利义务关系。即使前述具有一定依存关系结合的关联合同，相互之间都是独立的，依各自合同约定对当事人双方产生约束力。

2. 数个合同的结合生成经济整体交易功能。数个合同不失其个性，相互结合而产生经济上的整体甚至一体交易意义，成为彼此的履行基础或履行保障关系之债。

3. 某个合同的效力将影响或传导到关联合同。数个合同互相独立，但某个合同的无效或撤销将影响其他关联合同。在单纯外观的结合关联合同之关系中，如原料供应商、生产商与销售商之间存在长期合作关系，则某个合同的效力可以成为合同履行及责任承揽的重要参考因素。在具有一定依存关系的结合关联合同之关系中，则其中一个合同的不成立、无效、撤销均导致关

① 参见史尚宽：《债法总论》，中国政法大学出版社 2000 年版，第 11 页。

联合同同样效果。也就是说，单纯外观的结合关联债与具有一定依存关系的结合关联债效力影响不同。

二、关联合同的情形

关联合同是指具有一定依存关系的关联债，强调合同之间互相受到影响而具有所谓经济上的一体性，《德国民法典》第358条规定的分期付款买卖中的买卖合同与贷款合同之间即为此例，两个合同之间互受效力影响，此规定主要是为了保护消费者。

本书系从企业营业角度研究企业之间因营业而产生的关联债之关系，将所有企业之间具有结合关系的合同均称为关联合同，以揭示营业合同对于企业经营的整体价值与意义。而且，我国大量的司法实践裁判文书将具有关联性的合同均称为关联合同，所以，本书采宽泛意义上的关联合同含义，体现营业交易的关联意义。

关联合同主要情形有两种：①

1. 单纯外观的结合

指数个独立的契约仅因缔结契约的行为（如订立一个书面）而结合，相互间不具依存关系。例如，生产资料供应商与生产商之间的原料供应合同，生产商与销售商之间的销售合同，前者与后者之间有互相结合的关系，但二者之间不发生任何牵连。

2. 具有一定依存关系的结合

指依当事人之意思，一个契约的效力依存于另一个契约的效力。例如，甲企业购买乙企业的产品，约定乙企业产品核心部件须使用丙企业产品，乙企业为此与丙企业签订合同。在这种情形，甲乙之间的买卖合同与乙丙之间的合同具有依存关系。

在企业的营业活动中，关联合同是普遍存在的，如担保之债与主债、预约之债与本债、委托付款关系、信用证关系、间接代理关系，以及，我国实

① 参见王泽鉴：《债法原理》，北京大学出版社2009年版，第87页。

践大量出现的产权式酒店交易、不良资产处置交易①、股权转让暨资产重组②、基于一个工业建设项目下的建设用地使用权出让等关联合同③、两个企业之间连续签订同样内容且前者的履行构成后者的履行前提的关联合同④等。

其中的委托付款关系、信用证关系、间接代理关系等关联合同可称为多角关系，至少有三方参与且相互之间有不同的法律关系，形成一个整体交易结果。其具有交叉性，多个法律关系之间相互交叉，如委托付款关系中，形成委托方——受托方（付款方）——收款方的关系，而委托方之所以委托受托方向受款付款是因为委托方与受款方之间具有买卖或其他基础法律关系，同时委托方与受托方之间常常因存款账户关系而签订委托付款合同，受托方则基于委托方委托和指令而向受款付款。

从关联合同的关系来看，具有一定依存关系的合同，相互之间要么效力互相影响，要么成为相互履行的条件和前提。对于那些没有在合同中事先约定的单纯外观的结合，则可成为理解单个合同中约定过高违约金的判断因素，

① 产权式酒店是投资者向酒店开发商或酒店所有人购买酒店客房单间，在取得单间客房产权后，将该客房转托或转租给酒店开发商或酒店所有人或第三方经营管理并获取相应投资回报或其他权益的非传统酒店，其主要运作模式包括租赁模式、委托模式和信托模式三种。此类交易，涉及买卖、租赁或委托、信托等多层复合法律关系，又是酒店开发经营融资的一种手段。不良资产处置交易是指，资产管理公司除了进行资产管理和处置外，有时也为商业银行金融不良资产出表提供通道服务，而不承担不良资产处置的盈亏，即资产管理公司所支付的转让款均能通过清收、处置所得予以弥补，或通过其他方式得到补偿。此种不良资产处置模式体现为：商业银行与资产管理公司签订《资产转让合同》的同时又签订《委托清收合同》，由资产管理公司委托该商业银行办理该不良资产的具体清收业务，同时又在该委托合同项下设定包含转让款的清收目标金额，承诺就实际清收结果与该目标金额之间的差额承担损失赔偿责任。参见陆青：《合同联立问题研究》，载《政治与法律》2014 年第 5 期，第 95 页下。

② 张能宝：《普通的关联性合同不属于主从合同，效力各自独立可以分别解除——中财公益源票销售有限公司与乔彤、于永会、北京建贸永信玻璃实业有限责任公司股权转让合同纠纷抗诉案》，载高人民法院审判监督庭编：《审判监督指导》（总第 36 辑），人民法院出版社 2011 年版，第 187 - 188 页。

③ 参见“协力和顺置业（平潭）有限公司与平潭综合实验区环境与国土资源局建设用地使用权出让合同纠纷二审民事判决书”［（2016）最高法民终 428 号］。

④ 参见“攀山藤国际（香港）有限公司与青岛泰发集团进出口有限公司、青岛泰发集团股份有限公司买卖合同纠纷二审民事判决书”［（2015）最高法民四终字第 37 号］。

即企业之间的合同，即使合同约定违约金过高或过低，一般也不存在调整的可能，因为它常常同时关联其他合同之履行和违约。

第四节 混合合同

一、混合合同的含义

混合合同属于无名合同，指该合同集合了两个或多个在法律上有所规定的行为（完全或部分地规定）元素。①

所谓两个或两个以上有名合同元素的集合，是指在权利义务关系的构造上，既有某种有名合同（如买卖合同买卖）的因素，也有另外一种或两种有名合同（如租赁合同的租赁）因素，两种以上有名合同的因素组成了一个完整的合同，但其既不属于单纯的买卖合同，也不属于单纯的租赁合同，而是“既”和“也”的不可分割整体关系。

在混合合同中，所发生的是一个法律行为包括不同合同的元素，这些合同不仅在统一的一个法律行为内丧失了自主，而且变成了它的内容。②

混合合同是不同于前述关联合同，后者系两个相互独立的合同，尽管因某种原因而关联，但分别独立，可分别适用不同法律关系，只是互相之间产生一定影响。

企业营业中，有大量的混合合同，甚至在一定意义上，混合合同成了现代企业营业的常态，如某合同约定技术开发，同时提供相应服务和设备买卖，就属于典型的混合合同；其他如某合作经营酒店合同书既约定了共同投资公司的相关条款，又约定了项目建成后的经营方式、投资回报、收益分配等具

① ［葡］若昂·德·马图斯·安图内斯·瓦雷拉：《债法总论》（第一卷），唐晓晴译，社会科学文献出版社2020年版，第181页。

② ［葡］若昂·德·马图斯·安图内斯·瓦雷拉：《债法总论》（第一卷），唐晓晴译，社会科学文献出版社2020年版，第184页。

体权利义务条款，属于混合合同性质。①

混合合同整体上属于无名合同，但许多实践中大量出现并具有有名价值的混合合同已经成为有名合同，我国典型的为融资租赁合同和保理合同，前述特许经营合同也属于混合合同。

二、混合合同的种类

关于混合合同的种类，我国学者归纳为四类：②

一是典型合同附其他种类的从给付。是指双方当事人所提出的给付符合典型合同，但一方当事人尚附带负有其他种类的从给付义务，如买卖合同包含了相应的维修义务。当然，这需要具体情况具体分析，如果买卖合同中维修义务并不占主要地位，仅是为供应合同之从属，则基本适用买卖合同规则；反之，如果该合同中维修等服务证据主要地位，则适用服务合同规则。

二是类型结合合同。是指一方当事人所负的数个给付义务属于不同的合同类型，彼此间居于同值的地位，而对方当事人仅负单一的对待给付或不负任何对待给付的合同，如买卖与专营权的合同是买卖与委托、买卖与代理或买卖与供应的混合。

三是二重典型合同。是指双方当事人互负的给付分属于不同的合同类型的合同，如甲企业和乙企业约定，甲将其一套二手设备出卖给乙，乙不需要支付该二手设备的价金，但乙需将其厂房中的一部分租给甲使用3年，甲无须支付租金。一方面，按照买卖合同，乙负有向甲支付买受该二手设备价金的义务；另一方面，按照租赁合同，甲应当履行向乙支付厂房租金的义务。但是从合同的总体来看，该合同既不是买卖合同，也不属于租赁合同，而是结合两者合同的给付义务而构成的单一的合同。

四是类型融合合同。是指一个合同中所含构成部分同时属于不同的合同

① “东莞市永盛实业有限公司、东莞市茶山镇人民政府合同纠纷再审审查与审判监督民事裁定书”[（2021）最高法民申3775号]。

② 参见崔建远：《合同法总论》（上卷、第二版），中国人民大学出版社2011年版，第58页。

类型的合同，如买卖与合伙融合的例子，甲与乙约定，甲将其名下的一间房屋卖给乙经营餐饮，乙应给付的房屋的价金是其在5年内使用该房屋经营餐饮所获利润的30%。

三、混合合同的法律适用

如何适用混合合同，学界有不同看法：

一是吸收说。即在混合合同的各种给付之中，找出主导整个法律行为的给付，并借着对主给付作必要的调整来定义具体类别的一般制度。因此，这一主导的合同类型在识别以及在交易规则上吸收了其他的元素（吸收说）。

二是组合说。即以并不一定确定合同的主导元素为理由，而是努力在规整合同的时候协调或组合适用于每一典型元素的规范（组合说）。该说认为，每一典型合同的法律规定不仅仅适用于其所有构成元素齐集在一起的情况，而且也适用于这些元素的每一项，尽管只是适用于订定这些孤立元素本身的制度。如，假如经营运输的企业除了负责运输外还负责向收货人收取所交货物的价金，则第一项给付将被归入运输合同，而第二项给付自然归入委任制度（尤其是关于其可废止性的规则）。

三是类推适用说。即将混合合同视为被法律遗漏的类别，并诉之于法律体系所赋予裁判者的填补法律行为漏洞的权力。根据适用于合同漏洞补充的原则（适用类似合同的规定），有权确定每一类别的制度的人是法官。①

一般认为，其中组合说较为符合混合合同实际情况，大多混合合同可以此适用。欧洲示范民法典草案（DCFR）明确采纳了该理论，以吸收说为补充。② 采吸收说一般是上述典型合同附其他种类的从给付的情形，《联合国国际货物销售合同公约》第3条第2款即此。

我国司法实践也基本采此观点。在“江苏省国际信托有限责任公司、中

① ［葡］若昂·德·马图斯·安图内斯·瓦雷拉：《债法总论》（第一卷），唐晓晴译，社会科学文献出版社2020年版，第187－188页。

② ［德］莱纳·舒尔策、［波兰］弗里德里克·佐尔：《欧洲合同法》（第二版），王剑一译，中国法制出版社2019年版，第81页。

国农业银行股份有限公司昆明分行合同纠纷案”（【2017】最高法民终478号）中，法院指出，《转让协议》系混合合同，双方各自承诺负担的给付义务分别构成不同的合同关系，其一是转让特定资产收益权及其回购债权和相应抵押权的债权转让法律关系，其二是具有增信担保作用的差额补充法律关系。江苏信托公司和农行昆明分行基于《转让协议》约定各自负担不同类型的主给付义务，以对价关系而结合且不可分离，共同形成相互依赖的权利义务关系。因双方各自负担的给付义务不属于同一合同类型，故《转让协议》并非法律规定的有名合同。鉴于当事人讼争的法律关系是复合的且不具有典型性，本案案由应当确定为合同纠纷。一审判决将案涉《转让协议》认定为单一的债权转让，进而将案由确定为债权转让合同纠纷不当，本院予以纠正。

整体而言，法院既运用将交易分解为各个组成部分的方法，也运用诉诸于合同法总则的方法，后者需要借助类推。换言之，类推适用方法也是适用混合合同的重要考量。

第五节　框架合同

一、概念

框架合同是1967年德国法院针对新交易形态下双方当事人多次签订相同类型的合同而提出的概念，是当事人多次共同或协商而拟定的具有基本框架及其他基本条件的合同。

框架合同的目的是解决某长期合作关系中的多次业务关系或某个复杂的业务关系，为以后单个的合同签订或履行提供基本的方向指引或条件约束，体现了以上关系合同和长期合同理论及实践。

框架合同有两种情形：第一种情形是为以后双方长期合作，包括某方面或多方面而签订的框架合同，如双方签订的所谓战略性合作框架协议；第二种情形是为解决双方某个重大且复杂的合作关系而制定的框架协议，如为合并或兼并而先行签订的框架合同。

框架合同的最大特点是通过框架性的内容指引及最大公约数的约束条件为后来的具体交易指明了方向，条款具有开放性与不完全性，并通过后来的各个具体交易成就了框架合同的最终交易目标。进而，框架合同成为一个动态并在一定轨道上发展的长期性、关系性合同。在一定意义上，某个框架协议决定了某个企业未来一定时间内的发展或变化。从这个角度来看，框架合同当事人互相之间是要看重对方的能力与信誉的，因而这种合同约定的权利义务不能随意转让和继承。

二、框架合同的性质

框架合同为当事人未来的合作框定了基本方向与条件，双方当事人会在此基础上签订一系列或相应的具体合同，由此产生对于框架合同性质的争议，即其属于本约还是预约的问题。

预约是当事人约定在将来一定期限内订立合同的认购书、订购书、预订书等（第 495 条），其意在未来一定时间双方签订本约做出约定。如果合同约定双方依此合同履行各自权利义务而不再签订其他合同，不构成所谓预约。在预约合同中，双方当事人的权利义务体现为按照预约约定签订本合同。

本约是相对预约而言的，是指为履行预约而签订的合同。一般认为，如果一个合同包含了《民法典》第 470 条规定的主要内容，特别其中当事人姓名或名称、标的、数量、质量、价格或报酬、履行期限与地点等，均构成本约，而不能认为是预约。

框架合同的特殊性在于，其一方面通过该合同对双方的权利义务做出了基本规定，一方面对未来具体合同的订立提供了框架要求，前者来看似乎构成一个完整的合同，后者来看则似乎构成预约。也就是说，框架合同既可以是本合同，与可以是预约合同，似乎应视框架合同内容区分处理。

但是，理解框架合同，应当放在企业之间营业需要而对双方的约束上，不宜简单地以框架合同内容具有框架性而认为其不构成本约。从整体观察，框架合同具备了合同的主要条款，尽管主要是对未来合作的安排并需要未来具体合同的签订而体现双方更为具体的法律关系。框架合同的实质是大合同，带有方向性，这个大合同是对于下一步具体行为的权利义务安排，具体如何尚需结合双方合作发展情况，其权利义务安排并非双方未来具体合同签订的要求，后者只是框架合同下更为具体的安排而已。在许多情形下，由于合作发展变化，而使得这些所谓小合同并不完全符合大合同的规定。因此，不能认为框架合同只是所谓预约。

框架合同非常典型地体现了现代商事营业的规模性、持续性，以及其非正式法律性。合同法本身的作用发挥并不在于法律本身和合同约定如何，而主要在于其商业环境引起的非合同关系，后者是不断发展变化的，相应合同的规定和理解需要结合当事人如何为因应变化的商业环境而采取的措施。①

三、框架合同的效力

一般的合同，其成立即有效，需要具备合同的主要条款，欠缺主要条款，合同是不能成立的，效力更无从发生。

《民法典》第470条是关于合同主要条款的指导性规定，其认为合同应当包括当事人的姓名或名称、标的、数量、质量、价款或酬金、履行期限、地点和方式、违约责任、解决争议的方法8项内容。尽管有关立法释义提到，合同条款的规定并不意味着当事人签订的合同条款中缺少了其中任何一项就会导致合同的不成立或者无效，② 但这显然是以一时性合同为模板的。对于继续性合同而言，其仅需具备基本条款——标的和数量即可，其他内容可依交易习惯、市场行情或经事后协商确定。立法机关依此认为，合同的标的、数量没有约定或者约定不明确的，合同的内容无法确定，合同不成立。③

这些规定是不符合继续性合同的框架合同的，因为框架合同是当事人有意对某些主要之点不作约定，留待未来由个别合同加以补充。如果以框架合

---

① 参见［美］斯图尔特·马考利：《商业中的非合同关系：一个初步的研究》，冉井富译，载《北大法律评论（2005）》（第7卷），北京大学出版社2006年版，第75页下。

② 黄薇主编：《中华人民共和国民法典合同编释义》，法律出版社2020年版，第52页。

③ 黄薇主编：《中华人民共和国民法典合同编释义》，法律出版社2020年版，第136页。

同欠缺合同的主要之点而否定其成立与效力，既违背当事人本意，也不符合企业营业实际需求，特别是在框架合同作为个别合同成立前提的场合，更是错误的。所以，即使框架合同欠缺合同的主要之点，也不能否定框架合同的法律效力。

对此，司法实践也注意到此问题。《民法典合同编司法解释（草案）》第5条规定，合同成立应当包含当事人名称或者姓名、标的和数量，但法律另有规定或者当事人另有约定的除外。该规定可资援用，对于框架合同因欠缺条款而形成的合同漏洞，可以运用法律解释的漏洞补充规则及理论予以填补即可。

至于框架合同与以后的个别合同之间，一般而言后者是对前者的具体化或补充，作为基本条件和前提的框架合同内容对于个别合同有约束力。但这并非说后者不能改变前者，如果需要，则可以经双方协商一致予以改变。

第十四章　营 业 买 卖

第一节　概　　述

一、营业买卖的含义

营业买卖是指企业在营业中的买卖行为。

在传统商法和采民商分立国家和地区，营业买卖被称为商事买卖。对于什么是商事买卖，各个国家和地区因其经济文化发展和立法采主客观标准的不同而不一致，但现代普遍认为商事买卖主要是企业的买卖行为。企业的买卖是企业营业最为重要的内容之一。鉴于我国采较为深入且全面的民商合一，本书对此以营业买卖命名之。

营业买卖是企业在营业中进行的买卖，故从单个买卖关系来看，不论是买卖双方均为企业，或仅一方为企业，而另一方为消费者，均为营业买卖之组成。

在一定意义上，买卖是最典型的营业，也是民商合一下最典型的民事行为。营业买卖是由具有专业性和职业性的企业从事的买卖，对社会影响重大。

二、有利于出卖人的原则及修正

商法的重要功能是促进交易，保护商人，从商法产生开始，其就遵循有利于债权人原则，在营业买卖中就是有利于出卖人。这种规定对于随时处于卖方与买方角色互换的不同企业而言，不存在不公平问题。它可以说是保护了所有的企业，是对整个社会商事的促进和保护问题。

不过，现代营业买卖已经超越了以往那种产品与服务简单、一次性的交易，企业之间的交易大多为持续或继续性的，由此使得现代企业之间的交易简单地保护或有利于出卖人的原则应予以适当修正，需要考虑长期交易中处于相对弱势或依赖一方的利益，以及交易中确实存在的大小企业交易能力的不平等问题，特别是作为消费者出现的买方。因此，现代商法以促进交易、保障交易安全为宗旨，但非常关注不同当事人的实际能力与特质，以便在统一的交易规则之下根据当事人的实际能力与特质而不同对待。

关注当事人的实际能力与特质的实质是强化能力强者的责任，促进对于相对弱者的保护，即关注不同具体的人及其所处场景。欧洲学者指出，就合同法自身而言，确实存在着强化保护的功能的趋势，尤其是旨在减少或弥合当事人之间的结构性不对待，并为受歧视者提供保护。①

对此，有美国学者称之为因“产品依赖与不平等议价能力”而导致当代合同法对传统合同法契约自由的纠正。所谓议价能力是指规定合同条款的能力，它是一种社会能力，不仅仅意味着引起后果的能力，也意味着明智地选择后果的能力，即明智地选择通过订立合同达到想达到的结果的能力。② 人们一旦缺乏议价能力，就不能保证他们的合同会明智地顾及其利益，20 世纪的立法者一直以来主要关心议价能力的不平等，但议价能力绝对是必要的。

《民法典》合同编较好地体现了当事人能力与特质规则。在“总则”部分，有大量条文体现了该规则，如第 473 条“要约邀请”第 2 款关于“商业广告和宣传的内容符合要约条件的，构成要约”规定，其实是对作为主动方的要约邀请方的强制要求；第 491 条第 2 款“互联网签约”关于“当事人一方通过互联网等信息网络发布的商品或者服务信息符合要约条件的，对方选择该商品或者服务并提交订单成功时合同成立，但是当事人另有约定的除外”的规定；第 496 条、497 条、498 条关于格式条款的规定；第 499 条关于悬赏广告的规定；第 500 条关于缔约过失的规定；第 502 条第 2 款关于“合

① ［德］赖讷尔·舒尔茨：《迈向欧洲私法之路》，金晶等译，中国政法大学出版社 2016 年版，第 160 页。

② ［美］戴维斯·斯劳森：《有约束力的允诺——20 世纪末合同法改革》，杨秋霞译，知识产权出版社 2018 年版，第 16 页下。

同批准”的规定；第504条关于表见代表、第505条关于超越经营范围签订合同；第506条关于无效免责条款的规定等。这些条款均基于当事人特定的地位与能力做出了相应特别要求。

第二节　营业买卖的一般规则

一、定期买卖合同

《民法典》第601条规定，出卖人应当按照约定的时间交付标的物。约定交付期限的，出卖人可以在该交付期限内的任何时间交付，此为定期买卖合同。

营业买卖系企业有计划性的活动，如果是在企业之间发生的相应买卖，更是如此，因为企业需要依此确定自己的其他买卖计划与营业。那么，如果卖方违约，不能按照约定时间按期交付，将对作为债权人买方没有实际意义。甚至可以说，依合同目的和债权人利益状况，给付时间的遵守如此重要，以至于迟延履行已经属于不履行。① 因此，德国商法规定，债权人可以行使合同解除权，无须催告。日本商法则规定，如出现不按期履行情况，视为当然解除。

对此，《民法典》没有专门就企业之间的定期买卖解除做出规定，第563条法定解除规定的第4种情形可予以适用，即“当事人迟延履行债务或者有其他违约行为致使不能实现合同目的”。不过，对此所谓不能实现合同目的的判断，对于企业之间的买卖迟延，不宜做严格限制性解释，而以尊重当事人意愿为重，即在卖方企业不能按照合同约定期限交付标的物的，除非买方企业愿意，视为违约而可以解除合同，且不要求催告。如此解释，可以较好地适应企业之间买卖的营业性价值需求，促进社会交易的秩序提升。

① ［德］卡纳里斯：《德国商法》，杨继译，法律出版社2006年版，第680页。

二、受领迟延的提存与变卖

营业买卖要求卖方及时交付，买方及时受领。如买方受领迟延，也将严重影响到卖方的合法权益，不利于卖方正常营业。对此，从保护出卖人的角度，需要通过相应法律制度让出卖人及时摆脱“货压手中”的窘境。

《民法典》买卖合同章仅规定了买受人不按期接收货物时的标的物的毁损、灭失风险承担问题（第605条），没有对买方的受领迟延专门规定，而主要体现在第570条下的提存规定。该规定是关于提存的一般要求，对于企业之间的买卖，应以营业原理予以解释。

首先，对于第570条第1款规定的“债权人无正当理由拒绝受领”应做宽泛解释，包括明确拒绝，还包括主动提出解约、买方回避交付及漠视卖方交付提示等行为。受领迟延，包括事实上与法律上的受领迟延。即使是在标的物因市场或其他原因导致的价格骤降导致买方不能受领，也属于受领迟延。①

其次，对于第570条第2款关于“标的物不适于提存或者提存费用过高的，债务人依法可以拍卖或者变卖标的物，提存所得的价款”的规定，对于企业之间，可以不限于“不适于提存或者费用过高”情形而就可以依法拍卖或变卖，因为这将严重约束出卖人，损害其应有利益，鼓励债权人的不诚信。作为卖方的企业对此应有较大的自由，以便及时了结已经完成的交易。而且，出卖人只要依法委托拍卖或变卖即可，也无须要求必须先行经过法院，否则将违背提存的本意。当然，企业在进行委托拍卖或变卖时，需要通知受领方。但对于非企业之间的买卖，则执行严格解释。

再次，关于提存的方式，《民法典》未予明确，可解释为允许以任何保险的方式进行。

三、买方的及时检验

对于买方的及时检验义务，《民法典》第620条、621条、622条、624

---

① 参见刘成杰：《日本最新商法典译注详解》（第二版），中国出版集团、中译出版社2021年版，第112页下。

条做出了规定，其基本精神是及时检验并提出异议，这是符合企业之间交易需要的。

首先，买受人收到标的物时应当在约定的检验期限内检验。没有约定检验期限的，应当及时检验。

其次，当事人约定检验期限的，买受人应当在检验期限内将标的物的数量或者质量不符合约定的情形通知出卖人。买受人怠于通知的，视为标的物的数量或者质量符合约定。这是买受人的异议义务，取决于交付商品的瑕疵是否可通过适当的检查而被识别。仅有可识别的瑕疵在检查期限后需要不迟延地通知，是否真正进行了检查，反而无关紧要。如果某未经检查的商品出现了瑕疵，买受人也可以提出异议，只要该瑕疵在交付时是无法识别的。

当事人没有约定检验期限的，买受人应当在发现或者应当发现标的物的数量或者质量不符合约定的合理期限内通知出卖人。买受人在合理期限内未通知或者自收到标的物之日起 2 年内未通知出卖人的，视为标的物的数量或者质量符合约定。不过，对标的物有质量保证期的，适用质量保证期，不适用该 2 年的规定。同时，如果出卖人知道或者应当知道提供的标的物不符合约定的，买受人不受前两款规定的通知时间的限制。

再次，当事人对检验期限未作约定，买受人签收的送货单、确认单等载明标的物数量、型号、规格的，推定买受人已经对数量和外观瑕疵进行检验，但是有相关证据足以推翻的除外。

当然，如果当事人约定的检验期限过短，根据标的物的性质和交易习惯，买受人在检验期限内难以完成全面检验的，该期限仅视为买受人对标的物的外观瑕疵提出异议的期限。约定的检验期限或者质量保证期短于法律、行政法规规定期限的，应当以法律、行政法规规定的期限为准。

在“江西天绅化工有限公司与四川武陵卷烟厂产品质量纠纷案”［（2002）最高法民二提字第 1 号民事判决书］① 中，法院指出，买方使用特

---

① 苏泽林主编、最高人民法院审判监督庭编著：《最后的裁判——最高人民法院典型疑难百案再审实录（刑事与合同案件卷）》，中国长安出版社 2007 年版，第 115 ~ 120 页。

殊产品作为生产原料，属于该领域的专业生产厂，应该对其所购买产品的用途和要求有足够的了解和更多的注意，并在双方签订的合同中明确约定其要求，在相关原料投入生产前应予必要的检验。买方对该原料疏于检验，未及时提出质量异议而造成的损失，应承担相应的损失。

对于《民法典》以上基本规定，不应适用于非企业之间交易，包括消费者交易，故在涉及非企业之间交易时，以上规定应做变通规定。尤其是涉及消费者时，则按照有利于消费者要求解释。

四、默示条款

不论是买卖双方均为企业场合，还是仅卖方为企业的情况下，法律规定了一系列默示条款。默示条款包括：任何货物买卖合同中卖方都必然具有所有权，并保证货物是不受任何扣押或妨碍而使买方可以安全地不受干扰地占有货物；如果通过说明书出售货物，则该货物须与说明书相符；如果买卖方式除了描述说明之外还有样品，则“货物只符合样品而不符合描述说明”是不充分的；所出售货物须具有可销售性，即符合其使用目的①；如果买受人以明示或默示方式使出卖人知悉其购买货物将胜于特定目的，则在买卖合同中，对卖方就要求该货物必须合理地适合于买方特定目的，即所谓的适用性，又称为目的适用性默示条款②；买方信赖卖方的技能或判断③等。也就是说，对于卖方出售货物要求是很严格的。

---

① 如果卖方在采取了所有措施确保适合合同目的后，货物仍不适用于购买目的，那么卖方应承担责任。在 Frost v. Aylesbury Dairy 一案中，被告尽管采取了一切卫生防范措施，但还是要对其供应的含有伤寒菌的牛奶负责。见［美］斯蒂芬·加奇：《商法》（第二版），屈广清等译，中国政法大学出版社 2004 年版，第 480 页。

② 董安生等编译：《英国商法》，法律出版社 1991 年版，第 292 页。

③ 在 Ashington Piggeries Ltd v. Christopher Hill Ltd（Nordsildmel Third Partier）一案中，原告发明了一种貂的合成饲料，并将该合成方法提供给被告以合成饲料。该方法需要鲱鱼肉，而由第三人提供的鲱鱼肉中却含有对任何动物都有毒的物质，但貂对这种物质特别敏感。买方（原告）虽然提供了方法，但其信赖供应商（被告）能提供合适质量的原料。因此，法院认定被告违反了买方信赖卖方的技能或判断的原则。［美］斯蒂芬·加奇：《商法》（第二版），屈广清等译，中国政法大学出版社 2004 年版，第 479－480 页。

对于这些默示条款，如果一方当事人以消费者的身份进行交易的话，则有关所有权、货物描述说明、令人满意的质量和适合合同目的等默示条款就永远不会被排除。

对于企业之间订立的合同来说，除了有关所有权的默示条款之外，其他默示条款均可以根据“合理性要求”而排除。“合理性要求”应考虑以下因素：（1）双方当事人的相对谈判地位；（2）买方是否因受到诱导而同意该条款，或者如果无该条款则买方是否将会从别处购买；（3）买方是否已经知道或应当知道该条款的存在和范围；（4）货物是否按买方的特定要求生产、加工或调整。①

对于买卖合同产品的质量问题，《民法典》做出了原则性规定，第616条规定，当事人对标的物的质量要求没有约定或者约定不明确，依据本法第510条的规定仍不能确定的，适用本法第511条第1项的规定。其中，第510条规定，合同生效后，当事人就质量没有约定或者约定不明确的，可以协议补充；不能达成补充协议的，按照合同相关条款或者交易习惯确定。第511条第1项规定，质量要求不明确的，按照强制性国家标准履行；没有强制性国家标准的，按照推荐性国家标准履行；没有推荐性国家标准的，按照行业标准履行；没有国家标准、行业标准的，按照通常标准或者符合合同目的的特定标准履行。

《产品质量法》（2018年修正）对产品质量做出的较为明确的规定，其第26、27、28条的规定主要是关于产品本身默示要求的。

五、格式条款

《民法典》第496条规定，格式条款是当事人为了重复使用而预先拟定，并在订立合同时未与对方协商的条款。采用格式条款订立合同的，提供格式条款的一方应当遵循公平原则确定当事人之间的权利和义务，并采取合理的

① ［美］斯蒂芬·加奇：《商法》（第二版），屈广清等译，中国政法大学出版社2004年版，第483页。

方式提示对方注意免除或者减轻其责任等与对方有重大利害关系的条款，按照对方的要求，对该条款予以说明。提供格式条款的一方未履行提示或者说明义务，致使对方没有注意或者理解与其有重大利害关系的条款的，对方可以主张该条款不成为合同的内容。

格式条款主要是为了保护消费者及处于弱势一方的小经营者，它主要并常适用于消费者买卖之中，以防止经营者滥用合同自由。

对于企业之间的买卖合同而言，双方利用格式条款主要目的是便捷，促进交易。因此，判断格式条款是否为不公平，关键看商事实践，即是否偏离良好的商事实践，这种偏离违反诚信和正直。相较消费者交易，对于企业之间的合同中格式条款的控制仅按照一般情况处理，不公平性标准更为严格。对于消费者来说，经营者与消费者之间的合同条款仅仅因为违背透明度要求即被视为不公平。而企业之间的合同，则必须背离良好的商业实践，以为企业之间常常发生的营业往来提供必要的塑造合同的空间。①

也就是说，在解释和运用《民法典》第496、497、498条时，涉及对方为消费者和企业或经营者之间的，公平与否的判断，前者更为宽松，后者要求严苛，须结合商业实践进行。

六、风险转移

《民法典》第604条至611条规定了货物买卖的风险转移问题。

《民法典》第604条规定：“标的物毁损、灭失的风险，在标的物交付之前由出卖人承担，交付之后由买受人承担，但是法律另有规定或者当事人另有约定的除外。”该规定为风险转移的一般原则。

对该条的解释须结合以下条款进行，所谓“法律另有规定或者当事人另有约定”主要指以下有关规定，且同时要结合买受人是企业还是消费者。

对于消费者而言，风险转移的时间原则以占有移转至买方时为准。当消

① 参见［德］莱纳·舒尔策、［波兰］弗里德里克·佐尔：《欧洲合同法》（第二版），王剑一译，中国法制出版社2019年版，第243页。

费者或其指定的第三人（承运人除外）获得对商品的占有时，风险原则上转移给买方。如果商品需要装配，则以装配结束为准。

对于企业或经营者而言，风险也原则上如此，即买方受领货物或代表货物的文件转移至买方。但在卖方提供货物且买方知情的情况下，当买方本应按照合同受领货物时，风险转移至买方（《民法典》第605条）对于规定货物运输的合同，营业往来中的风险转移与消费者合同具有明显的不同：如果是企业之间的合同，风险一般按照合同货交第一承运人时转移给买方（《民法典》第606、607条）。

对于出卖人按照约定或者依法将标的物置于交付地点，作为企业的买受人违反约定没有收取的，标的物毁损、灭失的风险自违反约定时起由买受人承担（《民法典》第608条）。但如果是消费者，则本条不适用，需要看作为买受人的消费者的实际情况。

一般情形，出卖人按照约定未交付有关标的物的单证和资料的，不影响标的物毁损、灭失风险的转移（《民法典》第609条）。不过，该规定对于作为消费者的买方，也不能简单照搬。

需要注意的是，《民法典》第604条关于风险移转的一般规定，对于消费者而言，是一个强制法规定；对于企业之间的买卖合同而言，是一个任意法规范。

第十五章 融资租赁与保理

第一节 融资租赁

一、融资租赁的含义

融资租赁是指专门从事金融信托或租赁业务的企业根据承租人对供货人或出卖人的选择，从出卖人那里购买租赁物并提供给承租人使用，由承租人支付租金的一种营业。

融资租赁一般有三方（出租人、承租人、供货人）参与，至少由两个合同（出租人和承租人之间的融资租赁合同、出租人和供货人之间的购买合同）构成，是一种融资和融物为一体的综合交易。购买合同的买方是出租人，购买决策人是承租人，供货人则根据购买合同的约定，向承租人交货。

融资租赁具有以下特征：

1. 融资租赁法律关系一般具有三方当事人，即出租人、承租人和供货商。不过，在某些情况下，也会出现一些例外，如在制造商销售部门直接办理的租赁交易中，出租人与供货商为同一人。尽管如此，具有三方当事人是融资租赁法律关系的基本结构。

2. 融资租赁法律关系有两个协议，即租赁协议和供货协议，这两个协议相互联系并相互制约。在供货协议中，对于设备的说明和供货人的选择不是由供货协议的买方——出租人选定的，而是由非供货协议的当事人——承租人选定，出租人不是为了自己的需要购买设备，而是为了满足承租人的需要而购买。同时，供货人也知道出租人和承租人已经或即将签订以购买的设备为租赁标的物的租赁协议，即供货商知道供货协议买受方的购买目的不是自己使用，而是用于租赁。

3. 融资租赁法律关系的出租人不负责选定设备和供货方，仅负责按照供货协议向供货人支付货款，不承担设备的瑕疵担保责任，出租人对设备免责，尽管有时出租人凭其从业经验可能向承租人推荐数个可能的供应商，但只要承租人的选择并不主要依靠出租人的技能和判断，出租人没有干预承租人的选择权利。在融资租赁法律关系中，更强调承租方的义务和责任。

4. 融资租赁租赁协议是不可撤销的。实践中，融资租赁租赁协议往往考虑了出租人摊提设备的全部或大部分成本，出租人在租赁期间具有收取租金的权利，不承担租赁期间的风险，未经出租人同意，承租人不得以任何理由变更（特别是缩短）租赁期限。

作为一种新型的交易方式，融资租赁肇始于20世纪50年代初的美国。这种通过融物达到融资目的的交易方式，凭借自身独有的优势，在各国尤其是经济发达国家得到了迅速发展。对承租人而言，此种方式的筹资速度较快；租金在整个租期内分摊，可以减轻到期还本负担，而且由于租金可在所得税前扣除，可起到节税的目的；同时，运用此种方式还可以避免购买带来的大量资金占有可能导致的资金周转困难。对出租人来说，既可获取丰厚的利润，又不至于承担过大的风险，对出卖人来说，通过出租人进行融资租赁交易，是一种营销方式，加强了产品的流通和货币的回笼，比自己开展分期付款要有利得多。

二、融资租赁的性质

典型的融资租赁交易均包含两个关联的行为，即租赁行为和买卖行为，出租人、承租人和供货商三方当事人之间独特的法律关系引起了学界的关注和争论，其直接涉及相应合同关系的归属，适用什么样的规则问题。对此，学界主要有三种观点：

1. 附所有权保留的分期付款买卖说

该说认为，融资租赁交易其实是一种分期付款买卖的方式。因为，租赁公司对于租赁物件所有权事实上是担保利益，在融资租赁合同中，出租人并不负有交付义务以及由承租人负担租赁物件的风险问题等。也就是说，融资租赁与分期付款买卖是很接近的，其区别只是在于承租人最后取得所有权的预定，但这也只是出于税法上的考虑，出租人并没有所有者的利益，融资租赁应适用于法律关于买卖契约的有关规定。

2. 典型租赁契约说

该说认为，融资租赁合同是租赁合同的特别情况，二者之间并无本质上的区别。因为，融资租赁是以物的使用为目的，而不以物本身为目的，租金不是物的对价，而是物的使用对价。它与买卖的区别在于，在分期付款买卖中，买主有物权期待所有权的法律地位，而在融资租赁中，承租人并不享有所有权的支配权益。

3. 借贷契约说

该说认为，融资租赁实质上是一种货币借贷契约行为。因为，在融资租赁这种交易行为中，承租人支付的租金并非是使用租赁物件的对价，而是偿还出租人购置租赁物件的成本及利息，出租人所承受的不是买卖风险，而是承租人的信用风险。所以，融资租赁其实是以租赁物件为中介的信贷行为，其与信贷的区别仅在于有无租赁物件这一中介，本质上是以租赁物件为抵押品的一种融资行为。

以上三种学说各有其合理之处，看到了融资租赁中的某一方面而试图将其归纳为某种合同关系，或买卖，或租赁，或借贷。这三种学说存在的问题是，都仅看到了融资租赁行为的某一方面，不能较全面地说明或涵盖融资租赁法律关系。

随着融资租赁交易方式的普遍开展，融资租赁已成为发展中国家取得资金和设备的重要手段，故在法律上确定它的法律性质就显得十分必要。一些国家开始通过专门立法或行政规章对融资租赁加以规范。法国 1966 年颁布了《融资租赁业法》，韩国政府在 1973 年颁布了《租赁业促进法》，《美国统一商法典》1987 年新增第二编租赁。我国 1999 年《合同法》中也将“融资租赁”作为有名合同，将其作为一种新型交易方式和有名合同来对待。《民法典》延续了该规定。可以说，随着融资租赁在社会的广泛开展及运用，其已经成为一个有别于传统买卖、租赁和借贷关系的特殊法律关系，兼具三者优点而又超越三者而成为新型的有名合同。

融资租赁法律关系兼具买卖、租赁和借贷关系，三方当事人互相制约，它突破了传统合同法上的合同相对性原则。同时，在融资租赁法律关系中，租赁物的所有权归出租方，但其风险由承租方承受，突破了传统物权法上的物权法定主义原则。

三、融资租赁的种类

1. 直接租赁、转租和回租

直接租赁是指出租方先向厂商支付货款而购进设备后直接出租于承租方的租赁方式。这种方式往往为有一定实力的大型融资租赁公司采用。

转租是指第二出租人按最终承租方的要求以承租人的身份从第一出租人处租赁设备，然后再转租于承租人的租赁方式。它往往适用于实力不太强的融资租赁公司。

回租是指承租方将自制或外购的机器设备先按账面价格或重估价格卖给租赁公司，然后再以租赁方式租回的一种租赁方式。其优点在于可以使作为承租方的企业通过卖出再租回的方式融得所需资金，从而改善其经营管理。回租是融资租赁的一种特殊形式，出卖人与承租人为同一人，但其并不因出卖人与承租人为同一人而不属于融资租赁（《最高人民法院关于审理融资租赁合同纠纷案件适用法律问题的解释》第2条，以下简称《融资租赁合同司法解释》）。

2. 单一投资者租赁和杠杆租赁

这是根据出租方在一项租赁交易中的投资比例而作的区分。

单一投资才租赁是指完全由出租方自己出资购买设备而出租的租赁方式。

杠杆租赁是指在一项租赁交易中，出租方仅投资租赁设备款项的20%～40%的金额，即可在法律上拥有该设备的完整所有权，而另外资金由银行等金融机构提供的无追索权的贷款解决，但以租赁设备作抵押的方式。①

四、融资租赁合同

融资租赁合同是十分典型的关联合同、继续性合同、混合合同，并涉及多角关系。

（一）合同的内容

融资租赁合同是出租人根据承租人对出卖人、租赁物的选择，向出卖人购买租赁物，提供给承租人使用，承租人支付租金的合同（《民法典》第735条），其内容一般包括租赁物的名称、数量、规格、技术性能、检验方法，租赁期限，租金构成及其支付期限和方式、币种，租赁期限届满租赁物的归属等条款（《民法典》第736条第1款）。

对于其形式，鉴于融资租赁法律关系的复杂，法律要求相应合同应当采用书面形式（《民法典》第736条第2款）。

一般情况下，在订立融资租赁合同时，有一个买卖合同的存在，即由出租方按照承租方的要求购买而出租的买卖合同，该合同需由三方共同签字确认。在该合同中，除了一般买卖合同的基本内容外，都要对引进设备或生产线的供货范围、规格、性能、价格、交货、付款、保险、运输、质量保证、索赔和仲裁等条款做出具体规定。该合同条款须与融资租赁合同的条款相互一致。其中特别需要明确的是：（1）卖方承认本合同标的物是出租方购入用以租给承租人使用的；（2）卖方保证合同约定的设备规格、型号、质量指标和性能等条件均符合承租人的使用目的，设备交付日期、地点和方式等均符合承租人的要求；（3）对租赁物的质量保证及根据本合同卖方应提供的其他服务，均由供货商直接对承租方负责；（4）承租方同意并确认购货合同的全部条款。②

① 朱家贤：《租赁合同·融资租赁合同》，中国法制出版社1999年版，第172—173页。

② 朱家贤：《租赁合同·融资租赁合同》，中国法制出版社1999年版，第184页。

(二) 合同的效力

1. 以虚构租赁物方式订立的合同无效

为防止当事人利用融资租赁合同从事非法金融活动，如不符合金融放贷资质的金融机构以融资租赁方式放贷，或利用融资租赁名义高息放贷，《民法典》第737条明确规定，当事人以虚构租赁物方式订立的融资租赁合同无效。该规定是146条关于虚假表示规定的具体化，即名为融资租赁，实为借贷的行为不产生融资租赁合同效果。司法实践中，法院应当根据《民法典》第735条的规定，结合标的物的性质、价值、租金的构成以及当事人的合同权利和义务，对是否构成融资租赁法律关系作出认定。对名为融资租赁合同，实际不构成融资租赁法律关系的，法院应按照其实际构成的法律关系处理（《融资租赁合同司法解释》第1条)。

2. 出租人未取得行政许可不影响合同效力

依照法律、行政法规的规定，对于租赁物的经营使用可能需要取得行政许可，如果未获许可，考虑到租赁物移交给承租人后的实际支配权并不在出租方，出租方所谓的所有权事实上属于担保性质等实际情况，出租人未取得行政许可不影响融资租赁合同的效力（《民法典》第738条)。

(三) 格式条款的适用

在融资租赁交易实践中，融资租赁合同是以格式合同的形式事先被出租人确定下来的，承租人处于被动地位。从这个角度，融资租赁合同条款应当是《民法典》第496条下的格式条款，受到相关规定的规制。

不过，融资租赁合同是否受到《民法典》第496条下格式条款的规制，需要区分承租方是企业还是消费者。对于承租人为企业或经营者的，一般不受《民法典》关于格式条款的规制，除非违背一般的商业惯例与习惯。因此，如果出租人约定自己完全免于对租赁物的瑕疵担保责任，只要他向承租人让与全部他基于买卖合同而享有的瑕疵担保请求权即可（《民法典》第741条)。

五、承租人的权利义务

（一）承租人的权利

1. 与受领标的物有关的买受人权利

一般情况下，出租人是根据承租人对出卖人、租赁物的选择而与出卖人订立买卖合同的，此时，出卖人就应当按照租赁合同约定向承租人交付标的物，承租人则享有与受领标的物有关的买受人的权利（《民法典》第739条）。

与此相应的是出卖人的义务，主要包括：（1）主义务。即交付标的物或交付提取标的物的单证（《民法典》第598条），转移标的物所有权，但该所有权转移系转移于出租人，承租人接受标的物并非指其获得所有权，而只是占有、使用等租赁权。由承租人直接受领标的物，视为出租人履行了其交付出租物的义务（《民法典》第708条）。（2）从义务。即出卖人按照约定或交易习惯交付提取标的物单证以外的有关单证和资料（《民法典》第599条）。

需要注意的是，虽然租赁关系中出租人负有交付租赁物的义务，但该项义务是由出卖人作为出租人的履行辅助人完成的。此时，承租人也可视为买卖合同关系中买受人（出租人）的受领辅助人来接受出卖人的履行。

如果承租人拒绝受领租赁物而未及时通知出租人，或者无正当理由拒绝受领租赁物，造成出租人损失的，出租人可以向承租人主张损害赔偿（《融资租赁合同司法解释》第3条）。

2. 拒绝受领权

出卖人违反向承租人交付标的物的义务，有下列情形之一的，承租人可以拒绝受领出卖人向其交付的标的物：（1）标的物严重不符合约定；（2）未按照约定交付标的物，经承租人或者出租人催告后在合理期限内仍未交付（《民法典》第740条第1款）。

拒绝受领权是承租人获得受领标的物有关的买受人地位的具体化。与一般买卖合同不同的是，承租人仅是因为与出租人之间的融资租赁关系而获得如同作为买卖合同当事人出租人那样的买受人地位，但其在法律上并非真正的买受人。因此，承租人拒绝受领标的物的，应当及时通知出租人（《民法典》第740条第2款）。而且，其中“标的物严重不符合约定”既指作为出租人的买受人与出卖人之间的合同约定，也包括承租人与出租人之间的合同约定。在前者情形下，承租人系行使由出租人让渡的权利；在后者情形，承租人系行使对于出租人的抗辩权。

如果标的物不符合约定系由承租人引起，则其不能拒绝受领。

3. 索赔权

出租人、出卖人、承租人可以共同约定，如果出卖人不履行买卖合同义务，由承租人行使索赔权（《民法典》第741条），行使该权利的前提是三方共同约定。如果没有共同约定，索赔权原则归属于作为买受人的出租方。索赔权也是出租人让渡给承租人的，故在承租人行使索赔权利时，出租人应当协助（《民法典》第741条）。

（二）承租人的义务

1. 支付租金

支付租金是承租人的主义务（《民法典》第735条）。即使出现承租人对出卖人行使索赔权利情形，也不影响其履行支付租金的义务。不过，如果承租人依赖出租人的技能确定租赁物或者出租人干预选择租赁物的，承租人可以请求减免相应租金（《民法典》第742条）。

融资租赁租金的计算与一般租赁不同，后者是以租赁物的市场实际使用价格计算的，而前者是以融资成本为依据。其原则是，除当事人另有约定外，融资租赁合同的租金，应当根据购买租赁物的大部分或者全部成本以及出租人的合理利润确定（《民法典》第746条）。

在出现承租人逾期履行支付租金义务或者迟延履行其他付款义务情况下，出租人可以按照约定要求承租人支付逾期利息、相应违约金的（《融资租赁合同司法解释》第9条）。

2. 接收租赁物

与一般租赁不同，接收租赁物是承租人的重要义务，该义务按照买卖合同关系予以调整。如因承租人原因而接收迟延导致标的物毁损、灭失的，可参照《民法典》第605条规定，由承租人承担不利后果，其他风险责任也参照买卖合同章（《民法典》第606条以下）。在接收租赁物时，承租人应当及时检查（《民法典》第620条以下）。

3. 对租赁物的妥善保管、使用和维修

对于一般租赁，出租人与承租方常常在合同中规定租赁物的使用方法，按照合同约定的方法使用并妥善保管租赁物是承租人的重要义务（《民法典》第709条及第714条）。于融资租赁而言，如何使用租赁物一般是承租人自己的事情，无须通过合同约定，否则将使承租人失去融资租赁的意义。尽管如此，从法律上，租赁物仍属于出租人，故对于租赁物，承租人仍负有妥善保管和使用的义务（《民法典》第750条第1款）。只不过，其为一般企业对于某产品的正常保管与使用标准而已。《民法典》第750条第1款与第714条规定的妥善保管义务判断标准是有差异的，后者须结合《民法典》第709条双方约定的使用方法或租赁物本身性质确定。对于一般租赁，其重在使用，承租人并不具有如同所有人一般的控制权，故其妥善保管义务判断标准要低于融资租赁中的要求。

同时，一般租赁中的租赁物维修义务属于出租人（《民法典》第712条），融资租赁则由承租人履行占有租赁物期间的维修义务（《民法典》第750条第2款）。

对租赁物的妥善保管、使用和维修义务体现了融资租赁中承租人如同租赁物所有者本人一般的地位。

六、出租人的特殊法律利益与义务

（一）出租人享有的特殊法律利益

1. 出租人不承担物的瑕疵担保责任。融资租赁合同的功能主要在于融资担保，出租人是按照承租人的要求购买租赁物，且一般是由承租人亲自参与谈判的，因此，如果租赁物不符合约定或者不符合使用目的的，出租人是不承担责任的。但是，承租人依赖出租人的技能确定租赁物或者出租人干预选择租赁物的除外（《民法典》第747条）。产品瑕疵担保责任原则上是由出卖人承担的（《民法典》第610条及615条）。

根据《融资租赁合同司法解释》第8条，租赁物不符合融资租赁合同的约定且出租人实施了下列行为之一，承租人可以要求出租人承担相应责任的：（1）出租人在承租人选择出卖人、租赁物时，对租赁物的选定起决定作用的；（2）出租人干预或者要求承租人按照出租人意愿选择出卖人或者租赁物的。当然，如果承租人主张其系依赖出租人的技能确定租赁物或者出租人干预选择租赁物的，须对上述事实承担举证责任。

2. 出租人不承担租赁物件致人损害责任。一般租赁，租赁物所有权无论是事实上还是法律上，均归属于出租人，除非承租人使用不当引起，如果系因租赁物本身原因造成他人人身与财产损害的，由出租人承担。对于融资租赁，出租人仅享有对租赁物法律上的所有权，事实上则完全由承租人控制与支配，承租人占有租赁物期间，因租赁物造成第三人人身损害或者财产损失的，出租人不承担责任（《民法典》第749条）。

3. 承租人占有租赁物期间不负有维修义务。

4. 租赁物毁损、灭失下的要求继续支付租金权。除非法律另有规定或者当事人另有约定，在承租人占有租赁物期间，即使出现租赁物毁损、灭失的，出租人仍有权请求承租人继续支付租金（《民法典》第751条），其法理同上。

5. 承租人不按照约定支付租金时的要求支付全部租金权。按照合同约定支付租金是承租人的主义务。如果出现不能按照合同约定支付租金情形，承租人可先行催告，给予一定合理期间，承租人如果在催告的合理期限内（包括约定或合理判断的合理期限）仍不能支付租金的，出租人可以请求支付全部租金（《民法典》第752条）。

融资租赁的主旨并非租赁，而在于以租赁的方式实现融资买卖，承租人及时支付租金不仅是其主义务，且是出租人可计算的利润实现根本。如果承租人不能按时支付租金，在给予一定合理期限后仍不能支付的，则将构成出租人通过融资租赁方式实现营业目的的根本障碍而严重损害其利益，故出租人此时可行使支付全部租金权，及时了解事实上的融资关系。

6. 出租人可转让融资租赁合同项下的部分或全部权利。出租人转让融资租赁合同项下的部分或全部权利，并不会因此损害承租人的合法权益，因此，出租人转让其在融资租赁合同项下的部分或者全部权利，受让方以此为由请求解除或者变更融资租赁合同的，人民法院不予支持（《融资租赁合同司法解释》第4条）。

7. 租赁物交付后意外毁损、灭失而解除合同后的补偿权。与以上法理一致，融资租赁合同因租赁物交付承租人后意外毁损、灭失等不可归责于当事人的原因解除的，出租人可以请求承租人按照租赁物折旧情况给予补偿（《民法典》第756条）。

出租人享有的以上特殊利益表明，作为混合关系的融资租赁合同，其功能主要在于融资，租赁只是其形式。它是出租人通过对所谓租赁物的所有权获得担保而向承租人进行的融资而已。但这并非意味着租赁形式不重要，租赁形式导致的关系加强了担保功能，形式上作为租赁人的提供融资方更容易保护自己。

（二）义务

1. 出租人的告知义务。如果出租人知悉租赁物的质量瑕疵，其须及时告知承租人，否则将承担承租人因此引起的损失赔偿责任（《民法典》第743条）。一般情形，出租人的出租的租赁物系根据承租人要求从出卖人处购买，并由出卖人直接交付承租人，其对于租赁物的质量瑕疵并无责任，但如果出租人知悉相关质量瑕疵，则负有告知义务。

2. 出租人的必要协助义务。承租人依据《民法典》第741条行使索赔权利时，出租人应当及时提供必要协助，否则也要承担相应赔偿责任（《民法典》第743条）。

3. 出租人应及时向出卖人行使只能由其本人行使的索赔义务。如果有些索赔权利只能由出租人行使，则其须及时向出卖人行使索赔权，如果怠于行使造成承租人损失的，出租人应向承租人承担赔偿责任（《民法典》第743条）。

4. 不得擅自变更买卖合同的义务。在出租人根据承租人对出卖人、租赁物的选择订立的买卖合同情况下，未经承租人同意，出租人不得变更与承租人有关的合同内容（《民法典》第744条），如出租人擅自变更承租人已经选定的出卖人或者租赁物的之情形（《融资租赁合同司法解释》第8条）。

5. 保证承租人对租赁物的占有和使用的义务。出租人应当保证承租人对租赁物的占有和使用，如果出租人有下列情形之一的，承租人有权请求其赔偿损失（《民法典》第748条）：（1）无正当理由收回租赁物；（2）无正当理由妨碍、干扰承租人对租赁物的占有和使用；（3）因出租人的原因致使第三人对租赁物主张权利；（4）不当影响承租人对租赁物占有和使用的其他情形。赔偿范围包括承租人正常经营利润损失。

七、出租人对租赁物的所有权

出租人购买租赁物并将其出租给承租人，其目的并非获得租赁物所有权而以此出租，而是以融资租赁方式融通资金而获取营业收益，而相应担保则是法律上其享有租赁物的所有权，以备承租人不能及时偿还资金时的类似于担保权，所以，出租人对租赁物享有所有权。但是，该所有权须经登记，否则不得对抗善意第三人（《民法典》第745条）。

八、合同的解除

（一）出租人单方解除情形

1. 承租人不依约支付租金的解除

承租人应当按照约定支付租金，如果承租人经催告后在合理期限内仍不支付租金的，出租人即可以请求支付全部租金；也可以解除合同，收回租赁物（《民法典》第752条），但二者之间仅能择其一（《融资租赁合同司法解释》第10条）。

对此，可分两种情形（《融资租赁合同司法解释》第5条）：一是承租人未按照合同约定的期限和数额支付租金，符合合同约定的解除条件，经出租人催告后在合理期限内仍不支付的；二是合同对于欠付租金解除合同的情形没有明确约定，但承租人欠付租金达到两期以上，或者数额达到全部租金15%以上，经出租人催告后在合理期限内仍不支付的。

2. 承租人擅自处分租赁物的解除

承租人未经出租人同意，将租赁物转让、抵押、质押、投资入股或者以其他方式处分的，出租人可以解除融资租赁合同（《民法典》第753条）。

3. 承租人违反合同约定，致使合同目的不能实现的其他情形（《融资租赁合同司法解释》第5条）

（二）出租人或承租人均可行使解除权情形

有下列情形之一的，出租人或者承租人可以解除融资租赁合同（《民法典》第754条）：（1）出租人与出卖人订立的买卖合同解除、被确认无效或者被撤销，且未能重新订立买卖合同；（2）租赁物因不可归责于当事人的原因毁损、灭失，且不能修复或者确定替代物；（3）因出卖人的原因致使融资租赁合同的目的不能实现，这主要指因出租人的原因致使承租人无法占有、使用租赁物（《融资租赁合同司法解释》第6条）。

融资租赁合同因买卖合同解除、被确认无效或者被撤销而解除，出卖人、租赁物系由承租人选择的，出租人有权请求承租人赔偿相应损失；但因出租人原因致使买卖合同解除、被确认无效或者被撤销的除外。如果出租人的损失已经在买卖合同解除、被确认无效或者被撤销时获得赔偿的，承租人则不再承担相应的赔偿责任（《民法典》第755条）。

九、租赁物的归属

（一）原则与清算

在租赁期限届满之时，租赁物的归属原则为有约定，依约定；无约定，无法通过漏洞填补的，则归出租人所有（《民法典》第757条）。

当事人约定租赁期限届满租赁物归承租人所有，承租人已经支付大部分租金，但是无力支付剩余租金，出租人因此解除合同收回租赁物，收回的租赁物的价值超过承租人欠付的租金以及其他费用的，承租人可以请求相应返还。如当事人约定租赁期限届满租赁物归出租人所有，因租赁物毁损、灭失或者符合、混合于他物致使承租人不能返还的，出租人则有权请求承租人给予合理补偿（《民法典》第758条）。

（二）所有权归承租人的推定

如当事人约定租赁期限届满，承租人仅需向出租人支付象征性价款的，视为约定的租金义务履行完毕后租赁物的所有权归承租人（《民法典》第759条）。

（三）合同无效时的租赁物归属

如融资租赁合同无效，当事人就该情形下租赁物的归属有约定的，依约定；没有约定或者约定不明确的，租赁物应当返还出租人。但因承租人原因致使合同无效，出租人不请求返还或者返还后会显著降低租赁物效用的，租赁物的所有权可以归承租人，由承租人给予出租人合理补偿（《民法典》第760条）。

第二节 保 理

一、保理的含义

保理是应收账款债权人将现有的或者将有的应收账款转让给保理人，保理人提供资金融通、应收账款管理或者催收、应收账款债务人付款担保等服务的营业（《民法典》第761条）。

保理是一项综合性金融服务，其中，应收账款企业（如卖方）将其现在或将来的基于与他方（如买方）的商品销售或服务合同所产生的应收账款转让给保理商，由保理商为其提供贸易融资、销售分户账管理、应收账款催收、信用风险控制与坏账担保等服务。保理是一种以贷款为基本内容，并提供相应其他金融服务的新型金融业务，即一方当事人（联系客户）向另一方当事人（保理人）让与（一般尚未到期）的债权，保收人立即向其支付，保理人赋予客户一定的流动性。①

① ［德］C. W. 卡纳里斯：《德国商法》，杨继译，法律出版社2006年版，第488页。

与融资租赁一样，保理属于典型的继续性、混合性、关联性与多角性债之法律关系，涉及保理商与债权人、保理商与债务人之间不同的法律关系，其中，债权人与债务人之间的基础交易合同是保理成立的前提，债权人与保理商之间的应收账款债权转让则是保理关系的核心。保理也是一种融资方式，但与单纯的借款是不一样的，前者包含更多的内容，具有综合性，而后者则仅是借贷的单一提供。

所以，保理合同的内容一般包括业务类型、服务范围、服务期限、基础交易合同情况、应收账款信息、保理融资款或者服务报酬及其支付方式等条款（《民法典》第762条）。

二、保理的种类

1. 有追索权保理与无追索权保理

按照在债务人破产、无理拖欠或无法偿付应收账款时，是否可以向债权人反转让应收账款，或要求债权人回购应收账款或归还融资，可分为有追索权保理和无追索权保理。

有追索权保理是指在应收账款到期无法从债务人处收回时，保理人可以向债权人反转让应收账款，或要求债权人回购应收账款或归还融资（《民法典》第766条）。有追索权保理又称回购型保理。

无追索权保理是指应收账款在无商业纠纷等情况下无法得到清偿的，由保理人承担应收账款的坏账风险（《民法典》第767条）。无追索权保理又称买断型保理。

但无追索权保理也并非是绝对没有追索权，当事人可以通过保理合同约定，在特殊情况下保留对债权人的追索权。

2. 公开、隐蔽型保理

按照是否将应收账款转让的事实通知债务人，可分为公开型保理和隐蔽型保理。

公开型保理应将应收账款转让的事实通知债务人，通知方式包括但不限于向债务人提交保理人规定格式的通知书，在发票上加注保理人规定格式的转让条款等。

隐蔽型保理中应收账款转让的事实暂不通知债务人，但保理人保留一定条件下通知的权利。

3. 单保理与双保理

按照参与保理服务的保理人个数，可分为单保理和双保理。

单保理是由一家保理机构单独为买卖双方提供保理服务。

双保理是由两个保理商分别向买卖双方提供保理服务，由国际保理商集团（IFC，或称国际保理商组织）首创，是国际保理业务的主流模式，出口商和进口商分别和各自的保理商（一般都位于各自国家）签订保理协议，两家保理商签订合作协议，相互委托代理业务，出口保理商和进口保理商根据出口商的需求，共同提供保理业务。双保理主要目的是降低保理成本，更好地控制保理风险。

除了以上种类，保理也因业务需要而根据实际情况出现的其他保理类型，如再保理，即保理人对其保理业务再次转让给其他保理人，以最大限度降低风险。

三、保理的要素和交易结构

保理的实质是通过应收账款的转让获得融资及相关服务，保理必须具备应收账款的转让之要素，否则没有所谓保理一说。

应收账款指权利人因提供货物、服务或设施而获得的要求债务人付款的权利，包括现有的和未来的金钱债权及其产生的收益，但不包括因票据或其他有价证券而产生的付款请求权。应收账款包括下列权利：（1）销售产生的债权，包括销售货物，供应水、电、气、暖，知识产权的许可使用等；（2）出租产生的债权，包括出租动产或不动产；（3）提供服务产生的债权；（4）公路、桥梁、隧道、渡口等不动产收费权；（5）其他应收账款。

应收账款包括现有的应收账款和将有的应收账款。在理论中，将有的应收账款包括两类：一类是已经存在基础法律关系的将有应收账款，例如基于附生效条件或生效期限的合同、继续性合同所产生的将有应收账款、债权人自身的给付行为尚未完成但一旦完成即可产生的债权等；另一类是没有基础法律关系的纯粹的将有应收账款，例如尚未订立合同的买卖、租赁等所产生的债权，即“纯粹的未来债权”。参照《民法典》第440条规定，现有的以及将有的应收账款都可以被出质，那么以将有的应收账款进行保理，也是可以的。①

保理业务是一项以债权人转让其应收账款为前提，集融资、应收账款催收、管理及坏账担保于一体的综合性金融服务。因此，除了必须具备的应收账款转让之外，保理还需要保理人提供资金融通、应收账款管理或者催收、应收账款债务人付款担保等服务。

在我国，债权人将其应收账款转让给保理人，不论是否融资，由保理人向其提供下列服务中的至少一项：（1）应收账款催收：保理人根据应收账款账期，可以主动或应债权人要求，采取电话、函件、上门催款直至法律手段等对债务人进行催收。（2）应收账款管理：银行根据债权人的要求，需要定期或不定期向其提供关于应收账款的回收情况、逾期账款情况、对账单等各种财务和统计报表，协助其进行应收账款管理。（3）坏账担保：债权人与保理人签订保理协议后，由保理人为债务人核定信用额度，并在核准额度内，对债权人无商业纠纷的应收账款，提供约定的付款担保。

依此，没有应收账款的转让，不构成保理；但仅有应收账款的转让，也不足以构成保理，二者需要同时具备。从这个角度观察，保理是融资和雇用服务的结合。

从交易结构上，保理至少包括三方主体，即保理商、应收账款债权人及债务人；两个法律关系，即保理合同关系及基础合同关系，基础合同关系包括买卖合同、提供服务合同、施工合同等。在该交易结构中，保理人是中心，基础合同是起点，三方主体通过配合实现资金的融通。

实践中，一些保理还有相应的担保，由第三人向保理人担保收回账款，或者多个保理人参与其中，交易结构和法律关系就更为复杂。

① 黄薇主编：《中华人民共和国民法典合同编释义》，法律出版社2020年版，第602页。

四、保理的性质

从法律角度观察，无追索权保理类似于债权买卖，但从交易结构上，也可以将无追索权的保理视作非纯正的借贷，是一种与委托处理事务的服务结合的借贷。对于有追索权保理而言，保理人的债权只是用于清偿：如若债权人的债权不能得到清偿，则其可主张对客户的借贷请求权。

但从整体上而言，无论是无追索权保理，还是有追索权保理，其核心是债权让与，故《民法典》第769条规定："本章没有规定的，适用本编第六章债权转让的有关规定。"

由此决定，应收账款债权应当是真实存在的，不得虚构，但实践中会发生虚构的债权。为维护保理法秩序，如果应收账款债权人与债务人虚构应收账款作为转让标的而与保理人订立合同，债务人不得以应收账款不存在为由对抗保理人，除非保理人明知虚构（《民法典》第763条）。

五、债权转让通知

一般的债权转让，要求债权人通知债务人，否则该转让对于债权人不发生转让效力（《民法典》第546条），但对于保理而言，其本意是通过保理人的专业服务促进资金融通，而不仅仅是一种债权转让。因此，在表明保理人身份并附有必要凭证情形下，保理人可以向债权人发出通知，产生债权转让的效果（《民法典》第764条）。当然，债权人本人及其与保理人可以同时或先后向债务人发出通知。

在保理人发出债权转让通知，且债务人收到通知后，应收账款债权人与债务人之间不能随意协商变更或终止基础交易合同，如果因此对保理人产生不利影响，无正当理由的，对保理人不发生效力（《民法典》第765条）。

六、权利冲突的解决

（一）债权整体转让的冲突解决

保理的法律问题并非主要产生于买卖法或消费借贷法，而是更多地源自于整体让与。整体让与经常与其他让与发生冲突，特别是与延伸所有权保留中包含的收益债权的预先让与发生冲突。在这种情况下，德国法院原则上认为预先让与相较（即使是发生在前面的）整体让与享有优先的地位，以保障附延伸所有权保留条件的货商的利益。①

对此，我国主流观点认为应采登记在先原则，即先登记者优先获得保护。②

（二）同一应收账款重复转让的权利冲突解决

应收账款债权人就同一应收账款订立多个保理合同，致使多个保理人主张权利的，已经登记的先于未登记的取得应收账款（登记在先原则）；均已经登记的，按照登记时间的先后顺序取得应收账款；均未登记的，由最先到达应收账款债务人的转让通知中载明的保理人取得应收账款（通知在先原则）；既未登记也未通知的，按照保理融资款或者服务报酬的比例取得应收账款（公平原则）（《民法典》第767条）。

① 参见［德］C. W. 卡纳里斯：《德国商法》，杨继译，法律出版社2006年版，第488页。

② 参见黄薇主编：《中华人民共和国民法典合同编释义》，法律出版社2020年版，第618页。

第十六章　货物运输与仓储

第一节　货 物 运 输

一、概述

（一）运输营业

运输是现代商业活动的重要组成部分。中世纪以来，航海业的盛行带动了运输业，运输营业应运而生。随着陆上运输和航空运输的产生和发达，运输营业逐步成为现代商法的重要商事活动。

按照不同的标准，可以对运输营业作不同的区分，按照运输的对象，可以分为货物运输、旅客运输；按照运输的地域可以分为陆上运输、海上运输和空中运输，其中陆上运输按照运输方式还可以分为公路运输、铁路运输和河上运输。

作为营业，运输是具有商人资格的企业（运输商）从事的。在我国，从事运输者，须取得运输资格，登记注册。

（二）运输合同

根据《民法典》第809条规定，运输合同是承运人将旅客或货物从起运地点运输到约定地点，旅客、托运人或者收货人支付票款或运输费用的合同。

运输合同是诺成合同，一经承运人和旅客或托运人达成协议即告成立；运输合同是双务有偿合同，双方均负有相应义务并由旅客、托运人或收货人支付相应费用。同时，运输合同常常是范式合同，即由运输管理部门专门制定相应格式和条款而使用，但也可以由当事人双方另行约定。

运输合同一方面是承运人的运输义务与交付义务，一方面是托运人的支付义务。其中承运人的交付义务不是一般的交付概念，而与成功的结果有关，所以，德国学者认为运输合同在教义学上可以界定为承揽合同，[①] 承运人为此承担较多的注意与保护义务。我国《民法典》第 811 条规定的“安全运输”即蕴含此意。

本节主要论述与商业活动最为密切的货物运输法律制度。

二、托运单

（一）含义

托运单是指由根据货物运输合同的内容由托运人填写的证明受托货物的清单。

托运人将货物交付于承运人，应书面表明其托运货物的名称、数量等，以使承运人能够了解其收到了什么并予以运输，这个证明就是货物托运单。对此，有些国家和地区的法律作了明确要求，如《日本商法典》第 570 条第 1 款规定“托运人应根据运输人的要求，交付托运单据”，《德国商法典》第 408 条也作了类似要求。

《民法典》第 825 条是关于托运人告知义务的规定，其需要告知的内容可作为托运单的要求。

（二）性质

托运单是一种证明文件，用来确认托运货物，供查核点收之用，并非有价证券或物权证券，仅系一种收受托运物的清单。[②] 所以，托运人将托运单与货物一同送到目的地，以便受货人检查是否与托运人所发送的货物一致，而且借此知悉自己应该负担债务的多少。在联运方式中，可以使后运人得知运输合同的内容及其前手的权利义务。在法国，将托运单的原本送交于受货

① ［德］C. W. 卡纳里斯：《德国商法》，杨继译，法律出版社 2006 年版，第 730 页。

② 林诚二：《民法债编各论》（中），中国人民大学出版社 2007 年版，第 306 页。

人而将其誊本交付于承运人，是商业上的一般习惯做法。①

正是托运单的证明功能，使得其在实践中常常成为证明托运人与承运人之间权利义务的重要证据。在双方没有签订正式书面运输合同的情形下，可以被认为是一种合同。但由于其为非正式合同，主要起一种证明作用，在有其他证据足以证明托运单有误时，可以修正。

《德国商法典》第409条对托运单的证明力作了规定：（1）由双方当事人签署的运单，在有相反的证明之前，用作货运合同的订立和内容及承运人接管货物的证明。（2）此外，根据由双方当事人签署的运单推定，货物及其包装在由承运人接管时处于外部良好的状况，并且货件的数量及其标志和编号符合运单上的记载。但承运人将有正当理由的保留载入运单的，不得根据运单进行此项推定；承运人无适当方法检查记载的正确性的，也可以据此成立上述保留。（3）货物的毛重或以其他方式证明的数量或货件的内容已由承运人检查，并且检查的结果已载入由双方当事人签署的运单的，也可以根据运单推定，重量、数量或内容符合运单上的记载。托运人提出请求，并且承运人拥有适当的检查方法的，承运人有义务检查重量、数量或内容；承运人享有请求偿还其为检查支出的费用的权利。

（三）记载事项

依《民法典》第825条第1款，托运人办理货物运输，应当向承运人准确表明收货人的姓名、名称或者凭指示的收货人，货物的名称、性质、重量、数量，收货地点等有关货物运输的必要情况。该规定基本上属于托运单记载事项。即使托运单记载简单，仍可具有相应证明力。其也可以记载更加详细的内容，如赔偿额、运输路线和方法等甚至与正式合同一样的内容。

三、提单

（一）提单的含义

提单是指由承运人签发的表明其收到运输货物的单据。

① 史尚宽：《债法各论》，中国政法大学出版社2000年版，第586页。

在货物交付承运人后，往往需要一个能够证明货物已经交给承运人的凭证，承运人也因此能够证明自己收到了什么而予以交货等，这个凭证就是提单。提单一经发出，承运人为换取提单，应交付货物。

对于提单，各个国家和地区的规定并不一致，主要是规定海上运输法律中。根据《德国商法典》第656条规定，提单是承运人与收货人之间的法律关系的证明，是承运人接受货物的证据，即使提单已经转让给第三人。在英国，提单是由船东或其代理人签发的确认货物装上何船并驶往何港，以及运输装船货物的有关条件的文件。《汉堡规则》第1条第7款规定：提单是指一种用以证明海上货物运输合同和货物由承运人接管或装船，以及承运人保证据以交付货物的单证。单证中关于货物应按记名人的指示、或不记名人的指示交付，或交付给提单持有人的规定，即是这一保证。

鉴于陆上运输的发达，有些国家和地区也将之延伸到陆上运输法律制度中，如日本和我国台湾地区。

我国《海商法》对提单做出了规定，其第71条规定："提单，是指用以证明海上货物运输合同和货物已经由承运人接收或装船，以及承运人保证据以交付货物的单证。提单中载明的向记名人交付货物，或按照指示人的指示交付货物，或者向提单持有人交付货物的条款构成承运人据以交付货物的保证。"对于陆上运输，《民法典》没有规定。《最高人民法院关于审理无正本提单交付货物案件适用法律若干问题的规定》（2020年修正），对有关提单纠纷作了基本解释。

总体上而言，各个国家和地区的规定不一，都强调承运人通过提单承担将接管的货物依其所证明的状况运至目的地，并根据提单的内容交付货物的义务。

提单与托运单是不同的，它们通常都是能证明货物运输合同的一种文件，但后者不会被认为是物权凭证。

（二）提单的性质

1. 提单是有价证券

提单一经签发，不仅具有表彰承运人与托运人之间债权债务关系的存在的功能，还使这种债权债务关系得以证券化，当事人仅凭该提单就可以行使货物交付请求权。行使或转让提单上的权利，也只能通过提单的占有和移转而产生。

2. 提单是物权证券

提单是承运人保证据以交付货物的单据，承运人须将货物交于提单持有人，而不能将其交给持有人以外的其他任何人。也就是说，持有提单者就有权提取货物，占有提单就意味着占有了货物，转让提单就等于转让了货物。

3. 提单是要式和文义证券

提单的制作须严格按照法律的规定的方式去做，不得自由为之，所以是要式证券。提单内容的认定，则按照提单上所记载文义为之，所以是文义证券。我国台湾地区“民法”第 627 条规定：“提单填发后，运送人与提单持有人之间，关于运送事项，依其提单之记载。”

（三）提单的记载事项

提单是要式证券，记载须严格按照法定形式和内容为之。

一般情况下，提单须记载如下内容：托运人的名称（或姓名）及住所（或住址）；运送物的种类、品质、数量及包装等事项；目的地；受货人的名称及地址；运费额及支付人（为托运人或受货人）；提单的填发地及填写日期。这些事项为法定记载事项，一般应予以记载。但相对于票据，提单的要式性并不十分严格，即使记载或记录有所欠缺，也应当有效，而法定事项以外的内容一经记载或者记录，也同样有效。

（四）提单的效力

1. 物权效力

提单是物权证券，持有提单者即为提单项下货物的占有者或所有者，具有物权效力。《日本商法典》第 575 条规定：“将提货单交付于可依提货单受领运输品者，其交付，就取得行使于运输品上的权利，与交付运输品有同一效力。”

转让提单就意味着转让提单项下的货物，在运输货物上设定的质押，也因证券的交付而生效。与此相应，处分已经填发提单的运输物，须按照提单的记载为之。

2. 债权效力

提单产生于因托运人将运输货物交付于承运人而由承运人依法制作并交付，因而首先在托运人与承运人之间产生货物运输法律关系。当承运人依法制作并交付，又产生了提单的证券债权债务关系，即其分立于运输合同关系而在提单持有人与承运人之间产生了证券上的法律关系。

一般地，在托运人尚未将提单转让于他人时，托运人与承运人之间的权利义务关系，仍以货物运输合同为准，但在其转让于他人后，则在提单持有人与承运人之间产生仅依提单请求交付运输货物的权利，即物权请求权。不过，提单持有人没有对运输货物的返还请求权（债权请求权）。如果提单填发后，由于承运人的故意或过失而使得运输货物损毁或灭失的，其须基于提单证券债权债务关系而对持有人负不完全给付或给付不能的责任。

四、托运人的权利义务

（一）托运人的义务

1. 如实告知的义务

托运人在将货物交付运输时，应对法律规定或当事人约定的事项进行如实告知。

《民法典》第 825 条规定：“托运人办理货物运输，应当向承运人准确表明收货人的名称或者姓名或者凭指示的收货人，货物的名称、性质、重量、数量，收货地点等有关货物运输的必要情况。”“因托运人申报不实或者遗漏重要情况，造成承运人损失的，托运人应当承担损害赔偿责任。”

在“宏隆实业有限公司与上海铁路分局何家湾站等铁路货物运输合同逾期货损索赔纠纷再审案”① 中，法院指出，托运人未按规定对托运货物履行如实填报运单的义务，由于运单内容决定着承运人采取何种运输措施以保证货物安全，托运人未如实申报货物价值，使承运人确认该批货物属对运输无

---

① 《最高人民法院公报》2001 年第 1 期。

特殊要求的低值普通货物，从而延长了运输时间，使因托运人对货物包装不当造成货物发生变质，其责任应由托运人承担。

2. 提交文件义务

货物运输中，根据运输货物的种类、性质及国家的计划安排等，有的货物的运输需要得到有关部门的批准，或先经过有关机关的检验。这时，托运人对这些货物运输，应将办完有关手续的文件提交承运人，如货物通行证、完税证明、防疫证明等（《民法典》第826条）。

3. 包装义务

如果当事人双方在合同中对包装方式有约定的，托运人应按照约定的方式对货物予以包装（《民法典》第827条第1款）。在合同中对包装方式没有约定或者约定不明确时，可以协议补充，不能达成补充协议的，可以按照合同有关条款或者交易习惯确定。仍不能确定的，则应当按照通用的方式包装，没有通用方式的，应当采取足以保护标的物的包装方式。

其中，按照通用的方式包装，主要是指按照某种运输工具运输某种货物的惯常方式包装。足以保护货物的包装方式，主要是指足以保证货物在运输过程中不致发生损坏、散失、渗漏等情形的包装方式。托运人违反约定的包装方式的，或者不按通用的包装方式或足以保护运输货物的包装方式而交付运输的，承运人有权拒绝运输（《民法典》第827条第2款）。

4. 托运危险物品时的特殊义务

托运人托运易燃、易爆、有毒、有腐蚀性、有放射性等危险物品的，应当按照国家有关危险物品运输的规定对危险物品妥善包装，作出危险物标志和标签，并将有关危险物品的名称、性质和防范措施的书面材料提交承运人。托运人违反规定的，承运人可以拒绝运输，也可以采取相应措施以避免损失的发生，因此产生的费用由托运人承担（《民法典》第828条）。

5. 支付运费、保管费以及其他运输费用的义务

在承运人全部、正确履行运输义务的情况下，托运人或者收货人有按照规定支付运费、保管费以及其他运输费用的义务。这是托运人负担的主合同义务。货物在运输过程中因不可抗力灭失，未收取运费的，承运人不得要求

支付运费；已收取运费的，托运人可以要求返还（《民法典》第835条）。

（二）托运人的权利

在货物运输合同中，托运人的权利主要体现为单方变更或解除合同权。《民法典》第829条规定：“托运人在承运人将货物交付收货人之前，可以要求承运人中止运输、返还货物、变更到达地或者将货物交给其他收货人，但应当赔偿承运人因此受到的损失。”

所谓托运人的单方变更或者解除权，是指货物运输合同成立后至货物交付收货人之前，托运人有权变更或者解除合同，这种变更或者解除可以不经过承运人同意，承运人也无权过问对方变更和解除合同的原因，只要托运人提出变更或者解除合同，均应予以变更或者解除，但是托运人应当告知承运人。

我国的专门运输法对托运人变更或者解除合同的权利作了非同一般民事合同的规定，主要体现在托运人不须承运人同意即可在开航、起飞前或者在合同履行完毕前任意解除或者变更合同。《海商法》第89条规定，船舶在装货港开航前，托运人可以要求解除合同。《民用航空法》第119条规定，托运人在履行航空货物运输合同规定的义务的条件下，有权在出发地机场或者目的地机场将货物提回，或者在途中经停时中止运输，或者在目的地点或者途中要求将货物交给非航空货运单上指定的收货人，或者在途中将货物运回出发地机场。

需要注意的是，在提单运输中（主要在海上货物运输中），由于提单具有物权凭证、可以转让的性质，转让提单就等同于托运人的权利义务等全部内容一并转移到了提单持有人。在货物已经起运后，托运人如果已经转让了提单，其就没有权利单方变更或者解除合同。不过，在这种情况下，提单持有者可以单方变更或者解除合同。法律赋予单方变更或解除合同权，主要是考虑到货物买受人信用状况变化，或情事发生很大变更而保护托运人。当然，这也要考虑承运人的利益，承运人不能因此承担更多义务。如果因为单方变更或者解除合同给承运人造成损失的，托运人或者提货凭证持有人应当赔偿损失，并且还要承担因变更或者解除合同而产生的各种费用。

五、承运人的权利义务与责任

（一）承运人的义务

1. 安全运输义务

在约定期限或者合理期限内将货物安全运输到约定地点（《民法典》第811条），是承运人的主义务。在合同没有约定时间时，可以按照习惯，没有习惯可循的，则按照合理时间进行。此合理时间，除按诚信原则考虑外，应顾及各该运输的实际情形，如运输工具、运输物的性质、天气、路线等。

2. 按照约定或合理路线运输的义务

承运人应当按照约定的或者通常的运输路线将货物运输到约定地点（《民法典》第812条）。

通常的运输路线是指一般是指行业习惯约定俗成的运输路线或者是安全、便捷、经济为原则的合理运输路线。合理的运输路线是一个事实问题，需要根据每一具体的运输情况决定，通常应符合安全、便捷、经济三项基本要求。

3. 通知义务

《民法典》第830条规定："货物运输到达后，承运人知道收货人的，应当及时通知收货人……"

这里涉及三个问题：一是通知人。实践中承运人有合同承运人与实际承运人之分，前者为与托运签订合同的名义上的承运人，后者是实际将托运货物予以运输的承运人。不论是合同承运人还是实际承运人，均负有通知的义务。当然，只要其中一个履行了通知义务，均视为已经通知。二是通知的方式，可以是电话、信函、电传、电子邮件，只要能够通知收货人即可。三是通知的时间，我国实践中要求货物到达后的24小时之内。

其中，按照约定或合理路线运输及通知的义务，属于承运人安全运输义务的具体化。

（二）承运人的权利

托运人的义务就是承运人的权利。除了这些权利外，承运人主要还有以下两项权利：

1. 货物留置权

货物留置权是指承运人依据货物运输合同或法律的规定对在其运输过程中合法占有的货物，在货方不支付应付的费用时，依法予以留置，并就该留置财产或变卖的价款中优先受偿的权利。

除了当事人另有约定的，在托运人或收货人不支付运费、保管费以及其他运输费用的情况下，承运人对相应的运输货物就享有留置权。该项权利为法定的担保物权（《民法典》第836条）。

2. 货物提存和其他处置权

收货人不明或者收货人无正当理由拒绝受领货物的，承运人可以依法提存货物（《民法典》第837条）。

根据该规定，适用提存权是要具备相应条件的，须在收货人不明或收货人无正当理由拒绝受领货物两种情形。收货人不明主要是指不知道收货人名称或提单持有人不明，而承运人按照诚实信用的原则和一般交易习惯，进行了必要的调查义务后，仍然不能确认主体的，方被视为收货人不明。收货人拒绝受领货物，包括收货人主张运送物不符或数量不足而拒绝受领和收货人不按照提单或运单所载支付运费的两种情形，运费的支付和货物的交付应当为对待给付。同时，承运人负有再次通知的义务，怠于履行该义务，承运人应当免费保管货物，且运送义务没有完成。

因承运物性质的不同，有些物品是不适合提存的，在此种情形下，承运人可以拍卖或变卖承运物，民法典对此也作出了明确的规定。对于不宜提存或费用过高的，主要是指承运物为鲜活、易腐烂变质物品或相当情形，如价值的迅速递减等，或者运送物品价值显然不能抵偿运费及其他费用。拍卖或变卖应当善意进行，如履行通知义务、委托拍卖无过错等。拍卖或变卖的款项，扣除拍卖变卖费用，支付运费、保管费和其他运输费用后，如果仍有剩余，承运人应当交付给有权接受的人，符合提存条件的，将剩余款项提存。

（三）承运人的损害赔偿责任

在运输过程中，如果出现货物毁损、灭失的，承运人应承担损害赔偿责任。依据该规定，承运人的损害赔偿责任是无过错损害赔偿责任，即仅在承运人证明货物的毁损、灭失是因不可抗力、货物本身的自然性质或者合理损耗以及托运人、收货人的过错造成的，才不承担损害赔偿责任（《民法典》第832条）。在举证责任上，由承运人举证证明是否出现前三种情形。

对于货物的毁损、灭失的赔偿额，当事人可以事先约定，有约定，则按照其约定；没有约定或者约定不明确，当事人可以协议补充，不能达成补充协议的，按照合同有关条款或者交易习惯确定。仍不能确定的，按照交付或者应当交付时货物到达地的市场价格计算。法律、行政法规对赔偿额的计算方法和赔偿限额另有规定的，依照其规定（《民法典》第833条）。如《铁路法》第17条规定，未按保价运输承运的，按照实际损失赔偿，但最高不超过国务院铁路主管部门规定的赔偿限额；如果损失是由于铁路运输企业的故意或者重大过失造成的，不适用赔偿限额的规定，按照实际损失赔偿。

两个以上承运人以同一运输方式联运的，与托运人订立合同的承运人应当对全程运输承担责任；损失发生在某一运输区段的，与托运人订立合同的承运人和该区段的承运人承担连带责任。（《民法典》第834条）

六、收货人

（一）收货人的权利义务

1. 及时提货

收货人虽然没有直接参与货物运输合同的签订，但受承运人、托运方双方签订的货物运输合同约束，收货人应当及时提货，收货人逾期提货的，应当向承包人支付保管费等费用（《民法典》第837条）。

2. 支付托运人未付或少付的运费及其他费用

一般情况下，运费由托运人在发站向承运人支付，如果合同约定由收货人在到站支付或者托运人未支付的，收货人应予以支付。在运输中发生的其他费用，应由收货人支付的，收货人也须支付。

3. 及时验货

货物运交收货人后，收货人负有对货物及时进行验收的义务。收货人应当按照约定的期限检验货物。对检验货物的期限没有约定或者约定不明确，当事人可以协议补充，不能达成补充协议的，按照合同有关条款或者交易习惯确定。仍不能确定的，应当在合理期限内检验货物。收货人在约定的期限或者合理期限内对货物的数量、毁损等未提出异议的，视为承运人已经按照运输单证的记载交付的初步证据（《民法典》第831条）。

（二）收货人的地位

运输合同一般呈现为第三利益的合同（《民法典》第522条）特征，只是不需要受益的意思表示。整体而言，由运输合同性质决定，收货人在运输合同法律关系中处于较为特殊的地位。在运输合同中，即使货物到达目的地，因为托运人的处分权优先于收货人的权利，在其请求交付前，托运人都可以行使处分权，收货人的权利义务此时因法律的规制而发生。①

如果货物运输途中发生毁损、灭失或迟延交付，托运人与受货人是否均可以基于运输合同主张请求权，对此，《民法典》并未规定。从法教义学角度看，托运人与受货人之间具有共同利益，因此可以认为二者均可以主张请求权，享有《民法典》第518条规定的连带债权。当然，托运人与受货人也因共同利益而使得他们对于运费用及其他应付费用负有连带债务（《民法典》第519条）。

第二节　仓　　储

一、概述

（一）仓储营业

仓储是指通过仓库对货物的储存与保管活动。

中世纪以来，随着海上贸易的发展，仓储活动也逐步成为经济贸易活动

① ［日］近藤光男：《日本商法总则·商行为法》，梁爽译，法律出版社2016年版，第150页。

的重要组成部分。近现代以来，仓储更是整个经济产业链条的不可缺少的一环。商人们也常常因为订单前置或市场预测前置而使产品、物品暂时存放。在一定意义上，仓库及其储藏活动集中反映着企业物资活动的状况，是连接生产、供应、销售的中转站。所以，仓储营业也是辅助他人营业的辅助商之一。

仓储具有以下特征：

1. 仓储人为仓库营业者

仓储方必须是具有仓库营业资质的人，是具有仓储设施、仓储设备，专事仓储保管业务的企业。

2. 仓储营业既包括储存，也包括保管，二者同时存在

如果仅有储存而无保管，则为租赁；仅有保管而无储存，则为一般保管。①

不过，尽管仓储有别于保管，但从法律性质上来说，属于保管合同，在法律适用上，在没有仓储的专门法律规定时，准用《民法典》关于保管的规定（《民法典》第918条）。不过，仓储属于营业，是典型的营业合同或商事合同，而保管合同一般是指民事合同。

3. 仓储的对象为动产

至于什么是仓库，法律并不做直接规定。仓库仅是存放、保管、储存物品的建筑物和场地的总称。它可以是房屋建筑、洞穴、大型容器或特定的场地等，只要具有存放和保护物品的功能即可。普遍认为，凡是能够存放及保管物品的设备，均可以称之为仓库。

如果说运输营业是以克服空间障碍为目标的存在，仓储营业则是以克服时间障碍为目标的存在。亦即，二者均是以克服企业营业障碍的辅助商行为。②

---

① 林诚二：《民法债编各论》（中），中国人民大学出版社2007年版，第282页。

② ［日］近藤光男：《日本商法总则·商行为法》，梁爽译，法律出版社2016年版，第173页。

（二）仓储合同

仓储合同是指由仓库营业人为存货人保管储存的货物，存货人支付仓储费用的合同。

仓储合同为有名、诺成合同，是不要式的双务与有偿合同。而且，仓储合同有一定或不定期间，为继续性合同，有情势变更原则及终止权的适用问题。①

传统上是将仓储当作一般保管合同对待的，被认为是实践合同或药物合同。现代合同法及其理论大多将其看作诺成合同。《民法典》第905条规定："仓储合同自保管人和存货人意思表示一致时成立。"保管合同则一般情形下为实践合同，即自保管物交付时起成立，除非合同另有约定或习惯使然（《民法典》第888条）。

二、仓单

（一）含义

仓单是指由保管人在收到存货时向存货人签发的已经收到存储物的有价证券。

仓单制度是各国和地区关于仓储法律制度的普遍规定。《民法典》第908条规定，存货人交付仓储物的，保管人应当出具仓单、入库单等凭证。

（二）性质

1. 仓单是有价证券

有价证券是表彰财产权的证券，其权利的行使与处分，均需要持有证券与转移。仓单表彰存储物的财产权，行使或处分该财产权，首先需要占有仓单，其次方能通过仓单的转让而使存储物的财产权得以转让。

在"湖南石油实业股份有限公司与中国海外经济合作总公司广州公司、珠海经济特区康民有色金属公司借款合同纠纷案"（最高人民法院［2002］

① 林诚二：《民法债编各论》（中），中国人民大学出版社2007年版，第284页。

民一抗字第31号判决书)[①] 中，法院指出，仓单持有人通过提走货物和转让货物行为履行完毕了与货物保管人的仓储合同。虽然仓单持有人的货物是其向债权人借款购得，但对于其存放在货物保管人仓库的货物，从法律上讲，该所有权仍然属于仓单持有人。因双方存在仓储合同法律关系，货物保管人为履行合同将仓单持有人存放的货物让其提走，并无不当。仓单作为一种物权凭证，货物的所有权归仓单上载明的货主所有，仓单持有人没有将仓单转让或质押给债权人，因此，该债权人对仓单持有人存放在货物保管人的货物没有所有权。该裁判表明，仓单的根本属性是一种有价证券和债权凭证，仓单持有人与仓储保管人之间是一种债权债务关系。

2. 仓单是物权证券

仓单是存货人已经交付仓储物的凭证，又是存货人或者持单人提取仓储物的凭证，所以，仓单实际上是仓储物所有权的一种凭证。持有仓单者，意味着仓单项下货物的所有人或处分权人。此处说仓单是物权证券，是指仓单持有人对仓单项下的货物而言的。

需要注意的是，仓单的物权凭证性并非一定意味着所有权，还可能是其他物权。在“青岛润生祥贸易有限公司与美国环球（钼业）有限公司、达利丰集团有限公司产权纠纷上诉案”（最高人民法院［2000］经终字第163号民事判决书)[②] 中，法院认为，本案保管人并非仓储物的实际占有人，保管人为与其合作的仓库储存的货物开具仓单，并以之作为存货人向银行取得资金融通的担保，其开具的仓单之所以被接受，是凭借保管人良好的商业信誉。保管人虽然占有提单，但该公司的意思并非取得提单项下的货物所有权，而是保证其开出的仓单有真实的货物基础。仓储合同双方当事人及银行约定：保管人的仓单只作为存货人存放于其仓库货物的收据，而不作为支付的工具。该约定表明本案的仓单作为物权凭证是以成立担保物权为目的。

---

① 苏泽林主编、最高人民法院审判监督庭编著：《最后的裁判——最高人民法院典型疑难百案再审实录（刑事与合同案件卷）》，中国长安出版社2007年版，第105~111页。

② 万鄂湘主编、最高人民法院民事审判第四庭编：《中国涉外商事海事审判指导与研究》2002年第2卷，人民法院出版社2002年版，第120~138页。

普通法中的仓单在我国法律并无完全准确的概念与之相对应，通常解释为物权凭证，而本案中的仓单虽然可以认为是物权凭证，但这里的物权系担保物权，即为银行向存货人提供融资作用质押用途的权利凭证，不具有所有权的作用。如果质押权人银行主张实现质权，不管货物的所有权最终确定于哪方当事人，该质权均优先于所有权受偿。

3. 仓单是证权证券

仓单上所载权利的形成并非依赖于仓单的制作，而是因为存货人依约将货物存入保管方的仓库。也就是说，仓单上的权利与其原因行为有关，必须先有仓储合同的存在，方能制作仓单以表彰权利，所以，仓单为证权证券，而非如票据那样的设权证券。

4. 仓单是要式证券

仓单的制作须依法为之，其记载事项不得随意进行。尽管仓储合同是不要式合同，但仓单是要式证券。

5. 仓单是文义证券

关于仓单当事人之间的权利义务，均须依照仓单的记载解释，即使仓单记载有误或不实，也不能通过仓单记载之外事项补充或变更解释，仓单是文义证券。

需要注意的是，仓单的文义性主要体现在仓单的流通过程中，在存货方与保管方之间，如果确实出现仓单记载有误时，应该允许存货人按照其原有的仓储合同主张权利义务。①

6. 仓单是无因证券

仓单的制作尽管需要基于仓储合同，但其一旦制作而交付进入流通环节，鉴于仓单的文义性，为保护善意第三人，维护交易安全，现代学界普遍认为其为无因证券。

实践中常常出现所谓“进仓单”，《民法典》称其为入库单，是仓储人将货物送进仓库时，由保管人签发的货物已进仓库的证明单据。进仓单不同于

---

① 林诚二：《民法债编各论》（中），中国人民大学出版社2007年版，第286页。

仓单，其不具有权利凭证的法律特征。在“广西信托投资公司清算组北海办事处与中国东方资产管理公司南宁办事处、广西达诚北海公司信用证垫付货款纠纷案”（最高人民法院［2003］民四提字第2号民事判决书）① 中，法院指出，仓单既是权利凭证，又是要式证券，仓单上记载的事项，须依法律的规定作成，应该具备一定标准化格式并严格填写。仓单上记载的事项决定当事人的权利义务，当事人须依仓单上的记载主张权利义务。仓单上所载明的权利与仓单是不可分离的，持单人受领保管物，不仅要提示仓单，而且还应缴回仓单。质权人收执的进仓单不具有仓单可以设定质押的物权凭证的法律特征，并且质权人没有将进仓单退回给出质人。所以，不能认为质权人放弃或怠于行使质押权。而质权人将质权凭证提单退还给开证人，任由开证人提货的行为可以认定为是一种放弃行使质权的行为，保证人应在质权人放弃行使质押权的范围内免除保证责任。但进仓单不具有仓单权利凭证的法律特征，在质权人没有将进仓单退还给开证人的情况下，保证人仍应在保证范围内承担相应的责任。

（三）制作与记载

仓单是要式证券，其须依法制作并交付于对方。

根据《民法典》第906条，仓单包括下列事项：（1）存货人的名称或者姓名和住所；（2）仓储物的品种、数量、质量、包装及其件数和标记；（3）仓储物的损耗标准；（4）储存场所；（5）储存期限；（6）仓储费；（7）仓储物已经办理保险的，其保险金额、期间以及保险人的名称；（8）填发人、填发地和填发日期。

（四）效力

仓单是物权性有价证券，其具备要式性与文义性，具有如下效力：

1. 物权效力

保管人一经签发仓单，不管仓单是否由存货人持有，持单人均可凭仓单

① 苏泽林主编、最高人民法院审判监督庭编著：《最后的裁判——最高人民法院典型疑难百案再审实录（担保与金融案件卷）》，中国长安出版社2007年版，第142～149页。

受领仓储物，保管人须依仓单履行其义务。同时，仓单上所记载的仓储物，只要存货人在仓单上背书并经保管人签字或者盖章，提取仓储物的权利即可发生转让（《民法典》第910条）。

2. 债权效力

仓单一旦依法制作并交付，就在存货人与保管方之间产生仓储合同法律关系，并基于该仓单而产生持单人与保管人之间的证券上债权债务关系。

（五）转让与分割

1. 转让

仓单是提取仓储物的凭证。存货人或者仓单持有人在仓单上背书并经保管人签字或者盖章的，可以转让提取仓储物的权利（《民法典》第910条）。

在我国，仓单为记名证券，其转让须经背书。不过，如果当事人未在仓单上记载存货人的名称或姓名，基于契约自由与有价证券的原理，不应否定其效力，其转让以交付即可。①

2. 分割

在有些国家和地区，仓单可以分割，即仓单的持有人可以请求保管人将存储物分割为数部分，并分别填发仓单。当然，这时的仓单持有人须交还原仓单。我国台湾地区“民法”第617条规定：“仓单持有人，得请求仓库营业人将寄托物分割为数部分，并填发各该部分仓单。但持有人应将原仓单交还。前项分割，及填发新仓单之费用，由持有人负担。”

仓单的分割有利于存货人处分存货，提高交易效率。我国《民法典》没有对此明确规定，从当事人权利处分与意思自治角度，是允许的。

三、保管人

（一）保管人的义务

根据《民法典》规定，仓储合同保管人应承担以下义务：

① 史尚宽：《债法各论》，中国政法大学出版社2000年版，第560页。

1. 接受和验收货物的义务

保管人在接受存货人交存仓储物入库时，应当按照合同的约定对入库仓储物进行验收。保管人验收时发现入库仓储物与约定不符合的，应当及时通知存货人。仓储物验收时保管人未提出异议的，视为存货人交付的仓储物符合合同约定的条件。保管人验收后，发生仓储物的品种、数量、质量不符合约定的，保管人应当承担损害赔偿责任（《民法典》第907条）。

2. 依法填发仓单、入库单的义务

存货人交付仓储物的，保管人应当给付仓单、入库单。保管人应当依法制作并在仓单、入库单上签字或盖章（《民法典》第908条）。

3. 配合检查义务

保管人根据存货人或者仓单持有人的要求，应当同意其检查仓储物或者提取样品（《民法典》第911条）。该义务被称为保管人的容忍义务，同时也是一种积极配合的义务。

4. 及时通知义务

保管人发现入库仓储物有变质或者其他损坏的，应当及时通知存货人或者仓单持有人（《民法典》第912条）。

保管人发现入库仓储物有变质或者其他损坏，危及其他仓储物的安全和正常保管的，应当催告存货人或者仓单持有人作出必要的处置。因情况紧急，保管人可以作出必要的处置；但是，事后应当将该情况及时通知存货人或者仓单持有人（《民法典》第913条）。

该规定“必要的处置”既是权利，也是义务，这是由保管人的地位决定的。如果保管人没有请及时通知，而又未及时进行必要的处置，则保管人负有损害赔偿责任。如果没有及时通知，但及时进行了必要处置，可以通过证明自己尽到了必要的义务而免责并由存货人补偿。

5. 对仓储物实行妥善保管的义务

储存，是指保管人在接受仓储物后，要为仓储物提供一定的空间予以存放；保管，是指保管人须提供一定的安全防范措施，以防止仓储物的毁损、灭失。所以，保管人须以妥当的场所和适合的方法对存储物加以保管，特别是需要按照保管物的不同种类及保管技术规程或合同规定的保管要求，采取积极措施，维护保管物的良好状态，保障其数量和质量。

此义务是仓储业者的基本义务，即使其尚未收到保管费，在该营业的范围内接受委托保管情形下，负有应尽善良管理者的保管义务。该义务不仅包括以上内容，还需要亲自保管，除非合同事先约定或经存货人同意。仓储涉及仓储业者的能力与技术，存货人之所以委托某一仓储业者，很大程度上基于仓储业者的信誉，否则将违背合理信赖。《民法典》第 923 条规定的受托人亲自处理事务规则是可以应用于此的。

6. 返还仓储物的义务

在合同期限届满或因其他事由而使合同终止时，保管人应返还仓储物于存货人或仓单持有人。如果因合同期限届满，存货人或仓单持有人请求返还仓储物，除非发生依法留置情形，也应予以返还，但因此遭受的损失可以向存货人或仓单持有人请求赔偿。

（二）保管人的权利

1. 收取仓储费的权利

仓储合同是有偿合同，保管人有权按照合同约定收取仓储费用（《民法典》第 904 条），这是保管人的主要权利。

如果存货人或者仓单持有人逾期提取的，应当加收仓储费；提前提取的，不减收仓储费（《民法典》第 915 条）。

2. 提存权

储存期间届满，存货人或者仓单持有人不提取仓储物的，保管人可以催告其在合理期限内提取，逾期不提取的，保管人可以提存仓储物（《民法典》第 916 条）。

对于提存物，依《民法典》第 571 条，保管人可以行使拍卖权。

3. 验收存储物的权利

验收货物不仅是保管人的义务，也是保管人的一项权利。保管人有权对货物进行验收，在验收中发现货物溢短，对溢出部分可以拒收，对于短少的有权向存货人主张违约责任。对于货物存在的不良状况，有权要求存货人更换、修理或拒绝接受，否则需如实编制纪录，以明确责任。

（三）保管人的损害赔偿责任

储存期内，因保管不善造成仓储物毁损、灭失的，保管人应当承担赔偿责任。因仓储物本身的自然性质、包装不符合约定或者超过有效储存期造成仓储物变质、损坏的，保管人不承担赔偿责任（《民法典》第917条）。

保管人只要不能证明自己以及使用人在仓储期间没有携带且尽到了注意义务，他对于保管物的灭失以及毁损必须负有损害赔偿责任，这是民法中债务不履行责任的一般原则。但与民法一般原则不同的是，《民法典》第917条规定的损害赔偿责任可以通过合同约定减轻或免除。尽管《民法典》对此没有明确规定，但基于商法更大限度的自治，应当是允许的。

四、存货人的权利与义务

（一）存货人的义务

1. 依约将存储物交付入库的义务

仓储合同是诺成合同（《民法典》第905条），在合同成立后，存货人应当按照合同约定的品名、数量、时间将货物交付给保管人，并在验收期间向保管人提供验收资料。

2. 危险物品的说明义务

存货人如果储存的物品是危险品，特别是储存易燃、易爆、有毒、有腐蚀性、有放射性等危险物品或者易变质物品的，存货人应向保管人说明仓储物的性质和预防危险、腐烂的方法，并提供有关保管、运输等技术资料，还应采取相应的防范措施，存货人违反此项义务时，保管人有权拒收该货物；保管人因接受该货物并为避免货物发生损失而支出的费用，存货人应当承担；保管人因接受该货物而造成损害的，存货人应承担损害赔偿责任（《民法典》第906条）。

3. 货物的包装应符合标准

存货人交付保管的货物的包装，应符合有关标准或合同约定的标准。如果包装不符合标准，保管人代为整修改装的，存货人应提供必要的包装材料，并支付包装费用。

4. 按合同约定的期限提取仓储物

存货人或仓单持有人须依合同约定期限提取仓储物，如果当事人对储存期间没有约定或者约定不明确的，存货人或者仓单持有人可以随时提取仓储物，保管人也可以随时要求存货人或者仓单持有人提取仓储物，但应当给予必要的准备时间（《民法典》第914条）。

储存期限届满，存货人或者仓单持有人应当凭仓单、入库单等提取仓储物（《民法典》第915条）。

5. 支付仓储费和其他费用

存货人应按约定的数额、支付方式、时间和地点向保管人支付仓储费（《民法典》第904条），逾期提取，加收仓储费；提前提取，不减收仓储费（《民法典》第915条）。其他费用则是指保管人因储藏保管货物而支出的必要费用，主要指运费、修缮费、转仓费、保险费等。保管人在请求存货人支付上述费用时，应出示有关清单和登记簿。

（二）存货人或仓单持有人的权利

1. 检查权

保管人根据存货人或者仓单持有人的要求，应当同意其检查仓储物或者提取样品（《民法典》第911条）。

2. 合同约定不明或没有约定时的随时提取权

当事人对储存期限没有约定或者约定不明确的，存货人或者仓单持有人可以随时提取仓储物，保管人也可以随时请求存货人或者仓单持有人提取仓储物，但是应当给予必要的准备时间（《民法典》第914条）。

第十七章　电 子 商 务

第一节　概　　述

一、电子商务的概念

电子商务，是指通过互联网等信息网络销售商品或者提供服务的经营活动（《电子商务法》第2条第2款）。

电子商务是计算机技术、通信技术和互联网技术共同发展的产物，其最初源于电子数据处理（EDP）技术，随着表格处理软件和文字处理技术的发展，电子数据交换（EDI）技术的成熟为电子商务奠定了技术基础。

关于电子商务，国际商会于1997年首次从商业角度提出了概念，认为其是实现整个贸易活动的电子化。从涵盖范围上，电子商务是交易各方以电子交易方式而不是通过当面交换或直接面谈方式进行的任何形式的商业交易；从技术方面，电子商务是一种多技术的集合体，包括数据交换（如电子数据交换、电子邮件）、获得数据（如共享数据库、电子公告牌）以及自动捕获数据（如条形码）等。

尽管还有不同的认识，但现代普遍认为电子商务是利用现有的计算机硬件设备、软件设备和网络基础设施，通过一定的协议连接起来的电子网络环境下进行各种各样商务活动的方式，即在互联网上在线、实时地订购货物、服务和付款，并通过网络实现商品和服务的交易、提供和结算的行为。总之，电子商务是利用计算机技术、网络技术和远程通信技术，实现电子化、数字化和网络化的整个商务过程。

我国于2018年通过《电子商务法》，但该法不调整金融类产品和服务，以及信息网络提供新闻信息、音视频节目、出版以及文化产品等内容方面的服务（《电子商务法》第2条第3款）。

电子商务是信息化社会贸易活动的重要表现形式，具有高效率、低成本、数字化、网络化和全球化等特点。

二、电子商务的特征

（一）数字化

在电子商务过程中，与商务活动相关的各种信息均以数字形式采集、存储、处理和传输，相应的交易、服务均体现为数字化的过程，与之相应，合同的订立、履行和终止基本上体现为数字化，突破了传统商务模式中人与人、人与物或服务之间的直接或通过代理的间接交流模式。而且，在这个过程中，相应的企业在网络上体现为一种通过数字表达出来的虚拟性，其行为也以数字予以表达。

数字化具有易于存储、查询、处理、修改信息等优点，当事人的地位及行为随之被确定，因而数字化信息的存储、保管与确定成为支撑电子商务的关键，法律规范至关重要。

（二）交互性

在电子商务过程中，交易当事人之间通过数字化信息在计算机网络中进行有效地双向沟通，使得当事人双方或多方的交互性不仅体现为当事人地位，更是信息与环境下的整体与个体的，后者通过信息的交互，可以最大限度实现当事实质上的平等，因为信息的交互性保证了交易过程的透明，当事人可以更好地选择与判断。

（三）个性化

在电子商务过程中，双方可以利用电子技术实现个性化需求，商家可在经用户许可的情况下收集大量信息，通过精确的算法处理，精确地向具体用户提供服务。此一个性化过程并非一般交易的具体化，而是一种近似于用户生活化的场景。在此个性化中，商家与用户之间是通过信息的提供、允许进行的，因此用户的同意权与拒绝权、商家的保护义务与不得滥用地位成为电子商务规范的核心。

三、电子商务的交易结构

电子商务主要有企业对企业（B2B）、企业对消费者（B2C）、消费者对消费者（C2C）三种模式（后者的典型是淘宝网平台）。

不论是何种模式，其均有以下交易结构：

一是交易参与者，包括卖家与买家，一般称之为商家与客户；二是电商平台，即商家与客户进行电子商务交易的场所，可以是企业网站，也可以是第三方交易平台（如京东）；三是支付中介，即为电子商务提供支付服务的机构，可以是商业银行，也可以是第三方支付机构（如支付宝）。

第二节　电子商务经营者

一、概念、经营资格与信息公示

（一）概念

依《电子商务法》第9条，电子商务经营者，是指通过互联网等信息网络从事销售商品或者提供服务的经营活动的自然人、法人和非法人组织，包括电子商务平台经营者、平台内经营者以及通过自建网站、其他网络服务销售商品或者提供服务的电子商务经营者。

其中电子商务平台经营者，是指在电子商务中为交易双方或者多方提供网络经营场所、交易撮合、信息发布等服务，供交易双方或者多方独立开展交易活动的法人或者非法人组织。

平台内经营者，是指通过电子商务平台销售商品或者提供服务的电子商务经营者。

（二）经营资格

对于电子商务经营者，我国采原则登记，例外排除做法。原则上，电子商务经营者应当依法办理市场主体登记。但是，个人销售自产农副产品、家庭手工业产品，个人利用自己的技能从事依法无须取得许可的便民劳务活动和零星小额交易活动，以及依照法律、行政法规不需要进行登记的除外（《电子商务法》第10条）。这体现了我国企业登记的基本要求，以及民商合一观念下的非商主体的排除。

如果电子商务经营者从事经营活动，依法需要取得相关行政许可的，尚需取得行政许可（《电子商务法》第12条）。

（三）资格信息公示

电子商务经营者应当在其首页显著位置，持续公示营业执照信息、与其经营业务有关的行政许可信息、不需要办理市场主体登记情形等信息，或者上述信息的链接标识。信息发生变更的，应当及时更新公示信息（《电子商务法》第15条）。

当电子商务经营者自行终止从事电子商务时，需要提前30日在首页显著位置持续公示有关信息（《电子商务法》第16条）。

二、电子商务经营者对消费者的保护义务

（一）消费者的知情权与选择权

电子商务是通过网络进行的商务活动，在此活动过程中，当事人均通过网络信息推广、推销与识别，故电子商务经营者负有更大的诚信义务，应当全面、真实、准确、及时地披露商品或者服务信息，保障消费者的知情权与选择权，不得以虚构交易、编造用户评价等方式进行虚假或者引人误解的商业宣传，欺骗、误导消费者（《电子商务法》第17条）。

电子商务的交互性与个性化，使得电子商务经营者可以充分利用其获得的消费者个人信息，对消费者进行所谓定制化广告推送与诱导，但其在根据消费者的兴趣爱好、消费习惯等特征向其提供商品或者服务的搜索结果时，应当同时向该消费者提供不针对其个人特征的选项，不仅尊重和平等保护消费者合法权益（《电子商务法》第18条），且不侵害消费者的知情权与选择权。

（二）搭售规则

电子商务经营者搭售商品或者服务，须以显著方式提请消费者注意，不得将搭售商品或者服务作为默认同意的选项（《电子商务法》第19条）。

（三）风险承担规则

电子商务经营者应当按照承诺或者与消费者约定的方式、时限向消费者交付商品或者服务，并承担商品运输中的风险和责任。但是，消费者另行选择快递物流服务提供者的除外（《电子商务法》第20条）。

（四）押金规则

电子商务经营者按照约定向消费者收取押金的，应当明示押金退还的方式、程序，不得对押金退还设置不合理条件。消费者申请退还押金，符合押金退还条件的，电子商务经营者应当及时退还（《电子商务法》第21条）。

（五）对用户信息的收集与使用规则

首先，电子商务经营者收集、使用其用户的个人信息，应当遵守法律、行政法规有关个人信息保护的规定（《电子商务法》第22条）。

其次，电子商务经营者应当明示用户信息查询、更正、删除以及用户注销的方式、程序，不得对用户信息查询、更正、删除以及用户注销设置不合理条件。电子商务经营者收到用户信息查询或者更正、删除的申请的，应当在核实身份后及时提供查询或者更正、删除用户信息。用户注销的，电子商务经营者应当立即删除该用户的信息；法律、行政法规规定或者双方约定保存的，依其规定或约定（《电子商务法》第23条）。

第三节 电子商务合同

一、电子商务合同的含义

电子商务合同是指当事人通过电子、光学、磁学、无线等手段生成、发送、接收和存储信息而形成的数据电文形式的合同（《民法典》第469条、

《电子商务法》第48条、《电子签名法》第2条）。

在电子商务合同法律关系上，当事人在线下都是相应的经营实体或自然人，但在电子商务系统，当事人均表现为虚拟的主体，以数字化的面貌出现，以网络中的域名作为交易对象或媒介进行民事活动，双方或多方当事人的合意是通过信息网络传输实现互联互通并表达的。

电子商务合同在生效时间（《民法典》第491条第2款）、地点（《民法典》第492条第2款）、签名（《电子签名法》第2、3条）等方面均具有特殊性。

二、电子商务合同的订立

电子商务合同的订立和履行，适用《民法典》、《电子签名法》以及《电子商务法》、《消费者权益保护法》等规定（《电子商务法》第47条）。

民法关于合同的订立分对话与非对话方式，随着新的通信手段的发展，即使不在同一个地点，使用电话和其他通话方式时接近于面对面对话；在电报、电传、传真之下，即使发送也无法保证对方在场，故认为其类似于非对话的书信方式。

在网上通过电子方式进行合同交涉，一般类似于非对话的书信方式，与世界上大多数国家一样，我国对此采到达主义，即，当事人一方通过互联网等信息网络发布的商品或者服务信息符合要约条件的，对方选择该商品或者服务并提交订单成功时合同成立，除非当事人另有约定（《民法典》第491条第2款、《电子商务法》第49条第1款）。

与线下交易不同，“线上交易”的当事人发布商品或者服务信息的信息网络系统，往往具有交互性，相对方不仅可以浏览商品或者服务的价格规格等具体信息，还可以在网上直接选择交易标的、提交订单，这种情况下当事人通过信息网络发布商品或者服务信息的行为就不能简单地认为是要约邀请，该行为符合要约条件的，应当作为要约对待，[①] 亦即一般会被认为属于要约。

---

① 黄薇主编：《中华人民共和国民法典合同编释义》，法律出版社2020年版，第70页。

电子商务具有虚拟性，当事人通过网络订立合同的地点不能以虚拟的 IP 地址为准，《民法典》第 492 条第 2 款规定，采用数据电文形式订立合同的，收件人的主营业地为合同成立的地点；没有主营业地的，其住所地为合同成立的地点。当事人另有约定的，按照其约定。该规定参考了《联合国国际贸易法委员会电子商务示范法》。

电子商务合同当事人的签名为电子签名，是以电子形式所含、所附用于识别签名人身份并表明签名人认可其中内容的数据。当事人可以约定使用或者不使用电子签名、数据电文，如果当事人约定使用电子签名、数据电文的文书，不得仅因为其采用电子签名、数据电文的形式而否定其法律效力（《电子签名法》第 2、3 条）。

在通过网络从事商务活动时，当事人一方或双方可能会事先在电脑系统中设置自动功能，这种设置可能是机械式的，也可能具有一定人工智能的接收或发送。在这种情形下，可视其为电子代理而效果自然归属于当事人。《电子商务法》第 48 条第 1 款规定，电子商务当事人使用自动信息系统订立或者履行合同的行为对使用该系统的当事人具有法律效力。

与所有合同一样，当事人须有相应的民事行为能力，但电子商务中的当事人具有虚拟性，无法如普通交易那样识别当事人的行为能力，因此在电子商务中，一般推定当事人具有相应的民事行为能力，除非有相反证据足以推翻（《电子商务法》第 48 条第 2 款）。

《民法典》中设置了这么多根据当事人各方的善意或恶意、过失或无过失等主观状态，在相关交易当事人之间分配由纠纷所产生的风险的规定。虽然在正当理由或归责事由等情形下，会考虑当事人有关的客观要素，但主观要素仍不可或缺。这是因为这些规定实际上是以活生生的人与人之间进行的人性交易作为前提而设定。但在电子合同中，尽管背后是真实的组织或自然人，体现了当事人的意思，但电脑本身不可能存在善意或恶意、过失这种主观事由，故在很多时候无法直接适用《民法典》有关主观要件规定。①

① ［日］松本恒雄、斋藤雅弘、町村泰贵主编：《电子商务法》，朴成姬译，北京大学出版社 2019 年版，第 17 页。

三、告知、保证义务与格式条款

（一）告知、保证义务

电子商务经营是网络技术的产物，具有极强的技术性。这对于用户特别是消费者客户来说，需要明确、易懂、方便的操作指引，并能够及时更正错误。对此，《电子商务法》第50条规定，一是电子商务经营者应当清晰、全面、明确地告知用户订立合同的步骤、注意事项、下载方法等事项，并保证用户能够便利、完整地阅览和下载。二是电子商务经营者应当保证用户在提交订单前可以更正输入错误。

此规定构成电子商务经营者的告知与保证义务，是对作为经营者的商户以电子商务方式进行营业的基本要求，其本质是透明。违反该义务，给用户造成损失的，应予以赔偿。

（二）格式条款

经营者通过网络进行营业，其往往在网站上先行规定了基本合同条款，以便于经营。

作为合同，其首先需要遵循《民法典》第496、497、498条关于格式条款的规定；其次，须遵守《消费者权益保护法》第26条关于格式条款的规定；最后，《电子商务法》第49条第2款还特别要求，电子商务经营者不得以格式条款等方式约定消费者支付价款后合同不成立，如含有该内容的，无效。不过，该规定没有完全排除商务经营者与消费者之间事先的非格式条款约定。

四、合同的履行

（一）标的交付

依《民法典》第512条和《电子商务法》第51条，标的交付规则为：

首先，合同标的为交付商品并采用快递物流方式交付的，收货人签收时间为交付时间。

《民法典》第224条规定，动产物权的设立和转让，自交付时发生效力，除非法律另有规定。而合同标的交付时间决定财产所有权转移的时间以及风险转移的时间，故为保护电子合同买方，《民法典》和《电子商务法》规定收货人的签收时间为交付时间。其中的“收货人”既可以是电子商务合同的买方本人，也可以是合同约定的其他人。

根据《电子商务法》第 20 条，电子商务经营者应当按照承诺或者与消费者约定的方式、时限向消费者交付商品或者服务，并承担商品运输中的风险和责任，但消费者另行选择快递物流服务提供者的除外。也就是说，如果消费者另行选择快递物流服务提供者，则商品运输中的风险和责任由消费者自行承担。按照交付与风险转移时间一致规则，则此时交付时间为消费者另行选择的快递物流服务提供者接收时间。从法律关系观察，在消费者自行选择快递物流服务提供者的时候，其选择的快递物流服务提供者是其代理人。在消费者没有自行选择或电子商务经营者提供多个选择而消费者在多个选择范围内选择的，快递物流服务提供者是电子商务经营者的代理人。

快递物流服务提供者在交付商品时，应当提示收货人当面查验；交由他人代收的，应当经收货人同意（《电子商务法》第 52 条第 2 款）。

其次，合同标的为提供服务的，生成的电子凭证或者实物凭证中载明的时间为交付时间；这些凭证没有载明时间或者载明时间与实际提供服务时间不一致的，以实际提供服务的时间为交付时间。亦即，服务标的交付以合同约定为准；无约定，以实际提供时间为准。

再次，合同标的为采用在线传输方式交付的，合同标的进入对方当事人指定的特定系统并且能够检索识别的时间为交付时间。

如果当事人没有指定特定的系统，如何处理，《电子商务法》未作规定。《电子签名法》第 11 条 2 款规定：“未指定特定系统的，数据电文进入收件人的任何系统的首次时间，视为该数据电文的接收时间。”《民法典》第 137 条规定：“未指定特定系统的，相对人知道或就当知道数据电文进入其系统时生效。”《电子签名法》与《民法典》规定并不一致，按照新法优于旧法，可按《民法典》第 137 条规定解释。

当然，合同当事人对交付方式、交付时间另有约定的，从其约定。

（二）电子支付

尽管法律规定电子商务当事人可以约定采用电子支付方式支付价款（《电子商务法》第53条第1款），但通过电子支付方式是电子商务支付的通常做法。电子支付与电子商务的结合是电子商务发展的关键。

首先，电子支付具有技术性，提供者需要具备相应资质，确保电子支付的安全、简明、易操作与必要的记录保存。

电子支付服务提供者在为电子商务提供电子支付服务时，须将电子支付服务的功能、使用方法、注意事项、相关风险和收费标准等事项，告知用户，不得附加不合理的交易条件。重要的是，电子支付服务提供者必须确保电子支付指令的完整性、一致性、可跟踪稽核和不可篡改。为维护用户合法权益，需要可查的记录保存，电子支付服务提供者应当向用户免费提供对账服务以及最近三年的交易记录（第53条2、3款）。

电子支付服务提供者提供电子支付服务不符合国家有关支付安全管理要求，因此造成用户损失的，须对此承担赔偿责任（第54条）。

其次，对于用户而言，其在发出支付指令前，应当核对支付指令所包含的金额、收款人等完整信息。

支付指令发生错误的，电子支付服务提供者应当及时查找原因，并采取相关措施予以纠正。造成用户损失的，电子支付服务提供者应当承担赔偿责任，但能够证明支付错误非自身原因造成的除外（《电子商务法》第55条）。而且，电子支付服务提供者完成电子支付后，还需要及时准确地向用户提供符合约定方式的确认支付的信息（《电子商务法》第56条）。

用户应当妥善保管交易密码、电子签名数据等安全工具。在发现安全工具遗失、被盗用或者未经授权的支付情形，应及时通知电子支付服务提供者。对于未经授权的支付造成的损失，由电子支付服务提供者承担，除非电子支付服务提供者能够证明未经授权的支付是因用户的过错造成的。电子支付服务提供者发现支付指令未经授权，或者收到用户支付指令未经授权的通知时，应当立即采取措施防止损失扩大。电子支付服务提供者未及时采取措施导致损失扩大的，对损失扩大部分承担责任（《电子商务法》第57条）。

可见，在电子支付中，支付服务的提供者承担更多的义务与责任，这是由其支配地位决定的。

第四节　电子商务经营平台经营者

一、电子商务经营平台的概念

电子商务平台是为企业或个人提供网上洽谈、交易的虚拟网络空间，它同时协调、整合信息流、货物流、资金流，是保障商务运营的网络基础设施、支付平台、安全平台、管理平台等共享资源的管理场所。

其具有以下含义：

首先，电子商务平台是一种虚拟商业设施，类似于现代商场，可称之为网上商城，企业或个人均以虚拟身份在平台上进行洽谈并交易。

其次，电子商务平台是一种同时整合商品服务信息流、物流和资金流的综合网上虚拟设施，它们均通过平台同时或先后在当事人之间利用而产生买卖、运输、支付等相应法律关系，且这些不同的法律关系因同一平台而相互影响。

再次，电子商务平台是由平台经营者将不同的当事人和媒介统一管理，而体现出平台内及与之相关的平台外关系一体性地位，平台经营者具有类似于现代商城统一管理者的身份与地位，并因此具有了平台内部以合约和平台规约为基础的管理权。

在电子商务平台，一般有电子商务平台经营者、平台内经营者和消费者，同时有第三方支付者、物流商等参与到相应合同的履行之中，形成以平台为媒介的双边和多边、直接和间接、单一与混合交叉法律关系。

二、平台经营者的法律地位

电子商务经营平台是一个数字化的虚拟交易场所，媒介平台内经营者、消费者及其他辅助方（第三方支付者、物流商等）。作为虚拟商场，它有建设、维护并管理的人，即电子商务平台经营者。

因电子商务平台产生的不同当事人之间均与电子商务平台经营者有着直接或间接的法律关系，从而使得电子商务平台经营者在电子商务法律关系中具有特殊的地位。

首先，平台经营者与平台内经营者、辅助商之间既是一种平等的法律关系，也是一种平台（市场）内的管理与被管理关系。

前者是指平台经营者与平台内经营者、辅助商通过合同建立类似租赁的关系，即后者通过租赁平台经营者的虚拟场地而与其成立平等的关系；后者是指平台经营者作为市场建立维护者，必须依法对平台内经营者、辅助商的资质及经营行为进行必要的管理，该管理依据既包括平台公约或平台经营规则，也包括国家法律、行政法规对经营者从事某种经营必要的产品、服务质量要求或资质要求。

其次，平台经营者与消费者之间是一种由消费经营场所而产生的必要保护与被保护关系，如安全保障、资金支付保障，以及服务与被服务的关系，如协助处理消费者与平台内经营者之间的纠纷。

再次，如果平台经营者自营相关业务，则与消费者之间形成直接的消费法律关系，并与平台内经营者之间形成平等经营者之间的竞争关系。

由以上地位或者说关系决定，平台经营者既是平台所有人、建设人与管理人，也是平台内市场的管理人，并可能是直接向消费者提供服务、产品人，其地位是复杂的，民法遵奉的平等原则并不能简单地予以适用。通过电子商务平台，平台经营者获得了独特的法律地位，对其规范已经超出了简单的民商事主体范畴，其同时具有了管理者的地位，具有了平台内的垄断地位。

《电子商务法》第 27 条的规定基本上是关于平台经营者作为平台管理人的角色要求。

三、平台管理义务

（一）平台经营者对平台内经营者的信息核验、登记义务

从民事角度，平台经营者与进入平台内进行经营者之间是平等的法律关

系，但在平台经营的相应信息必须真实，以保证虚拟商场中虚拟主体的交易安全与消费者保护。因此，平台经营者应当要求申请进入平台销售商品或者提供服务的经营者提交其身份、地址、联系方式、行政许可等真实信息，进行核验、登记，建立登记档案，并定期核验更新（《电子商务法》第27条1款）。

同时，作为交易平台，不同的平台内经营者通过交易平台形成一个尽管虚拟但统一的交易市场，其直接关系国家市场经济管理基本秩序，需要通过平台经营者的管理而与国家管理衔接。电子商务平台经营者应当按照规定向市场监督管理部门报送平台内经营者的身份信息，提示未办理市场主体登记的经营者依法办理登记，并配合市场监督管理部门，针对电子商务的特点，为应当办理市场主体登记的经营者办理登记提供便利。同时，为维护国家税收秩序，电子商务平台经营者应当依照税收征收管理法律、行政法规的规定，向税务部门报送平台内经营者的身份信息和与纳税有关的信息，并应当提示依照规定不需要办理市场主体登记的电子商务经营者办理税务登记（《电子商务法》第28条）。

（二）处置义务

电子商务平台经营者如果发现平台内的商品或者服务信息存在违反《电子商务法》法第12条关于行政许可、第13条关于不得从事法律禁止的商品或服务交易规定情形的，应当依法采取必要的处置措施，并向有关主管部门报告（《电子商务法》第29条）。

这既是义务，也是一种权力，可以视为政府权力通过电子商务平台的延伸，从而使电子商务平台经营者具有了特殊的权利与义务。

（三）网络安全与交易安全义务

作为虚拟交易场所的所有人与管理人，电子商务平台经营者应当采取技术措施和其他必要措施保证其网络安全、稳定运行，防范网络违法犯罪活动，有效应对网络安全事件，保障电子商务交易安全。同时，应当制定网络安全事件应急预案，发生网络安全事件时，须立即启动应急预案，采取相应的补救措施，并向有关主管部门报告（《电子商务法》第30条）。

（四）保存交易信息的义务

电子商务平台经营者应当记录、保存平台上发布的商品和服务信息、交易信息，并确保信息的完整性、保密性、可用性。商品和服务信息、交易信息保存时间自交易完成之日起不少于3年；法律、行政法规另有规定的，依照其规定（《电子商务法》第31条）。

四、平台服务与交易规则

（一）制定原则与基本要求

电子商务平台经营者应当遵循公开、公平、公正的原则，制定平台服务协议和交易规则，明确进入和退出平台、商品和服务质量保障、消费者权益保护、个人信息保护等方面的权利和义务（《电子商务法》第32条）。

电子商务平台经营者应当在其首页显著位置持续公示平台服务协议和交易规则信息或者上述信息的链接标识，并保证经营者和消费者能够便利、完整地阅览和下载（《电子商务法》第33条）。

（二）修改基本要求

在电子商务平台经营者修改平台服务协议和交易规则的情况下，其应当在其首页显著位置公开征求意见，并采取合理措施确保有关各方能够及时充分表达意见。修改内容应当至少在实施前七日予以公示（《电子商务法》第34条1款）。

如果平台内经营者不接受修改内容而要求退出平台的，电子商务平台经营者不得阻止，并须按照修改前的服务协议和交易规则承担相关责任（《电子商务法》第34条2款）。

（三）公平原则

电子商务平台经营者不得利用服务协议、交易规则以及技术等手段，对平台内经营者在平台内的交易、交易价格以及与其他经营者的交易等进行不合理限制或者附加不合理条件，或者向平台内经营者收取不合理费用（《电子商务法》第35条）。

如违反，则不仅涉及民法典关于格式条款的规定，还可能触犯反垄断法与反不正当竞争法有关规定。

(四) 平台服务与交易规则适用的公示

电子商务平台经营者依据平台服务协议和交易规则对平台内经营者违反法律、法规的行为实施警示、暂停或者终止服务等措施的，应当及时公示(《电子商务法》第36条)。

五、平台经营者自营业务的基本要求

平台经营者可以在其平台上开展自营业务的，但须以显著方式区分标记自营业务和平台内经营者开展的业务，不得误导消费者，对其自营业务承担民事责任(《电子商务法》第37条)。

六、平台经营者的民事责任

(一) 对消费者的民事责任

依《民法典》第1168条，二人以上共同实施侵权行为，造成他人损害的，承担连带责任。此为共同侵权的一般规定。对于电子商务来说，平台经营者有能力与有义务及时监控平台内经营者经营活动，如果电子商务平台经营者知道或者应当知道平台内经营者销售的商品或者提供的服务不符合保障人身、财产安全的要求，或者有其他侵害消费者合法权益行为，有义务采取必要措施(《电子商务法》第13条、29条)，否则须与该平台内经营者承担连带责任(《民法典》第1197条、《电子商务法》第38条1款)。如果平台经营者采取了必要措施，仍然造成消费者的损害，一般无须承担责任。

对关系消费者生命健康的商品或者服务，电子商务平台经营者对平台内经营者的资质资格未尽到审核义务，或者对消费者未尽到安全保障义务，造成消费者损害的，应承担什么样的责任，电子商务立法时争议较大，仅规定了应“依法承担相应的责任”(《电子商务法》第38条2款)。

对于该“相应的责任”，可依《民法典》第1198条关于保障义务的规定处理，承担“相应的补充责任”。

（二）因知识产权引起的民事责任

作为虚拟交易市场的建设者与管理者，电子商务平台经营者应当建立知识产权保护规则，保护知识产权（《电子商务法》第41条）。

如果知识产权权利人认为其知识产权受到侵害，其在获得构成侵权的初步证据的时候，有权通知平台经营者采取删除、屏蔽、断开链接、终止交易和服务等必要措施。接到通知后，平台经营者应当及时采取必要措施，将该通知转送平台内经营者；未及时采取必要措施的，对损害的扩大部分与平台内经营者承担连带责任（《电子商务法》第42条）。如果平台经营者知道或者应当知道平台内经营者侵犯知识产权的，即使没有收到知识产权人的通知，也要采取删除、屏蔽、断开链接、终止交易和服务等必要措施；否则也要与侵权人承担连带责任（《电子商务法》第45条）。

当然，如果因通知错误造成平台内经营者损害的，则要对平台内经营者承担因通知不当引起的民事责任。因恶意发出错误通知而造成其损失的情形，加倍承担赔偿责任（《电子商务法》第42条）。

第十八章　支 付 结 算

第一节　概　　述

一、支付结算的含义

（一）概念

支付结算是指商事交易当事人为了结债权债务关系而进行的货币收付与清算行为。其有以下含义：

1. 支付结算是通过货币支付而进行的交易当事人之间结算行为。

2. 支付结算一般要通过支付中介进行，支付结算关系人不仅涉及当事人双方，还涉及作为中介的支付机构，形成一种多角法律关系。

3. 支付结算的目的是了结当事人之间的债权债务关系，即通过支付结算，消灭当事人之间的债权债务关系。

严格来说，支付与结算是两个不同的法律概念，前者是商品或服务的转移以及债务的清偿过程；后者是通过支付或相互抵销而清算并了结双方债权债务，在相互抵销情况下，不存在支付问题。但由于一般情况下支付主要是为了结算，结算一般需要通过支付而了结债权债务关系，抵销在一定意义上也可以称为支付，故支付与清算两个概念可以视为一个具有一体意义的概念。

（二）种类

1. 按照是否使用现金，可以分为现金结算与转账结算

现金结算是指利用现金进行的货币收付结算，转账结算则是不使用现金而通过银行或非银行金融机构将支付款项由付款人的账户转到收款人的账户

上的支付结算行为。现金结算简单明了，主要适用于小额即时交易，转账结算安全省力，大额、长期交易常常使用这种方式。

从法律关系上看，现金结算关系简单，仅在当事人之间产生给付和接受的法律关系。但转账结算涉及第三方——金融机构之间的价值转让，而且要求给定的对方以及一个或两个金融机构，不论是票据支付、直接资金转账和卡支付，都涉及法律制度的复杂组合。

2. 按照是否通过银行进行结算，可以分为银行结算与非银行结算

银行结算是指通过银行办理支付结算业务，现金结算与转账结算均可以通过银行办理。

非银行结算是指不通过银行办理的支付结算，包括当事人之间直接或间接的现金结算和通过非银行金融机构办理的转账结算，现代兴起的第三方支付属于典型的非银行结算。

3. 按照收款人与付款人是否在同一城镇或同一规定区域，可以分为同城结算与异地结算

同城结算又叫本埠结算，是指付款人与收款人之间处于同一城镇或同一地区之间的转账支付结算行为。同城结算方式均规定金额起点，不足起点的收付，银行不予受理，由各单位使用现金结算。银行本票、支票、商业汇票、委托收款等均可用于同城结算。同城结算其实是在各银行和银行、银行和收费单位之间建立起统一的信息传递网络，通过该内部系统连接而实现的结算。除一般的跨行结算业务外，还支持由企业发起的收付费业务、支持由个人发起的各种缴费业务、也支付由第三方发起的支付业务。

异地结算是指付款人与收款人之间不处于同一城镇或地区的转账支付结算行为。托收承付、汇兑（包括信汇、电汇、票汇）、信用证、委托银行收款等方式均可用于异地结算。

4. 按照是否通过电子支付，可以分为电子支付与传统支付

所谓电子支付是指商品或服务的交易当事人，包括交易双方或金融机构，使用安全电子支付手段进行的货币支付或资金流转。传统支付则指通过现金、票据等物理实体的流转而进行的支付手段。

5. 按照支付程序，可分为一步支付与分步支付

一步支付是指通过一步支付即可解决支付完成问题，如现金结算、票据结算、汇转结算（包括电汇、网上支付）；分步支付方式是指需要分不同步骤解决支付完成问题，如信用证结算、保函结算、第三方支付结算。

二、银行结算方式

1. 票据

票据是出票人依票据法签发的，由自己无条件支付或委托他人无条件支付一定金额给收款人或持票人的一种有价证券，包括汇票、本票和支票。

传统票据是纸质票据或实物票据，随着电子数据的发展，票据已经开始电子化，即所谓电子票据，它可以如同实物票据一样进行转让、贴现、质押、托收等。传统票据业务中的各项票据业务的流程均没有改变，只是加载了电子化处理手段。

纸质票据与电子票据的区别主要在于形式要件：一是从表现形式看，前者采用书面形式，具有要式性，须在票据规定位置载明各类事项；而后者以电子数据形式表现，既无书面形式，也无规定格式及位置的要求。二是从流通形式看，前者流通时必须以原件传递，证明票据自身的唯一性和真实性；而后者是电子数据，不存在原件。三是从签名形式看，前者当事人必须在票据上签章；而后者通过网络生成并流通，是电子签名。

2. 银行卡

银行卡是指商业银行向社会发行的具有消费信用、转账结算、存取现金等全部或部分功能的信用支付工具。

银行卡可以分为信用卡和借记卡两种，其中，信用卡按是否向发卡银行交存备用金而分为贷记卡和准贷记卡两类。贷记卡是指发卡银行给予持卡人一定的信用额度，持卡人可在信用额度内先消费、后还款的信用卡；准贷记卡是指持卡人须先按发卡银行的要求交存一定金额的备用金，当备用金账户余额不足支付时，可在发卡银行规定的信用额度内透支的信用卡。

借记卡按功能不同可以分为转账卡（含储蓄卡）、专用卡、储值卡。借

记卡不能透支。

3. 汇兑

汇兑是企业或个人（汇款人）委托银行将款项汇给异地收款人的结算方式。

按凭证传递方式不同，汇兑可以分为信汇和电汇两种，信汇是汇款人向银行提出申请，同时交存一定金额及手续费，汇出行将信汇委托书以邮寄方式寄给汇入行，授权汇入行向收款人解付一定金额的一种汇兑结算方式。电汇是汇款人将一定款项交存汇款银行，汇款银行通过电报或电传给目的地的分行或代理行（汇入行），指示汇入行向收款人支付一定金额的一种汇款方式。

4. 委托收款

委托收款是收款人向银行提供收款依据，委托银行向付款人收取款项的结算方式，凡在银行开立账户的单位和个人的款项结算，均可运用委托收款结算方式。

委托收款分邮寄和电报划回两种，由收款人选用。前者是以邮寄方式由收款人开户银行向付款人开户银行转送委托收款凭证、提供收款依据的方式，后者则是以电报方式由收款人开户银行向付款人开户银行转送委托收款凭证，提供收款依据的方式。

5. 托收承付

托收承付是根据购销合同由收款人发货后委托银行向异地付款人收取款项，付款人向银行承诺付款的结算方式，托收承付结算方式在适用主体、适用范围以及适用条件上都有一定限制。

6. 信用证

信用证是指开证银行依照申请人（买方）的申请签发的，在满足信用证规定的条件向受益人（卖方）付款的一种书面凭证。我国信用证为不可撤销、不可转让的跟单信用证。不可撤销信用证是指信用证开具后在有效期内，非经信用证各有关当事人同意，开证行不得修改或者撤销的信用证。不可转让信用证是指受益人不能将信用证的权利转让给他人的信用证。

三、第三方支付

第三方支付是指独立第三方的非金融机构，在收付款人之间作为中介机构提供部分或全部货币资金转移服务的网络支付模式。由于它是在不开立支付账户或者不提供预付价值的情况下，根据收款人或者付款人提交的电子支付指令，转移货币资金的行为，故称之为支付交易处理。

第三方支付的交易结构为：买方选购商品，使用第三方平台提供的账户支付货款，即将货款支付给第三方，再由该第三方通知卖家货款到账、要求发货；买方收到货物，检验货物，并且对此予以确认后，再由第三方向卖方付款，第三方将款项转至卖家账户，从而完成交易。

第三方支付是随着电子商务的发展而产生的独立于金融机构的支付结算方式，比较典型的有美国的 PayPal，中国的支付宝、微信支付等。

在我国，非金融机构支付服务包括网络支付、预付卡的发行与受理、银行卡收单以及中国人民银行确定的其他支付服务。其中，网络支付是指依托公共网络或专用网络在收付款人之间转移货币资金的行为，包括货币汇兑、互联网支付、移动电话支付、固定电话支付、数字电视支付等。预付卡是指以营利为目的发行的、在发行机构之外购买商品或服务的预付价值，包括采取磁条、芯片等技术以卡片、密码等形式发行的预付卡。银行卡收单是指通过销售点（POS）终端等为银行卡特约商户代收货币资金的行为。

我国严格限制第三方支付机构从事清算业务。如果非银行支付机构发起的非银行支付机构之间、商业银行之间或者非银行支付机构与商业银行之间的支付业务，应当通过具有相应合法资质的清算机构进行处理，不得直接或者变相开展清算业务。

四、支付系统

支付系统是由一系列支付工具、程序、相关交易主体、法律规则组成的用于实现货币金额所有权转移的完整体系。

从构成来看，支付系统包括支付机构（如银行和清算机构）、支付工具、结算系统，这些构成均由相关法律、法规规范并保护。

支付主要是通过银行进行的，绝大部分交易的支付都是以银行的转账形式进行的。商业银行提供必要的清算账户和流动性保证其客户对支付的需求。银行间的清算通过银行间账户的资金往来进行。通过商业银行在中央银行的往来账，商业银行得以使用中央银行货币获得最终的清算。

清算机构是负责管理和执行清算的机构，其负责金融机构以及金融机构与非金融机构之间资金的清分①与结算。在我国，中国人民银行为清算总中心，具体清算机构包括跨境银行间支付清算有限责任公司、银联、网联、农信银资金清算中心、城银清算服务有限责任公司等。

支付工具可视作支付指令的载体，是支付系统内进行清算的中介，它必须为交易双方或多方认可的一种支付手段，其分为有形与无形两种，前者有现金、票据、卡基支付②工具等，后者主要指承载支付命令的电子信息。

支付系统的管理者为中国人民银行，其负责制定支付系统的运作规章，并维护支付系统的日常运作。

第二节　银行结算账户

一、银行结算账户的概念和种类

（一）银行结算账户的概念

银行结算账户，是指银行为存款人开立的办理资金收付结算的人民币活

① 清分是指收、付款银行交换支付信息，将支付指令按接收行进行分类，并计算其借、贷方差额的过程，并为最终清算做准备。

② 卡基支付是指付款人通过各种交易发起方式（ATM、POS、手机、internet 等）以卡片（磁条卡或芯片卡）等的形式向收款人转移后者可以接受的对发卡主体的货币债权，货币债权以存款余额的形式存储在卡内（磁条或芯片）。在卡基支付中，支付工具是卡片，支付媒介是对发卡主体（包括银行、信用卡公司、其他发卡主体等）的货币债权，发起/接收/存取的方式是ATM、POS、手机、internet 等。

期存款账户。

现代经济社会中，结算往往都是通过银行进行的，通过银行办理转账结算，首先必须在银行开立账户。银行结算账户是企业为办理结算和申请贷款在银行开立的户头，也是企业委托银行办理信贷和转账结算以及现金收付业务的工具。

（二）银行结算账户的种类

根据《人民币银行账户结算管理办法》（2020 年修订）规定，银行结算账户按存款人分为单位银行结算账户和个人银行结算账户，邮政储蓄机构办理银行卡业务开立的账户纳入个人银行结算账户管理。其中，存款人以单位名称开立的银行结算账户为单位银行结算账户，存款人凭个人身份证件以自然人名称开立的银行结算账户为个人银行结算账户。

作为商主体的企业（包括个体工商户）在银行开立的账户均为单位账户。单位账户按性质又分为基本存款账户、一般存款账户、专用存款账户和临时存款账户。

1. 基本存款账户

基本存款账户是企业因办理日常转账结算和现金收付需要开立的银行结算账户。企业的工资、奖金等现金的支取，只能通过基本账户进行。申请开立基本存款账户，应向开户银行提供企业身份证明、法人代表（或企业负责人）身份证件、税务登记证。同时，企业应填制开户申请书，送交盖有企业印章的印鉴卡片，经银行审核同意、并凭中国人民银行当地分支机构核发的开户许可证，即可开立该账户。

2. 一般存款账户

一般存款账户是企业因借款或其他结算需要，在基本存款账户开户银行以外的银行营业机构开立的银行结算账户。存款人可以通过本账户办理转账结算和现金缴存，但不能办理现金支取。企业如因业务需要而申请开立一般存款账户，应向银行出具其开立基本存款账户规定的证明文件、基本存款账户许可证和相关证明文件，如企业因向银行借款需要，应出具借款合同；企业因其他结算需要，应出具有关证明。一般地，企业申请开立一般存款账户的，应填制开户申请书，送交盖有存款人印章的印鉴卡片，经银行审核同意后，即可开立该账户。

3. 专用存款账户

专用存款账户是企业按照法律、行政法规和规章，对其特定用途资金进行专项管理和使用而开立的银行结算账户。特定用途的资金范围包括：基本建设的资金、更新改造的资金、证券交易结算资金、信托基金以及其他特定用途需要专户管理的资金。企业申请开立专用存款账户，应填制开户申请书，提供相应的证明文件，如有关部门立项文件等，送交盖有存款人印章的印鉴卡片，经银行审核同意后开立账户。

4. 临时存款账户

临时存款账户是指企业因临时经营活动需要而在规定期限内使用而开立的账户。可以开立临时存款账户的情况包括：设立临时机构，异地临时经营活动以及注册验资。临时存款账户应根据有关开户证明文件确定的期限或存款人的需要确定其有效期限。存款人在账户的使用中需要延长期限的，应在有效期限内向开户银行提出申请，并由开户银行报中国人民银行当地分支行核准后办理展期。临时存款账户的有效期最长不得超过 2 年。临时存款账户支取现金，应按照国家现金管理的规定办理。

二、银行结算账户的性质

企业一旦在银行开户，就与银行建立了最基本的法律关系。从表面上看，账户是一种会计记载，但从本质上讲，其是一种合同。

在英美法系，往来账户（account）是银行与客户之间契约关系的最基本表现形式。按照英国判例法，往来账户的金额一律视为客户贷给银行的款项，贷记客户账户的金额转变为银行对客户的金钱债务。一般地，银行没有义务调查付入客户账户金额的来源，银行也并不关心存款客户的资金来源以及客户提款的用途。第三人也不得主张该金额的所有权。① 由于往来账户的金额

① 谈李荣：《银行与客户法律关系》，中国金融出版社 2004 年版，第 17 页。

一律视为客户贷给银行的款项，而非为客户所有，所以：（1）客户作为银行的普通债权人，在银行破产时，其清偿权置于优先债权和有担保的债权之后；（2）客户指示银行向第三人付款时，如果银行错误支付，对受款人的不当得利的诉权是由银行而非客户行使的。如果是支票付款错误，则客户得向代收银行提起侵占的诉讼。①

在银行与客户的法律关系中，银行一般并不主动偿还客户债务，即在客户请求前，银行没有义务偿还往来账户上的贷方余额。在往来账户中，客户可以通过账户进行结算，开出各种支票对他人付款，也可以委托银行代为收取款项。正是客户常常通过账户进行结算，因而在银行与客户之间互有金钱债权的产生，在账户报表上就表现为在借贷两种项目上均有记载，如果银行与客户之间还有透支协议的话，甚至会出现借方余额。往来账户的一个重要特征是其机制中内含了担保的功能，即由于贷方项目和借方项目的抵销，而使账户的债权得到了担保。②

三、通过银行支付结算的基本方式

结算最传统也最直接的方式是使用现金，但对于远距离大额交易来说，其成本高且安全性差。所以，现代支付结算常常是通过银行开户而签发票证（汇票、本票、支票和信用证）的方式履行支付结算。客户签发票据而交付于持票人后，就意味着履行了自己的支付义务，持票人进而可以直接向付款行要求付款，或通过背书转让于他人而进一步履行自己的支付义务。当然，通过票据方式支付结算也有许多不足之处，如容易被变造伪造或遗失等问题。随着现代科技发展，通过卡基支付成为常态。我国正在研究并试行数字货币，将来一旦全面推开，现金支付和转账将成为过去时。

如果当事人均在银行（可以是一个银行，也可以是两个银行）有相应账户，则他们可以通过对银行账户发出支付指令，对该账户的资金进行转移至

---

① 沈达明、郑淑君：《英法银行业务法》，中信出版社 1992 年版，第 8 页。

② 谈李荣：《银行与客户法律关系》，中国金融出版社 2004 年版，第 19 页。

另一个账户而实现支付结算，此即所谓的转账结算。转账结算是通过调整付款方和收款方各自的银行账户余额实现的。转账结算的实质是付款方、银行和收款方之间债权债务的转移，其一般表现为付款方对银行债权的减少而收款方对银行债权的增加。

当事人在不同的银行开立账户而转账，就产生了在银行间转账问题。

银行间转账的方式主要有贷记转账、借记转账和直接借记转账。贷记转账是指由付款人发出支付指令，指令银行将一定金额转到指定的收款人账户中去的转账支付。借记转账与贷记转账相反，借记转账是由收款人发出支付指令，指令对方银行将一定金额从对方银行客户的账户转移到收款人的银行账户中。直接借记转账是借记转账的变体，其支付的指令是由收款方在得到付款方预先授权后，由收款方向付款方银行发出的。其优点在于它能使收款方较方便地收取一些定期但不定额的支付款项，如煤电公用企业就可以使用该方式收取用户的每季度用电用气费用。

银行间转账结算包括两个方面，一是在付款行与收款行之间传递信息，即通过发送支付指令或报文发起，要求向收款方转移资金；二是所谓的结算，即资金在付款行和收款行之间发生实际转移。

第三节　定期往来结算

一、概念

定期往来结算也称商事交互计算，是指企业之间或者企业与非企业之间在日常交易中，相约就一定期间内发生的债权、债务总额进行抵销，仅支付其差额的合同关系。它是同时具有抵销合同、延期合同以及变更合同等多重性质的一种独立的诺成合同。①

① 吴建斌：《现代日本商法研究》，人民出版社2003年版，第191页。

定期往来结算主要是企业在营业过程中就企业之间或与普通主体之间在一定时期内发生的生意往来集中结算而相互抵销的制度。一般情况下，普通民众之间的经济来往常常是个别清偿，发生一次就结算一次。但对于企业而言，其业务是大量、经常性的，且来往双方常常是固定的，为节省成本，减少结算风险，他们之间常常约定对发生在一定期间的债权、债务集中计算而相互抵销。德国、日本等国商法典及我国台湾地区“民法”都明确规定了定期往来结算制度。

我国《民法典》第568、569条虽规定了抵销的基本规则，但并就定期往来结算作出规定，不过从我国有关包括以上有关金融法规、规章制度来看，我国企业实践是大量采用定期往来结算方式的。

定期往来结算包含以下含义：①

1. 定期往来结算主要是以企业之间及企业与非企业之间因经常性交易所产生的债权债务而进行的定期计算合同关系。首先，其标的必须是金钱之债，非金钱之债不存在差额结算问题，故其不能进行定期往来结算；其次，其须以双方而不能是与第三人之间产生的债权债务关系为定期往来结算；再次，其须以双方相互之间因交易而产生的债权债务关系而导致定期往来结算，侵权、不当得利、无因管理等不能为之；最后，其须定期进行双方之间债权债务的结算。

2. 定期往来结算以其定期计算的结果而相互抵销债权债务。

这种抵销是一种当然抵销、法定抵销，不需要当事人行使抵销权的意思表示，就产生相应的抵销效果。

3. 定期往来结算后仅支付差额。

二、适用对象

在采民商分立的国家，定期往来结算是商行为的一种，因此，在参与定期往来结算的人当中，至少有一方为具有商事主体身份者，即所谓商人。

① 林诚二：《民法债编各论》（上），中国人民大学出版社2007年版，第192页。

《德国商法典》第 355 条第 1 款规定：“某人因与商人有交易关系，致使计算由此种关系产生的双方的请求权和给付连同利息，并且定期以计算和确认一方或另一方产生的盈余的方法进行结算的（继续地计算，交互计算），在决算时应取得盈余的人，可以自决算之日起，请求该盈余的利息，即使在计算中已包含利息，也不例外。”《日本商法典》第 529 条也规定须有一方为商人。

但在采民商合一的国家和地区，则非企业之间也可进行定期往来结算，如我国台湾地区即是。

三、适用的交易类型和内容

一般地，定期往来结算为企业营业行为中经常发生的、持续的相互享有和负有债权债务关系的交易。如果不是相互享有和负有债权债务，即使是一种持续性的交易，也不适用所谓定期往来计结算。

定期往来结算的内容为约定期间内发生的债权债务关系，而且以当事人双方之间的交易关系所产生的事实上的金钱债权为限，如发生违法侵权、不当得利、无因管理等情形，均不能成为定期往来计算的内容。① 如果当事人对定期往来结算没有约定期间的，以法定为准，如德国商法规定为每年一次，日本商法规定为 6 个月。

四、定期往来结算的效力

首先，在定期往来结算期内，当事人之间发生的所有个别的债权债务关系总体上被作为一个概括性的债权债务关系处理而失去其独立性。这在日本商法上被称为交互计算的不可分原则。② 亦即，在交互计算期内，双方产生的所有单独的债权债务关系都不能被单独结算，而只能在约定或法定的结算时间与其他债权债务一同结算。但这时，相应的债权债务关系仍然存在，只

① 吴建斌：《现代日本商法研究》，人民出版社 2003 年版，第 193 页。
② 吴建斌：《现代日本商法研究》，人民出版社 2003 年版，第 193 页。

是不能产生即时结算的效果。

其次，交互计算期届满时，当事人双方就双方在此期间产生的所有债权债务关系一同结算，通过核对确认差额，消灭交互计算期内所有单独的债权债务关系，并因差额而形成债的更改效力，当事人仅对差额享有权利或负有履行义务。《德国商法典》第355条第3款规定："如无其他规定，继续计算也可以在一个计算期继续期间随时终止，并具有使在计算后应取得盈余的人可以请求支付盈余的效力。"

第四节　电子支付

一、电子支付的含义

电子支付是指单位、个人（客户）直接或授权他人通过电子终端发出支付指令，实现货币支付与资金转移的行为，它是电子商务的重要组成部分。

电子支付的类型按电子支付指令发起方式分为网上支付、电话支付、移动支付、销售点终端交易、自动柜员机交易和其他电子支付。

网上支付是以互联网为基础，利用银行所支持的某种数字金融工具，发生在购买者和销售者之间的金融交换，而实现从买者到金融机构、商家之间的在线货币支付、现金流转、资金清算、查询统计等过程，由此为电子商务服务和其他服务提供金融支持。

电话支付是电子支付的一种线下实现形式，是指消费者使用电话或其他类似电话的终端设备，通过银行系统就能从个人银行账户里直接完成付款的方式。

移动支付是使用移动设备通过无线方式完成支付行为的一种新型的支付方式。移动支付所使用的移动终端可以是手机、掌上电脑、移动PC等。

客户办理电子支付业务应在银行开立银行结算账户。

二、电子支付协议

电子支付协议是指在电子交易过程中实现交易各方支付信息正确、安全、保密地进行网络通信的规范和约定。

电子支付协议对应于不同的支付工具，有不同的协议，如基于卡的支付协议、基于支票的支付协议以及基于电子货币的支付协议。同时，在电子商务中，交易当事人是通过网络实现交易，需要建立双方或多方的安全和信任机制，而采用数据加密和身份认证技术，从而产生对应 TCP/IP 协议的各层不同的安全协议。

常见的安全协议主要有两种：

一是 SSL（SecureSocketsLayer），即所谓安全套接层协议，它包括两个协议子层，SSL 记录协议与 SSL 握手协议，前者建立在可靠的传输协议（如 TCP）之上，为高层协议提供数据封装、压缩、加密等基本功能的支持，保证连接是专用的和可靠的；后者建立在 SSL 记录协议之上，用于在实际的数据传输开始前，通讯双方进行身份认证、协商加密算法、交换加密密钥等，保证对通信双方的身份的认证、进行协商的双方的秘密是安全的、协商是可靠的。

二是所谓 SET（Secure Electronic Transaction），即所谓安全电子交易协议，其目标是为了保证信息在互联网上安全传输，保证电子商务参与者信息的相互隔离，解决网上认证问题，保证网上交易的实时性，以及规范协议和消息的格式。其涉及的对象有消费者、在线商店、收单银行、电子货币发行机构以及认证中心（CA）。

在协议内容上，我国要求客户与银行签订的电子支付协议应包括以下要求：（1）客户指定办理电子支付业务的账户名称和账号；（2）客户应保证办理电子支付业务账户的支付能力；（3）双方约定的电子支付类型、交易规则、认证方式等；（4）银行对客户提供的申请资料和其他信息的保密义务；（5）银行根据客户要求提供交易记录的时间和方式；（6）争议、差错处理和损害赔偿责任。

三、电子支付指令

（一）客户发起支付指令

客户应按照其与发起行的协议规定，发起电子支付指令。

在发起行执行通过安全程序的电子支付指令后，客户不得要求变更或撤销电子支付指令。

（二）发起行与接收行的义务与责任

首先，发起行、接收行之间应按照协议规定及时发送、接收和执行电子支付指令，并回复确认。

其次，发起行应采取有效措施，在客户发出电子支付指令前，提示客户对指令的准确性和完整性进行确认。发起行应确保正确执行客户的电子支付指令，对电子支付指令进行确认后，应能够向客户提供纸质或电子交易回单。发起行、接收行应确保电子支付指令传递的可跟踪稽核和不可篡改。

再次，电子支付指令的发起行应建立必要的安全程序，对客户身份和电子支付指令进行确认，并形成日志文件等记录，保存至交易后5年。

最后，客户发现自身未按规定操作，或由于自身其他原因造成电子支付指令未执行、未适当执行、延迟执行的，应在协议约定的时间内，按照约定程序和方式通知银行。银行应积极调查并告知客户调查结果。如果银行发现因客户原因造成电子支付指令未执行、未适当执行、延迟执行的，也要主动通知客户改正或配合客户采取补救措施。

另外，即使系因不可抗力造成电子支付指令未执行、未适当执行、延迟执行，银行也应当采取积极措施防止损失扩大。

因银行自身系统、内控制度或为其提供服务的第三方服务机构的原因，造成电子支付指令无法按约定时间传递、传递不完整或被篡改，并造成客户损失的，银行应按约定予以赔偿。其中如因第三方服务机构的原因造成客户损失的，银行应予赔偿，再根据与第三方服务机构的协议进行追偿。接收行由于自身系统或内控制度等原因对电子支付指令未执行、未适当执行或迟延执行致使客户款项未准确入账的，应及时纠正。

（三）电子支付指令的效力

电子支付指令与纸质支付凭证可以相互转换，二者具有同等效力。

参 考 文 献

一、中文期刊

1. 王利明:《论民法典实施中的思维转化——从单行法思维到法典化思维》,载《中国社会科学》2022 年第 3 期。

2. 赵旭东:《公司组织机构职权规范的制度安排与立法设计》,载《政法论坛》2022 年第 4 期。

3. 崔建远:《民事合同与商事合同之辩》,载《政法论坛》2022 年第 1 期。

4. 孙宪忠:《民法典体系化科学思维的问题研究》,载《法律科学》2021 年第 4 期。

5. 孙宪忠:《论民法典贯彻体系性科学逻辑的几个要点》,载《东方法学》2020 年第 3 期。

6. 孙宪忠:《中国民法典总则与分则之间的统辖遵从关系》,载《法学研究》2020 年第 3 期。

7. 范健:《中国民法典颁行后的民商关系思考》,载《政法论坛》2021 年第 2 期。

8. 范健:《民法体例中商法规则的编内与编外安排》,载《环球法律评论》2016 年第 6 期。

9. 赵万一:《民商合一体制下商法独立的可能性及其实现路径》,载《法学杂志》2021 年第 4 期。

10. 赵万一:《后民法典时代商法独立性的理论证成及其在中国的实现》,载《法律科学》2021 年第 2 期。

11. 蒋大兴:《超越商事交易裁判中的"普通民法逻辑"》,载《国家检察官学院学报》2021 年第 2 期。

12. 雷磊：《重构“法的渊源”范畴》，载《中国社会科学》2021 年第 6 期。

13. 李建伟：《后民法典时代商法基本原则的再厘定》，载《学术论坛》2021 年第 3 期。

14. 王文宇：《民商合一下的商法与商事契约》，载《月旦民商法杂志》2021 年第 9 期。

15. 陈甦：《公章抗辩的类型与处理》，载《法学研究》2020 年第 3 期。

16. 薛波、雷兴虎：《中国特色民法典编纂方法及其对商事立法镜鉴》，载《学术界》2020 年第 10 期。

17. 刘凯湘：《民法典合同解除制度评析与完善建议》，载《清华法学》2020 年第 3 期。

18. 郭富青：《论我国民法典编纂对代理立法例及体系的重构》，载《学术论坛》2021 年第 2 期。

19. 徐强胜：《〈合同法编〉（审议稿）民商合一的规范技术评析》，载《中国政法大学学报》2020 年第 2 期。

20. 姚佳：《中国消费者法理论的再认识——以消费者运动与私法基础为观察重点》，载《政治与法律》2019 年第 4 期。

21. 夏小雄：《私法商法化：体系重构及制度调整》，载《法商研究》2019 年第 4 期。

22. 李建伟：《民法总则设置商法规范的限度及其理论解释》，载《中国法学》2016 年第 4 期。

23. 郭富青：《商事立法拟制的类型化研究与价值评判》，载《国家检察官学院学报》2016 年第 6 期。

24. 唐晓晴：《要约与承诺理论的发展脉络》，载《中外法学》2016 年第 5 期。

25. 周林彬：《商法入典标准与民法典的立法选择——以三类商法规范如何配置为视角》，载《现代法学》2019 年第 5 期。

26. 周林彬：《商事留质的制度困境与“入典”选择》，载《法学》2019年第4期。

27. 周林彬、官欣荣：《论营业行为的商法安排》，载《学术论坛》2019年第4期。

28. 雷兴虎、薛波：《论商法通则的缘起及时代价值》，载《学术论坛》2019年第4期。

29. 李建伟：《行政规章影响商事合同效力的司法进路》，载《法学》2019年第9期。

30. 范健：《商法的时代性与时代商法》，载《学术论坛》2019年第2期。

31. 崔建远：《买卖合同的成立及其认定》，载《法学杂志》2018年第3期。

32. 徐涤宇：《解法典后的再法典化：阿根廷民商法典启示录》，载《比较法研究》2018年第1期。

33. 李建伟：《民商合一立法体例的中国模式》，载《社会科学研究》2018年第3期。

34. 叶林：《民法总则背景下的商法前景》，载《北京航天航空大学学报（社会科学版）》2018年第1期。

35. 王文宇：《商事契约的解释——类比推理与经济分析》，载《月旦法学》2015年第1期。

36. 蒋大兴：《商法通则/商法典的可能空间——再论商法与民法规范内容的差异性》，载《比较法研究》2018年第4期。

37. 范健：《当代中国商法的理论渊源、制度特色与前景展望》，载《法制与社会发展》2018年第5期。

38. 崔建远：《合同解释语境中的印章及其意义》，载《清华法学》2018年第4期。

39. 崔建远：《论外观主义的运用边界》，载《清华法学》2019年第5期。

40. 李建伟：《法源意义上的习惯与习惯法合一论——以商事习惯与商事

习惯法为视角的研究》，载《政治与法律》2021 年第 11 期。

41. 郭锋等：《〈关于适用民法典总则编若干问题的解释〉的理解与适用》，载《人民司法》2022 年第 10 期。

42. 陆青：《电子商务平台经营者安全保障义务的规范构造》，载《浙江社会科学》2021 年第 5 期。

43. 郑佳宁：《电子商务平台经营者的私法规制》，载《现代法学》2020 年第 5 期。

44. 张家勇：《论融资租赁的担保交易化及其限度》，载《社会科学辑刊》2022 年第 2 期。

45. 张焕然：《论拟制规范的一般结构——以民法中的拟制为分析对象》，载《法制与社会发展》2021 年第 4 期。

46. 刘斌：《公司治理视域下公司表意机制之检讨》，载《中国政法大学学报》2021 年第 2 期。

47. 高圣平：《上市公司对外担保特殊规则释论——以法释〔2020〕28 号第 9 条为中心》，载《法学》2022 年第 5 期。

48. 王洪亮：《论合同的必要之点》，载《清华法学》2019 年第 6 期。

49. 钱玉林：《商法漏洞的特别法属性及其填补规则》，载《中国社会科学》2018 年第 12 期。

50. 钱玉林：《民法总则与公司法适用关系论》，载《法学研究》2018 年第 3 期。

51. 于海涌：《分解融合是民法典编纂中民商合一的现实路径选择——以《商法通则》的立法建议为中心》，载《法治研究》2018 年第 4 期。

52. 梁上上：《论公司正义》，载《现代法学》2017 年第 1 期。

53. 王利明：《论合同法组织经济的功能》，载《中外法学》2017 年第 1 期。

54. 赵旭东：《电子商务主体注册登记之辩》，载《清华法学》2017 年第 4 期。

55. 韩世远：《买卖法的再法典化区别对待消费者买卖与商事买卖》，载

《交大法学》2017 年第 1 期。

56. 蒋大兴：《徒增的商事成本——法律及管制如何影响企业设立行为》，载《法学家》2016 年第 1 期。

57. 赵旭东：《民法典的编纂与商事立法》，载《中国法学》2016 年第 4 期。

58. 蔡立东：《论法定代表人的法律地位》，载《法学论坛》2017 年第 4 期。

59. 方新军：《关于民法典合同法分则的立法建议》，载《交大法学》2017 年第 1 期。

60. 周江洪：《典型合同与合同法分则的完善》，载《交大法学》2017 年第 1 期。

61. 胡嘉金、胡媛：《论指导性案例的效力证成与完善》，载《中国应用法学》2017 年第 4 期。

62. 许中缘：《我国〈民法总则〉对民商合一体例的立法创新》，载《法学》2017 年第 7 期。

63. 肖海军：《商法基本范畴的逻辑建构与理论展开—以营业为切点的分析》，载《湖湘法学评论》2021 年第 1 期。

64. 殷秋实：《法定代表人的内涵界定与制度定位》，载《法学》2017 年第 2 期。

65. 王轶、关淑芳：《民法商法关系论》，载《社会科学战线》2016 年第 4 期。

66. 施天涛：《民法典能够实现民商合一吗》，载《中国法律评论》2015 年第 4 期。

67. 王涌：《中国需要一部具有商法品格的民法典》，载《中国法律评论》2015 年第 4 期。

68. 崔建远：《编纂民法典必须摆正几对关系》，载《清华法学》2014 年第 6 期。

69. 朱广新：《法定代表人的越权代表行为》，载《中外法学》2012 年第

3 期。

70. 朱慈蕴：《营业转让的法律规则需求》，载《扬州大学学报（人文社会科学版）》2011 年第 2 版。

71. 屈茂辉、张虹：《继续性合同：基于合同法理与立法技术的多重考量》，载《中国法学》2010 年第 4 期。

72. 王轶：《论倡导性规范—以合同法为背景的分析》，载《清华法学》2007 年第 1 期。

73. 孙良国：《从形式主义到实质主义——现代合同法方法论的演进》，载《法学论坛》2007 年第 5 期。

74. 王轶：《论合同法上的任意性规范》，载《社会科学战线》2006 年第 5 期。

75. 刘承韪：《契约法理论的历史嬗迭与现代发展：以英美契约法为核心的考察》，载《中外法学》2011 年第 4 期。

76. 王建文：《我国〈民法典〉中商法核心范畴的立法构想》，载《扬州大学学报（人文社会科学版）》2016 年第 2 期。

77. 徐强胜：《股权转让限制的效力 -〈公司法〉第 71 条规定的功能分析》，载《环球法律评论》2015 年第 1 期。

78. 徐强胜：《公司自治与企业社会责任——关于公司法企业社会责任规范的功能与适用》，载《法学杂志》2013 年第 5 期。

79. 陈世荣：《论法律规范的若干问题》，载《北京交通大学学报（社会科学版）》2002 年第 1 期。

80. 李飞：《营业财产理论评析》，载《法律科学》2008 年第 2 期。

81. 叶林：《营业资产法律制度研究》，载《甘肃政法学院学报》2007 年第 1 期。

82. 于庆生：《营业：商法理论的核心范畴》，载《行政与法》2006 年第 6 期。

83. 张谷：《商法这只寄居蟹——兼论商法的独立性及其特点》，载高鸿钧主编：《清华法治论衡》（第 6 辑），清华大学出版社 2005 年版。

84. 徐涤宇：《合同概念的历史变迁及其解释》，载《法学研究》2004年第2期。

85. 张武、曹兴权：《中小企业组织法的发展与启示》，载《江淮论坛》2003年第2期。

86. 刘凯湘：《论商法的性质、依据和特征》，载《现代法学》1997年第5期。

87. 谢鸿飞：《现代民法中的人》，载《北大法律评论》（第3卷第2辑），北京大学出版社2001年版。

88. 张家勇：《论无权代理人赔偿责任的双层结构》，载《中国法学》2019年第3期。

89. 张家勇：《论前合同责任的归责标准》，载《法学家》2014年第1期。

90. 高圣平：《民法典动产担保权登记对抗规则的解释论》，载《中外法学》2020年第3期。

二、中文专著

1. 王保树主编：《中国商法》，人民法院出版社2010年版。

2. 王利明：《合同法新问题研究》（修订版），中国社会科学出版社2011年版。

3. 王利明：《合同法》，中国人民大学出版社2021年版。

4. 崔建远：《合同解释论——规范、学说与案例的交互思考》，中国人民大学出版社2020年版。

5. 崔建远：《中国民事典型案例评释》，中国人民大学出版社2020年版。

6. 王轶、高圣平、石佳友、熊丙万：《中国民法典释评：合同编典型合同》（上下卷），中国人民大学出版社2020年版。

7. 朱广新、谢鸿飞主编：《民法典评注：合同编》，中国法制出版社2020年版。

8. 谢鸿飞：《债法总则：历史、体系与功能》，社会科学文献出版社

2021 年版。

9. 谢鸿飞：《合同法学的新发展》，中国社会科学出版社 2014 年版。

10. 韩世远：《合同法总论》，法律出版社 2018 年版。

11. 朱广新：《合同法总则研究》，中国人民大学出版社 2018 年版。

12. 王洪亮：《债法总论》，北京大学出版社 2016 年版。

13. 王保树主编：《非公司企业法制的当代发展》，社会科学文献出版社 2009 年版。

14. 王涌：《私权的分析与建构：民法的分析法学基础》，北京大学出版社 2020 年版。

15. 谢怀轼：《外国民商法精要》（第三版），程啸增订，法律出版社 2014 年版。

16. 黄薇主编：《中华人民共和国民法典合同编释义》，法律出版社 2020 年版。

17. 顾祝轩：《体系概念史：欧陆民法典编纂何以可能》，法律出版社 2019 年版。

18. 赵中孚主编：《商法总论》，中国人民大学出版社 1999 年版。

19. 潘琪：《美国〈统一商法典〉解读》，法律出版社 2020 年版。

20. 沈达明：《法国商法引论》，对外经济贸易大学出版社 2001 年版。

21. 许中缘：《民商合一视角下民法典分则的商事立法研究》，中国社会科学出版社 2019 年版。

22. 何其生：《统一合同法的新发展：〈国际合同使用电子通信公约〉评述》，北京大学出版社 2007 年版。

23. 周亮：《新型商事交易标的物的商法调整》，法律出版社 2016 年版。

24. 朱晓喆：《私法的历史与理性》，北京大学出版社 2019 年版。

25. 杨立新主编：《类型侵权行为法研究》，人民法院出版社 2006 年版。

26. 王洪亮等主编：《中德私法研究》（第 15 辑），北京大学出版社 2017 年版。

27. 方新军：《现代社会中的新合同研究》，中国人民大学出版社 2005

年版。

28. 李昊主编：《日本民法修正：回顾与反思》，北京大学出版社 2020 年版。

29. 苏永钦：《民事立法与公私法的接轨》，北京大学出版社 2005 年版。

30. 陈自强：《整合中的契约法》，北京大学出版社 2012 年版。

31. 王千维：《继续性债之关系之基本理论》，新学林出版有限公司 2020 年版。

32. 陈甦主编：《民法总则评注（上下册）》，法律出版社 2017 年版。

33. 朱庆育：《民法总论》（第二版），北京大学出版社 2018 年版。

34. 最高人民法院民法典贯彻实施工作领导小组主编：《中华人民共和国民法典合同编理解与适用（一）》，人民法院出版社 2020 年版。

35. 范健：《德国商法典：传统框架与新规则》，法律出版社 2003 年版。

36. 黄茂荣：《法学方法与现代民法》（增订第七版），纮基印刷有限公司 2020 年出版。

37. 樊涛、王延川：《商法总论》，知识产权出版社 2006 年版。

38. 林嘉主编：《商法总论教学参考书》，中国人民大学出版社 2002 年版。

39. 覃有土主编：《商法学》，中国政法大学出版社 2002 年版。

40. 孙良国：《关系契约论导论》，科学出版社 2008 年版。

41. 史尚宽：《债法总论》，中国政法大学出版社 2000 年版。

42. 王泽鉴：《债法原理》，北京大学出版社 2009 年版。

43. 崔建远：《合同法总论》（上卷、第二版），中国人民大学出版社 2011 年版。

44. 林诚二：《民法债编各论》，中国人民大学出版社 2007 年版。

45. 季卫东：《法律程序的意义》，中国法制出版社 2005 年版。

46. 梁彗星：《民法总论》（第五版），法律出版社 2017 年版。

47. 刘成杰：《日本最新商法典译注详解》（第二版），中国出版集团、中译出版社 2021 年版。

48. 陈自强：《代理权与经理权之间——民商合一与民商分立》，北京大学出版社 2008 年版。

49. 周友苏主编：《证券法新论》，法律出版社 2020 年版。

50. 李建伟：《公司法学》（第 5 版），中国人民大学出版社 2022 年版。

51. 周虹编著：《电子支付与结算》（第 2 版），中国工信出版集团、人民邮电出版社 2016 年版。

三、中文译著

1. ［德］卡尔·拉伦茨：《德国民法通论》，王晓晔等译，谢怀栻校，法律出版社 2013 年版。

2. ［德］梅迪库斯：《德国民法总论》，邵建东译，法律出版社 2013 年版。

3. ［德］迪特尔·梅迪库斯：《德国债法分论》，杜景林、卢谌译，法律出版社 2007 年版。

4. ［德］汉斯·布洛克斯、沃尔夫·迪特里希·瓦尔克：《德国民法典总论》，张艳译，中国人民大学出版社 2019 年版。

5. ［德］卡纳里斯：《德国商法》，杨继译，法律出版社 2006 年版。

6. ［德］海因·克茨：《德国合同法》（第 2 版），叶玮昱等译，中国人民大学出版社 2022 年版。

7. ［德］赖纳·舒尔策、［波］弗里德里克·佐尔：《欧洲合同法》（第二版），王剑一译，中国法制出版社 2019 年版。

8. ［德］海因·克茨：《欧洲合同法》（上卷），周忠海等译，法律出版社 2001 年版。

9. ［德］马克斯·卡泽尔、罗尔夫·克努特尔：《罗马私法》，田士永译，法律出版社 2018 年版。

10. ［德］维纳尔·弗卢梅：《法律行为论》，迟颖译，法律出版社 2017 年版。

11. ［德］卡尔·拉伦茨：《法学方法论》，陈爱娥译，商务印书馆 2003

年版。

12. ［德］Neumann/Hassemer/Schroth 主编：《自我负责人格之法律——Arthur Kaufmann 的法律哲学》，刘幸义等译，五南图书出版股份有限公司 2010 年版。

13. ［美］戴维斯·斯劳森：《有约束力的允诺——20 世纪末合同法改革》，杨秋霞译，知识产权出版社 2018 年版。

14. ［美］Benson：《合同法理论》，易继明译，北京大学出版社 2004 年版。

15. ［荷］杨·斯密茨：《法学的观念与方法》，魏磊杰等译，法律出版社 2017 年版。

16. ［葡］乔治·曼努埃尔·高迪纽德·阿布莱乌：《商法教程》，王薇译，法律出版社 2017 年版。

17. 欧洲民法典研究组、欧盟现行私法研究组：《欧洲示范民法典草案：欧洲私法的原则、定义和示范规则》，高圣平等译，中国人民大学出版社 2012 年版。

18. 王卫国主译：《荷兰民法典》（第 3、5、6 编），中国政法大学出版社 2006 年版。

19. ［日］我妻荣：《新订民法总则》，于敏译，中国法制出版社 2008 年版。

20. ［日］星野英一：《民法劝学》，张立艳译，北京大学出版社 2006 年版。

21. ［法］伊夫·居荣：《法国商法》（第 1 卷），罗结珍，赵海峰译，法律出版社 2004 年版。

22. ［美］伯尔曼：《法律与革命——西方法律传统的形成》，高鸿钧等译，中国大百科全书出版社 1993 年版。

23. ［美］伯尔曼：《法律与革命——新教改革对西方法律传统的影响》，袁瑜琤等译，法律出版社 2008 年版。

24. ［英］施米托夫：《国际贸易法文选》，赵秀文等译，中国大百科全书出版社 1993 年版。

25. ［意］F. 卡尔卡诺：《商法史》，贾婉婷译，商务印书馆 2017 年版。

26. ［日］我妻荣：《债权在近代法中的优越地位》，王书江等译，中国大百科全书出版社 1999 年版。

27. ［英］泰格、利维：《法律与资本主义的兴起》，纪琨译，学林出版社 1996 年版。

28. ［法］克洛德·商波：《商法》，刘庆余译，商务印书馆 1998 年版。

29. ［德］K·茨威格特、H·克茨：《比较法总论》，潘汉典等译，法律出版社 2003 年版。

30. ［德］迪特尔·施瓦布：《民法导论》，郑冲译，法律出版社 2006 年版。

31. ［法］弗朗索瓦·泰雷：《法国债法：契约篇》，罗结珍译，中国法制出版社 2018 年版。

32. ［美］塔玛尔·赫尔佐格：《欧洲法律简史——两千五百年来的变迁》，高仰光译，中国政法大学出版社 2019 年版。

33. ［葡］叶士朋：《欧洲法学史导论》，吕平义等译，中国政法大学出版社 1998 年版。

34. ［日］星野英一：《私法中的人》，王闯译，中国法制出版社 2004 年版。

35. ［日］大村敦志：《从三个纬度看日本民法研究——30 年、60 年、120 年》，渠涛等译，中国法制出版社 2015 年版。

36. ［德］古斯塔夫·拉德布鲁赫：《法学导论》，米健等译，中国大百科全书出版社 1997 年版。

37. ［葡］科斯塔：《葡萄牙法律史》（第三版），唐晓晴译，法律出版社 2014 年版。

38. ［瑞士］彭瑞宁：《瑞士法律史》（第二版），李婧嵘等译，法律出版社 2020 年版。

39. ［美］詹姆斯·威拉德·赫斯特：《美国史上的市场与法律：各利益

间的不同的交易方式》，郑达轩等译，法律出版社 2006 年版。

40. ［美］康芒斯：《资本主义的法律基础》，寿勉成译，商务印书馆 2003 年版。

41. ［英］休·柯林斯：《规制合同》，郭小莉译，中国人民大学出版社 2014 年版。

42. ［德］罗尔夫·旺克：《法律解释》（第 6 版），北京大学出版社 2020 年版。

43. ［德］埃卡特·J. 布罗德：《国际统一私法协会国际商事合同通则——逐条评述》，王欣等译，法律出版社 2021 年版。

44. ［德］彼德·A·温德尔：《我们需要商法典吗?》，黄松茂译，载《财经法学》2017 年第 6 期。

45. ［瑞士］彼德·高赫：《理性人：瑞士债法中的人像》，谢鸿飞译，载梁彗星主编：《民商法论丛》（第 35 卷），法律出版社 2006 年版。

46. ［美］麦克尼尔：《新社会契约论》，雷喜宁等译，中国政法大学出版社 1994 年版。

47. ［美］奥利弗·E. 威廉姆森《市场和等级制度》，蔡晓月、孟俭译，上海财经大学出版社 2011 年版。

48. ［德］齐佩利乌斯：《法学方法论》，金振豹译，法律出版社 2012 年版。

49. ［美］加里·约翰·普雷维茨、巴巴拉·达比斯·莫里诺：《美国会计史：会计的文化意义》，杜兴强等译，中国人民大学出版社 2006 年版。

50. ［美］托马斯·金：《会计简史》，周华等译，中国人民大学出版社 2018 年版。

51. ［美］肯尼斯·福赛思·麦克尼尔：《会计中的真实性》，龚翔等译，立信出版社 2017 年版。

52. ［日］前田庸：《公司法入门》（第 12 版），王作全译，北京大学出版社 2012 年版。

53. ［德］格茨·怀克、克里斯蒂娜·温德比西勒：《德国公司法》（第

21 版），殷盛译，法律出版社 2010 年版。

54. ［德］斯蒂尔·格伦德曼：《欧盟公司法》（上册），周万里主译，法律出版社 2018 年版。

55. ［日］近藤光男：《日本商法总则·商行为法》，梁爽译，法律出版社 2016 年版。

56. ［葡］若昂·德·马图斯·安图内斯·瓦雷拉：《债法总论》（第一卷），唐晓晴译，社会科学文献出版社 2020 年版。

57. ［日］松本恒雄、斋藤雅弘、町村泰贵主编：《电子商务法》，朴成姬译，北京大学出版社 2019 年版。

四、外文文献

1. 内田贵：《债权法の新时代——“债权法修正の基本方针”の概要》，商事法务 2009 年版。

2. Ewan Mckendrick，Contract Law，4th edition，Palgrave Publishers，2000.

3. Paul A. U. Ali Kannako Yano，Eco – Finance：The Legal and Regulation of Market Based Enviromental Instruments. The Hague：Kluwer Law International，2004.

4. Hahn，R. W，Market Power and Transferable Property Rights，Quarterly Journal of Economics，Vol. 99，1984.

5. Kevin M. Teeven，A History of the Anglo – American Common Law of Contract，Green – wood Publishing Group，1990.

6. Konrad Zweigert，Hein Kotz，An Introduction to Comparative Law（Ⅱ），North – Holland 1977.

7. A. G. Guest，Chitty On Contracts，Volume 1，General Principles，27th ed. London：Sweet Maxwell，1994.

8. Treitel，The Law of Contract，9th ed. London：Sweet Maxwell，1995.

9. Reiner Schulze，New Feature in Contract Law，Sellier. European Law

Publishers, 2007.

10. Robert Upex, Davies On Contract, 7th ed. London: Sweet Maxwell, 1995.

11. A. W. B. Simpson, A History of the Common Law of Contract: The Rise of the Action of Assumpsit, Oxford University Press, 1975.

12. BIS, Customer Suitability in the Retail Sale of Financial Products and Services, April, 2008.

13. William Holdsworth, A History of English Law, Little, Brown and Co. , 1926.

14. David J. Ibbetson, A Historical Introduction to the Law of Obligations, Oxford University Press, 1999.

15. David J. Ibbetson, Consideration and the Theory of Contract in Sixteenth Century Common Law, in Towards a GeneralLaw of Contract, John Barton, ed. , Duncker Humblot, 1990.